böhlau

Für den
Ordensbruder
Gunter
in
frommer
Verbundenheit
Roland Girtler
18.11.2005

Roland Girtler

Pfarrersköchinnen

Edle Frauen bei frommen Herren

Mit Kochrezepten
der Bertilia Mandl

Böhlau Verlag Wien · Köln · Weimar

Bibliografische Information Der Deutschen Bibliothek:
Die Deutsche Bibliothek verzeichnet diese Publikation in der
Deutschen Nationalbibliografie; detaillierte bibliografische Daten sind im
Internet über http://dnb.ddb.de abrufbar.

ISBN 3-205-77320-9

Cover: Andreas Burghardt

http://www.boehlau.at

Gedruckt auf umweltfreundlichem, chlor- und säurefreiem Papier

Druck: fgb freiburger graphische betriebe

Inhalt

Das Interesse an der Pfarrersköchin

Des Pfarrers Hund, der Ärzte Kind
im Dorf die Schlimmsten sind (alter Spruch)

Auf allen möglichen Gebieten habe ich meine Forschungen durchgeführt. Ich forschte bei Wiener Vagabunden, bei Dirnen, bei Bauern, bei Wildschützen, bei Klosterschülern, Landärzten und auch bei feinen Leuten. Es sind eher die „kleinen Leute" und ihre Helden, die mich interessieren, unter diesen sind es vor allem jene, die mit Mut, allerhand Tricks, Witz, Klugheit und auch Würde zu überleben wissen. Oft sind die am Rande der „guten Gesellschaft" lebenden Menschen, die kaum oder nur wenig Beachtung finden, die interessanteren. Dazu gehören nimmermüde Vagabunden, schlaue Dirnen, hart arbeitende Bergbauern, aber auch edle Pfarrersköchinnen, die seit jeher im Hintergrund der frommen Herren, nämlich der Pfarrer, agieren, und das oft sehr weise.

Über Pfarrer und ihr Leben ist viel geschrieben worden, viele Bücher erzählen von ihren Freuden, ihren Problemen und ihren Liebhabereien, aber über ihre Gefährtinnen, die Pfarrersköchinnen, gibt es kaum Literatur. Ich jedenfalls kenne keine publizierten Tagebücher dieser Damen oder Ähnliches. Daher ist es wohl an der Zeit, diesen Frauen zwischen Himmel und Erde ein Buch zu widmen. Was ich somit tue.

Über Pfarrersköchinnen – von den klassischen gibt es heute nicht mehr allzu viele – zu forschen, hat seinen Reiz als Kulturforscher. Außerdem ergänzt eine solche Arbeit gut meine Studien, die sich unter anderem auf Bergbäuerinnen, aber ebenso auf Dirnen beziehen. Damit will nicht angedeutet sein, dass Pfarrersköchinnen etwas mit

Frauen solcher Art gemein hätten, vielmehr sind sie vollkommen gegensätzlich. Denn die einen verkaufen in frivoler Weise verführerische Dienste an alle möglichen Herren, die anderen dienen fromm nur einem Herrn. Pfarrersköchinnen passen also gut in die bunte Breite kulturellen Handelns, die mein Interesse findet.

Allerdings, so meinte eine heitere Pfarrersköchin, ist es wahrscheinlich leichter über Dirnen zu forschen als über Pfarrersköchinnen, denn nicht wenige von ihnen seien sehr fromm, aber auch sehr schlau.

Es gibt einen alten Spruch, den ich irgendwo einmal gelesen habe. Er lautet: „Des Pfarrers Hund, der Ärzte Kind im Dorf die Schlimmsten sind" – und nicht umgekehrt: „Des Pfarrers Kind, der Ärzte Hund …", wie manche witzigen Menschen meinen.

Dieser Spruch hat auch etwas mit mir zu tun, da ich als Kind eines wackeren Landarztehepaares im Gebirgsdorf Spital am Pyhrn aufgewachsen bin. Mein Bruder und ich waren im Dorf als Lausbuben verschrien, denn meine Eltern hatten wenig Zeit, sich um uns zu kümmern. Einen schlechten Ruf hatte auch der Hund unseres Pfarrers, des Herrn Dechant, wie wir ihn ehrfürchtig nannten. Wie dieser Hund geheißen hat, weiß ich nicht mehr, er war ein, was seine Herkunft anbelangt, undefinierbarer schwarzer Bursche, dem die Liebe der Pfarrersköchin Juli gehörte. Der Pfarrershund war auch ein freundlicher Hund, der seine Herrschaften zu beschützen wusste und brav bellte. Man kannte ihn im ganzen Dorf, ebenso wie uns Doktorbuben. Über uns Buben sagten die Leute: Lausbuben sind sie, die Doktorbuben, aber sie grüßen. Der Hund des Pfarrers und die Doktorbuben gehörten also zum Dorf im Gebirge. Und insofern hat dieser Spruch auch seine Berechtigung.

Mit Pfarrersköchinnen ist eine alte Geschichte verbunden.

Eben weil ich die Pfarrersköchin Juli noch kannte und als Schüler des Klosters Kremsmünster mit freundlichen Köchinnen und ähnlichen Damen zu tun hatte, empfand ich stets Sympathien für Pfarrersköchinnen. Schon früh wollte ich einmal ein Buch über diese Frauen, die den Pfarrern freundlich zur Seite stehen, schreiben. Ein solches lege ich nun vor und bitte höflich um die Geneigtheit des Lesers. Aber die direkte Idee zu diesem Buch verdanke ich den Herren Edward Strasser und Martin Wolfram. Über diese beiden Herren werde ich noch erzählen.

Pfarrersköchinnen sind mir seit jeher vertraut. Zunächst war es also die Pfarrersköchin Juli aus Spital am Pyhrn, die in meiner Kindheit eine Rolle spielte. Später hatte ich als Klosterschüler im Kloster zu Kremsmünster mit Frauen zu tun, die sich als Köchinnen und Hausfrauen liebevoll um die Mönche und uns Zöglingen sorgten.

In meinem Buch über die „alte Klosterschule" habe ich übrigens versucht, diesen Damen ein Denkmal zu setzen. Meine vorliegende Forschung gilt jedoch vorrangig den Pfarrersköchinnen. Pfarrersköchin ist ein Wort, das, im Gegensatz zu dem langweiligen Ausdruck „Pfarrhaushälterin", meine Sympathien hat. Darüber wird noch einiges zu sagen sein.

Damals, in den 40er- und 50er-Jahren, gab es noch eine alte bäuerliche Kultur, die heute verschwunden ist. Zu dieser gehörten nicht nur Bauern, Holzknechte, Wildschützen und Sennerinnen, sondern eben auch der Pfarrer mit seiner Pfarrersköchin, dem Fräulein Juli. Wir nannten diese Dame auch Pfarrer-Julie. Sie diente einem braven und aufrechten Pfarrherrn, dem Herrn Dechant, mit dem sie später gemeinsam in einem Häuschen am Rande von Spital am Pyhrn als Pensionistin wohnte. Sie war eine echte Gefährtin des Pfarrers und als solche sah ich sie auch. Zu uns Kindern war diese Frau liebenswürdig. Wir besuchten sie sogar öfter in ihrer Wohnung im Stift gleich bei der großen Barockkirche. Sie war eine alte Sammlerin. Bei ihr konnte man schönes altes Geschirr ebenso bewundern wie alte Banknoten aus den napoleonischen Kriegen, einige von diesen gelangten in meinen Besitz. Sie war uns sympathisch. Sie war eine fromme und geradlinige Dame, die während der Kriegsjahre, als sich eine Schreckensherrschaft über das Land ausbreitete, wegen ihrer ehrlichen Gesinnung sogar in einem Linzer Gefängnis inhaftiert war. Diese Dame hat meine höchste Achtung. Daher ist ihrer hier auch zu gedenken.

Dank an freundliche Damen und Herren

Zunächst möchte ich all jenen Damen danken, die mir als Pfarrersköchinnen oder als Pfarrhaushälterinnen, manchen ist diese Bezeichnung lieber, aus ihrem Leben erzählt haben. Ich will sie hier nicht namentlich anführen, denn einige wollten nicht, vielleicht aus Bescheidenheit, dass ihr Name der Welt kundgetan wird. Und die Namen derjenigen, denen es nichts ausmacht, dass sie genannt werden, sind ohnehin im Text erwähnt.

Auf die Idee, über Pfarrersköchinnen zu forschen, kam ich zufällig, als mir ein liebenswürdiger Herr, Edward Strasser ist sein Name, an einem heiteren Abend in einem Wiener Gasthaus bei einem Glas Bier erzählte, seine Tante, Bertilia Mandl, habe als jahrelange Pfarrersköchin wunderbare Rezepte gesammelt. Dass er mir von diesen Kochrezepten und der Frau Bertilia Mandl erzählen solle, darauf habe ihn der freundliche Herr Martin Wolfram gebracht. Ohne Letzteren würde es diese Studie also nicht geben. Am Beginn des letzten Kapitels über die Rezepte der Bertilia Mandl werde ich noch einmal auf die beiden Herren eingehen. Ich wurde neugierig und dachte aufs Neue, es müsse doch spannend sein, über Pfarrersköchinnen, die eher ein Schattendasein führten und führen, nämlich im Schatten ihres Herrn und Meisters, des Herrn Pfarrers, zu forschen und zu schreiben.

Und nun, nach dem Gespräch mit meinem Trinkkumpan, beschloss ich, dies zu tun. Zunächst führte ich mit Frau Bertilia Mandl ein schönes Gespräch, dem noch einige folgten. Dafür sei ihr gedankt, ebenso für die prächtige Jause, von der ich noch erzählen werde.

Nun machte ich mich daran, auch mit anderen Pfarrersköchinnen in Kontakt zu treten. Ich hatte viele schöne Erlebnisse. Sehr behilflich waren mir mein Freund Herr Dr. Herwig Hofbauer und seine liebe

Frau Judith, die mich zu liebenswürdigen Pfarrersköchinnen im Waldviertel brachten. Mit dem Zug war ich zu ihnen in die Nähe Gmünds gefahren. Ich durfte bei ihnen einige Nächte verbringen. Ihre Gastfreundschaft war großartig. Ihnen sage ich ein herzliches Dankeschön.

Ein besonderer Dank gilt auch meinem Freund Herrn Dr. Elmar Oberegger, einem Privatgelehrten mit einem weiten und rebellischen Geist. Er wohnt in Sattledt, nicht weit von Wels. Mit ihm, darüber will ich noch erzählen, wanderte ich einige Male von Kremsmünster und Rohr nach Bad Hall, Adlwang, Pfarrkirchen und St. Blasien.

Zu danken ist auch Herrn Dr. Veit Risak, der mir einen guten Ratschlag für diese Forschung gab, sowie Herrn Johannes Dammerer, ein Student von mir, der auf meine Bitte hin mit Pfarrersköchinnen sprach und mir mit seinen Berichten über sie half (siehe dazu näher im nächsten Kapitel).

Einen großen Dank schulde ich auch den Herren Mag. Hans Öhlinger, Steuerberater in Linz, und Dr. Roland Gabl, Rechtsanwalt in Linz. Sie beide verschafften mir einen höchst spannenden Kontakt zu einer ehemaligen Pfarrersköchin, die ihrem Pfarrer zunächst in großer Liebe verfallen war. Die Liebe kehrte sich später in Ärger um.

Danken will ich auch Herrn Dr. Erwin Lang, mit dem ich in dessen Auto zur Pfarrersköchin eines bekannten Weinpfarrers oben im Waldviertel fuhr. Dieser liebenswürdige Herr Dr. Lang, der neben seinem Beruf das Doktorat erworben hat, mit allen möglichen antiken Dingen einen schwungvollen Handel treibt und selbst ein braver Tischler ist, ist ein Herr mit Witz und Güte. Er und seine liebe Frau Mutter haben mich zu einer guten Jause in seinem alten Bauernhof eingeladen.

Gedankt sei besonders allen Pfarrersköchinnen, die mir die Ehre gaben, mit ihnen Gespräche zu führen. Aber auch einigen Pfarrherren ist zu danken, wie Pater Wilhelm, Pfarrer in Pfarrkirchen, und Herrn Pfarrer Dechant Kaiser in Zwettl.

Mir ist es ein Bedürfnis, auch Frau F. aus Wien zu danken, die als Pfarrersköchin „ihren" Herrn Pfarrer geheiratet und mir für dieses Buch Spannendes erzählt hat. Sie will jedoch nicht, dass ihr Name und der ihres Herrn Gemahls, des früheren Pfarrers, im Zusammenhang mit der Thematik dieses Buches genannt wird. Ich respektiere ihren Wunsch.

In aller Freundschaft danke ich noch Herrn Franz Limberger, einem Musiker und Literaten aus Kirchdorf an der Krems, mit dem ich nicht nur in einem gemütlichen Kirchdorfer Kaffeehaus über Pfarrersköchinnen gesprochen und gescherzt habe, sondern der es auch auf sich genommen hat, mich mit zwei kühnen Pfarrersköchinnen bekannt zu machen. Er schrieb außerdem für mich prächtige Geschichten über diese beiden Damen nieder, die für dieses Buch wichtig wurden. Von ihnen allen habe ich viel gelernt. Ebenso sei all jenen Zeitgenossen gedankt, die mir einiges über Pfarrersköchinnen erzählten oder mich ihnen nahe brachten, wie Elmar Baumschlager aus Mitterweng bei Windischgarsten und Erwin Degelsegger aus Spital am Pyhrn. Nicht vergessen will ich bei meinem Dank jene Zeitgenossen, die mich mit Witzen über Pfarrersköchinnen versorgt haben, denn auch der Witz hat seine Bedeutung bei der Behandlung eines solchen Themas.

Schlussendlich gebührt mein Dank Herrn Hans Sommer, dem Chauffeur einer Dame der österreichischen Regierung, den ich bei einem meiner täglichen Spaziergänge mit unserem Dackel Dr. Waldi kennen gelernt und dem ich von meiner Studie über Pfarrersköchinnen erzählt habe. Er brachte mich mit Frau Helene Janisch in Kontakt, der Pfarrersköchin von Hausbrunn bei Hohenau im Weinviertel. Ihr und ihrem freundlichen Herrn Pfarrer, der mich an einem schönen Herbsttag mit dem Auto vom Bahnhof in Hohenau abgeholt hat, schulde ich großen Dank, nicht nur für einen herrlichen Mohnkuchen, den mir Frau Janisch vorgesetzt hat, sondern auch für eine schöne Stunde im Pfarrhof von Hausbrunn. Der Herr Pfarrer schickte mir auf meine Bitte hin elektronisch Bilder, die Frau Janisch als Fallschirmspringerin im Alter von siebzig Jahren zeigen. Auf einem dieser Bilder ist Frau Janisch zu sehen, wie sie aus den Wolken engelsgleich zur Erde hernieder schwebt – mit einem Herrn an ihrer Seite.

Der Zauber des Wortes Pfarrersköchin

Ich spreche hier absichtlich von Pfarrersköchinnen und nicht, wie es heute üblich ist, von Pfarrhaushälterinnen. Schließlich wird schon in alten Schriften von des „pfarrherrs köchin“ oder von der „Pfaffenköchin“ gesprochen (siehe Grimms Deutsches Wörterbuch, 1873, Band 11, S. 1562, Band 13, S. 1590).

Für Pfarrersköchin las ich außerdem auch noch die Bezeichnungen Hausnerin, vor allem im Westen Österreichs, Pfarrköchin, Pfarrhausfrau und Pfarrerskellnerin, ein Ausdruck, der uralt sein dürfte und in Märchen vorkommt. Darüber ist noch zu erzählen. Eine sehr eigenartige Benennung, die ich als bösartig und keineswegs zutreffend empfinde und die im „Liber vagatorum“, dem „Buch der Vaganten“ um 1510, ausgesprochen wird, ist der der „Pfaffenhure“. Auch darüber werde ich noch berichten.

Mir gefällt der Ausdruck Pfarrersköchin am besten. Weniger Freude habe ich an der Bezeichnung Pfarrhaushälterin, obwohl weise Leute meinen, mit Haushälterin würde man dieser beim Pfarrer werkenden Frau eher gerecht werden als mit Pfarrersköchin. Das Wort Pfarrersköchin wirke abwertend. Ich bin da anderer Meinung, denn mit dem Wort Pfarrersköchin sind eine alte Kultur und eine bunte Sinnlichkeit verbunden, denn die große und vorrangige Aufgabe der Pfarrersköchin ist es, sich um das Innerste des Pfarrers, sein leibliches und seelisches Wohlbefinden, zu kümmern. Zu Letzterem gehört wohl auch der Einsatz der Pfarrersköchin in der Pfarre. Und tatsächlich verweist das schöne Wort Pfarrersköchin auf eine alte Geschichte, die auf die Römer zurückgeht, denn das Wort Köchin oder Koch leitet sich vom lateinischen Wort „coquus“, das ist der Koch, ab. „Coquere“ heißt lateinisch demnach kochen, aus „coquere“ wird im Althochdeutschen

„kochon“ und im Mittelhochdeutschen schließlich „kochen“. „Kochen“ ist also ein lateinisches Lehnwort. Das germanische Wort für „kochen“ ist sieden. Ein germanischer Name für Koch fehlt übrigens. Das Wort Koch wurde spätestens im 4. Jahrhundert etwa gleichzeitig mit Kohl, Küche, Kümmel, Minze und Pfeffer aus dem Lateinischen entlehnt (vgl. Kluge, 1960). Alle diese Wörter sind Zeugen einer südlichen Koch- und Gartenkunst, der wir viel zu verdanken haben. Mit dem Kochen ist schließlich eine echte Kunst verbunden, nicht umsonst spricht man von der Kochkunst und von Kochkünstlern. Es ist daher durchaus ehrenhaft, den Ausdruck Pfarrersköchin zu verwenden, zumal die Pfarrersköchin es ist, die für Leib und Seele des Pfarrers zu sorgen hat. Sie „hält“ also nicht bloß das „Haus“, sondern sie bietet auch etwas an, nämlich ein gutes Essen und ein wohliges Heim. Die Pfarrersköchin ist allerdings nicht nur Chefin der Küche, sondern ihr obliegt auch der Garten, die für den Kirchenschmuck wichtigen Blumen und vieles andere, das mit dem Wohl des Pfarrers verbunden ist.

Das Wort Köchin, wie ich es verstehe, umfasst die Heimat des Herrn Pfarrers. Es verweist auf eine bunte Welt im Pfarrhof. Ganz im Gegensatz zum Begriff Haushälterin, der technokratisch klingt und mich eher an Langweile erinnert. Die Bezeichnung Haushälterin ist von einer öden Bedeutungslosigkeit. Allerdings meinte eine freundliche Dame, die heute um die 52 ist und die in einer Wiener Pfarre sehr aktiv mitarbeitet und dem Herrn Pfarrer als „Hausfrau“ eine gediegene Stütze ist: „Ich lege großen Wert darauf, dass ich sage: Ich bin Haushälterin. Heutzutage wagt niemand zu sagen, ich bin nur Hausfrau. Und ich werde sogar dafür bezahlt. Haushälterin heißt, ich bin angestellt. Ich bekomme für das, was die Hausfrau macht, bezahlt.“ Ich bat die Dame, mir freundlich nachzusehen, wenn ich von der Pfarrersköchin spreche, dies sei nicht abwertend gemeint. Sie antwortete versöhnlich: „Diesen Ausdruck kann ich aushalten, wenn man weiß, dass mit Pfarrersköchin mehr gemeint ist als eine bloße Köchin.“

Tatsächlich ist mit dem Wort Pfarrersköchin eine alte Kultur und ein farbiges Bild der Pfarreien verbunden – im Gegensatz zum Wort „Pfarrhaushälterin“.

Man spricht schon sehr früh vom Pfarrherrn und seiner Köchin – darüber ist im Kapitel über den Zölibat noch einiges zu lesen – und nicht von seiner Haushälterin. Diese Tradition, die keineswegs abwertend für die beim Pfarrer wohnende Dame gemeint ist, sollte man weiterführen. Und daher verwende ich die für mich edle und historisch gewachsene Bezeichnung Pfarrersköchin.

Heute ist es allerdings üblich, im Rahmen einer bisweilen etwas hochgestochenen politischen Korrektheit gewisse, angeblich degradierende Wörter zu beseitigen. Werden durch Wörter tatsächlich Menschen degradiert, so sind diese auch zu ersetzen. Aber im Falle der Pfarrersköchin wird wohl etwas übertrieben, wenn man meint, man müsse Pfarrhaushälterin sagen. So rügte mich ein Pfarrer im Waldviertel, weil ich von Pfarrersköchin sprach, dadurch, dass er das Wort „Pfarrhaushälterin" mir gegenüber besonders betonte.

Ich sprach über dieses Thema mit der liebenswürdigen früheren Pfarrersköchin Frau Sallinger und ihrer Freundin, der heute ebenso pensionierten Pfarrersköchin Frau Poldi. Wir saßen in der gemütlichen Wohnung der Frau Poldi in Waidhofen an der Thaya. Ich erzählte den beiden von meinem Erlebnis mit dem freundlichen Pfarrer in Zwettl. Ich fragte die beiden Damen, was sie dazu sagten. Beide lachten herzlich. Sie stimmten mir zu, als ich meinte, mir würde „Pfarrersköchin" besser gefallen als „Pfarrhaushälterin". Frau Sallinger bezog sich auf die moderne politische Korrektheit, als sie ausführte: „Man darf heute auch nicht mehr Putzfrau sagen, sondern muss den Ausdruck Raumpflegerin verwenden." Darauf lachten beide wieder, sie machten sich offensichtlich lustig über derartige heute übliche künstliche Benennungen. Und als ich Frau Poldi, sie ist um die neunzig, direkt fragte, ob sie „Pfarrersköchin schöner finde", lachte sie ihr heiteres Lachen und sagte: „Ja, Pfarrersköchin ist schön, früher hat es ja immer Pfarrersköchin geheißen." Die beiden Damen verknüpften mit dem Wort Pfarrersköchin, wie ich dem weiteren Gespräch entnahm, eine farbige Welt, zu der der Begriff „Haushälterin" nicht passt. Eine andere Pfarrersköchin aus dem Waldviertel stimmte meinen Überlegungen ebenso zu, sie meinte zunächst: „Von den echten Pfarrersköchinnen gibt es nicht mehr viel", um hinzuzufügen: „Beim Essen kommen die Leute zusammen." Es ist also die Köchin im Pfarrhof, die diesem Leben gibt.

Im Wort Pfarrersköchin liegt, wie ich hier zeigen will, Poesie und eine alte Geschichte, denn von Pfarrersköchinnen sprach man schon im Mittelalter. Und außerdem ist das Wort Pfarrersköchin um vieles sinnlicher als das Wort Pfarrhaushälterin. Pfarrhaushälterin ist eine äußerst belanglose Bezeichnung für eine Frau, die mehr ist als eine bloße Hüterin und Verwalterin eines Hauses, das dem Pfarrer gehört.

Es ist übrigens interessant, dass das Wort Pfarrer sich vom griechischen „para oikos" ableitet, was soviel heißt wie: „der neben dem Haus (Kirche) wohnt". Der Ausdruck Pfarrhaushälterin würde demnach, wenn man es etymologisch (von der Wortwurzel her) betrachtet, soviel bedeuten wie „Haushälterin bei dem neben dem Haus (der Kirche) Wohnenden". Pfarrhaushälterin ist auch schon darum eine unglückliche Bezeichnung.

Schließlich umfasst die Bezeichnung Haus den äußeren Bereich der Lebenswelt des Pfarrers und seiner Kumpanin, der Pfarrersköchin. Der Ausdruck Pfarrersköchin dagegen bezieht sich auch auf das Innere des Pfarrers, auf sein körperliches Wohlbefinden und die Seele. Es ist die Seele, ohne die eine gute Köchin nicht gedeihen kann. Und darin zeigt sich auch die Sinnlichkeit des Wortes Pfarrersköchin, die eine echte Kumpanin des Pfarrers ist, denn im Wort „Kumpan" stecken die Wörter „mit" und „Brot". Ein Kumpan ist also jemand, mit dem ich mein Brot esse, und dieses teilen sich auch Pfarrersköchin und Pfarrer.

Vor allem den alten Pfarrersköchinnen ist es unwesentlich, ob sie offiziell als Pfarrersköchin oder Pfarrhaushälterin bezeichnet werden, denn tatsächlich wurden sie meist mit Vornamen angesprochen, vor dem das Wort „Fräulein" stand. Damit wurde lediglich ausgedrückt, dass die betreffende Dame nicht verheiratet ist, nicht jedoch sollte dadurch ihre Jungfräulichkeit oder etwas Ähnliches behauptet werden. So hieß, wie schon klar gemacht, unsere Pfarrersköchin in Spital am Pyhrn „Fräulein Juli". Und die Pfarrersköchin von Windischgarsten ist zufrieden, mit „Fräulein Annerl" angesprochen zu werden. Bloß als „Köchin" des Pfarrers tituliert zu werden, mag sie zwar nicht, aber auch der Terminus Pfarrhaushälterin wäre ihr zu wenig, da sie eben jemand ist, der sich um den Pfarrer kümmert. Insofern ist die klassische Bezeichnung Pfarrerskköchin, die Dame stimmte mir darin schließlich auch zu, eine passende und sehr bunte.

Gegen den Ausdruck „Pfarrhaushälterin" ist übrigens auch Frau Rosmarie Koller, die Pfarrerskköchin eines Pfarrers in Luzern in der Schweiz, über die ein großer Aufsatz in der Neuen Zürcher Zeitung vom 11. Juli 2004 erschien ist. Sie meinte, ihr wäre der Titel „Pfarrhausfrau" lieber als „Pfarrhaushälterin". Offensichtlich erscheint ihr letztere Bezeichnung eher abwertend.

Keineswegs kann ich den Gedanken eines Wiener Kanonikus zustimmen, der anlässlich einer Ehrung von „Pfarrhaushälterinnen" gemeint hat, dass sich „in den letzten Jahren Berufsbild und Tätigkeit der in früheren Zeiten einfach ‚Pfarrerskköchin' genannten Frauen geändert hat: Wo heute der Pfarrer oft weitaus mehr unterwegs und längst nicht so oft in Kirche und Pfarrhaus anzutreffen ist, ist das ‚Kochen' der Haushälterin auch bereits zur eher geringeren Aufgabe geworden.

Anwesenheit, Ansprechperson, gleichsam auch Aushängeschild der Pfarre und anderes mehr ist heute die Pfarrhaushälterin geworden. Ein Stück Heimat auch für den Seelsorger und die Menschen in der Pfarre." Darauf ist zu erwidern, und dies soll auch in den späteren Kapiteln angesprochen werden, dass die „Pfarrerskköchin" schon immer so etwas wie eine „Ansprechperson" und ein „Aushängeschild" der Pfarre gewesen ist und dem Pfarrer „Heimat" geboten hat.

Ich glaube, die alten und echten Pfarrerskköchinnen, zu denen auch die mutige Frau Juli in Spital am Pyhrn gehörte, hätten dem Herrn Kanonikus wohl vorgeworfen, dass er von ihrem Leben und Arbeiten in den früheren Pfarren nur wenig Ahnung habe.

Interessant ist übrigens, dass die heutigen Pfarrhaushälterinnen wohl den Ausdruck Pfarrerskköchin ablehnen, aber andererseits auf den Homepages ihrer Berufsgemeinschaft im Internet stolz auf ihre speziellen Kochrezepte verweisen.

So zum Beispiel werden bei Anklicken von „Kulinarische Köstlichkeiten aus Pfarrküchen von Gaming und Pöchlarn" einige Wunderwerke der Kochkunst von modernen Pfarrhaushälterinnen präsentiert. Diesen Damen ist also doch wichtig, ihre Fähigkeiten in der Küche zu präsentieren, dies tat auch die frühere Vorsitzende der Berufsgemeinschaft bei einem Auftritt im Fernsehen, als sie stolz dreieckige faschierte „Laberln“ fabrizierte. Ebenso haben Pfarrersköchinnen ein eigenes Kochbuch herausgegeben, und im Diözesanjahrbuch von Niederösterreich finden sich regelmäßig prächtige Rezepte dieser Damen.

Jedenfalls glaube ich, dass die Anrede „Pfarrersköchin“ durchaus ihren Zauber hat, sie verweist deutlich auf die freundliche, weitherzige und auch liebenswürdige Tradition der Gefährtin des Herrn Pfarrers. Ich werde dies zeigen.

Das Abenteuer der Forschung – Wanderungen und Gespräche

Bevor ich die einzelnen „Abenteuer der Forschung“ schildere, erlaube ich mir ein Gedicht in Stabreimen meines Freundes Dr. Herwig Hofbauer, mit dem ich Pfarrersköchinnen an kalten Februartagen aufgesucht habe (s. u.), voranzustellen. In diesem Gedicht werden in freundlicher Weise die Mühe des Forschens und die Aufgaben der Pfarrersköchin angesprochen. Und daher finde ich diesen dichterischen Erguss erwähnens- und lesenswert :

Eifriger Freund,
Fahrender Forscher!

Laß frierend im Feber
pred'genden Pfarrers
kichernde Köchin
frech uns befragen!

Ergründen der Guten
bewirtendes Wesen,
ihr mildes Gemüt,
bei köstlichem Kochen!

Die helfenden Hände,
Gnaden vergebend,
versehen voll Sorge
den Haushalt hochwürdiger Herr'n.

Das Pfarrhaus zu pflegen
eilt sie mit Eimern,
gibt geistlichen Gängen
ein sauber' Gesicht!

Bange Gebete
hebt sie zum Himmel,
hoffend, daß heute
Braten und Backwerk gerat'.

Drauß' gar im Gärtlein
zieht zu dem Zweck sie
der Küche die Kräutlein,
frommem Gefährten zur Freud'!

Beut bunteste Blümlein
im Maien Marien,
zwicket zart' Zweiglein
zur weihvollen Weihnacht!

Doch weh dem Geweihten,
der maßlos beim Meßwein!
Keifend den Kopf ihm
rücket beredt sie zurecht.

Woll'n loben die Laut're,
die rastlos nie ruhet!
Preisend ihr prägen
dies prachtvolle Buch!

Um diese Studie über Pfarrersköchinnen durchzuführen, suchte ich gute Gespräche mit jetzigen und früheren Pfarrersköchinnen. Die Kontakte zu ihnen bekam ich meist durch Freunde und Bekannte.

Meine Besuche bei diesen Damen waren jeweils kleine Abenteuer, über die ich vorab berichten will. Meist wurde ich freundlich aufgenommen. Einmal war ein Pfarrherr, der von Zwettl, mir gegenüber sehr skeptisch, er hielt mich zunächst wohl für eine fragwürdige Person, der man offensichtlich nicht zutraut, dass sie Professor sei, oder vielleicht glaubte er auch, ich wolle Böses über Pfarrer und ihre Köchinnen berichten. Ich konnte ihn überzeugen, dass ich tatsächlich ein Professor bin und nichts Böses im Schilde führe. Über die Begegnung mit diesem freundlichen Herrn Pfarrer, der bei dem Gespräch mit seiner Pfarrersköchin dabei sein wollte, werde ich etwas später noch einiges erzählen.

Ich denke, es ist gerade für den Kulturwissenschaftler und die an meinen Studien interessierten wohlwollenden Leser vielleicht spannend, etwas über meine Art des Forschens und meinen Zugang zu den betreffenden Damen zu erfahren. Daher dieses Kapitel. In meinem Buch „Methoden der Feldforschung“ zeige ich auf, wie in „teilnehmender Beobachtung“ und mit so genannten „ero-epischen Gesprächen“, diese Bezeichnung habe ich erfunden, zu forschen ist, um zu erfahren, wie Menschen ihr Leben einrichten, wie ihre Symbole und Rituale aussehen und wie sie mit ihren Problemen umgehen. Unter dem Ausdruck „ero-episches Gespräch“ (griech. eromai – fragen, epein – erzählen) verstehe ich ein Gespräch, bei dem sich der Forscher nicht aufdrängt, wie es bei Interviews üblich ist, sondern sich selbst einbringt. Der Gesprächspartner wird nicht als bloßer Datenlieferant gesehen, sondern eben als Partner, dem man auch etwas von sich erzählt. Besonders fruchtbar ist ein solches Gespräch, wenn dabei gegessen und getrunken wird (siehe dazu näher in meinem Buch, Girtler, 2001). In der Regel nehme ich diese Gespräche zur Gänze auf Kassette auf. Es hat kaum jemand von meinen Gesprächspartnern etwas dagegen, dass seine Geschichten und Gedanken aufgenommen werden. Wichtig ist dabei, dass ich als Forscher ehrlich bin und den Eindruck hinterlasse, niemanden hineinzulegen. Und dies tue ich auch nicht. Das Abschreiben der Kassetten ist oft sehr mühsam, da ich ziemlich genau festhalte, was mir erzählt wird, denn im Nachhinein fallen mir beim Abschreiben erst Dinge auf, denen ich vorher noch keine besondere Bedeutung beigemessen hatte.

Meine besten Gespräche mit Pfarrersköchinnen hatte ich daher, wenn ich von diesen Damen zu einer Jause oder bloß zu einem Tee eingeladen worden war. Ich will nun beispielhaft erzählen, wie ich die betreffenden Damen, über deren Leben ich in den folgenden Kapiteln berichten will, kennen gelernt und mit ihnen gesprochen habe. Dies tue ich in der Absicht, dass der wohlwollende Leser und die wohlwollende Leserin ein Gefühl für meine Art des Forschens und überhaupt des wissenschaftlichen Arbeitens erhält. Für mich besteht übrigens, hier befinde ich mich in Übereinstimmung mit Sir Karl Popper, Wissenschaft darin, so über fremdes Leben zu berichten, dass jedermann und jedefrau es auch verstehen kann.

Zunächst lud mich die Tante des Mannes, der mich auf die Idee zu dieser Studie gebracht hatte, nämlich die frühere Pfarrersköchin Bertilia Mandel, die jetzt als Pensionistin im 15. Bezirk in Wien bei ihrer Schwester wohnt, zu einem Frühstück ein. Es war im Juli 2002. Ich war mit dem Fahrrad durch einige Randbezirke Wiens zu ihr gefahren. Um 10 Uhr vormittags läute ich an. Ich werde von ihr, der alten Pfarrersköchin, ihrer Schwester und deren Sohn freundlichst empfangen. Der Tisch im hellen Wohnzimmer ist prächtig gedeckt, mit Tellern, auf denen mir Schinken, gute Käsesorten, Paradeiser, Gurkerln und ein großer Gugelhupf entgegenlachen. Daneben locken Fruchtsäfte. Ich werde gebeten, Platz zu nehmen. Frau Bertilia Mandl schenkt mir Tee ein. Und ich lange ordentlich zu, allerdings verzichte ich als Vegetarier höflich auf den Schinken. Dann mixt mir die Schwester einen Vitaminsaft. Ich bin über diese Gastfreundschaft überrascht. Als ich der Dame, der Bertilia Mandl, meine Freude über diese Einladung ausspreche, meint sie bescheiden, so ähnlich habe sie auch ihren letzten Pfarrer, bei dem sie im Dienst war, bewirtet. Ich werde also ihrem Pfarrherrn, zumindest was die Bewirtung anbelangt, gleichgesetzt. Das ehrt mich. Jedenfalls verlasse ich voll mit neuem Wissen über das Leben von Pfarrersköchinnen das gastfreundliche Haus und besteige gestärkt von Käse und Saft mein Fahrrad.

Interessant war für mich auch der Besuch bei der Pfarrersköchin Anna B. in einem oberösterreichischen Dorf an einem warmen Augusttag des Jahres 2002. Den Kontakt zu ihr verdanke ich Elmar Baumschlager, dem Postdirektor des Ortes, bei dem ich manchmal zu einer Jause nach anstrengenden Radtouren eingeladen bin. Frau Anna, sie ist um die 75 Jahre alt, hilft, obwohl sie schon in Pension ist, dem jetzigen Pfarrer im Haushalt. Mit dem früheren Pfarrer, dem sie viele

Jahre gedient hat, ist sie in das schöne Haus, das sie jetzt bewohnt, eingezogen. Es liegt in der Nähe des noblen Pfarrheims. Frau Anna empfängt mich freundlich. Wir nehmen in der Küche Platz. Ich will nur ein Glas Wasser. Die Küche ist reinlich. Hier liegt auch die Bügelwäsche. Ich störe sie gerade beim Bügeln der Unterhosen des Herrn Pfarrers. Einige weiße Unterhosen liegen schön gebügelt auf einer Truhe.

Während sie bügelt, erzählt sie mir aus alten Zeiten. Sie mag auch den ehemaligen Bürgermeister des Ortes, der wegen angeblicher Orgien mit jungen Damen Probleme mit der Justiz bekam. Sie meint, ihn hätten Frauen, die ihm Übles wollen, hineingelegt. Ich erkläre ihr noch, ich würde nicht schlecht über die Pfarrersköchinnen schreiben, im Gegenteil, sie hätten meine Sympathie. Sie glaubt mir und erzählt Spannendes.

Im Jänner 2003 empfahl mir Herr Dr. Veit Risak, eine Pfarrersköchin in einem Wiener Bezirk zu besuchen. Sie ist die Dame, die nicht als Pfarrersköchin, sondern als Pfarrhaushälterin bezeichnet werden wollte. Ich rief sie an, bestellte Grüße von Herrn Risak und wurde von ihr für einen Frühnachmittag freundlich in das Pfarrhaus, das direkt an die alte Kirche anschließt, gebeten. Zwei Stunden habe sie sich für mich Zeit genommen. Bei der Fahrt zu ihr mit dem Fahrrad bleibe ich am Naschmarkt stehen und kaufe so etwas Ähnliches wie einen Zwetschkenkrampus. Ich läute beim Straßentor, in der Gegensprechanlage meldet sich eine männliche Stimme, es ist die des Pfarrers. Er weiß schon, dass ich erwartet werde. Er macht mir auf. Auf der Stiege sehe ich ihn, wir begrüßen uns freundlich. Er ist auch um die sechzig, ein freundlicher und sympathischer Herr. Der Pfarrer meint, ich würde schon erwartet werden.

Ich läute jetzt an der Wohnungstür, an der auf Messingschildern der Name des Pfarrers und der seiner „Haushälterin" glänzen. Frau K. empfängt mich freundlich, sie ist um 50. Eine charmante Dame, sie war einmal Leiterin des „Vereins der Pfarrhaushälterinnen". Sie bittet mich in die große Wohnung, die an das Stiegenhaus anschließt. Das große Vorzimmer ist eher dunkel, einige Sachen stehen herum. Wir gehen in die gemütliche Küche, hier ist es hell. Am Küchentisch nehmen wir Platz, eine richtige Wohnküche, modern ausgestattet. Ich übergebe mein Kunststück aus Feigen und Nüssen vom Naschmarkt. Sie freut sich und bietet mir einen Kräutertee an und Kletzenbrot. Ich nicke und beginne mit dem Gespräch. Die Dame erzählt spannend, sie ist sich der Aufgabe als echte „Pfarrhaushälterin", die dem Pfarrer Heimat bietet, bewusst. Etwas später kommt der Pfarrer zurück, er setzt sich zu uns, auch ihm schenkt die Dame Tee ein. Nun frage ich auch ihn nach der Bedeutung der Pfarrersköchin für das Pfarrhaus, die Pfarre und die Kirche. Ihn scheint meine Studie zu interessieren. Als ich, gestärkt durch Kletzenbrot und heißen Tee, der mir an diesem kalten Jännertag gut tut, aufbreche, schenkt sie mir einen von ihr selbst verfertigten Kalender, in dem Zeichnungen von ihr zu sehen sind. Von diesem Kalender gäbe es lediglich 800 Stück. Freunde und Bekannte in der Pfarre bekämen ihn zum Geschenk. Ich bin geehrt. Sie gibt mir einige Rundbriefe des „Vereins der Pfarrhaushälterinnen" mit sowie ein Video von einem Fernsehauftritt von ihr in einer Österreichsendung. Belehrt und reich beschenkt verlasse ich den Pfarrherrn und die gescheite Dame, von der ich einiges gelernt habe.

Auch vom Besuch bei einer anderen Pfarrersköchin sei hier einleitend berichtet. Im Herbst des Jahres 2002 hatte ich im hintersten Zillertal einen Vortrag über Wilderer gehalten und fuhr im Anschluss daran zu einer interessanten Dame in Tirol, die Jahre hindurch eine innigliche Beziehung zu ihrem Pfarrer hatte. Von ihr hatte ich durch einen alten Bekannten erfahren. Sie hatte Ärger mit dem Pfarrer, sie sieht sich von ihm betrogen – darüber ist später mehr zu erzählen. Dieser Bekannte, ein Rechtsanwalt, der die Dame juristisch gegen den Pfarrer und ein ganzes Stift vertritt, gab mir, nachdem er sie um Erlaubnis gefragt hatte, ihre Telefonnummer. Ich rief sie an und bat sie um ein Gespräch. Sie hatte von mir durch den Rechtsanwalt bereits gehört, ich dürfe sie besuchen. Wir machten uns einen Termin für das Gespräch aus. Sie verlange jedoch, dass ich ihre Telefonnummer und ihre Adresse, aber auch ihren Namen niemandem weitergebe. Ich versprach dies und machte mich zu ihr in eine Tiroler Stadt auf. Es ist ein schöner Herbsttag, an dem ich Frau E. besuche. Ich habe mich telefonisch angemeldet. Marschiere zu ihrem Haus, einem Wohnblock. Sie bewohnt eine freundliche und helle Garçonnière. Um 13 Uhr erwartet sie mich. Bei ihr ist ihre jüngere Schwester, eine Trafikantin, die mich eher misstrauisch beäugt. Sie meint, ihre Schwester habe psychisch schon viel mitgemacht, man solle sie nicht zu viel aufregen. Ich meine, ich würde sie nicht aufregen und ich wolle mich auch nicht aufdrängen. Die Schwester verlässt uns mit einem finsteren Blick, den ich nicht zu deuten weiß. Als sie gegangen ist, meine ich, ich wolle nicht stören. Frau E. antwortet lächelnd, das sei schon in Ordnung. Die Dame ist um die 65, schlank, mit Brillen, sie hat jetzt noch eine gute Figur. Sie muss einmal recht hübsch gewesen sein. Ich bringe Blumen mit. Wir setzen uns an den Tisch in der Küche. Sie raucht sich eine Zigarette an, ich darf den Kassettenrekorder verwenden. Sie erzählt spannend über das Leben mit dem Herrn Pfarrer, den sie geliebt hat und über den sie sich nun ärgert. Dazwischen ruft die Schwester an – vielleicht weil sie wissen will, ob ich mich freundlich und nicht zu belastend für sie verhalte. Sie dürfte besorgt um den psychischen Gesundheitszustand meiner Gesprächspartnerin sein. Diese hat weiße Handschuhe an, sie ist wegen irgendeines nervösen Hautleidens in ärztlicher Behandlung. Sie war deswegen schon im Krankenhaus. An diesem Leiden dürfte die Kränkung durch den Herrn Pfarrer schuld sein, dies deutet sie an. Ich frage schonend, so weit es möglich ist. Doch Frau E. ist froh, aus ihrem Leben mit dem Pfarrer, das für sie lange Zeit ein schönes und voller Liebe und Heiterkeit war, zu erzählen. Jedenfalls erfahre ich viel. Frau E. serviert mir Kuchen und Tee. Ich bleibe noch eine Weile bei ihr, dann verabschiede ich mich. Und danke ihr. Sie scheint zufrieden zu sein, mir einiges aus ihrem Leben als Gefährtin und Köchin eines Pfarrers erzählt zu haben. Und tatsächlich habe ich einen Einblick in eine höchst bunte Welt erhalten, über die noch zu berichten sein wird.

Bei meinem Freund, dem Zahnarzt und Poeten

Auf meiner menschenfreundlichen Jagd nach freundlichen Pfarrersköchinnen wandte ich mich brieflich auch an meinen alten Freund Dr.

Herwig Hofbauer, Zahnarzt in Gmünd im nördlichen Waldviertel, der aber auch Poet ist. Davon zeugt obiges Gedicht in Stabreimen. Ich werde es am Ende dieses Kapitels einfügen. Dieser liebe Mensch antwortete mir, er kenne ein paar dieser edlen Damen, die bei Pfarrern brave Dienste verrichtet haben, und er würde mit ihnen wegen mir reden. Ich schrieb ihm, er solle mit diesen Frauen Termine Anfang Februar 2003 ausmachen, an denen ich gerne zu ihnen zu einem Gespräch kommen werde. Herwig Hofbauer lud mich nun zu sich in sein prächtiges, kühn in einen Hang gebautes Haus am Rande des lieblichen Waldviertler Dorfes Unserfrau ein. Ich dürfe ein paar Tage bei ihm bleiben, meinte er, in diesen Tagen würde er oder seine Frau Judith mich zu einzelnen Pfarrersköchinnen begleiten, die sie auf mich vorbereiten würden. Ich freute mich über diese Einladung sehr. An einem kalten Februartag bestieg ich, wie vereinbart, am Wiener Franz-Josefs-Bahnhof den Zug nach Gmünd. In Gmünd holte mich Freund Herwig vom Bahnhof ab und brachte mich zunächst einmal in seine Ordination, wo seine Assistentinnen schon neugierig auf mich warteten, denn er hatte ihnen bereits von meinen Studien und von meiner Forschung über Pfarrersköchinnen erzählt. Offensichtlich wollten sie sehen, wie so ein Typ, der schon über Dirnen am Strich geforscht hat und der sich jetzt mit Pfarrersköchinnen beschäftigen will, ausschaut.

Bereits für den Nachmittag hatte der Herr Doktor für mich ein Gespräch mit einer Pfarrersköchin in einem kleinen Nest bei Weitra ausgemacht. Zu dieser werde mich seine Frau Judith mit dem Auto bringen.

Was Judith auch tut. Es ist der 3. Februar 2003, ein kalter Wintertag, auf den Feldern liegt Schnee und Teile der Straße sind eisig. Sie bringt mich bis zur Tür des alten, geruhsam aussehenden, ebenfalls in einen Hang hineingebauten Pfarrhofes. Wir läuten, und Frau Maria A., sie dürfte so um die 65 sein, erscheint. Judith stellt mich als den Professor aus Wien vor, den Herwig Hofbauer angekündigt hat. Sie habe noch eine Besorgung zu machen. Dann wolle sie im Auto am Platz vor dem Pfarrhof auf mich warten. Schüchtern bittet mich Frau Maria in die tiefer gelegene gemütliche Küche, von der man direkt auf den kleinen Hof mit einer Wiese blicken kann. Die Pfarrkanzlei liegt am Weg zur Küche, alles blitzt hier vor Sauberkeit. Der Herr Pfarrer ist nicht zu Hause, umso besser. So erzählt die Frau vielleicht freier, denke ich mir. Sie bittet mich an den Tisch, den ein helles Tischtuch ziert. Sie bringt Bäckereien und bietet mir einen Tee an. Dann erzähle ich der Pfarrersköchin von meiner Idee, über Pfarrersköchinnen zu forschen. Sie lächelt freundlich, sie ist fromm und in ihren Geschichten voll des Witzes. Es läutet, ein Herr vom Roten Kreuz erscheint, er nimmt auch am Tisch Platz. Er bittet um eine Spende für das Rote Kreuz. Frau Maria zeigt ihre ganze Großzügigkeit und gibt ihm 20 Euro, mehr als die anderen Spender, die höchstens 10 Euro, wie der Mann erzählt, gespendet haben. Mir imponiert Frau Maria. Nach einer Zeit schaue ich vor die Tür, ob Judith schon da ist. Ich sehe sie im Auto sitzen und geduldig auf mich warten. Ich bin fast gerührt über Judith, die es auf sich nimmt, zu warten, bis ich mit meinem Gespräch fertig bin. Ich sage ihr, sie solle mit in das Pfarrhaus kommen. Sie tut es und Frau A. freut sich über den Besuch. Auch Judith schenkt sie Tee ein. Wir greifen bei den Bäckereien zu, die Frau Maria selbst verfertigt hat. Besonders stolz ist sie auf ihre Vanillekipferl und die Polsterzipfe. Wir loben diese. Es ist schon spät. Ich bedanke mich und lasse mich von Judith zu ihrem Haus in Unserfrau chauffieren. Hier wird mir ein gemütliches Zimmer zugewiesen. Das Haus Herwigs ist wunderbar eingerichtet. Als Hausgenossen hat er Ratten, die von seiner Tochter Edda liebevoll behandelt werden. Gegen Abend erscheint Herwig und wir fahren in seinem Auto nach Haselbach zu Frau Rosina. Sie bewohnt das alte, von ihr und dem früheren Pfarrer renovierte Schulhaus. Im Pfarrhaus gegenüber wohnt der polnische Pfarrer, zu dem die Beziehung keine allzu gute zu sein scheint. Es ist gegen 19 Uhr, als wir beide bei der Kirche vorfahren und an ihre Tür klopfen. Sie begrüßt uns freundlich, sie weiß von Herwig, der sie angerufen hat, von ihrem „Glück", dass wir auftauchen werden. Sie ist also auf uns vorbereitet, bittet uns in die kleine saubere Küche. Diese ist schön eingerichtet, mit einer neuen, vom Tischler sorgfältig gearbeiteten Kredenz und einer glänzenden Abwasch. Wir setzen uns um den Tisch. Die brave Frau serviert uns Tee.

Als Herwig vom Pfarrer spricht, weint sie, denn dieser ist vor ungefähr drei Jahren gestorben. Eine innige Beziehung bestand zu ihm, immerhin haben sie das Haus gemeinsam ausgebaut und hergerichtet. Ich erzähle, dass ich eine Studie über Pfarrersköchinnen machen will. Sie schaut ein bisserl skeptisch. Später sagt sie, sie würde gerne einiges aufschreiben und mir schicken. Ich lasse meine Adresse da. Tatsächlich erhalte ich auch nach ein paar Wochen einen Brief von ihr mit ihrer Geschichte. Über diese ist wird später noch zu berichten sein.

Frau Rosina zeigt uns voll Stolz das von ihr und dem Herrn Pfarrer, um den sie ehrlich trauert, umgebaute Schulhaus. Nun lebt sie alleine darin. Das macht sie traurig. Rosa ist eine seelengute Frau. Wir verabschieden uns gerührt.

Mit Herwig verbringe ich einen schönen Abend, wir trinken Bier und ich erzähle von meinen Gesprächen mit Pfarrersköchinnen. Herwig schildert seine Erlebnisse mit diesen Damen. Er mag diese Frauen, auch die dazugehörigen Pfarrer, die es in den Dörfern nicht leicht haben. Ich bin müde und schlafe in einem geradezu herrschaftlichen Gästezimmer gut. Als Gast darf ich ein Badezimmer, wie ich es nur aus Hollywoodfilmen kenne, benützen. Die Kühnheit und Extravaganz dieser Waschanlage lässt sich nicht beschreiben. In einem noblen Bett lege ich mich zur Ruhe. Die Hausgenossen der Hofbauers, zu denen nicht nur ein freundlicher Hund gehört, sondern eben auch Ratten, sind friedlich.

Nach einem guten Frühstück im Anblick der freundlichen Ratten, mit denen die Tochter von Herwig spielt, es ist der 4. Februar, bringt mich Judith nach Waidhofen an der Thaya, wo wir die frühere Pfarrersköchin Frau Sallinger, die in einem Neubau am Rande der mittelalterlich anmutenden Stadt wohnt, aufsuchen. Auch sie weiß bereits durch Herwig von ihrem Glück. Wir läuten, Judith stellt mich der freundlichen Frau Sallinger vor. Sie ist eine gepflegte Dame mit sorgfältiger Gretlfrisur. Sie ist um die 77, schaut aber um einiges jünger aus. Sie bittet mich zu sich ins schön aufgeräumte Wohnzimmer. Diese Wohnung hat sie mit Pfarrer Sallinger, als dieser in Pension ging, erworben und bewohnt. Vorher wohnten sie im Pfarrhof, denn Pfarrer Sallinger war Stadtpfarrer und Religionsprofessor im Gymnasium, er war ein angesehener Herr. Auf den Berufstitel Professor dürfte er mächtig stolz gewesen sein. Im gemütlichen Zimmer werde ich an den Tisch gebeten, sie sitzt mir gegenüber. Sie bietet mir Tee und selbst gebackene Kekse an. Ich lange zu und erzähle von meiner Idee, über Pfarrersköchinnen zu schreiben. Sie zeigt sich davon angetan und freut sich, mir aus ihrem Leben zu erzählen. Sie war stets eine fromme Frau. Sie stammt aus Erlaa bei St. Valentin. Als ich ihr erzähle, dass ich mit Studenten ein Buch über Erlaa herausgebracht habe, ist sie voll der Freude, denn sie besitzt dieses Buch. Ich schreibe eine Widmung hinein. Höchste Sympathie erlange ich, als ich erwähne, dass ein Urgroßonkel von mir Pfarrer von St. Valentin gewesen sei. Ich habe sogar Bilder von ihm zu Hause, die ihn bei einer Fronleichnamsprozession in St. Valentin zeigen. Frau Sallinger ist geradezu entzückt über diese Auskunft, denn ihre Mutter habe von meinem Urgroßonkel das Beste erzählt. Ich genieße also hier in der Stube der alten Pfarrersköchin höchstes Ansehen. An der Wand hängt ein Bild vom Pfarrer Sallinger, er ist ihr Halbbruder. Er ist mit 93 gestorben. Er war ein guter Bergsteiger und hat einige Bände mit Sprüchen und Erinnerungen hinterlassen. Mit aller Sorgfalt schrieb er in diese Bücher, die Frau Sallinger ehrfurchtsvoll aufhebt. Sie borgt mir nach unserem Gespräch zwei seiner handgeschriebenen Bücher, damit ich Teile daraus fotokopieren kann. Ich marschiere gleich zu einem Papiergeschäft, wo ich die Bücher kopieren kann, es ist schon dunkel. Ich bringe die Bücher zurück.

Morgen werde ich wiederkommen, sie will mich noch mit einer alten Pfarrersköchin bekannt machen. Die liebenswürdige Judith holt mich ab und bringt mich nach Unserfrau, zum prächtigen Haus des Zahnarztes und Poeten Herwig.

Herwig erwartet mich bereits, es ist schon Abend. Mit ihm fahre ich nach Zwettl. Dort suchen wir das altehrwürdige Pfarrhaus auf. In der großen Küche im ersten Stock werden wir freundlich von der Pfarrersköchin Frau Auer und dem Herrn Pfarrer Dr. Kaiser, ein Mann um die sechzig mit lachenden, schelmischen Augen, begrüßt. Der Herr Pfarrer, ein freundlicher Herr, ist uns und vor allem mir gegenüber zunächst etwas skeptisch. Er weiß nicht so recht, wie er mich, den Professor aus Wien, der über Pfarrersköchinnen forschen will, einschätzen soll. Dies zeigt sich etwas später, als der Kaplan erscheint. Er kommt vom Fußballspiel, er steht im Tor der Lokalmannschaft. Über ihn hat Frau Auer bereits Heiteres erzählt. Wir begrüßen ihn lachend und meinen, er wäre in seiner Abwesenheit nur gelobt worden. Nun stellt der Herr Pfarrer mich schmunzelnd so vor: „Das soll ein Professor sein." Ich entschuldige mich sofort, dass ich nicht so aussehe, wie man sich einen würdigen Professor vorstellt. Dann weist der Herr Pfarrer auf Herwig: „Und der da ist ein Zahnarzt." Und liebenswürdig fügt er hinzu: „Die beiden sind aber ganz gemütliche Leute." Nun gebe ich dem Pfarrer meine Visitenkarte, auf der auch zu lesen ist, dass ich ein „Pilger" bin. Noch einmal erzähle ich von meiner Idee, eine Arbeit über Pfarrersköchinnen zu schreiben. Der Herr Pfarrer hat nichts dagegen und sagt zur Pfarrersköchin: „Jetzt wirst du berühmt." Darauf antwortet diese verschmitzt: „Das bin ich eh schon." Ich erfahre nun, dass der Herr Pfarrer Ärger mit dem Bischof hat, er sieht sich von diesem mies behandelt, so habe der Bischof ihm den kirchlichen Titel „Erzdechant", mit dem er sich bis jetzt schmücken konnte, aberkannt und ihn zum „Dechant" degradiert. Ich verstehe die Kränkung und sage dies auch. Aber nicht nur deswegen gibt es Schwierigkeiten mit dem Bischof. Der Herr Pfarrer will wissen, wie wir auf seine „Pfarrhaushälterin", die Frau Auer, gekommen seien. Herwig erzählt, er habe von ihr gehört, sie habe einen guten Ruf und wisse sicher viel. Daher habe er sie angerufen und gefragt, ob sie einmal Zeit habe, mir, dem Professor aus Wien, der ein Buch über Pfarrersköchinnen schreiben wolle, etwas aus ihrem Leben zu erzählen. Darauf habe sie gemeint, fährt Herwig lachend fort, sie wisse nicht viel zu berichten und außerdem sei sie von ihrer Herkunft her bloß ein einfaches Bauernmensch. Gerade darum sei sie für uns interessant. Und nun sind wird hier. Ich erwähne meine Forschung über Pfarrersköchinnen und dass ich eine spannende Arbeit über diese Damen schreiben wolle. Ich erzähle auch, dass mir die alte bäuerliche Kultur gefällt, aus der sie kommt. Darüber habe ich ein Buch geschrieben. Der Ausdruck „Bauernmensch" ist für mich also etwas Edles. Die alten Bauersleute hätten allesamt ein größeres Wissen als die heutigen Städter, man könne von ihnen nur lernen, auch von ihr, der Pfarrersköchin, da sie aus der spannenden Welt der Bauern käme. Auch weise ich darauf hin, dass ich in Waidhofen die liebenswürdige Frau Sallinger, die die beiden auch kennen, gesprochen habe. Dann erzähle ich heiter von unserem Pfarrer in Spital am Pyhrn, der gerne auf die Jagd gegangen ist und ein guter Bergsteiger war.

Frau Auer ist eine gütige Kumpanin „Seiner kaiserlichen Hoheit", des Herrn Pfarrers, der ja Kaiser heißt. Auch Herwig stellt weise Fragen, ich habe dabei das Gefühl, er traue bisweilen meiner Art des Forschens und des Fragens nicht, offensichtlich meint er, ich würde zu wenig gescheite Fragen stellen. Es mag sein, dass er als Zahnarzt eine besondere Art des Fragens entwickelt hat, wahrscheinlich eine solche, die dem Patienten den Mund öffnet. Nach ungefähr zwei Stunden verlassen wir bereichert das Pfarrhaus. Wir fahren nach Unserfrau zur noblen Behausung von Herwig. Ich verbringe noch einen schönen Abend bei Bier und Käse bei den Hofbauers. Ich habe ihnen viel zu verdanken, sie sind liebe Freunde. Wieder schlafe ich in dem feinen Bett bei dem herrschaftlichen Badezimmer, das mich an Hollywoodfilme erinnert.

Am nächsten Morgen wird mir noch ein kräftiges Frühstück, bei dem Hund und Hausratten aus gebührender Entfernung zusehen, serviert. Dann verabschiede ich mich von Herwig voll der Dankbarkeit für seine Mühe um meine Forschung. Und Judith fährt mich wiederum zur lieben Frau Sallinger, die mich heute mit der alten Pfarrersköchin Poldi, sie ist über neunzig, bekannt machen will. Ich danke Judith herzlich für ihre freundliche Güte. Sie fährt zurück nach Gmünd. Frau Sallinger wartet schon auf mich. Sie geht mit mir zum Friedhof, wo sie mir das Grab ihres Halbbruders, des verstorbenen Pfarrers, zeigt. Auf dem Grabstein ist auch schon ihr Name verewigt. Ich mache ein Foto. Sie erzählt mir, im Abschiedsbrief des Pfarrers an sie habe er geschrieben: „Mache dir noch ein paar schöne Jahre, dann erwarte ich dich mit Freuden in der Ewigkeit." Nun wandere ich mit Frau Sallinger durch Waidhofen zur früheren Pfarrersköchin Poldi, sie soll eine heitere Dame sein. In einem kleinen Haus, es dürfte aus den 30er-Jahren stammen, am

Rande der Stadt wohnt Frau Poldi. Eine kleine Treppe führt zu ihrer Tür. Sie wohnt im Parterre, wir läuten, nach einer Weile erscheint die alte Dame an der Tür. Sie geht mit zwei Stöcken, dennoch lacht sie freundlich. Sie freut sich sehr über unseren Besuch. Frau Sallinger hat ihr schon am Telefon von mir erzählt. Wir nehmen in der Küche Platz.

Frau Poldi verweist auf ihren eingebundenen Finger und sagt: „Sehen Sie, allweil hat man etwas, wenn man alt ist." Ich nicke verständnisvoll und erzähle, dass ich noch einige gute Geschichterln von ihr als ehemaliger Pfarrersköchin brauche. Sie lacht zustimmend und meint: „Das habe ich eh schon gehört." Dann erzählt sie aus der Buntheit ihres Lebens.

Nach einer spannenden Stunde verabschieden wir uns. Frau Sallinger begleitet mich noch zum Bahnhof in Waidhofen. Ich danke ihr und verabschiede mich herzlich. Dann besteige ich den Zug nach Wien. Es waren schöne Stunden, die ich hier im Waldviertel verbracht habe.

Wanderungen mit dem gelehrten Herrn Dr. Elmar Oberegger

Ich halte den Fußmarsch für ein wichtiges methodisches Mittel, denn durch den Fußmarsch erhält der Forscher eine enge Beziehung zu der Gegend, in der die Person lebt oder die Personen leben, über die er etwas erfahren will. Und dies kann sehr wertvoll sein für das Verstehen des Lebens und der Arbeit der betreffenden Menschen. So schrieb mir eine Studentin, die über das Leben alter Leute im Salzkammergut forscht, in einem Brief, dass sie gerade durch den Fußmarsch, den ich ihr empfohlen hatte, ein gutes Gefühl für das kulturelle Umfeld ihrer Gesprächspartner erhalten habe. Und außerdem gefiel es den Leuten, dass sie zu Fuß zu ihnen gekommen sei.

Das Wandern zu Fuß steht in der besten Tradition der griechischen Schule der Peripatetiker, wie sie auf Aristoteles zurückgeht. Das Wort Peripatetiker kommt von „peripatein" und das heißt „herumgehen", also wandern. Es ist interessant, dass einige griechische Philosophen sich gerne im Tal des Tempe, eines kleinen Flusses bei Athen, aufhielten. Nach diesem Vorbild benannten gebildete Patres von Kremsmünster, die uns Schülern Jahre hindurch Latein und vor allem Altgriechisch beibrachten, das Tal, das von Kremsegg bei Kremsmünster in Richtung Gustomair zieht, Tempetal. Heute weiß dies kaum jemand, und da der Fluss Tempe braven Kremsmünsterern unbekannt ist, spricht man heute vom Tempeltal statt vom Tempetal. Durch dieses Tempetal wanderte ich bei meinen Wanderungen zu Pfarrersköchinnen mit einem liebenswürdigen Herrn, nämlich dem blitzgescheiten und etwas rebellischen Gelehrten Dr. Elmar Oberegger. Mit ihm führte ich beim Wandern ganz im Stile der griechischen Philosophen anregende Gespräche, die meiner Forschung höchst förderlich waren. Mit ihm durchwanderte ich die Gegend von Bad Hall und Kremsmünster, eine Gegend, die von dem großen oberösterreichischen Dichter Adalbert Stifter wundervoll beschrieben wurde. Auch Stifter besuchte wie ich das Stiftsgymnasium zu Kremsmünster. Elmar Oberegger, der eine großartige Arbeit über die Pyhrneisenbahn verfasst hat, ist in Sattledt, nicht weit von Kremsmünster, beheimatet. Er kennt je eine Pfarrersköchin in St. Blasien, in Adlwang und in Pfarrkirchen. Diese rief er an und bat sie, mir aus ihrem Leben zu erzählen. Er würde mit mir zu ihnen kommen. Die Damen erklärten sich bereit, uns zu empfangen. Freund Elmar machte mit ihnen für mich günstige Termine aus. Dafür und für die Begleitung sei ihm inniglich gedankt. In kalten Februartagen und an einem Frühlingstag im April marschierten wir beide zu diesen Damen. Wir langten also, wie der alte Klosterschüler sagt, per pedes apostolorum – auf den Füßen der Apostel – bei ihnen an und wurden freundlich empfangen.

Die erste Wanderung unternahm ich mit Elmar am 9. Februar 2003. Ich war mit der Bahn von Spital am Pyhrn, wo ich aufwuchs und wohin ich mich immer wieder zurückziehe, nach Rohr gefahren. Um 10 Uhr vormittags treffe ich ein. Elmar wartet bereits. Jeder von uns trägt einen kleinen Rucksack. In meinem befinden sich der Kassettenrekorder, Schreibzeug und andere Kleinigkeiten. Wir wandern durch eine herrlich verschneite Landschaft; über schneebedeckte Felder gelangen wir nach Bad Hall und von dort nach St. Blasien, einer alten gotischen Wallfahrtskirche. Gleich bei der Kirche steht ein kleines Haus, ein Einfamilienhaus, in diesem wohnt Frau Wolfslehner, sie ist schon um die neunzig, mit der Familie ihrer Tochter. Sie war für Pater Thomas, den schon verstorbenen Onkel von Elmar, eine gute Köchin und stand ihm auch sonst zur Seite. Pater Thomas war eigentlich Pfarrer von Pfarrkirchen, aber hier in St. Blasien las er feierliche Messen und wusste mit noblen Gästen im alten Messnerhaus, der so genannten Blasiusstube, in katholischer Tradition gut zu essen und zu trinken. Davon künden einige Gästebücher, über die ich später beim Kapitel über „Feste und Gäste" noch erzählen werde.

Nach unserem Gespräch mit Frau Wolfslehner, die uns auch Heiteres über Pater Thomas erzählt, gehen Elmar und ich in die Kirche. Hinter dem Altar sind alte und uralte Graffiti angebracht. Wir schreiben uns dazu. Dann besuchen wir die Blasiusstube, die etwas heruntergekommen aussieht, denn jetzt wird hier nach dem Ableben von Pater Thomas nicht mehr gefeiert. Es muss eine gemütliche Stube gewesen sein. Wir verabschieden uns bei Frau Wolfslehner, danken auch für die kleine Jause und marschieren zurück nach Bad Hall. In einem Gasthaus trinken wir jeder noch ein Bier, dann geht es über die schneebedeckten Felder nach Kremsmünster. Ich suche den Weg in das Tempetal, doch wir verfehlen es, bleiben im Schnee stecken und kämpfen uns wieder heraus. Irgendwie gelangen wir über den Gustomeierberg nach Kremsmünster.

Die nächste Wanderung, es ist auch ein Februartag, führt mich mit Elmar aufs Neue vom Bahnhof Rohr über Bad Hall nach Adlwang. Wir wandern über verschneite und verträumte Felder nach Bad Hall und von dort durch den Schnee und an verschlafenen Bauernhäusern mit ihren kahlen Obstbäumen vorbei nach Adlwang. Um ungefähr 15 Uhr sind wir beim Pfarrhof, in dem die Pfarrersköchin Frau Maria, die Elmar von unserem Besuch informiert hat, bereits auf uns wartet. Die Pfarre Adlwang gehört zum Stift Kremsmünster. Ich kenne einige ihrer Pfarrherren. Frau Maria bittet uns in das an die Küche anschließende, schön eingerichtete Wohnzimmer. Man sieht durch die Tür in eine große, beinahe herrschaftliche Küche. Frau Maria bewirtet uns mit Tee und selbst gebackenem Kuchen. Sie war früher, am Beginn der 60er-Jahre, Kellnerin in der Kremsmünsterer Stiftsschank, die auch wir Studenten in den oberen Klassen aufsuchen durften. Sie erinnert sich heiter der Studenten. Der Pfarrhof ist einstöckig, zwei Zimmer im ersten Stock werden an Arbeiter vermietet. Im oberen Stock wohnt auch der Pfarrer, sie, die Frau Maria, hat im Parterre ihr Zimmer. Die beiden leben also in züchtiger Distanz.

Im geschmackvoll eingerichteten Wohnzimmer, in dem wir gemütlich sitzen und sprechen, hängt an einer Wand ein schöner Stich vom Kloster Kremsmünster, vielleicht um 1800, man sieht die Sternwarte und die vielen Klostergärten. Frau Maria raucht sich eine Zigarette an. Sie war die Freundin der bereits verstorbenen Mutter von Elmar. Auch seine Großmutter war in der Schank tätig. Während wir über das Leben der Frau Maria reden, läutet das Telefon. Jemand will den Pfarrer sprechen – sie verbindet. Der Pfarrer ist im Haus, im ersten Stock, er geht uns aber offensichtlich aus dem Weg. Vielleicht will er uns nicht treffen. Ich meine zur Frau Maria, dass der Pfarrer wohl vor uns gewarnt worden ist. Sie lacht und meint: „Was heißt gewarnt? Ich habe zum Pater Georg gesagt, ein Universitätsprofessor aus Wien kommt und der will ein Buch über Pfarrersköchinnen schreiben. Hoffentlich ist das kein Hineinfaller, hat er gemeint. Ich habe gesagt, mit ihm kommt der Neffe vom Pater Thomas." Wir lassen uns den Kuchen schmecken und bleiben, bis es dämmert, dann verabschieden wir uns dankend und wandern im Dunkeln an schneebedeckten Feldern vorbei durch einen kleinen Wald, Bauernhäuser liegen am Weg, wir wollen ins Tempetal, verirren uns, irgendwie gelangen wir zu einem Bauern, der uns den Weg nach Kremsmünster erklärt. Über eine Wiese zu einem Bacherl, das wir kühn überqueren, hinauf zu einem Bauern, der Schweine mästet, wie zu riechen ist. Wir erreichen das Gasthaus „Zum Baum mitten in der Welt", dann suchen wir nach dem Tempetal und fragen in einem Bauernhof, der offensichtlich kein Bauernhof mehr ist, sondern Wohnungen enthält, die an Leute aus den Märkten und Städten der Umgebung, wie Bad Hall und Steyr, vermietet sind, nach dem Weg. Der Mann, den wir fragen, ist verwundert, dass wir um diese Zeit noch durch das Tempetal gehen wollen. Er zeigt uns den Weg. Seine Frau schüttelt den Kopf. Wir gelangen in das Tal, das jetzt winterlich wild aussieht. Den Wanderweg verfehlen wir, aber wir erreichen heil Kremsmünster. Im Gasthof beim Bahnhof trinken wir noch ein Bier und gedenken des schönen Tages und der wilden Gegend, die am Abend wenig lieblich ist, aber höchst reizvoll. Mit dem Zug fahre ich nach Spital am Pyhrn.

Die nächste Wanderung unternehme ich wieder mit dem freundlichen Gelehrten Elmar, der mir gescheite Gedanken zu Pfarrersköchinnen vermittelt, am 25. April 2003, einem schönen Frühlingstag. Wir wandern lustvoll durch das Tempetal, das sich uns nun in frühlingshafter Milde darbietet. Hinauf zum Gustomeier, an der Schule von Krühub vorbei, an Wiesen mit frischem Grün entlang. Wir passieren neu erbaute Häuserreihen, denen man ansieht, dass sich hier aufstrebendes junges Volk angesiedelt hat. Wir blicken auf Bad Hall, das Schloss Feyregg und Pfarrkirchen, unser Ziel. Bald stehen wir vor dem barocken Pfarrhaus. Im ersten Stock wartet Frau Mayer, die Pfarrersköchin von Pater Wilhelm, den man kurz auch PaWü nennt, auf uns beide. Pater Wilhelm hatte ich erst vor ein paar Wochen in Wien beim Begräbnis von Professor Loitelsberger getroffen, bei dem er eine freundschaftliche Trauerrede hielt. Er kannte Loitelsberger von Grünau, wo er Pfarrer war. Seine Rede beendete er mit den Worten: vivat, crescat, floreat (er lebe, wachse und blühe), fröhliche Worte, die auch zu einer Geburtstagsfeier passen.

Ihm sei nichts anderes eingefallen, meinte Pater Wilhelm. Pater Wilhelm kennt mein Buch über die Klosterschule. Es dürfte ihm gefallen. Damals bereitete ich ihn schon auf meinen Besuch bei ihm und der Pfarrersköchin vor. Ich könne ruhig kommen. Außerdem sei er stolz auf seine Köchin, denn diese habe sogar einmal den Pfarrhof von Talheim angezündet. Andere Pfarrer seien deswegen auch an ihr interessiert. Sie hätten Lust, sie sich auszuborgen (damit sie auch deren Pfarrhof anzünde).

Diese Pfarrersköchin, Frau Mayer, bittet in die gute Stube. Wir nehmen um einen alten Tisch herum Platz. Im Zimmer stehen eine

Vitrine und ein prächtiger Schreibtisch mit viel Papier. Bei einem Kasten an der Wand hängen Zettel mit diversen Terminen. Der Pfarrer hat also viel zu tun. Frau Mayer kredenzt uns Tee und etwas Kuchen. Sie erzählt heiter, ebenso Pater Wilhelm, der dann auch erscheint. Nach einer Zeit danken wir, Pater Wilhelm will uns unbedingt mit seinem Auto nach Bad Hall fahren. Obwohl es unseren Prinzipien widerspricht, steigen wir ein. In Bad Hall trinken wir in einem Gasthaus noch ein Bier, dann marschieren wir zurück nach Kremsmünster und durch das Tempetal.

An einem frühen Septembertag marschiere ich wiederum mit Elmar nach Pfarrkirchen, wir genießen die spätsommerliche Landschaft. Beim Gasthaus „Zum Baum mitten in der Welt" machen wir in dessen Garten Rast, trinken Tee und ich kaufe mir ein paar Ansichtskarten. Wir spazieren nach Kriehub und gelangen bei heiter-gescheitem Gespräch nach Pfarrkirchen, und wieder empfängt uns Frau Mayer freundlich. Diesmal erzählt auch Pater Wilhelm, also PaWü, in seinem charakteristischen Gemurmel einiges über seine Probleme als Pfarrer. Beim Abschreiben der Kassette später habe ich deswegen Schwierigkeiten, aber dennoch hat sein Gemurmel seinen Charme. Wir marschieren nach Bad Hall, lassen uns jetzt nicht mit dem Auto führen. Vor einem Café in Bad Hall genießen wir in der späten Nachmittagssonne je ein Bier. Dann wandern wir am Schloss Feyregg und an Bauernhäusern vorbei auf schönen Bauernwegen zum „Baum mitten in der Welt". Wir biegen ins Tempetal ab und gelangen nach Kremsmünster; im Gastgarten der Familie König beim Bahnhof lassen wir beim Bier den Tag ausklingen. Ich besteige, nachdem ich mich herzlich bei Elmar für seine freundschaftliche Begleitung und Mühe bedankt habe, den Zug nach Spital am Pyhrn.

Es war bereichernd für mich, mit Elmar zu Pfarrersköchinnen zu wandern und mit ihm während der Wanderungen über die Kultur in den Pfarrhöfen zu sprechen. Das gemeinsame Marschieren hat uns zum Denken angespornt und mir klar gemacht, wie lehrreich, aber auch erholsam es sein kann, bei den Pfarrersköchinnen mit eigener Muskelkraft einzutreffen. Regelmäßig meinten die Damen auch, es würde ihnen gefallen, dass ich den Fußmarsch gewählt habe, um sie mit meiner Anwesenheit zu erfreuen.

Mit Dr. Erwin Lang, Philosoph und Tischler, bei der Köchin des Weinpfarrers

An einem schönen heißen Julitag des Jahres 2003 lud mich Herr Dr. Ewald Lang, dem ich von meiner Pfarrersköchinnenstudie erzählt hatte, ein, mit ihm in das obere Waldviertel in seine bäuerliche Heimat zu fahren. Herr Dr. Lang genießt meine Sympathie, denn seine Interessen sind weit gestreut. Er hat etwas von einem philosophierenden Handwerker an sich, schließlich ist er Doktor der Philosophie und Tischler. Auch ihn fasziniert die vergangene bäuerliche Kultur, wie ich sie in einigen Büchern dargestellt habe. Ich hatte übrigens die Ehre, seine Dissertation mitbetreuen zu dürfen.

Herr Dr. Lang lud mich also ein, mit ihm das Waldviertel aufzusuchen, er wolle mich dort mit einer Dame bekannt machen, die als Pfarrersköchin bei ihrem Bruder, dem bekannten Weinpfarrer, tätig ist.

Wir fahren los, in die Wachau und bei Spitz steil hinauf in die prachtvolle Landschaft des Waldviertels. Zuerst fahren wir in den Heimatort Ewalds – hier residiert auf einem Schloss ein Graf, mit dem mein Gastgeber seit Jahren wegen diverser Grundstreitigkeiten Probleme hat. Wir gelangen zum Bauernhof Ewalds, in dem er eine Tischlerei eingerichtet hat. Er handelt mit Antiquitäten, mit alten Möbeln, die er selbst renoviert. Er bringt mich zu einem früheren Gasthaus, in dem eine alte Frau wohnt, die viele Kräuter hat, in Säcken verstaut. Ob sie diese verkauft, weiß ich nicht. Ich frage sie auch nicht. Sie bittet uns an einen Tisch, bietet einen Kräutertee an. Sie kennt sich mit Pfarrersköchinnen aus, obwohl sie selbst keine war. Auch die Mutter Ewalds kommt hinzu, die beiden sind Schwestern. Ich erzähle den beiden, dass ich schon mit über zehn Pfarrersköchinnen gesprochen habe. Die Mutter von Ewald hat einen wunderbaren Ribiselkuchen mitgebracht. Nach dem Genuss des Tees und des Kuchens besuchen Ewald und ich die Pfarrersköchin des Weinpfarrers. Sie, die die Schwester des Pfarrers ist, empfängt uns lachend. Ihr Hund knurrt zwar bei unserem Anblick, gibt dann aber Ruhe. Die Pfarrersköchin ist gerade dabei, Gemüse und Erdäpfel zu putzen oder zu schneiden, dennoch bereitet sie uns Tee und erzählt uns aus ihrem Leben. Wir erfahren einiges, das mich erfreut. In der Abenddämmerung fahren wir hinunter zur Wachau. Mit meinem Fahrrad, das in dem geräumigen Auto des Herrn Dr. Lang mitgenommen wurde, lasse ich mich auf den gewundenen Straßen zwischen den prächtigen Weinbergen, die noch den Glanz der Sonne eingefangen haben, zur Donau hinunter.

Es waren schöne und lehrreiche Stunden, die ich als Wandersmann, als Radfahrer, als Benützer der Eisenbahn und als von freundlichen Leuten Chauffierter bei Pfarrersköchinnen erlebte habe. Immerhin habe ich als Fahrender spannende Kontakte erfahren und mein Wissen bereichert.

Dank auch dem freundlichen Herrn Johannes Dammerer

Danken möchte ich auch Herrn Johannes Dammerer, ein Schulmann, der auch mein Student am Institut für Soziologie der Universität Wien ist. Aufgewachsen in Wolfpassing, wohnt er jetzt in Melk. Anlässlich einer Seminararbeit kam ich mit ihm auch über Pfarrersköchinnen zu sprechen. Er kenne einige mehr oder weniger liebenswürdige Damen dieser Art, meinte er. Und er würde auch mit ihnen sprechen und mir über seine Gespräche berichten. Ich freute mich über dieses Angebot und stimmte zu. Aus seinen Gesprächen zitiere ich im Laufe dieser Arbeit einige Stellen, ich werde dabei jedoch stets auf Herrn Dammerer verweisen. Zu den Texten schrieb Herr Dammerer jeweils auf mein Anraten, wie er das Gespräch, das er geführt hat, sieht und welchen Eindruck die jeweilige Pfarrersköchin auf ihn gemacht hat.

Zu einem Gespräch schrieb er: „Es war ein sehr gutes und spannendes Gespräch mit dieser sehr liebenswürdigen Frau, allerdings wurden wir unterbrochen und es blieb keine Zeit mehr um weiterzureden.“

Wichtig erschien ihm offensichtlich dieser Hinweis: „Ich bekam auch eine Jause bei ihr." Einem anderen Gespräch mit einer anscheinend heiteren Pfarrersköchin fügte er genüsslich hinzu: „Wir haben auch gemeinsam einen Schnaps getrunken."

Interessant für die Forschungsmethode des Gesprächs ist nachstehende Feststellung Herrn Dammerers, denn sie zeigt, dass bisweilen die betreffende Person, von der man etwas wissen will, Geschichten aus ihrem Leben als eher unwichtig ansieht. Die Kunst des Forschenden ist es, dem Gesprächspartner oder der Gesprächspartnerin klar zu machen, wie großartig ihre Geschichten sind. Herr Dammerer verstand dies offensichtlich hervorragend. Dies lese ich aus seinen nun folgenden Zeilen: „Diese Frau wusste sehr viel zu erzählen, obwohl sie immer meinte, dass da nichts Besonderes vorgefallen ist. Aber dass sie zum Beispiel den Pfarrer mit dem Motorrad und ihn im Beiwagen herumchauffiert hat, ist schon besonders genug."

Und schließlich hält Herr Dammerer etwas fest, das mich freut: „Für mich persönlich waren die Gespräche sehr aufschlussreich, weil ich so gar keine Erwartungen hatte, was die Frauen mir erzählen werden. Ich konnte mich sehr locker mit ihnen unterhalten. Überraschend war, dass die Frauen viele für sie sehr persönliche Dinge mir preisgaben."

Ähnliches notiert Herr Dammerer an einer anderen Stelle: „Die Gespräche waren für mich sowohl aus soziologischer als auch aus persönlicher Sicht sehr interessant und auch meinen Horizont erweiternd. Mit keinem Fragebogen der Welt hätte ich das alles erfahren, was ich erfahren habe."

Mit dem letzten Satz wendet er sich persönlich an mich – mich ehren diese Zeilen als Lehrenden an der Universität: „Abschließend möchte ich Ihnen noch sagen, ich bin Ihnen sehr dankbar bin, dass Sie mich gebeten haben, diese Gespräche zu führen. Ich hoffe, dass ich Ihnen ein bisschen helfen konnte!" Der Herr Dammerer hat mir geholfen. Dafür danke ich ihm herzlich.

Der Pfarrer, das Kirchenvolk, die Pfarrersköchin und der Kaplan

Etymologisch, also von der Wortwurzel her, leitet sich, wie ich vorhin schon einmal eingeworfen habe, das Wort Pfarrer von den beiden griechischen Wörtern „para oikos" ab, die so viel bedeuten wie: „der, der neben dem Haus, also neben der Kirche, wohnt". Der Pfarrer ist demnach jemand, der seinen Wohnsitz bei der Kirche hat, der zu dieser gehört und wichtige Funktionen für die Gemeinschaft, für die die Kirche da ist, zu erfüllen hat. Aus diesem griechischen „para oikos" wird das lateinische Wort „parochus", das sich im Deutschen schließlich zum „Pfarrer" wandelt.

Darüber erzählte ich dem Pfarrer von Zwettl im Waldviertel, der auch Griechisch in einer Klosterschule gelernt hat. Ich saß mit ihm im alten Pfarrhaus und trank mit ihm und der Pfarrersköchin guten Wein. Dabei meinte er: „Es ist schön, dass der Pfarrhof ganz in der Nähe der Kirche ist. Das ist wichtig für den Gottesdienst." Die Bedeutung des Pfarrers ist also auf die Gemeinschaft, das Kirchenvolk, bezogen. Und bei diesem genießt er traditionell hohes Ansehen.

In der Hierarchie des Dorfes stand und steht daher der Pfarrer neben dem Arzt und dem Lehrer ganz oben. Ich erinnere mich an meine Kindheit als Sohn eines Landarztes, dass mein Vater und der Herr Pfarrer, „Herr Dechant" nannten wir ihn, von den Leuten des Dorfes gleich ehrfürchtig gegrüßt wurden. Es kam sogar vor, dass mein Vater gemeinsam mit dem Herrn Dechant zu einem schwer erkrankten Bauern marschierte. Mein Vater sah nach dem kranken Körper und der Pfarrer nahm die „Letzte Ölung" vor, damit der Kranke sicher sein könne, in ein angenehmes Jenseits überzugehen. Unser Herr „Dechant" war hoch angesehen, weil er auch die Mühe auf sich nahm, auf Berggipfel zu steigen, um auf diesen mit braven Bergsteigerinnen und

Bergsteigern eine Gipfelmesse zu feiern.

Für die Menschen der Gemeinde gehörte und gehört zum Pfarrer auch die Pfarrersköchin. Beide erfreuen sich im Leben des Dorfes oder des Stadtviertels hoher Achtung.

Materiell war die Pfarrersköchin in früheren Zeiten jedoch vollkommen vom Pfarrer abhängig, daher war es oft auch eine Schwester, wie im Falle der Frau Sallinger, die für wenig Geld oder bloß für Kost und Quartier für den Pfarrer kochte und für ihn da war. Starb der Pfarrer, so konnte im günstigsten Fall die Pfarrersköchin in ihre Familie zurückkehren oder sie wurde vom neuen Pfarrer übernommen, ansonsten drohte, zumindest bis zum Krieg, Armut. Auch heute noch zahlt der Pfarrer der Pfarrersköchin ihren Lohn von seinem Gehalt, er bekommt jedoch grundsätzlich von der Diözese dafür einen Zuschuss. Und war die Pfarrersköchin alt, so war es ein Glück, wenn der Pfarrer mit ihr in Pension ging. Heute hat die Pfarrersköchin Anrecht auf eine angemessene Pension, die sie, wie zum Beispiel Frau Poldi im Waldviertel, auch zu genießen weiß. Nicht selten, wie ich zeigen werde, arbeitet die Pfarrersköchin, eine solche ist Frau Christl aus Zwettl, in ihrer Pension weiterhin im Pfarrhof. Klassisch dürfte es wohl sein, dass Pfarrer und Pfarrersköchin gemeinsam in Pension gehen und für diese, wie Frau Rosina mit ihrem hochverehrten Pfarrer, der leider zu früh starb, sogar ein Haus erwarben und renovierten. Jedenfalls genießen Pfarrer und Pfarrersköchin Ansehen und Respekt im Dorf.

Darüber schrieb mir auf meine Bitte hin Herr Franz Limberger, ein großer Kirchenmusiker und Freund von Pfarrersköchinnen aus Kirchdorf an der Krems, etwas, das ich hier vorab wiedergeben will. Er selbst verbindet mit der Gemeinschaft des Kirchenvolkes in der Pfarre ein mitunter heiteres Leben: „Als Pfarrersköchin zählte man zum Kreis der angesehenen Menschen im Dorf. Der Herr Pfarrer, der Herr Doktor und der Schullehrer waren Personen, die aufgrund ihres Studiums als so genannte Gebildete angesehen wurden. Wer im Umkreis dieser Personen lebte, hatte durch seinen nahen Umgang mit diesen Persönlichkeiten ebenfalls einen hervorragenden Status erreicht. Wer sich im Pfarrhof heimisch nennen durfte, gehörte sozusagen der dörflichen

Oberschicht an. Für mich war der Pfarrhof ein Kommunikationszentrum, ein Ort der Begegnung mit gescheiten Leuten und hübschen Mädchen. Die Kirchenchorproben im Pfarrhof waren ideal für uns Burschen, um mit Mädchen anzubandeln. Noch dazu unter dem Deckmantel der Kirche. Das konnte also nicht sündhaft sein. Ich erinnere mich gerne an diese vielen Abende auf der Hausbank im Pfarrhofgarten. Wer zum Freundeskreis der Pfarrersköchin gehörte, konnte eine Menge Vorteile nützen, die solch ein traditionsreiches Pfarrhaus und der Schutz der Kirche anbieten.

Pfarrersköchinnen waren für uns fast so etwas wie Obrigkeiten im kirchlichen Leben, genauso wie im weltlichen."

Eine Wiener Pfarrersköchin, die ihren Beruf in der Pfarre als eine „spannende Geschichte" sieht, bezieht sich auf die Bedeutung der Pfarrgemeinschaft, deren Symbol der Herr Pfarrer ist: „Eigentlich ist die Pfarre bei uns so etwas wie ein Grätzel. Ich treffe die Leute beim Einkaufen. Es gibt welche, mit denen stehe ich eine Dreiviertelstunde im Geschäft. Auch in der Stadt ist die Kirche etwas Familiäres. Beim Einkaufen haben sie bald gewusst, dass ich zur Kirche gehöre, und sie haben mich zum Beispiel gefragt, wann die Kindermette ist. Ich fühle mich hier zugehörig."

Es gehört wohl zu der vornehmsten Aufgabe des Pfarrers, darauf zu achten, dass seine Pfarre, auch wenn sie in der Stadt liegt, die Menschen miteinander verbindet. Dies geschieht durch die Durchführung von gemeinsamen Gottesdiensten, wie das „Lesen" von Messen an Sonn- und Feiertagen, dem Beten von Andachten, dem Feiern von Taufen und Hochzeiten, der geistlichen Leitung von Begräbnissen und ähnlichen Veranstaltungen. Dazu kommt noch, dass Pfarrer in Schulen am Unterricht beteiligt sind und bei diversen Veranstaltungen, wie Männerwallfahrten, mitmachen.

Großer Respekt wird dem Pfarrer von dem Kirchenvolk dadurch entgegengebracht, dass er im Anschluss an Hochzeiten und Taufen zum Festessen eingeladen wird. Es wird so rituell gezeigt, dass der Herr Pfarrer ein wichtiger Teil der Gemeinschaft ist.

Aber auch in Männergesangsvereinen sind die Herren Pfarrer zu finden. Die Bedeutung des Pfarrers ist also auf die Gemeinschaft, das Kirchenvolk, bezogen.

Darüber schwärmt eine Wiener Pfarrersköchin: „Die Leute haben Respekt vor dem Pfarrer. Er ist nicht nur Pfarrer, er hat auch Funktionen in der Diözese, für die Männerbewegung. Er hat viel zu tun." Sie hat alle Achtung vor dem Herrn Pfarrer, er respektiert aber auch sie, was sie freut: „Es gibt wenig, was wir gemeinsam machen, nicht, weil wir wenig Zeit haben. Er hat aber alles gefördert, was ich mache, ob das Töpfern oder Zeichnen war. Viele Dinge, die ich jetzt mache und kann, hätte ich ohne seine Ermutigung nicht gemacht. Viele meiner Talente hat er ausgegraben." Diese Pfarrersköchin schätzt an ihrem Herrn Pfarrer, dass sie nach ihren Vorstellungen und ihren Neigungen das Kirchenvolk beschäftigen und unterhalten könne. Aber darüber wird später noch zu erzählen sein.

Manchen Pfarrern macht es Freude, die Jugend selbst zu führen. So veranstaltete unser Pfarrer von Spital am Pyhrn, der ein begeisterter Bergsteiger war, regelrechte Kletterkurse. Ein Mädchen, das dabei war, war von den Klettereien mit dem Herrn Pfarrer derart begeistert, dass sie im Laufe der Zeit zur besten Bergsteigerin der Welt wurde. Sie bestieg 8 Achttausender (Gerlinde Kaltenbrunner ist ihr Name). Im Sommer 2004 feierte die Gemeinde diese kühne Bergsteigerin, aber mit ihr auch den Herrn Pfarrer, der in ihr die Freude am Bergsteigen erweckt hat.

Eingesetzt ist der Pfarrer durch kirchliche Autoritäten, nämlich durch den Bischof oder den Abt eines Klosters, zu der die betreffende Pfarrei gehört. Der Pfarrer ist eine kirchliche Amtsperson. In seiner Kanzlei führt er seit alters her die Taufbücher und die Totenbücher. Auch das Festhalten von Ereignissen im Bereich der Pfarre obliegt dem Herrn Pfarrer. Die von ihm geführte Pfarrchronik wird bisweilen mit viel Liebe geführt. So erzählte mir eine Pfarrersköchin mit Stolz und Bewunderung, dass ihr Pfarrer die Pfarrchronik mit schönen Zeichnungen und Fotos geziert hat. In den Kanzleistunden während der Woche kommen Leute, die Auszüge aus den vom Pfarrer und seinen Vorgängern geführten Büchern wollen, Geld für eine Messe zahlen und aus anderen Gründen. Mitunter unterstützt die Pfarrersköchin den Pfarrer dabei, wenn es zum Beispiel gilt, Telefonanrufe entgegenzunehmen.

Zu den wesentlichen Aufgaben des Pfarrers gehört wohl das Lesen von Messen. Darüber sprach ich mit einer Wiener Pfarrersköchin, die sehr intensiv am Pfarrleben teilnimmt. Sie erzählte mir dazu: „Jeden Tag liest hier in der Pfarre der Pfarrer eine Messe, nur am Mittwoch liest er keine. An sich hat er am Mittwoch seinen freien Tag, aber meistens ist er ohnehin hier. Am Montag und Dienstag beginnt die Messe um 8 Uhr in der Früh. Am Donnerstag, Freitag, Samstag ist sie für den Abend um halb sieben angesetzt. Am Sonntag hat der Pfarrer drei Messen zu lesen: um 8 Uhr, um halb zehn Uhr und um 18 Uhr 30."

Um seine Aufgaben zu erfüllen, verfügt der Pfarrer über ein Einkommen, von dem auch die Pfarrersköchin zu zahlen ist. In früheren Zeiten war es die Pfründe, das Benefizium, von der der Pfarrer und die Pfarrersköchin leben konnten. Diese Pfründen bestanden vor allem in landwirtschaftlichen Einkünften. Bauern hatten also dem Pfarrer Nahrungsmittel abzuliefern und allerhand Leistungen zu erbringen, damit der Pfarrer seine heiligmäßige und für die Allgemeinheit wichtige Existenz bestreiten konnte.

Man sprach daher und spricht heute noch vom Pfarrhof, denn mit dem Pfarrhaus war lange Zeit eine Landwirtschaft, ein Bauernhof, verbunden. Zu dieser Landwirtschaft gehörten Knechte und Mägde und eben auch die Pfarrersköchin. Wie im nächsten Kapitel zu sehen sein wird, entstammen die klassischen alten Pfarrersköchinnen tatsächlich der bäuerlichen Welt. Und sie kannten sich in der Landwirtschaft aus, die zumindest bis in die 50er-Jahre mit dem Pfarrhof in vielen ländlichen Gemeinden verbunden war. Heute steht der Pfarrer im Sold der Diözese. Von dem ihm zustehenden Gehalt hat er sein Auslangen zu finden und die Pfarrersköchin zu bezahlen.

Aus alter Zeit rührt wohl die Bezeichnung „Pfarrherr", als der Pfarrer als der Herr über Grund und Boden angesehen wurde. Er besaß eine geradezu aristokratische Stellung im Dorf oder im Ortsteil.

Ich meinte einmal zu einem Pfarrer, dass er für mich so etwas wie ein Papst in seiner kleinen Welt sei. Er lächelte darauf und stimmte zu: „Das hat auch der Kirchenhistoriker Professor Loidl gesagt. Er meinte zu mir: ‚Vergessen Sie nicht, Herr Pfarrer, Sie sind in Ihrer Pfarre Pfarrer, Bischof und Papst in einem.' Als Pfarrer kann man auch nicht abgesetzt werden. Auf die Pfarre muss der Pfarrer selbst resignieren."

Da der Pfarrer, mit dem ich darüber sprach, den schönen Namen „Kaiser" trägt, werfe ich noch scherzhaft ein, dass im Grunde genommen der Pfarrer in seiner Gemeinde also mehr als ein Kaiser ist, nämlich ein Papst. Der Herr Pfarrer lächelt herzlich und sagt bloß: „Cäsaropapismus", womit er heiter auf die mittelalterliche Verbindung von Kaiser und Papst in einer Person hinweisen will. Im Sinne dieses Amtes und der Pfarrgemeinschaft ist es wohl auch, dass der Pfarrer, wie ich noch zeigen werde, die Alten und Kranken zu Hause aufsucht.

Die Pfarrersköchin Rosina aus dem Waldviertel, mit der ich darüber sprach, meinte dazu: „Der Pfarrer soll für die Leute da sein, er soll die alten Leute besuchen. Das hat der Pfarrer, bei dem ich war, immer gemacht."

Der Pfarrer wird geradezu als Vertreter Gottes in seiner kleinen Welt gesehen. Der Titel, mit dem er angesprochen wird, kann „Monsignore", „geistlicher Rat", „Dechant" oder ähnlich sein.

Grundsätzlich dürfte der Pfarrer mit der Anrede „Herr Pfarrer" zufrieden sein, schließlich drückt diese Anrede in trefflicher Weise seine Funktion als Hirte der Gemeinde aus.

Frau Rosina, die mir über ihr Leben mit einem Herrn Pfarrer einen Brief geschrieben hat, hielt in diesem über seine Bescheidenheit fest: „Als ihm der Titel Monsignore verliehen wurde, sagte er: ‚Jetzt könnte ich einen Talar mit roten Knopflöchern tragen, aber ich brauche keine Knopflöcher mit Entzündung!'" Der Pfarrer macht sich lustig, er ist mit der Benennung „Pfarrer" zufrieden, denn als solcher respektieren ihn die Leute.

Darüber sprach ich auch mit dem Pfarrherrn einer kleinen Stadt im Waldviertel. Er meinte dazu: „Ich habe als Pfarrer den Titel Monsignore. Die Ansprache mit ‚Herr Pfarrer' aber ist mir lieber."

Für einen Pfarrer, dem es mit seiner Beziehung zum Kirchenvolk ernst ist, ist es wichtig, gut, während der Messe verständlich und eindringlich zu predigen. Es besteht dann die Hoffnung, dass die Gläubigen nach dem Messbesuch sich sagen: „Heute hat er wieder gut gepredigt."

Über die Freude des Pfarrers am Predigen erzählt Frau Susi aus Wien: „Der Sonntag ist sicher für ihn anstrengend. Zu einem Sonntagsspaziergang kommt er nicht. Er predigt aber sehr gerne und predigt jedes Mal etwas anderes. Er kann sehr gut frei reden. Meistens liegt am Samstagabend die Betonung auf der alttestamentarischen Lesung, am Sonntag um 8 Uhr predigt meist nicht der Pfarrer, sondern unser Diakon. Um halb zehn Uhr spricht der Pfarrer eher für Kinder und über das Evangelium, und am Sonntagabend ist es die zweite Lesung aus dem Neuen Testament, über die er predigt. Die Predigten überlegt er sich genau, aber er schreibt sich nichts auf. Der Pfarrer hat eine spitze Zunge. Ich weiß manches Mal genau, wenn er predigt, dass hinten ein Doktor oder ein Rechtsanwalt sitzt, die er in die Predigt einbaut. Er macht dabei eine solche Erwähnung, da weiß man genau, wer in der Kirche ist. Oft nennt der Pfarrer die Namen von Leuten, dass sie zum Beispiel die Lesung gehalten haben. Damit gibt es ein Wissen voneinander."

Die große Kunst und Aufgabe des Pfarrers ist es also, neben seinen Pflichten beim Messelesen, bei der Erteilung der Sakramente, bei der Durchführung von Begräbnissen und bei diversen liturgischen Veranstaltungen die Gemeinschaft des Kirchenvolkes aneinander zu binden. Der Pfarrkirchenrat, in dem sich hoch ehrwürdige Leute der Kirchengemeinde befinden, und ähnliche demokratische Institutionen mögen ihm dabei helfen, aber er ist das Symbol dieser Gemeinschaft. Und die Pfarrersköchin bietet ihm den Hintergrund für seine Tätigkeit in diesem kirchlichen Rahmen.

Voll des Lobes über die Predigten ihres Bruders als Pfarrer ist auch Frau Sallinger aus Waidhofen: „Er hat gut gepredigt. Er hat darauf hingezielt, dass die Kapläne, die bei uns waren, nicht die Predigt auswendig lernen. Man soll sich nicht auf das Herunterlesen verlassen. Er hat oft bekrittelt, dass die Jungen zu viel herunterlesen."

Auch Frau Poldi meint: „Unser Herr Pfarrer hat jede Predigt frei geredet. Er hat daheim mit Stenographie die ganze Predigt durchgearbeitet. Bevor er in die Kirche gegangen ist, hat er sie noch einmal durchgesehen, und dann ist er hinübergegangen, hat die Predigt in die Tasche gesteckt und hat sie nicht mehr herausgenommen. Man spürt, wenn man frei redet, dass die Leute mittun." Ich frage Frau Poldi heiter, ob sie bei der Predigt geholfen habe. Sie lacht herzlich und verneint: „Dazu war ich nicht geschult." Jedenfalls bewundert sie, wie ihre Kolleginnen auch, die Fähigkeit ihres Herrn Pfarrers, frei von der Kanzel herab oder vor dem Altar zu reden. Der Pfarrer zeigt so ein gewisses Maß an Souveränität, die nicht nur der Pfarrersköchin imponiert.

Grundsätzlich versuchte die Pfarrersköchin wohl nicht, auf den Inhalt der Predigt Einfluss zu nehmen, obwohl es vorstellbar und sogar nahe liegend ist, dass manche Pfarrer von den Sachen, die sie dem Kirchenvolk verkünden wollten, ihrer Pfarrersköchin berichteten. Von der Pfarrersköchin in Klaus erzählte mir Herr Limberger, dass sie Aushilfspfarrern auch etwas beim Aufsetzen der Predigt mithalf: „Jeder Priester, der zur Aushilfe nach Klaus kam, wurde zuerst einmal über die Eigenheiten des Pfarrvolkes, über Essenszeiten und sonstige Pfarrhofregeln informiert. Sie hatte den Ruf, nicht nur hervorragende Speisen aufzutischen, sondern sie kümmerte sich auch wie eine Messnerin um alle Arbeiten in den beiden Kirchen. Nur Predigten schreiben, das tat sie nicht, obwohl sie aufgrund ihrer langjährigen Erfahrung schon wusste, was man den Leuten bei der Sonntagsmesse sagen sollte. Sie machte aber Vorschläge für die Predigten. Nicht jeder Aushilfspfarrer nahm ihre Vorschläge an, was sie allerdings nicht störte. Nach eigenwilligen Predigten wagte sie allerdings manche kritische Auseinandersetzung mit dem ‚Herrn', wie sie jeden Pfarrer titulierte."

Für die Pfarreien war es typisch, dass dem Pfarrer ein Kaplan beigegeben war, manchmal auch zwei Kapläne, die sich als junge Priester auf den Beruf als Pfarrer vorbereiteten und durch Mithilfe am Pfarrbetrieb das nötige praktische Wissen dazu erwerben konnten. Heute sind Kapläne eher selten geworden.

Viel mit Kaplänen hat Frau Poldi in einer kleinen Waldviertler Pfarre zu tun gehabt: „Wenn die Kapläne frisch geweiht gekommen sind, so mussten sie sich erst einleben. Wenn sie einen guten Pfarrer hatten, so hat er ihnen überall geholfen.

In den kleineren Pfarren waren die Kapläne jeweils ein oder zwei Jahre und sind dann zu einer anderen Pfarre gekommen. Dann später, wie der Pfarrer schon älter war, hat er die Kapläne jeweils für drei Jahre gehabt. Das war mir selber lieber, denn da hat man den Herrn schon gekannt. Da hat man sich schon leichter mit ihm getan. Wenn ein Kaplan nur kurz geblieben ist, hat man sonst jedes Jahr lernen müssen, wie man ihn behandelt." Und Frau Sallinger, die bei dem Gespräch mit Frau Poldi dabei ist, fügt hinzu: „Die Kapläne waren meist um die 25 oder 26 Jahre alt. Waidhofen war nie ein Erstposten, weil die Pfarre zu groß war, bei den kleineren Pfarren haben sie sich leichter einarbeiten können. Als Pfarrersköchin muss man sich ihnen auch anpassen. Ich habe den jungen Kaplan immer gleich gefragt, ob es etwas gibt, das er nicht isst oder nicht essen will."

Auch dem Kaplan begegneten die Pfarrersköchinnen mit Respekt. So meint Frau Poldi: „Ich war immer per Sie mit den Kaplänen. Die Achtung ist viel größer, wenn man per Sie ist."

Gegenüber dem Kaplan hat die Pfarrersköchin mitunter mütterliche Gefühle. Schließlich ist der Kaplan ein Lernender unter der Obhut des Pfarrers und wohnt im selben Haushalt wie der Pfarrer und seine Pfarrersköchin. Geradezu fürsorglich-heiter klingt die Klage von Frau Christl aus dem Waldviertel über den Kaplan, der auch Tormann der örtlichen Fußballmannschaft ist: „Wir haben einen schlampigen Kaplan, aber da nützt auch das ganze Reden nichts. Heute habe ich wieder gesagt: ‚Was tun wir mit dem Gewandkasten, er ist bis hinauf voll mit Pullovern.' Es ist eine Katastrophe!" Dabei lächelt sie.

Vom Kaplan erwartet sich die Pfarrersköchin allerdings, dass er mit Würde und allem Respekt seinen Aufgaben nachkommt. Ein Kaplan, der dies nicht tut, muss mit herber Kritik rechnen.

Frau Sallinger erinnert sich: „Einmal hat bei uns in Waidhofen ein Kaplan in der Schule mit Du angefangen, das ist dann nicht mehr gegangen, die Schüler sind zu frech geworden. Meine Nichte hat mir erzählt, in der Schule bei ihr sei der Pfarrer mit den Kindern per Du, sie könnten zu ihm kommen und mit ihm reden, er habe Getränke und solche Sachen. Er tue dies, damit die Kinder mit ihm über alles reden. Wie ich das gehört habe, war ich ganz baff. Der Kaplan hat keine Achtung genossen, meine Nichte hat abfällig über ihn gesprochen."

Auch Frau Poldi betont: „Eine gewisse Achtung gehört dazu. Ich habe allweil gesagt: Herr Pfarrer! Oder: Sie werden gerufen. Ich habe allweil eine Achtung gehabt, weil ich gewusst habe, er macht seine Arbeit ordentlich. Und er ist nett zu den Leuten und den Kaplänen. Das hat mir viel gegeben, auch im religiösen Leben, weil ich immer zu ihm aufschauen konnte. Ich habe gewusst, er macht eh alles in Ordnung. Ich bin auch vom Pfarrer geachtet worden. Wird sind alle um den Tisch beisammengesessen. Der Kaplan hat auch mit uns gegessen. Heute gibt es kaum mehr Kapläne, man muss die Pfarrer aus Polen holen. Es will bei uns keiner mehr auf sich nehmen, Pfarrer zu werden."

Frau Sallinger, mit der ich darüber sprach, überlegt: „Es gibt nette polnische Priester. Unser Nachfolger war ein Pole, er war ein guter Mann. Er hat selber gesagt, mit allen seinen Landsleuten, die nach Österreich als Pfarrer gekommen sind, ist er nicht einverstanden." Mit dem Nachwuchs ist es jedenfalls nicht einfach. Und die „echten" Pfarrersköchinnen, wie ich später noch zeigen werde, werden immer weniger.

Ähnlich wie die vor allem früheren Pfarrersköchinnen entstammen auch die alten Pfarrer nicht selten einem bäuerlichen Hintergrund. So auch der Herr Pfarrer, bei dem Frau Susi ihre Dienste verrichtet. Er ist um die sechzig. Als ich mein Gespräch mit Frau Susi durchgeführt habe, setzte er sich zu uns. Seine Eltern waren Kleinbauern im Burgenland. In der Volks- und Hauptschule zeigte er besonderen Fleiß und große Intelligenz, sodass der Pfarrer des Dorfes ihn in das Priesterseminar in Hollabrunn empfahl. Der Pfarrer hat ihn also „studieren lassen". Durch das Studium und die Priesterweihe „erhebt" sich der junge Pfarrer über den bäuerlichen Stand. Seine Familie ist stolz auf ihn. Die nun folgenden Seiten aus dem Tagebuch eines Pfarrers bestätigen diese Überlegungen.

Aus den Schriften des Stadtpfarrers – die Pfarrersköchin Lisi

Aus der Landwirtschaft kommt auch der frühere Pfarrer von Waidhofen an der Thaya. Als ich mit seiner pensionierten Pfarrersköchin Frau Sallinger bei Tee und Kuchen über ihr Leben als Pfarrersköchin sprach, zeigte sie mir die Tagebücher ihres geistlichen Herrn Bruders. Diese Tagebücher, in denen Aufregendes, Besinnliches und Heiteres zu lesen ist und die mit Zeichnungen und Bildern geschmückt sind, hortet sie wie einen Schatz. Für ein paar Stunden borgte sie mir diese Tagebücher. Es war ein kalter Februarnachmittag, als ich mich mit diesen Büchern in ein Kopiergeschäft von Waidhofen aufmachte, um die für mich schönsten Stellen aus diesen Büchern zu kopieren. Einiges daraus möchte ich hier wiedergeben, denn sie zeigen nicht nur in aller Buntheit den Schatz der Pfarrersköchin auf, sondern geben auch Einblick in die Welt des Herrn Pfarrers und seiner Pfarrersköchin.

Pfarrer Sallinger war Stadtpfarrer von Waidhofen an der Thaya und Religionsprofessor am dortigen Gymnasium. Er starb vor nicht allzu langer Zeit hochbetagt. Er war ein gebildeter Herr, der Freude an der deutschen Literatur hatte und hohe Berge erklomm. Auch seine Vorfahren waren Bauern, einige sogar Großbauern aus Klein-Erlaa bei St. Valentin in Niederösterreich.

Für sein Leben dürfte diese Herkunft wichtig gewesen sein.

Der bäuerliche Hintergrund des Pfarrers und seiner Köchin

Der Pfarrer, Franz Sallinger heißt er, nennt seine Bücher „Sonntagsbücher".

Auf einem der beiden „Sonntagsbücher" steht: „Erlebtes und Erfreuliches – Erlebtes und Erbauliches: Ein kunterbuntes Sonntagsbuch". In diesen zeigt er, hierin sieht man wohl seine bäuerliche Herkunft, seine Freude an der Natur und somit an Gott. Diese Bücher sind voll des heiteren und frommen Witzes und voll der Mühe um Bescheidenheit. Er ist kein kleinlicher Gottsucher, Gott bietet sich ihm in der ganzen Welt dar. In dem Herrn Stadtpfarrer steckt also so etwas wie heimlicher Pantheismus. Er findet Gott in seinen Geschöpfen. Gleich am Beginn seines „ersten Sonntagsbuches", das er seiner Schwester Lisi, seiner Pfarrersköchin, widmet, wird dies klar. Mit der Hand schreibt er Gedanken des heiligen Augustinus nieder: „Was ist Gott? Ich habe die Erde gefragt … Ich habe den Himmel, die Sonne, den Mond, die Sterne gefragt. ‚Auch wir sind nicht Gott, den du suchst!' riefen sie. Ich habe sie alle gefragt, die meine Sinne umgeben. Und sie riefen mit lauter Stimme: ‚Er hat uns gemacht.' Ihre Antwort war die Schönheit. Du, o Herr, hast sie geschaffen. Und Du bist schön, denn sie sind schön. Und Du bist, denn sie sind." Diese Freude an der Natur zeigt sich auch in folgendem Satz, den der Herr Pfarrer von Hermann Hesse übernimmt: „Wenn Du einem Menschen Liebe erweist, so bezahlt Dich dafür sein Dank und seine Liebe. Wenn Du aber einen Käfer, einen Fisch, einen Vogel, eine Blume, ein Gesträuch verschonst, ja ihm sogar Deine Liebe zeigst, so tust Du es Gott, ihrem Schöpfer."

Auf die bäuerlichen Wurzeln verweist dieser Spruch: „Bauer! Du pflügst und säst umsonst, wenn Du nicht lernst die große Kunst: durch Gebet zu gewinnen Gottes Segen und Gunst."

Für seine Bildung und seinen weiten Geist spricht, dass der Herr Pfarrer auch Heinrich Hoffmann von Fallersleben, den Dichter von Kinderliedern wie „Bienchen summ herum" und „Kuckuck", aber auch des „Deutschlandliedes", zitiert. Und schließlich, dies verwundert mich, bringt er Nietzsches Gedicht vom „Unbekannten Gott", das mit den Worten schließt: „Ich will Dich kennen, Unbekannter. Du tief in meine Seele Greifender, mein Leben wie im Sturm Durchschweifender, Du Unfaßbarer, mir Verwandter! Ich will Dich kennen, selbst Dir dienen!" Aus diesen Zeilen spricht die Sehnsucht des Gottsuchenden, der sich um Gott bemüht, um Erkenntnis, die ihm fehlt. Auch der Herr Pfarrer dürfte ein solcher Suchender gewesen sein, der schließlich den Weg in die Natur findet. Er muss ein guter Bergsteiger gewesen sein, der Herr Pfarrer, davon künden einige Bilder, die ihn auf Gipfeln zeigen, wie auf dem des Großen Priels und des Warschenecks. Hier findet sich der bekannte Spruch: „Es gibt viele Wege zu Gott, einer führt über die Berge." Bei dem Bild, das den Herrn Pfarrer am Großen Priel zeigt, steht: „Beim Gipfelkreuz am Großen Priel, Totes Gebirge 2.520 m. Mit 17 Jahren war ich erstmals oben, mit 70 zum 4. und letzten Mal."

Bei einem Bild mit Felsenbergen und einer Kapelle steht: „Hier erlebte ich ein paarmal das Glück und die Freude, um die Geislerspitzen herum zu wandern, dem Spiel der Nebelwolken um die steilen Wände zuzusehen und wieder einen Strauß herrlicher Almrosen mit heim zu nehmen als Gruß von den Bergen."

Geradezu heiter-ketzerisch klingt dieses Gedicht, das wahrscheinlich vom Herrn Pfarrer selbst stammt. Es verweist auf die Unbilden der Natur, unter der gerade der Bauer leidet, schließlich stammt er selbst von Bauern ab und kennt dessen Kummer:

„Im Sommerfeuer lechzt die Flur,
versengt stehn Wälder und Auen und Almen,
verschmachten muß die Kreatur,
die Frucht verbrennt auf den Halmen.
Ein Bauer stapft entlang dem Rain, –
Ist einer von den Frommen –
und flucht doch still in den Bart hinein;
da sieht er den Pfarrer kommen.
Er zieht die Kappe und zeigt umher:

Zugrund geht all der Segen.
Hochwürden, das Gescheiteste wär,
einen Bittgang tun um Regen!
Der Pfarrer winkt:
‚Ein fromm Gebet
tät schon not. Doch warten wir. Herr Peter,
zwei Tage noch! Einstweilen steht
zu hoch das Barometer!'"

Nun schildert der Herr Pfarrer eine Bergwanderung im Sommer 1938 auf die Schesaplana an der Grenze zwischen Vorarlberg und der Schweiz. Er war so begeistert von dem Anblick, dass er mit seinen Begleitern, darunter drei Damen, Schuberts „Gloria" und „Großer Gott, wir loben Dich!" sang.

Auch die Jugend hielt der Herr Pfarrer an, sich auf Gottessuche in die Natur zu begeben.

Dann wieder lese ich ein glühendes Bekenntnis zum heiligen Franz von Assisi. Dieser bescheidene Heilige hatte die höchste Achtung des Herrn Pfarrers. Klug klingen diese Gedanken, auch sie beziehen sich auf die bäuerliche Kultur:

„Ein Priester muß sein
ganz groß und ganz klein,
vornehmen Sinns wie aus einem Königsgeschlecht,
einfach und schlicht wie ein Bauernknecht,
ein Held, der sich selbst bezwungen,
ein Mensch, der mit Gott gerungen,
ein Quell von heiligem Leben,
ein Sünder, dem Gott vergeben.
Vor keinem Großen sich beugend,
zu den Geringsten sich neigend …"

Ein frischer Witz quillt aus den Worten des Pfarrers. Darauf deutet auch dieser Satz des heiligen Don Bosco hin: „Das Beste, was wir auf dieser Welt tun können, heißt: Gutes tun, fröhlich sein und die Spatzen pfeifen lassen.“

Auch im zweiten „Sonntagsbuch“, das zum Schatz der Pfarrersköchin Lisi Sallinger gehört, lesen wir zunächst vom Dank an Gott und wieder ein Gedicht von Hermann Hesse, in dem dieser meint, man müsse „jeden Abend den Tag prüfen, ob er freudig war in Tat und Treue, ob er mutlos lag in Angst und Reue!“.

Der Herr Pfarrer hat Freude am Leben und weiß dieses durch seine Liebe zur Natur und zu den Bergen auch zu genießen.

Loblied auf die Pfarrersköchin und weise Sprüche

Ein Loblied auf die Pfarrersköchin dürfte das Gedicht auf den „Werktag der Hausfrau“ sein, das Herr Pfarrer Sallinger sorgfältig in seiner schönen Schrift festgehalten hat. Er hat es wahrscheinlich selbst gedichtet:

„Oft sagen Menschen, die mit mir gehen
Wie läßt du deine Zeit vergehn!
Täglich Teller waschen und Tassen.
Das ist doch nicht zu fassen
Und eigentlich schade,
weil es so einerlei ist und fade!
Ob ihr, ob ihr wißt,
was einerlei und nutzlos ist?
Kein Ding ist ohne Leben!
Des Hauses Segen
Ist auch im kleinsten Werk gegeben.
Vielleicht, daß zwischen den Tellern und Tassen
Stillsteht ein Hassen.
Mich dünkt jeder Tag und Ziel,
denn es ist viel, was er an Reichtum bringt.
Nennt mein Tun nicht: Schade!

Nennt den Tag nicht fade!
Er lebt von Wort und Tat,
von guten Gedanken, Tröstung und Rat!"

Mit diesen Zeilen umfasst der Herr Pfarrer wohl das Leben und Werken der Pfarrersköchin, seiner Kameradin und Schwester, die den Tag und seine Stunden zu nützen weiß.

Auch ein weites Herz für die Notleidenden werden der Herr Pfarrer und seine Schwester, die Pfarrersköchin, gehabt haben, wenn ich diese von ihm gedichteten Zeilen lese, die mit „Süße Sachen" überschrieben sind:

„Köstlich sind die Läden anzusehen,
lockend lassen sie den Wunsch erwachen,
leichten Schrittes auch hineinzugehen.
Und zu kaufen ein paar süße Sachen.
Welch ein Duft von Zuckerwerk und Torten,
Lustigen Figuren, Marzipan
Und Pralinen von den besten Sorten!
Brauner Honigkuchen lacht mich an …
Und ich kaufte Mandeln süßgebrannte
Und gefülltes Schokoladengut.
Da – als ich mich der Tür zuwandte,
zog ein Bettler still verschämt den Hut,
schaute nicht wie ich – nach süßen Sachen,
spürte nur des Hungers große Pein. –
Ach, wie möcht' der arme Mensch schon lachen,
wär' ein gut gestrichnes Schwarzbrot sein.
Und ich schämte mich der süßen Sachen.
Gab sie ihm statt einem Stückchen Brot.
Nie vergesse ich sein stilles Lachen
Und den Dank, den er mir greifbar bot."

Zwischen den Geschichten und Gedichten folgen Sinnsprüche, wie diese „koreanische Weisheit":

„Wer andere zum Lachen bringt,
tut ein gutes Werk!"

Oder:

„Ärgere dich nicht darüber,
daß der Rosenstrauch Dornen trägt,
sondern freue dich darüber,
daß der Rosenstrauch Rosen trägt!"

Freude an Kindern und tiefer Glaube

Bemerkenswert sind die Ausführungen des Herrn Pfarrers unter der Überschrift „So war unsere Mutter". Aus ihnen spricht alter bäuerlicher tiefer Glaube. Er erzählt: „Einmal war die Mutter ganz allein zuhause, der Vater war bei der Arbeit draußen. Da hat unser Bruder Alois, er hatte Diphtherie, kaum mehr ein Lebenszeichen von sich gegeben. Unsere Mutter trug ihn auf dem Arm und hielt ihn hin zum Herrgottswinkel in der Stube und betete: ‚Himmelmutter, wenn Du ihn unbedingt haben willst, so nimm ihn. Wem anderen tät' ich ihn eh nicht geben.' Sie hielt ihn schon für tot – da ging die Tür auf: ‚Lebt er noch?' fragte Dr. Seidl. Darauf unsere Mutter: ‚Ja, fast habe ich gemeint, er ist schon gestorben, aber er atmet noch.' Von da an ging es langsam mit dem Buben aufwärts. Unsere Mutter hatte im Herzen und Gebet schon ‚ja' gesagt zu dem Opfer und zur Hingabe des Kindes, ihres Jüngsten – nicht ahnend, daß sie ihn aber doch ganz Gott schenken darf, weil er mit 10 Jahren den Wunsch aussprechen wird: ‚Ich möchte auch Priester werden wie Franz und Karl.' (...) Etwa 7 Jahre vor diesem bitteren Familienereignis ging ich als Student an einem Sonntag während der Ferien mit der Mutter zur Frühmesse. Man geht von Klein-Erlaa etwa eine 3/4 Stunde nach St. Valentin. Dazwischen liegt das Dorf Altenhofen. Eben kam da auch aus ihrem Haus die Frau Tempelmaier auf die Straße und schloß sich uns an. Die Schneidermeisterin Tempelmaier schaut auf unsere Mutter so schief von der Seite hin und sagt ganz entsetzt: ‚Um Gottes willen, ihr kriegt schon wieder etwas Kleines? Wie viel habt's denn schon?' ‚Sechs', sagt drauf unsere Mutter. Da meinte die Tempelmaierin: ‚Was fallt euch denn da ein? Zwei Buben studieren, ihr habt nur a kleine Landwirtschaft. Das ist doch zu viel: sechs!' Die Mutter erwidert: ‚Mein Mann sagt immer: Viel Kinder, viel Sorgen; viel Kinder viel Segen. Und lieber zehn Kinder auf dem Kissen als eines auf dem Gewissen!' Das Wort hat die Frau hart getroffen; aber sie wußte schnell ein Alibi: ‚Geh, hör auf, das ist lauter Larifari von dö Pfarrer! Schau, wir haben nur die Reserl, da gibt's einmal keinen Erbteilstreit, da braucht nichts geteilt werden. Die soll meine Schneiderei übernehmen und einen Bindermeister heiraten, so wie ich. Und wir zwei haben einmal Stütze im Alter. Schau, da muß man sich doch zu helfen wissen.' Die Tempelmaierin wußte sich immer zu helfen, wenn sie wieder einmal rundlich wurde. Da fuhr sie nach Wien. Kam sie von den Engelmacherinnen wieder heim, dann war sie wieder schlank und rank. Doch die Reserl wurde mit 18 Jahren schwer krank und war nach acht Tagen tot. Stab und Stütze hatten die zwei alten Leute nun nicht. Das Tempelmaierhaus wurde später weggerissen. Alles verschollen, vergessen, gewesen. Hätte meine Mutter getan, was ihr die Schneidermeisterin nahegelegt hatte, dann hätten die St. Peterer keinen Pfarrer, der Alois Sallinger heißt. Er fährt seit 40 Jahren als Reiseleiter mit einer Pilgergruppe jedes Jahr nach Lourdes zur schuldigen Danksagung."

Aus diesen Gedanken des Pfarrers Sallinger spricht tiefer Glaube, aber auch das Wissen, dass eine Schar von Kindern in einer Familie Freude und Glück bedeuten.

Über seine Mutter erzählt er, dass sie 1919 an Krebs gestorben sei, damals war er erst zehn Jahre alt. Der Vater heiratete noch einmal, eine Mühlviertlerin, die harte Arbeit gewohnt war, sich beim Mähen leicht tat und beim Füttern der Schweine „Glorwürdige Königin" sang.

Schwester und Pfarrersköchin

In einer Geschichte mit dem Titel „Bilder aus der Familiengeschichte" erfahren wir, wie der Herr Pfarrer zu seiner Pfarrersköchin, die auch seine Schwester war, kam. Seine beiden Brüder waren ebenso Pfarrer. Die eine Schwester, die Mitz, hätte seine Pfarrersköchin werden sollen: „Dann war es ausgemachte Sache: Die Mitz kommt einmal zu mir den Haushalt führen und die Lisi kommt zum Karl. Der Mensch denkt und Gott lenkt. Im Jahre 1951 sagte der Waidhofner Stadtpfarrer Rudolf Winglhofer: ‚I geh auf a kleinere Pfarr und Sie übernehmen hier das Gspiel!' Und Bischof Michael Memelauer stimmte zu: ‚Ist mir auch recht!' – Unsere Mitz packte ihre ‚7 Sachen', die nahm (aber) unsere Lisi mit nach Waidhofen, um aushilfsweise acht bis vierzehn Tage auszuhelfen, da die gute Mitz ein wenig erkrankt war. Doch aus den ‚vierzehn Tag' wurden 47 Jahre! (bis heute im Jahre 1998). Denn die Mitz wurde zwar gesund, aber da tauchte ein Bräutigam auf, Franz Reitzenberger, Langenhart wurde ihre neue Heimat, drei Töchter wurden ihr geschenkt."

Der Pfarrer wurde mit seiner Halbschwester glücklich, mit der Elisabeth, die eigentlich nur „vierzehn Tage" bleiben wollte. Und diese Elisabeth ist es auch, bei der ich einen schönen Nachmittag verbracht habe und die mir aus dem Leben als Pfarrersköchin viel erzählt hat.

Die Vorbereitung auf das Leben im Pfarrhof – die Klosterschule

Auf den nächsten Seiten erzählt der geistliche Herr über seine Kindheit und sein Leben im Internat der Klosterschule.

Diese Erzählung ist für dieses Buch höchst aufschlussreich, da sie nicht nur einen Blick auf den bäuerlichen Hintergrund der alten Geistlichen wirft, sondern auch über die Erziehung in der Klosterschule, die viele der früheren Pfarrherren genossen haben, Auskunft gibt. Ein Thema, das mich sehr interessiert, da ich selbst in eine Klosterschule gegangen bin und darüber ein Buch verfasst habe. Ich behaupte, dass sich seit dem 16. Jahrhundert bis in die 60er-Jahre des 20. Jahrhunderts in der Welt der Klosterschulen kaum etwas verändert hat. Es war geradezu eine mittelalterliche mönchische Kultur, die der Herr Pfarrer Sallinger und auch ich erlebt haben. Zunächst streift der Herr Pfarrer seine Kindheit, die eine fromme gewesen sein muss, dann schildert er die Aufnahmsprüfung in die Klosterschule zu Seitenstetten. Überschrieben ist dieser Aufsatz mit „Ich über mich": „Mein Glück fing an daheim bei Vater und Mutter. Uns zwei Buben wurde es nicht so ganz damals bewußt, wie viel schöner es doch gewesen wäre, wenn der Vater nicht hätte einrücken müssen zum 1. Weltkrieg 1914–1918. Er muß Furchtbares erlebt haben, sonst hätte er nicht den Ausspruch getan: ‚Lieber täte ich heute meinen Buben die Hände abhacken, als daß sie auch zu einem Krieg einrücken müßten.' Gut war es, daß ihn Gott dies nicht mehr erleben ließ, daß die drei Jüngsten einberufen wurden im 2. Weltkrieg, kaum erst der Schule entwachsen. Dazu hätte er nicht geschwiegen und die Nazi hätten ihn nach Dachau oder Mauthausen verbannt. Meinem Vater verdanke ich die Entscheidung, daß ich zum Studium ins Seminar nach Seitenstetten kam." Seine Eltern dachten wohl: „Vielleicht wird er einmal ein Pfarrer." Die Aufnahmsprüfung bestand er. Obwohl sein Vater im Herbst zunächst meinte: „Wir brauchen dich hier zur Arbeit. – Gott kann ja warten", übersiedelte der junge Mann in die Klosterschule.

Es entspricht der großen Frömmigkeit im Bauernhause der Familie Sallinger, dass schließlich alle drei Söhne Pfarrer wurden. Der Beruf des Pfarrers brachte bis lange nach dem letzten Krieg der gesamten bäuerlichen Familie Ansehen. Und für den jungen Bauernburschen war der Weg zum Pfarrer ein Weg aus der Enge des Dorfes.

Heiter schreibt der Herr Pfarrer über die Aufnahmsprüfung: „Die Aufnahmsprüfung war für mich keine Hexerei. In Erinnerung ist mir die Deutschprüfung. Ein freier Aufsatz mit dem Titel ‚Mein Lieblingstier'. Weiß aber nimmer, wie poetisch ich des Nachbarn Hund beschrieben hab. Weiß nur, daß wir dann eine Nacherzählung niederschreiben mußten über einen Mandarin in China. Da hat es einen anderen Prüfling erwischt: den Franz Miksch aus dem weltverlorenen Dorf Groß-Radischen. Der hat da droben im obersten Waldviertel noch nie was gesehen oder gehört von einem Mandarin. Darum schrieb er die Nacherzählung von einem ‚Mann, der hieß Darin'. Er hat die Prüfung aber bestanden. Nur in Mathematik hatte er lauter ‚Fünfer' in der 1. Klasse. Wegen großem Fleiß kam er durch. Mit 14 Jahren ging ihm der Knopf auf, und er wurde ein guter Schüler und ein tüchtiger Pfarrer."

Seine Zeit im Internat, er spricht vom Seminar, empfindet der Herr Pfarrer hart, oft plagt ihn das Heimweh, er erlebte aber auch Freuden. Zur damaligen Zeit, auch bei mir war es in den 50er-Jahren noch so, durften die „Zöglinge" nur viermal im Jahr nach Hause zu den Eltern fahren. Man war also einer dauernden Kontrolle durch die Patres ausgeliefert. Aber dennoch gibt es auch schöne und heitere Erinnerungen für den Herrn Pfarrer: „Rektor Kroißmayer und Vicerektor Oberbauer waren gute Erzieher. Kroißmayer hielt uns viele schöne Lichtbildvorträge über seine Reisen. Jedes Jahr im November gab es ein Seminartheater, wozu auch die Eltern eingeladen wurden. Schöne Volksstücke haben wir aufgeführt: ‚Lumpazivagabundus', ‚Der Verschwender', ‚Peter Mayer, Wirt an der Mahr'. Einer aus der 7. Klasse wurde jeweils zum ‚Theaterdirektor' gewählt, auch ich einmal. Zum Gedächtnis des Stifters Udo von Seitenstetten hat das Stiftsgymnasium auch ein Jubiläumsspiel aufgeführt, wo ich auch mitspielen durfte. Am Schulschluss war jedesmal im Promulgationssaal eine große Feier: Die besten Schüler aus den unteren 4 Klassen erhielten je ein Buch als Prämium; vier habe ich mir geholt. Dann haben zwei Schüler ein Stück aus einem griechischen und römischen Dichter vorgetragen. Mit viel Lampenfieber habe ich als Primus der 7. Klasse die Schluss- und Dankrede halten müssen. Im Winter wurde im Seminarhof eine hölzerne Schlittenbahn aufgestellt. Erstmals durfte ein Seminarist Schi fahren gehen, das war ich, weil mir der Turnprofessor Pater Erhart Schi geliehen hat. – Zu Weihnachten haben wir vor dem Heimfahren ein Hirtenspiel aufgeführt. – Nach Weihnachten war halt der Abschied von daheim jedesmal sehr schwer, weil es doch immer so schön war bei den Geschwistern. In der 3. Klasse habe ich mich einmal allein in den Speisesaal gesetzt, um nicht in meinem Schmerz gestört zu werden, da schrieb ich einen herzzerreißenden Brief, die Eltern sollen mich vom Heimweh erlösen und mich heimnehmen. Zerrissen aber hab' ich den Brief am nächsten Tag, weil es eh schon wieder viel ‚Gaudi' gab. – In der 3. Klasse hat uns Pater Jakob mit Griechisch überfordert und setzte gleich eine Schularbeit an. Doch ich fühlte mich der Sache nicht gewachsen und schwänzte die Schule, blieb am Morgen im Bett. ‚Kopfweh', klagte ich. Der Hausarzt Dr. Berger kam wie gewohnt, da es öfter solche armen Patienten gab. Und er murmelte zum Herrn Rektor die Diagnose ‚Semestritis'. Ein 2. ähnlicher Fall lag im Krankenzimmer: der Wimmer Franz aus Reitern bei Gföhl. Ihn fragte Dr. Berger: ‚Wann hast du denn den letzten Stuhlgang gehabt?' Dieses Vokabel hatte der biedere Waldviertler sein Lebtag noch nicht gehört. Nach reiflichem Nachdenken stotterte er: ‚Ich meine … voriges Jahr.' Er brauchte aber kein Abführmittel, weil am nächsten Tag eh keine Schularbeit zu befürchten war und die Gesundung raschest vor sich ging."

Ein Krankenzimmer gab es auch im Konvikt zu Kremsmünster. Wir hielten uns ebenso gerne dort auf, denn als Kranker war man von den lästigen Schularbeiten befreit und konnte sich ein paar Tage erholen. In den Krankenzimmern ging es meist lustig zu, da manche der Kranken gar nicht krank waren, sondern sich nur krank stellten, um dem Schulbetrieb zu entkommen. Zu diesem Behufe wurde das Fieberthermometer von dem angeblich Kranken heimlich derart gerieben, dass es eine entsprechende Temperatur anzeigte, die ihn berechtigte, weiterhin in der Krankenabteilung zu bleiben. Auch unser Pfarrer Sallinger hat als Zögling des Internats seine „Krankheit" genossen.

In der nächsten Geschichte schildert der Autor den „1.-Mai-Ausflug": „Man schrieb das Jahr 1923. Jedes Jahr gab's da die Fußwanderung für die jeweils 1. Klasse auf den Sonntagsberg, den ‚Heiligen Berg des Mostviertels'. Frühstück: Stohsuppe und 1 Stück Brot und 3 rohe Erdäpfel. Das Brot war bald verzehrt, 3 Stunden Marsch! Am Sonntagsberg: Staunen – Schauen, zum erstenmal so was Herrliches! Da war der Hunger vergessen. Die 3 Erdäpfel gaben wir ab im ‚Hotel' Gassner und wir verschlangen dann mit Heißhunger die dicke Kartoffelsuppe. Keiner hat gemurrt. Es war harte Nachkriegszeit (nach dem 1. Weltkrieg)."

Auch über seine „beliebten Lehrer" schrieb Pfarrer Sallinger, so über einen, dem man den Spitznamen „Schuster" gegeben hatte: „Der Schuster, so hieß er im rauhen Studentenjargon. Aber im abwertenden Sinn, denn sein Vater war ein Schustermeister in den ‚urbs'! So nannte Hofrat Direktor Pater Anselm Salzer Waidhofen an der Ybbs, es war seine Heimatstadt, eben die ‚urbs'. Davon konnte er soviel erzählen, aber in fließendem Latein. Wir hörten begeistert zu. Bei unseren ersten Lateinlehrern, Pater Ämilian und Pater Friedrich, hatten wir in der 1. bis 4. Klasse so intensiv Latein eingeimpft bekommen, so dass wir alles verstanden, was der Pater Anselm erzählte. Er hatte in langen Nächten eine zweibändige Deutsche Literaturgeschichte geschrieben, die auf allen Universitäten sehr geschätzt wurde. Er konnte so spannend vortragen, daß wir Aug und Ohr bei seiner Schilderung der Biographie der Dichter waren. Goethe und Grillparzer schätzte er auf das höchste. Und störte wirklich einmal einer in der Deutschstunde, dann war sein ärgstes Schimpfwort: ‚Du Strumpf, du!' Mir hatte der Herr Hofrat die Schülerbücher anvertraut, und ich besorgte jeden Freitag die Bücherausgabe. Ich hatte daher auch die Schlüssel zur Bücherei. Und da ist ein Pech passiert: Es war zur Zeit der Obsternte. Ein Student hat halt immer Appetit. Ich war heimlich vom Seminar nachmittags abgehaut, lief auf die Burner Höh' und füllte mir die Hosen- und Rocktaschen. Es waren dort so reichlich viele Äpfel gefallen – ‚herrenloses Gut' –, ich dachte nicht an Diebstahl. Doch die Strafe folgte auf dem Fuße: Ich verlor dabei den Bibliotheksschlüssel. Ich mußte ja den Verlust dem Pater Anselm bekennen. Und ich erhielt von ihm einen neuen Schlüssel mit der Bemerkung: ‚Du Strumpf, du!'"

Unter der Überschrift „Der beliebte Mörder" schreibt der Herr Pfarrer: „Er war ein hervorragender Lehrer, der Pater Blasius Schwammel. In Religion wie in Deutsch konnte er interessant vortragen. Aber daß er ein Mörder war, erfuhren wir erst lange nach unserer Matura. Er hatte in der k. u. k. Armee der Monarchie als Offizier gedient. Damals galt noch das ungeschriebene Gesetz des Ehrenkodex, daß eine Ehrenbeleidigung unter Offizieren durch ein Duell ausgetragen werden mußte. Bei solch einem Duell ist nicht der Offizier Schwammel, sondern sein Gegner tödlich verletzt worden. Doch war er als Überlebender vom Anblick des Toten derart erschüttert, daß er die Offizierslaufbahn verließ, er beschloß die Untat gutzumachen und wurde Benediktinermönch im Stift Seitenstetten. Er dirigierte auch den Studentenchor. – Übrigens: Das Duell wurde unter Kaiser Franz Joseph abgeschafft. (...)

Ein anderer Lehrer hieß ‚der Götz': Das war die Kurzformel für unseren Professor Pater Gottfried Weiland. So nannten ihn die Konviktler, bei denen er Präfekt war. Er hat Geographie und Geschichte am Gymnasium unterrichtet. Mich haben Geographie und Deutsch besonders interessiert. Darin wollte ich auch maturieren bei der ‚Mündlichen'. Daher mußte ich eine Hausarbeit schreiben. Pater Gottfried wußte, daß ich damals schon bergsteigen ging. Deshalb gab er mir das Thema: ‚Geographische Erkenntnisse bei unseren Bergfahrten'. Und ich schrieb wie ein ‚Profi'. Bekam auch prompt ein ‚Sehr gut' und ein Maturazeugnis mit Auszeichnung."

Dies berichtet der Herr Pfarrer über seine Gymnasialzeit, in der er die klassische alte humanistische Bildung, zu der Latein und Altgriechisch gehörten, genoss, genauso wie ich. Heute, dies sei eingefügt, hat das Altgriechische in den Gymnasien an Bedeutung verloren, was eigentlich schade ist, denn der Großteil der Wissenschaftssprache leitet sich aus dem Griechischen ab, aber auch Worte des Alltags wie Auto, Telefon und Geographie.

Aus seiner Zeit an der katholischen Universität in Salzburg, an der er sich auf sein Priesteramt vorbereitete, erfahren wir vom Pfarrer Sallinger: „Große Gelehrte konnte ich hören in Salzburg auf der Universität. Bischof Michael gab mir dazu das Geld aus seiner Privatschatulle. Er hatte ja vor, mich an ein Gymnasium (als Religionslehrer, R. G.) zu schicken. Kaum war ich dann auf meinem Posten, kam schon ein Brief von ihm: ‚Professoren sind auch sterblich. Bereiten Sie sich auf die Lehramtsprüfung vor!' Ich tat es, indem ich die Diplomarbeit zu schreiben begann. Professor Dr. Frank gab mir das Thema: ‚Die Bekämpfung des Alten Testaments durch den Rassen-Antisemitismus'. Das war 1936. Hab' nun viele Nazibücher und Nazischriften durchgeackert, was die alles gegen die Juden wußten. Als aber die Nazis 1938 in Österreich einmarschierten, sagte mir Dr. Frank: ‚Ändern wir den Titel, ein Sehr gut haben sie eh drauf. Aber lassen Sie die Arbeit schnell verschwinden, sonst kommen sie in das KZ Dachau.' – Am 1. Juni 1938 hatte ich die letzten schriftlichen und mündlichen Prüfungen. Ich war der einzige, der damals den Magister machte. Bin auch derzeit unter den 60 Priesterpensionisten der Diözese der einzige; 6 oder 7 haben das Doktorat gemacht. Bin aber froh darüber, daß ich in Salzburg wirklich große Gelehrte hörte: so etwa den Philosophen Dr. Alois Dempf von München, den Philosophen Dietrich von Hildebrand, den Dogmatiker Agostino Gemelli von Mailand, den Moralisten Alexander Horwart, den Atom- und Elektronenforscher Prof. Friedrich Dessauer aus Deutschland. – Man lernt nie aus. Gut, daß man dazu erzogen wurde. Deshalb haben wir nach der Matura über unsere Klassentür den griechischen Spruch geschrieben: ‚O mh qareis anqropos ou paideuetai! Wenn der Mensch nicht geschunden wird, lernt er nichts!'"

Das Leben in den Pfarreien

Nun folgt in seinem „zweiten Sonntagsbuch" ein langes Kapitel über sein Leben in den Pfarreien, in denen er lebte und wirkte, es trägt die Überschrift: „Vom ersten bis zum letzten Posten". Ich denke, die Ausführungen des Herrn Pfarrers Sallinger sind zeitgeschichtlich von hohem Wert, sie zeigen aber auch, wie die Pfarrersköchin, seine Schwester, allmählich in sein Leben tritt:

„BEHAMBERG bei Steyr war mein 1. Posten. Und das war schon eine gütige Fügung der göttlichen Vorsehung. Nur das 1. Jahr, vom 1. August 1934 bis 1. August 1935, war schön. Nur sonntags hat der Herr Rat Gatterbauer noch seinen Dienst voll versehen können. Alles andere mußte ich tun: Schule, Katholische Jungschar, Landjugend, Burschenverein, Mädchenkongregation, Versehgänge bergauf, bergab, Theaterproben … Unser Vater war neugierig, wie es mir da droben geht. So fuhr er per Bahn nach Haidershofen und ging zu Fuß nach Behamberg. Es war Sonntag. Er schloß sich etlichen Kirchgängern an. Die erzählten ihm: ‚Einen neuen Kaplan haben wir jetzt bekommen, einen Neugeweihten. A bißl langsam ist er noch, aber den werden wir uns schon richten.' (…)

Es war gut so, daß ich in Behamberg meinen 1. Posten hatte und nicht weit hatte nach St. Valentin. Am 15. August 1935 hatte ich eben das Hochamt gesungen, da kam die Nachricht: ‚Der Vater liegt im Sterben im Linzer Krankenhaus.' Ich kam noch rechtzeitig hinauf. Mit der Mutter war ich in seinen letzten Stunden bei ihm. In den nächsten Zeiten kam ich doch öfter nach Klein-Erlaa. Da konnte ich das Primizgeschenk, das neue Steyr-Waffenrad, gut gebrauchen. – Im Februar 1936 starb mein 1. Chef und ich wurde Pfarrprovisor. Die Haushälterin Sali ging zurück in ihr Elternhaus. Nun mußte ich den ‚Tierpark' auflösen: Ein flügellahmer Rabe hatte immer vor der Pfarrhof-Haustür die Leute begrüßt, der hatte, bevor er weg musste, den kleinen Zeisig in der Küche umgebracht. Der Eichelhäher, der immer bei der Mahlzeit zu mir betteln kam, sowie die Lenerl im Käfig wurden verschenkt, und den treuen Haushund Rolf habe ich nach Klein-Erlaa gebracht, wo er liebevoll von den Geschwistern aufgenommen wurde. Er hat mir aber sein Lebtag die Treue bewahrt. So oft ich nach Klein-Erlaa kam, hat er mich freudig begrüßt und beim Fortgehen mir nachgeweint. Der Abschied von der braven Bauernpfarre fiel mir schwer, und sogar bei Burschen gab es Tränen. Der Bischof brauchte mich nun in GFÖHL als ‚Beschwichtigungshofrat'. Denn dort gab es Streit: Der Pfarrer Hilber hatte zur Seite den Turnverein – dem Kaplan standen zur Seite der katholische Volksbund und die Jugend. Der Bischof sagte mir: ‚Den Kaplan versetze ich (der ging bald in die Diözese Wien), aber dem Pfarrer will ich nichts antun. Er ist mein Studienkollege, aber ein komischer Kautz. Sie bekommen einen Kaplan', das war der Vinzenz Koller. Wir hatten nie einen Streit mit dem Pfarrer, wohl aber bei jeder Mahlzeit die köstlichste Unterhaltung, weil er soviel Originelles aus seinem Pfarrleben zu erzählen wußte. Er ging bald nach Krems in die Pension und ich wurde wieder Provisor. Bald kam als neuer Pfarrer Gottfried Kunka aus Echsenbach, ein ausgezeichneter Prediger. Zum 1. Februar 1938 kam meine Versetzungszeit nach NEULENGBACH. Dort war der Pfarrer Hiebl verstorben. Provisor wurde ein älterer Kaplan namens Bauer. Und ich wurde sein Helfer. Eine harte Zeit: viele Schulstunden, wo es schon gärte (Nazigefahr), ich diktierte am Abend meine Diplomarbeit einer alten Tippmamsell, mußte fleißig studieren für die Lehramtsprüfung und auch für den dortigen sehr aktiven Liturgiekreis. Dann kam noch die viele Schreiberei von Matrikenscheinen zum Nachweis der arischen Abstammung. Denn der große Umbruch brach herein über Österreich. Ich hörte noch im Radio den letzten österreichischen Bundeskanzler Dr. Kurt Schuschnigg: ‚Ich weiche der Gewalt – Gott schütze Österreich!' Von der Straße hörte man Lärm – ein Fackelzug der Nazis! Ich ging in die kleine Empore neben meiner Kaplanwohnung, von der Empore sah man schön hinab zum Tabernakel in der Pfarrkirche. ‚Jetzt ist es vorbei mit Österreich', war mein Gedanke und ich weinte. – Weil ich eben erst 5 Wochen in Neulengbach war, hatte ich als unbeschriebenes Blatt von der Nazipartei hier nichts zu befürchten. Mit dem neuen Pfarrer, ehemaliger Diözesan-Jugend-Seelsorger Josef Klamminger, gab es eine schöne Zusammenarbeit. Meine Schwester, die Mitz, kam auch auf ein paar Wochen zur Aushilfe in den Neulengbacher Pfarrhaushalt."

Herr Pfarrer Sallinger erzählt spannend von seiner Tätigkeit als Kaplan. Damals war es noch üblich, die Versehgänge, also die Besuche bei den Kranken, zu Fuß und im priesterlichen Gewande durchzuführen. Beim Versehgang ging vor dem Priester, der in einer Monstranz die geweihte Hostie trug, ein Ministrant und läutete. Die an der Straße stehenden Menschen verbeugten und bekreuzigten sich. So wurden die Menschen des Dorfes aufmerksam gemacht, dass jemand aus ihrer Gemeinde krank war und auf die heilige Kommunion wartete. Als Priester am Dorf war es also nicht einfach. Man musste viel wandern, heute fährt der Pfarrer mit dem Auto, er bleibt anonym. Bemerkenswert ist auch der Hinweis auf die Matrikenscheine, also die Taufscheine, mit denen den Leuten durch das Pfarramt ihre „arische" Abstammung bescheinigt wurde. Ergreifend ist sein Hinweis, dass er weinte, als Österreich von den Nazis besetzt wurde. Der Herr Pfarrer erzählt weiter über seinen Weg ins Waldviertel:

„Die neue und letzte Station: WAIDHOFEN an der THAYA.

Waidhofen an der Thaya, immer schon eine liberale Stadt, hatte eine Reihe Illegale, also heimliche Nazis, und nun nach dem Umbruch viele neue, die 1938 sich der Partei anschlossen, z.T. auch um ihren Posten nicht zu verlieren. Deswegen traten auch viele aus der Kirche aus. Auch solche, die bisher auf Seite des Pfarrers Winglhofer standen. Den damaligen Religionsprofessor Dr. Panholzer hat der Landesschulrat in Pension geschickt. Ein neuer muß her! Dechant Winglhofer erklärte dem Bischof: Der neue Religionsprofessor soll den anderen Professoren am Gymnasium ebenbürtig sein durch einen akademischen Grad, also Dr. oder Magister. –

Ich wusste nicht einmal recht, wo dieses Waidhofen/Th. liegt: Jedenfalls muß man da eine Weltreise tun: Neulengbach – St. Pölten – Krems – Hadersdorf – Sigmundsherberg – Schwarzenau – Waidhofen /Th. 5mal umsteigen. Die Damen Münster und Riedl begleiteten mich noch bis Sigmundsherberg, dann überließen sie mich dem unbekannten Waldviertel. Und es wurde meine zweite Heimat."

Unter die letzten drei Wörter zieht der Autor zwei Striche, als wolle er symbolisch andeuten, dass er in Waidhofen eine neue Welt betrat, die etwas völlig Neues in seinem Leben ist und dieses wesentlich bestimmt. Mit seiner wie gestochen erscheinenden Handschrift schreibt Pfarrer Sallinger, der nun auch zum Religionsprofessor wird, weiter: „Es erwartete mich Dechant R. Winglhofer am Bahnhof. Der alte Draschtak lud meine Koffer auf sein Brückenwagerl. – Tags darauf begann meine Lehrtätigkeit. Der Religionsunterricht war dadurch von den Nazis eingeschränkt worden, daß sich jene Schüler eigens anmelden mußten, die am Religionsunterricht teilnehmen wollten.

Darum gab's weniger Schüler im Religionsunterricht. Deshalb wurden Stunden auf den späten Nachmittag verlegt. So ist ein treuer Schüler aus Zwettl, wo es noch kein Gymnasium gab, erst um halb sieben Uhr abends heimgefahren (Eigl, der jetzige Besitzer der Zwettler Mineralölfirma). Mit einem schäbigen Schmäh haben mich die Nazis aus dem Gymnasium ausgebootet: Es verkündete der Direktor 1942: ‚Ab September wird ein anderer Herr die Religionsstunden übernehmen!' Wer? Und die Schüler erfuhren: ‚Der aus der Kirche ausgetretene Hauptschullehrer Albert Reiter!' Und die Schüler sagten: ‚Auf den sind wir nicht neugierig.' Es meldeten sich in der Schule nicht einmal 20. So hatten die Nazis ihr Ziel erreicht – ganz ‚legal'.

(...) Eines Tages kam Frau Uitz aus Puch weinend zu mir und erzählte, daß der NSDAP-Ortsgruppenleiter Winter ihr mitgeteilt hat, daß ihr 3. Sohn gefallen ist, aber sie soll es mit ‚stolzer Trauer' bekunden, daß sie 3 Söhne dem Führer A. Hitler und dem Vaterland habe opfern können. Diese tapfere Frau sagte nur: ‚Wissen Sie, hätte man da nicht den festen christlichen Glauben, dann müßte man verzweifeln.' – Derselbe Herr K. Winter hat es aber dann nicht ‚in stolzer Trauer' ertragen, als Hitler und das 1000jährige Reich untergegangen sind. Er versteckte sich mit seiner Frau in einer Jagdhütte mit noch zwei Nazi-Anhängerinnen, als die Russen einmarschierten. Die zwei Frauen haben sich vergiftet. K. Winter hat seine Frau und dann sich selbst erschossen. Ich sah ihn mit zerschossenem Schädel in der Leichenhalle liegen, als ich wieder eine Einsegnung hatte."

Herr Pfarrer Sallinger behielt während der Nazizeit seine Aufrichtigkeit und er trauerte mit den Menschen, die unter dem Krieg zu leiden hatten. Die Nazis verachtete er wegen ihrer Gottlosigkeit. Daher fügt er den vorigen Ausführungen diesen Spruch aus Schillers „Wilhelm Tell" mit großer schöner Kunstschrift an: „Gottes Auge wacht! Gott sitzt hoch und er sieht weit. Bedenkt, daß ein Gott im Himmel ist, dem ihr müßt Rede stehen für alle Taten!"

Das nächste Kapitel, in dem er mit den verwundeten deutschen Soldaten mitleidet, überschreibt er mit „Der neue Anfang 1945": „Der war in Waidhofen/Th. auch sehr turbulent. Die Russen haben nach Kriegsende 6000 deutsche Verwundete aus tschechischen Lagern gebracht: Gymnasium, Konvikt, Volks- und Hauptschule, Krankenhausbaracke, Volkssturmbaracken (auf dem heutigen Kolpinghausgelände) waren überbelegt. Manche sind heimlich geflüchtet, von unseren Leuten mit Zivilkleidung versorgt, viele sind gestorben, täglich hatten Dechant und ich Einsegnungen; über 200 liegen hier am Heldenfriedhof. Manche Abende habe ich in den Baracken verbracht. Interessante Gespräche ergaben sich mit dem verwundeten Dr. Walter Kröber. Er war evangelisch. Er konnte ausgeheilt in seine Heimat zurück. Er wurde Dozent an der Universität Bonn, BRD. Er übersetzte die ‚Nachfolge Christi' von Thomas von Kempten aus dem Lateinischen, erschienen im Reclamverlag; er schenkte mir ein Exemplar. Dr. Kröber hatte eine große Freude, als wir uns beim Kölner Dom trafen. 1965 war ich dort mit mehreren Kolpingsöhnen beim Internat-Kolpingtreffen."

Ein paar Seiten nach seinen biographischen Aufzeichnungen erzählt der Herr Pfarrer, dass dieser Dr. Kröber ein gläubiger Protestant gewesen wäre: „Diesem frommen und gescheiten Mann wäre es nie eingefallen, so unentschieden und liberal zu behaupten, es seien alle Religionen und alle Kirchen eh gleich und gleich wertvoll. Denn Wahrheit gibt es immer nur eine! Daher auch nur 1 wahre Religion bzw. 1 wahre Kirche Christi. Dank sei dem Herrn, der mich aus Gnad' zur wahren Kirche berufen hat."

Und verärgert schreibt er ebenso ein paar Seiten später unter der Überschrift „Ein Farbverkehrer": „Einen schäbigen Charakter hatten wir in Klein-Erlaa, den Flickschuster Aistleitner. Er war gleich ein begeisterter Hitler-Anhänger. Und als der ‚Führer' 1938 im Triumphzug vom ‚Reich' hereinkam und auf der Reichsstraße nach Wien fuhr, mußte er auch durch Klein-Erlaa und an dem Aistleitner-Häusl vorbei.

Genug Reisig hatte der Aistleitner schon vom Wald geholt, um die Haustür und Fenster mit Girlanden zu schmücken. Als aber 1945 die Russen einmarschierten, war aus dem begeisterten Nazi doch ebenso ein begeisterter Kommunist geworden. Als die Russen im Dorf herumfragten: ‚Wo Nazi, wo Nazi?', erzählte er ihnen sogleich: ‚Beim Klein-Sallinger ist einer der Söhne bei der Waffen-SS!' Angeblich verriet er also den Russen, daß unser Fritz zur SS gezwungen worden sei. Aber das haben die Russen wahrscheinlich nicht verstanden. Sie hörten nur: ‚Nazi, SS', und schon kamen Russen und durchsuchten unser ganzes Haus nach SS und Nazis. Unsere Mutter mußte dann täglich für mehrere Russen kochen. Benahmen sich anständig. Nach der Russenzeit hat sich der Farbverkehrer Aistleitner nach Linz verduftet. Unser Fritz kam erst 5 Jahre nach dem Krieg heim aus russischer Kriegsgefangenschaft." Dem Herrn Pfarrer waren also Leute wie dieser Aistleitner, die ihre Fahne nach dem Wind richteten, widerlich.

Weiter heißt es im Text: „Mühsam war der Neubeginn am Gymnasium, als endlich die Russen es freigaben. Es fehlten noch Professoren. Ich mußte neben Religion auch Philosophie ein paar Jahre vortragen, was mich wie auch die Schüler der 7. und 8. Klasse sehr interessierte. Kurze Zeit hatte ich auch Latein –

Eine 1. Jugendwoche der neu entstandenen Kathol. Jugend leitete ich auf der Klosteralm in Lilienfeld. Eine 1. Tagung der Kathol. Stud. Jugend in Zwettl bestritten Prof. T. Leisser und Prof. Dr. Friedrich Heer aus Wien und meine Wenigkeit. Bei einer Jugendtagung (Seelsorger) war ich zugleich mit Dr. Franz König auch Referent.

(...) Mit Dr. König war ich bei dem ‚Pfarrkonkurs' auch als Prüfling in St. Pölten angetreten. Wir beide haben die Prüfung bestanden. Ich brauchte sie. Er nicht. Er wurde nie Pfarrer, sondern Universitätsprofessor und Kardinal –"

Soweit der Bericht Pfarrer Sallingers aus seinem Tagbuch über die Zeit des Krieges und kurz danach, eine Zeit, die ihn offensichtlich sehr beschäftigt hat und in der er in seinem Innersten aber auch gewachsen ist.

Der Pfarrer als Pilger in den Bergen

Eine kleine Zeichnung zeigt den Pfarrer in den Bergen, dabei ist zu lesen: „In die Berg bin i gern und da gfreut sie mei Gmüat, wo die Almröserl wachsen und da Enzian blüat."

Auf den folgenden Seiten beschreibt der rege Pfarrer wahrhaft kühne Bergtouren, die ihn in das Tote Gebirge, ins Gesäuse, in das Dachsteinmassiv und sogar auf den Hohen Sonnblick führten. 1979, also bereits in vorgeschrittenem Alter, wollte der freundliche Herr Pfarrer noch einmal auf den Hohen Sonnblick, aber das Wetter ließ dies nicht zu. Auch in den Schweizer Bergen fühlte er sich wohl. Stets war er in Begleitung von früheren Schülern und Pfarrerkollegen, aber auch nette Damen gehörten immer wieder zur Begleitung.

Es tauchen fromme Sprüche in dem „Sonntagsbuch“ des Herrn Pfarrers auf und weitere Berichte über interessante Leute. Auf den Bildern dazu ist auch immer wieder seine Schwester Elisabeth, also eine Pfarrersköchin, zu sehen. Daraus entnehme ich, dass sie regen Anteil am Leben des Herrn Pfarrers hatte und mit sich freute und litt.

Dazwischen entdecke ich diese Worte K. H. Waggerls: „Blumen blühen niemals lange, … aber sie nützen die ganze Zeit, um schön zu sein … Die Wunder der ganzen Welt lassen sich auffinden im eigenen Garten. Blumen blühen auch, wenn keiner zuschaut. Wir wissen nicht, womit der Steinbrech Steine bricht. Er übt die Kunst auf seine Weise. Gott liebt das Leise.“ Schön und spannend sind die Berichte des Pfarrers über seine Pilgerfahrten nach Palästina, Rom, Lourdes und Medjugorje im alten Jugoslawien. Und bei all diesen Pilgerreisen, die er stets mit Gläubigen durchführte, begleitete ihn seine Pfarrersköchin, die mir davon geradezu liebevoll und voll des Glaubens erzählte.

Auch Papst Johannes Paul II. wird erwähnt, als die größte Persönlichkeit des Jahrhunderts gepriesen und mutig sogar kritisiert, weil er einen Kardinal und einen Bischof eingesetzt hat, mit denen der Herr Pfarrer keine Freude gehabt haben dürfte und die er fast heiter als die „nicht hervorstechendsten Repräsentanten“ von Österreichs Kirche tituliert.

Rückblickende Gedanken als Pfarrer

Und schließlich bezeichnet der Herr Pfarrer sein Leben als „ein Leben voll Superlativen“. Diese „Superlative“ hat er fein säuberlich so aufgelistet, wohl damit auch die Nachwelt etwas davon hat und vielleicht von ihm lernt. Beim 7. Superlativ ist seine Pfarrersköchin Lisi erwähnt, die ihm Heimat bietet, wie er andeutet, wenn er meint, sie würde den Pfarrhof „heimelig" gestalten. In diesen kargen Worten liegt viel verborgen, nämlich dass sie es ist, die Lisi, die es ihm überhaupt möglich macht, sich über seinen Beruf als Pfarrer derart zu freuen:

1 „Das Lieblichste war für uns 7 Geschwister doch unsere Kindheit: Unter den Augen unseres Vaters von edlem Charakter, nicht hart, aber streng, nicht kleinlich, aber gewissenhaft. – Und unter den Augen der Mutter, die mit großer Klugheit und mit gesundem Humor und mit vielem Gebet uns reichlich beschenkte.

2 Das Köstlichste war die Studienzeit unter der Führung eines pädagogischen Seminardirektors und in der köstlichen Schulkameradengemeinschaft, die einem viel Halt gab.

3 Das Interessanteste waren die Kaplansposten unter der Leitung eines altehrwürdigen, aber noch immer humorvollen ersten Chefs Gatterbauer; dann mit dem originell schrulligen, pensionsreifen Hilber in Gföhl. Dann dessen Nachfolger, der blitzgescheite, resolute und ausgezeichnete Prediger Gottfried Kürker; kurzfristig dann der ehemalige Diöz. Jugendseelsorger Klamminger voll heiligem Eifer in Neulengbach. Und schließlich der unvergeßliche, allseits sehr beliebte Dechant Wingelhofer, dessen Predigten volksnahe und inhaltsreich wie eine frische Quelle sprudelten.

4 Die freudvollsten Erlebnisse waren in jedem Sommer die Bergtouren, besonders die mit den Studenten und Kolpingsöhnen.

5 Das Eindrucksvollste der Reisen waren Rom, Jerusalem, Bethlehem, Lourdes und Medjugorje, Assisi – die Dome von Mailand, Paris, London.

6 Das Schwierigste war es nicht, am Gymnasium den Lehrstoff zu dozieren, sondern auf die jungen Leute erzieherisch einzuwirken und ein Leben nach dem Glauben zu fördern.

7 Das Angenehmste war die Zusammenarbeit mit den 14 Kaplänen. Krach oder Mißverständnis hat es nie gegeben. Immer Frieden im trauten Heim, das ja in Waidhofen eine Bruchbude war, ein alter Wirtschaftspfarrhof, aber ohne Wirtschaft (die war verpachtet).

Lisi hat ihn heimelig gestaltet, soweit dies möglich war. Wir haben drinnen ‚gehaust' von 1951 bis 1971. Angenehm war es dann im Neubau (von 1973 bis 1985).

8 Das Erhabenste war für unsereinen die Priesterweihe und die Primiz, die Priesterjubiläen.

9 Das Heiligste ist es, jeden Morgen am Altar zu stehen, das heilige Opfer zu feiern und Gläubigen das Brot des Lebens zu reichen und Gottes Wort zu verkünden.

10 Das Schwerste und Schmerzlichste war für uns Geschwister der frühe Tod des Vaters. Als Bub hatte ich seinen Abschied von daheim am 1. August 1914 erlebt, als er in den Krieg mußte. Schmerzlich war der Tod unserer guten Mutter nach einem längeren schweren Leiden 1919. Und ebenso schmerzlich war es mit ansehen zu müssen, wie unsere zweite Mutter rund zwanzig Jahre ständig gelitten hat, aber ‚sich daran gewöhnt hatte', wie sie sagte – niemals klagte.

11 Das Allerletzte in dieser Welt? – Wann? Wie? Über meinem Bett: die Madonna mit dem Kind (eine Schnitzerei aus Gröden in Südtirol und ebenso ein Kruzifix mit dem sterbenden Herrn, welches ich zur Primiz als Geschenk bekam) – so Jesus und Maria die letzten Reisebegleiter durchs Erdenleben Gott entgegen (letzte Steigerungsstufe des Lebens!!!)."

Pfarrer Sallinger brauchte seine Lisi, wie ich schon festgehalten habe, sie begleitete ihn bei seinen Pilgerfahrten, nur beim Bergsteigen ließ sie ihn alleine. Mit ihr verbrachte er auch seinen Lebensabend. Sie war es wohl, wie ich aus meinen Gesprächen mit ihr heraushören kann, die ihn zum Nachdenken über die „Superlative" seines Lebens brachte.

Der „halbe Waldviertler" und die Pfarrersköchin Lisi

Pfarrer Sallinger fügt den beiden „Sonntagsbüchern" noch einige Seiten hinzu, die er mit „Nochmals ein Sonntagsbuch" überschreibt. Nun fragt sich der gute Herr Pfarrer, der 1934 seine Primiz hatte, also sein erstes Messopfer feierte, warum aus seiner Familie gleich drei Pfarrer kommen. Die Antwort findet er bei seinem Vater, der mit der Mutter täglich den Herrgott gebeten habe, er möge eines der Kinder für einen göttlichen Beruf erwählen. Dieses Gebet wurde, wie Pfarrer Sallinger augenzwinkernd bemerkt, gleich dreimal erhört.

In den folgenden Betrachtungen ergänzt Pfarrer Sallinger Erzählungen der vorhergehenden Sonntagsbücher. So schreibt er, er wäre ein halber Waldviertler geworden und ein halber Mostviertler geblieben. Er erzählt: „Bei einer Fahrt von Klagenfurt nach Villach fragte mich ein Herr: ‚Wo sind denn Sie zu Hause?' ‚Im österreichischen Sibirien', antwortete ich ihm. Und er darauf: ‚Und da können Sie so gut Deutsch?' Der hat wahrscheinlich vom Waldviertel noch nie was gehört."

Wie man neunzig Jahre alt wird, weiß er von einer alten Dame, die meinte: „Viel arbeiten und klug leben!" Pfarrer Sallinger befolgt diese Weisheit, denn auch er wurde 93.

Es sind wieder die Berge, die der Herr Pfarrer in die Nähe des Göttlichen rückt. Er bringt Bilder aus Südtirol. Unter einem Bild ist zu lesen: „Lisi in St. Ulrich im Grödnertal". Auch auf einem anderen Bild ist die Pfarrersköchin Lisi zu sehen, und zwar am Stoderzinken. Darunter steht: „Wahre Freundschaft soll nicht wanken!!" Offensichtlich will der Herr Pfarrer damit ausdrücken, dass ihn mit der Lisi, seiner Pfarrersköchin und Halbschwester, viel Inniges verbindet.

Ein bewegtes Leben tut sich dem Leser bei der Einsicht in diese „Sonntagsbücher" des Herrn Pfarrers auf, nämlich ein Leben, zu dem wesentlich die Pfarrersköchin Lisi gehört. Sie schuf ihm die Weite, in die der Herr Pfarrer wandern konnte.

Immerhin bewahrte sie mit den Sonntagsbüchern einen Schatz, der sowohl für den Zeitgeschichtler als auch für jemanden, der über die Lebenswelt einer Pfarrersköchin etwas erfahren will, von einiger Bedeutung sein kann.

Die bäuerliche Welt der klassischen Pfarrersköchin

Der Pfarrhof und die Pfarrersköchin entstammen, wie ich vorhin schon angesprochen habe, einer alten bäuerlichen Welt, in der der Pfarrhof noch ein echter Bauernhof war, der vom Pfarrer mit seiner Köchin nebst Dienstboten bewirtschaftet wurde. Der Wortteil „hof" im Pfarrhof verweist auf den Hof des Bauern, ähnlich ist es übrigens um den Ausdruck Königshof bestellt, denn auch am Königshof gab es Mägde in der Küche und in den Ställen und Knechte, die mit den Pferden arbeiteten. Bis zumindest in die 60er-Jahre hinein hatten manche Pfarrersköchinnen sich noch um Hühner zu sorgen. Heute ist es vor allem der Garten, über den später zu erzählen sein wird, der an die alte Bauernkultur erinnert.

In meinen Gesprächen mit alten Pfarrersköchinnen auf den Dörfern wurde mir klar, dass diese Frauen noch in den Jahren nach dem letzten Krieg im Stile klassischer Bäuerinnen wirtschafteten, schließlich entstammten sie selbst der bäuerlichen Kultur, wie auch Frau Sallinger im Waldviertel. Mit ihr, die zumindest die erste Zeit als Pfarrersköchin das Leben einer Bäuerin führte, sprach ich über die alten Bauern, die es zwar nicht leicht hatten, die aber autark waren und sich wesentlich von den heutigen Spezialisten unterschieden. Frau Sallinger verbindet mit ihrem bäuerlichen Leben als junge Frau am Hofe ihrer Eltern bei St. Valentin und dann auch als Pfarrersköchin zwar Mühe, aber auch Schönes. Ich erzähle ihr von meinem Buch „Echte Bauern", sie zeigt sich angetan von meinen Gedanken, dass es echte Bauern heute nicht mehr gibt, und bedenkt weise: „Die Bauern hat man heute so verwandelt, dass es ihnen nur mehr um das Geschäft geht, um das Verkaufen."

Und sie fügt etwas hinzu, das durchaus im Sinne meiner Überlegungen zum modernen industriellen Bauern ist: „Unser Bürgermeister hat einmal gesagt, die alten Bauern haben auf Vorrat gearbeitet, sie haben eingekocht usw. Er meinte, mit dem heutigen Getreidevorrat könne man nicht einmal ein Jahr überleben." Ich ergänze: „Wenn es also heute zu einer Krise kommt, stehen wir alle blöd da." Weiter sinniert Frau Sallinger: „Ich würde mich nicht mehr mit der neuen Bauernwirtschaft auskennen. Früher hat man sich am Feld zugerufen, da war noch Leben. Jetzt sind die Leute alleine und fahren mit dem Traktor. Mein Bruder hat oft gesagt, wenn der Vater jetzt käme, der würde schauen, was heute los ist. Wir zu Hause haben 5 Kühe gehabt. Und wir alle haben leben können." Frau Sallinger hat am Hof gelernt, wie man mit dem Vieh umgeht, wie ein Heuwagen beladen wird und wie das Getreide geerntet wird.

Die alte Pfarrersköchin meint schließlich etwas, das ich in meinem Buch „Echte Bauern" ähnlich überlegt habe: „Heute wird den Bauern alles vorgeschrieben. Im Mostviertel gibt es in den Gasthäusern Brettljausen. Seit wir bei der EU sind, ist das Holz für die Brettljause verboten, weil es unhygienisch ist, Plastik müssen wir nehmen. Das weiß ich von einer Fleischhauerin, die gesagt hat: ‚Wir müssen Plastikhackstöcke nehmen. Inzwischen ist man draufgekommen, dass Plastik schädlich ist für den Magen.'

Die Bauernwirtschaft war früher viel Arbeit, aber alles war durchdacht. Man hat Richtlinien gehabt. Man war gern dabei und alle haben sich am Bauernhof bemüht. Heute rennt ein jeder von der Landwirtschaft weg. Früher war das anders. Unser Nachbar, ein Bauer, ist jeden Sonntag auf die Felder gegangen."

Frau Poldi, die bei diesem Gespräch anwesend ist, fügt hinzu: „So ein Bauer früher ist am Sonntag in der Früh in die Messe gegangen. Zu Mittag hat er seine Arbeit gemacht, hat sich dann etwas niedergelegt und nachher ist er auf die Felder gegangen. Die Bauern waren recht bodenverbunden. Das kennen sie heute nicht mehr. Heute haben die Jungen keine Freude, weil die Landwirtschaft heruntergedrückt wird."

Als Frau Sallinger in den 50er-Jahren zu ihrem Bruder auf den Pfarrhof kam, profitierte sie von ihrem Wissen, das sie am heimatlichen

Bauernhof erworben hatte. Viel erinnerte noch an das alte bäuerliche Leben, allerdings hatte der Herr Pfarrer neben seiner Köchin keine Dienstboten mehr, die sich um Stall und Feld kümmerten. Er verpachtete daher die alten landwirtschaftlichen Gründe, die Wiesen und Äcker, an Bauern. Frau Sallinger erzählte dazu: „Bis um 1971, als der neue Pfarrhof gebaut wurde, gab es Pächter, die die Landwirtschaft gepachtet hatten. Mein Bruder hat einmal gesagt, er wäre der größte Bauer von Waidhofen. Der Pächter hat im Pfarrhof unten ebenerdig gewohnt, dort waren die Wirtschaftsräume. Auch andere Bauern hatten etwas gepachtet. Ich kann mich noch gut erinnern, wie unsere Bauern gekommen sind, um die Pacht zu zahlen. Damals führten sie als Pächter noch eine wirkliche Landwirtschaft, der eine hatte sogar Rösser. Oben im ersten Stock des Pfarrhofes haben wir, der Pfarrer und ich, gewohnt. Dort war auch die Pfarrkanzlei. Es gab beim Pfarrhof auch einen Kuhstall, einen Saustall. Ich habe ein schönes Aquarell vom alten Pfarrhof (sie zeigt es mir). Vom Keller konnten wir uns Erdäpfel holen, so viel wir gebraucht haben. Der Pächter hat dann die Landwirtschaft aufgegeben, er hat sich einen Mähdrescher gekauft und ist mähdreschen gefahren. Bis dahin war er ein echter Bauer mit Getreide und Kühen. Um 1970 sind die Bauersleute ausgezogen." Und schließlich erinnerte im Pfarrhof nichts mehr an die alten Bauern und ihre Kultur, aber einen Garten pflegte Frau Sallinger noch. Darüber wird später zu erzählen sein.

Aus einer bäuerlichen Welt kommt auch Frau Anna, die alte Pfarrersköchin in Windischgarsten. Sie erzählt: „Acht Jahre lang war ich beim Loambauern Stallmensch. Ich möchte nicht schimpfen über die Bauersleute, sie sind beide schon lange gestorben. Schlecht ist es mir bei ihnen nicht gegangen. Beim Loambauern habe ich im ersten Jahr keinen Groschen Lohn bekommen. Dafür zu Weihnachten ein Kleidl von einer Schneiderin, die auf Ster gekommen ist. Man hat sich nichts gedacht dabei. Ein Radl wollte ich mir kaufen, das hat 68 Mark gekostet, damals. Ich habe nur 60 Mark zusammengebracht. Mein Ziehvater, der Bauer, hat mir dazu 8 Mark geschenkt. Besser ist's, mir dann am Pfarrhof gegangen.

Nach acht Jahren beim Bauern bin ich zu einem Pfarrer als Magd gekommen, das war zu Kriegsende. Und zwar zum Pfarrer Haberl in St. Pankraz, der hatte eine kleine Wirtschaft mit drei Kühen beim Pfarrhof, er hat zu mir gesagt, wie ich das erste Mal bei ihm war: ‚Wenn du bleiben magst, so kannst du bleiben, wir brauchen eh jemanden, denn die Magd Leni ist schon alt.‘ Im November 1945 ist er Pfarrer von Windischgarsten geworden. Er hat mich gefragt, ob ich nach Windischgarsten mitgangat. Ich habe ja gesagt. Dann haben wir, der Pernkopf Gottlieb und ich, die drei Kühe nach Windischgarsten getrieben. In Windischgarsten war auch eine Landwirtschaft beim Pfarrhof.“ Ich frage, ob es ihr gefallen hat damals, als der Pfarrer fast auch ein Bauer war, und sie meinte: „Es war auch schön damals. In St. Pankraz habe ich nur drei Tage gearbeitet. Die Leni hat aufgehört und ich habe angefangen. Dann sind wir gleich hier herein nach Windischgarsten gesiedelt. Auch hier habe ich im Stall gearbeitet. Eine Köchin war schon da. Sogar Troat (Getreide) haben wir geschnitten. Das Troatschneiden mit der Sichel habe ich schon beim Loambauern gelernt. Der Bauer damals war ein wenig grantig und hat laut geschimpft, wenn ich es nicht gescheit gemacht habe. Die Bäuerin hat zu mir gehalten und hat ihm gesagt: ‚Sie kann es nicht lernen, wenn du so mit ihr schimpfst.‘ Es war nicht leicht, mit der Sichel zu schneiden, man musste schön über den Rücken der Sichel abfahren. Auch das Fachtlfassen auf den Heuwagen konnte ich. Dabei wurde das Heu mit großen Gabeln auf den Heuwagen gegeben und wer oben stand, musste links und rechts je ein Schübel und eines in der Mitten geben. Ich habe mich ausgekannt am Bauernhof und dann am Pfarrhof. 1953 ist der Haberl gestorben und dann ist der Pfarrer Kirner gekommen. Beim Haberl war ich noch das Stallmensch, wir hatten fünf Kühe und zwei Rösser. Es gab am Pfarrhof noch einen Moar und den Knecht, den Gottlieb, doch der ist bald gegangen, weil er sich mit dem Moar nicht vertragen hat. Dazu gab es auch noch die Köchin. Wir waren also zu viert. Landwirtschaftlich waren wir sozialversichert. Dann ist noch eine dazugekommen, die Agnes, die hat im Stall gearbeitet. Ich habe nun im Haus gearbeitet. Ich war Hausmädchen. Es waren noch zwei Kapläne da. Acht Kühe, fünf Schweindln und sieben Hühner hatten wir. Das war bis 1953 so. Beim Pfarrer Kirner haben wir die Landwirtschaft aufgegeben in Windischgarsten. Die Landwirtschaft samt den Kühen und Rössern wurde verpachtet. Der Pfarrer konnte die Dienstboten nicht mehr bezahlen. Ich bin als Köchin geblieben."

Die frühere Waldviertler Pfarrersköchin Poldi erzählt auch über ihren Bezug zur Landwirtschaft am Pfarrhof: „Hendln haben wir zehn Jahre gehabt. Meistens acht Hendln. Die alten Hendln haben wir in der Suppe gekocht. Ich habe sie selbst nicht abgestochen. Wir hatten auch einen Kaplan, der war ein gelernter Fleischhauer, er hat sie geschlachtet, mich hätten sie erbarmt. Schweindln haben wir keine gehabt, denn wir hätten keine Erdäpfel ansetzen können. Damals wurden die Schweindln noch mit Erdäpfeln gefüttert. Das war noch ein gutes Fleisch."

Die Erzählungen der alten Pfarrersköchinnen verweisen auf die alte Kultur der Pfarrhöfe, in denen der Pfarrer so etwas wie ein Großbauer war, der über Knechte und Mägde verfügte und vom Moarknecht, der am Bauernhof eine Art Vorarbeiter war, vertreten wurde. In den 50er-Jahren ändert sich diese Kultur auf den Dörfern, die Pfarrersköchin, die vorher schon die Vertraute des Pfarrherrn war, ist die Einzige, die bleibt und sich um das leibliche – und damit auch um das seelische – Wohl des Pfarrers kümmert.

Lebensläufe von Pfarrersköchinnen

Ansehen, gottgefällige Freude und Sympathie

Die Herkunft der Pfarrersköchinnen und der Weg der Frauen zu diesem Beruf sind bunt, aber dennoch scheinen gerade die älteren Damen vorrangig aus dem bäuerlichen Stand zu kommen. Im Beruf der Pfarrersköchin sahen sie eine Möglichkeit, gottgefällig in engem Kontakt zu einem geistlichen Herrn zu arbeiten und zu leben, wodurch sie sich wohl nicht nur eine Nähe zum Himmel erhofften, sondern auch einen sicheren und angesehenen Beruf. Ähnlich wie es auch für einen Bauernburschen hohes Ansehen und Sicherheit bedeutete, wenn er zum geistlichen Berufe ausersehen war, ein Priesterseminar besuchen durfte und schließlich Pfarrer wurde. Aber noch etwas wird für eine junge Frau bedeutsam gewesen sein, Pfarrersköchin zu werden, nämlich Sympathie für den Pfarrer. Gerade heute dürfte es dort, wo es noch echte Pfarrersköchinnen gibt, diese Sympathie sein, wie wir sehen werden, die den Entschluss, Pfarrersköchin zu werden, bestärkt. Aber auch echte Liebe scheint es für Damen zu sein, einem Herrn Pfarrer zu folgen und sich bei ihm einzuquartieren.

Der Beruf der Pfarrersköchin war und ist schließlich auch für Frauen in ihrer Lebensmitte interessant, die als Witwen oder als allein stehende Damen eine Beschäftigung an der Seite eines nicht alltäglichen Mannes suchten und suchen, nämlich eine Beschäftigung, die abwechslungsreich ist, sie mit Menschen in Kontakt bringt und auch mit Frömmigkeit zu tun hat.

Ansehen und Arbeit in einer frommen Welt

Zunächst jedoch machte die alte bäuerliche Welt, die es heute nicht mehr gibt, das Leben der klassischen Pfarrersköchinnen aus. Ihre Heimat war der Bauernhof, von dem sie Abschied nahmen, als es dort für sie eng wurde und sie sich nach einem Beruf umsehen mussten. In den Lebensläufen von Pfarrersköchinnen, mit denen ich sprach, wird dies auch deutlich.

So erzählte eine alte Pfarrersköchin, die Frau Christl aus dem Waldviertel, in deren Küche ich es mir gemütlich gemacht hatte: „Es hat sich so ergeben, dass ich Pfarrersköchin wurde. Wir waren zehn Kinder und ich war das jüngste der zehn. Die anderen sind bei der Landwirtschaft geblieben. Meine Schwester war vierzig Jahre in einem Pfarrhof in Wintersteig, die ist aber schon gestorben. Wie mein Bruder geheiratet und die Wirtschaft übernommen hat auf unserem Bauernhof, auf dem ich aufgewachsen bin, das war um 1954, bin ich von daheim weg und wurde Köchin beim Pfarrer von Arbesbach. Und wie dieser dann in Spitz an der Donau Pfarrer wurde, bin ich mit ihm mitgegangen. Von Spitz bin ich aber wieder weg, weil es mir dort nicht gefallen hat. In der Kuchl des Stiftes Zwettl brauchte man mich als Köchin. So kam ich in das Stift." Eine wichtige Station in ihrem Leben war diese Küche. Hier lernte sie das Klosterleben kennen, der Abt dürfte sie geschätzt haben. Sie erzählt weiter: „Einmal kam der Pfarrer von A., es war eine Stiftspfarre, in das Stift, er war auf der Suche nach einer Haushälterin. Das weiß ich noch gut, da ist der Herr Abt mit dem Pater Ambros in die Küche gekommen und hat mich gefragt: ‚Sagt man bei euch auch: Habt ihr einen grünen Acker daheim?' Das war so ein Spruch, den ich aber bis dahin auch noch nicht gehört habe." Mit dem Hinweis auf den „grünen Acker" wollte der Abt offensichtlich andeuten, dass ein grüner Acker, eine Wiese, höchst brauchbar sei, genauso wie sie. Sie war bereit und folgte dem Pfarrer von A. Über den sie anfügte: „Der Pfarrer ist dann krank geworden und musste daher wieder in das Stift zurück. Ich bin auch wieder in das Stift. Dann hat das Stift kurzfristig für vier Jahre die Pfarre, in der ich jetzt bin, übernommen. Ich wurde gefragt, ob ich hierher wolle. Ich sagte ja und war vier Jahre beim Pater Wilhelm tätig. Nach den vier Jahren verließ der Pater die Pfarre wieder, denn nun war die Pfarre keine Stiftspfarre mehr. Jetzt ist die kaiserliche Hoheit gekommen (sie meint damit scherzhaft den jetzigen Pfarrer, der mit seinem Familiennamen Kaiser heißt)." Der Herr Pfarrer, er wagt das Wort „Pfarrersköchin" nicht zu verwenden (siehe die vorherige Diskussion), trinkt aus seinem Glas Rotwein und fügt ein: „Wie der Pfarrer Pater Wilhelm vom Stift weggekommen ist, hätte Frau Christl auch gehen sollen, denn wenn ein neuer Pfarrer kommt, muss der Pfarrhof geräumt werden. Weil ich aber niemanden gehabt habe, habe ich sie gebeten, so lange bei mir zu bleiben, bis ich eine Haushälterin gefunden habe. Sie hat ja gesagt. Es sind nun schon 25 Jahre her, seit sie bei mir ist." Der Herr Pfarrer fügt lächelnd hinzu: „Ich habe also vom Stift Zwettl die alten Möbel und die Frau Christl übernommen." Der Pfarrer ist ein heiterer Herr. Er war Rektor in einem bischöflichen Seminar, bevor er hierher übersiedelte. Und Frau Christl mein: „Ich kann hier schon bald ein Jubiläum feiern. Denn ich bin schon seit 1974 da. Der Herr Pfarrer ist schon mein fünfter Pfarrer, hier in diesem Pfarrhaus ist er mein zweiter."

Ob ihr die fünf Pfarrer gleich lieb gewesen sind, will ich wissen: „Das kann ich nicht so sagen, der eine hat mehr Flausen und der andere weniger." Sie fügt noch, auf den Pfarrer am Tische blickend, hinzu: „Und der da hat die wenigeren Flausen."

Sie ist eine fromme Frau, die Frau Christl.

An Heirat dachte die Dame nicht, ihre Welt war die der Pfarreien und sogar einmal die des Klosters, aber sie war stets von frommen geistlichen Herren umgeben, dies war ihr Leben. Der Anstoß, Pfarrersköchin zu werden oder zu bleiben, kam bei Frau Christl vom Pfarrer selbst.

Bauern, und zwar im Waldviertel, waren auch die Eltern einer heute 66 Jahre alten Pfarrersköchin, der Frau Anni. Sie erzählte: „Ich stamme von Arbesbach. Meine Eltern waren Bauern. Bis zu meinem 30. Lebensjahr war ich bei den Eltern in der Landwirtschaft tätig. Wir haben noch bis ungefähr 1960 Flachs angebaut. Ich habe noch Spinnen und Zwirnen lernen müssen. Mein Cousin, er ist um vier Jahre älter, hat niemanden als Pfarrersköchin gehabt, wie er Pfarrer geworden ist. Seine Eltern waren auch Bauern. Unsere Mütter waren Geschwister. Er hat mich 1963 gefragt, ob ich zu ihm komme als Köchin, und so bin ich Pfarrersköchin bei ihm geworden. Ich kannte mich aus in der Landwirtschaft, aber als Pfarrersköchin habe ich nichts mehr damit zu tun gehabt. Unser Vorgänger, der Pfarrer Gatterbauer, hat aber noch Roggen und Hafer angebaut, nicht aber Gerste, die wächst hier oben im Waldviertel nicht. Heute ist es für den Pfarrer auch nicht mehr notwendig, Getreide anzubauen, er wird von der Diözese und der Schule, in der er unterrichtet, bezahlt. Früher hat der Pfarrer sogar noch ein Holzdeputat gehabt." Frau Anna kommt also aus der Landwirtschaft, mit der sie eine alte vergangene Kultur der Bauern verbindet. Dies interessiert mich und ich frage daher weiter, ob auch sie mit dieser alten Bauernkultur einen Zauber verbindet. Sie schildert: „Früher war bei den Bauern, zumindest bei uns, das schönste Familienleben. Und irgendwie waren die Bauern freier als heute." Lachend fügt sie hinzu: „Die Biobauern haben es heute nicht leicht. Echte Misthaufen gibt es auch keine mehr." Die Pfarrersköchin Anni, die gerne Pfarrersköchin ist, obwohl sie offiziell schon in Pension ist, ist sich bewusst, dass sie aus einer vergangenen bäuerlichen Kultur kommt, an die sie mit Wehmut denkt. Aber es war gerade diese Kultur, in der sie zur Pfarrersköchin werden konnte.

Aus der Welt der Kleinbauern kommt auch Frau Poldi, sie stammt aus Großruperts bei Vitis, und auch sie wurde die Pfarrersköchin ihres Cousins, vierzig Jahre war sie dies in einem Waldviertler Dorf. Sie zog mit ihm zwei Jahre vor seinem Tod in ein kleines Haus in Waidhofen an der Thaya. Ihr Pfarrer starb an Parkinson, sie pflegte ihn treu. Heute ist sie an die neunzig Jahre alt. Interessant ist ihre Lebensgeschichte, bevor sie Pfarrersköchin wurde: „Ich bin mit neunzehn nach Wien gezogen, ich wollte einen Posten annehmen. Das war 1932. Das erste halbe Jahr hat es mir in Wien nicht gefallen wegen der Umstellung vom

Land in die Stadt. Aber als ich das erste Mal heimgefahren bin, hat es mir bereits in der Stadt gefallen. Zwölf Jahre bin ich in Wien geblieben. Ich wollte gar nicht mehr weg von Wien. Zuerst war ich bei einer Judenfamilie. Am 1. August 1938 wurde sie vom Hitler weggeschupft. Ich hätte nicht bleiben dürfen bei ihnen. Es hat ja geheißen: Arische Mädchen dürfen nicht bei Juden sein. Aber mir ist es gut bei den Juden gegangen. Ich habe mich gut verstanden mit ihnen. Die Nachkommen der Juden, bei denen ich damals war, die schreiben mir noch immer. Der Sohn der jüdischen Familie ist damals durch den Rhein geschwommen, damit er nach Frankreich fliehen konnte. Lange nach dem Krieg, es war 1960, hat er in Wien nachgeforscht, wo ich lebe. Er hat mich ausfindig gemacht und hat mich im Pfarrhaus besucht. Ich habe den Herrn Pfarrer damals gefragt, ob er es erlaubt, dass dieser Mann für ein paar Tage zu uns nach Kautzen kommen darf, denn er ist halt ein Jude, bei dessen Familie war ich im Dienst. Der Pfarrer hatte nichts dagegen. Über ihn hat der Pfarrer dann gesagt, er ist ein sehr intelligenter Mensch. Nach der jüdischen Familie war ich in Wien bei einer deutschen Familie im Dienst, bis Ende 1943, bis die Bomben fielen. Auch bei dieser Familie, sie war evangelisch, hat es mir gefallen. Ich fühlte mich wie in einer Familie.

Die Kinder schreiben mir noch. Wegen der Bomben bin ich heim zu meinen Eltern, meine Schwester hat zu dieser Zeit geheiratet. Nun habe ich fünf Jahre auf unserem Hof in der Landwirtschaft gearbeitet. Damals hat der Cousin eine Pfarrersköchin gesucht. In den vierzig Jahren, die ich bei ihm war, haben wir 16 Kapläne gehabt. Die waren nett! Hier und da hat es ein wenig eine Gaudi auch gegeben, weil sie jung waren.“ Sie lacht. Ihr Leben als Pfarrersköchin war ein schönes, sie ist alt und lebt alleine, aber sie ist heiteren Mutes.

In den elterlichen Haushalt in einem Mühlviertler Dorf war auch die Pfarrersköchin Bertilia lange eingebunden. Sie erzählt: „Ich bin 1926 geboren. Mit 36 Jahren bin ich von daheim weggegangen. Mein Vater hat eine Volksbank gegründet, deswegen habe ich daheim bleiben müssen. Ich habe haushalten müssen, im Garten und auch sonst. In Rohrbach habe ich in der Kirche mitgewirkt, ich war beim Schmücken dabei und auch sonst. 1962 hat mich der Pfarrer von Schwarzenberg, er hat mich von der Kirche her gekannt, gefragt, ob ich bei ihm Pfarrersköchin werden wolle. Ich hatte nichts dagegen und wurde es. Ich war sechseinhalb Jahre bei ihm, dann ist er gestorben. Er war erst 53. Nach seinem Tod bin ich zum Pfarrer Bischof in Kirchdorf an der Krems gekommen, er war ein Schlierbacher Pater. Viereinhalb Jahre war ich bei ihm, dann ist er ins Krankenhaus gekommen. Dann habe ich mir wieder etwas gesucht. Einer wollte mich nach Lilienfeld holen. Es hat aber der Pfarrer vom Haus der Barmherzigkeit angerufen. So bin ich zu den alten Leuten vom Haus der Barmherzigkeit gekommen. Dort hat es mir gut gefallen. Man nannte mich dort die Pfarrersköchin. Wenn ich nicht Dienst gehabt habe, haben sie also gefragt: ‚Wann hat denn die Pfarrersköchin Dienst?'" Die brave Frau Bertilia war eine gütige und getreue Pfarrersköchin, die die Kunst des Kochens zur Freude ihrer Pfarrherren perfekt beherrschte. Über ihre Kochrezepte wird noch zu reden sein.

Nicht direkt aus der Landwirtschaft, aber aus dem Handwerk kommt Frau Hermi. Sie kümmerte sich um die Kinder einer oberösterreichischen Pfarre. Es war wohl diese Beschäftigung, wie bei einigen anderen Pfarrersköchinnen auch, durch die der Herr Pfarrer auf sie aufmerksam wurde. Darüber erzählt sie im gemütlichen Zimmer in einem Pfarrhaus im Alpenvorland: „Seit 1. 1. 1973 bin ich Pfarrersköchin. Vorher war ich Schneiderin. Ich habe mich damals schon um die Pfarrjugend gekümmert. Ich bin 1938 geboren worden. Ein Fahrzeug besaß ich nicht, daher musste ich den Pfarrer Pater Wilhelm einmal bitten, mich mit seinem Auto zum Einkaufen in seinem Auto zu führen. Dies war an einem Wochenende, an dem ich für die Jugend kochen sollte. Es war genau der Tag, an dem ich als Schneiderin gekündigt habe. Ich war bis dahin sechzehn Jahre in einer Firma als Schneiderin tätig gewesen. Im Auto habe ich den Pater Wilhelm gefragt: ‚Was glauben Sie, Herr Pfarrer, was ich heute gemacht habe?' Na, das weiß er natürlich nicht. ‚Gekündigt habe ich', habe ich gesagt. Er hat damals eine

Köchin gesucht, er hatte nur eine Aushilfe. Dass ich einmal Pfarrersköchin werde, das habe ich niemals gedacht. Ich habe ihm das so unter dem Fahren erzählt, dass ich gekündigt habe. Er hat nicht geantwortet. Ich habe mir gedacht, das interessiert ihn gar nicht. Ich bin dann ausgestiegen, weil ich heimgegangen bin, und er ist zum Pfarrhof hinaufgefahren. Zu der Aushilfe hat er gesagt: ‚Jetzt habe ich eine Köchin.' Das habe ich aber nicht gewusst, dass er das sagt. Eines Tages sind sie dann zu mir gekommen, der Pfarrer und der Kaplan. Dann haben sie mich angeredet, ich solle ihre Pfarrersköchin werden. Ich habe geantwortet: ‚Ich weiß nicht, ob ich das kann.' Gleich habe ich nicht ja gesagt, weil ich mir das nicht vorstellen konnte, Pfarrersköchin zu werden. Es geht ja nicht bloß ums Kochen, da hängt doch viel dran. Nach einigem Überlegen habe ich ein paar Tage nachher dem Pfarrer zugesagt. Der hat sich gefreut." Ich werfe ein, dies würde mich an die alten Bauern erinnern, die ihre Dienstboten auch „angeredet" haben, wenn sie weiter am Hof bleiben sollten. Frau Hermi lacht und meint, bei den Bauern sei es der Lichtmesstag, also am Beginn des Februars, gewesen, an dem die Dienstboten eingestellt wurden. Sie erzählt weiter, auch ihre Wurzeln sind bäuerlich: „Meine Mutter war zuerst bei den Bauern als Magd. Der Vater war Radlmechaniker. Er hat ein Geschäft in Pacht gehabt. Er ist eingerückt und gefallen. Das war sehr traurig. Dann ist alles anders geworden. Die Mutter hat wieder geheiratet und Kinder bekommen. Ich habe mich mit meinen Halbgeschwistern gut verstanden, heute noch." Die Kindheit der Frau Hermi war eine bescheidene. Sie lernte brav, wurde Schneiderin und arbeitete in einer Firma, wie sie bereits erzählt hat. Aber es litt sie nicht länger in dieser: „Ich habe also gekündigt, drei Monate Kündigungszeit habe ich gehabt. Meine Chefin hat mich in dieser Zeit immer wieder gefragt, wo ich denn hingehe. Zuerst habe ich gesagt: ‚Ich habe noch nichts.' Und dann, wie ich dem Pfarrer schon zugesagt habe, habe ich ihr gesagt: ‚Jetzt habe ich schon einen Posten, aber ich sage es Ihnen nicht, weil Sie mich wahrscheinlich auslachen werden.' ‚Nein', hat sie gesagt, ‚ich lache Sie nicht aus, sagen Sie es mir.' Jetzt habe ich es ihr halt gesagt. Sie hat darauf gesagt: ‚Alle Achtung, ich werde Sie nie mehr belästigen.' Jetzt habe ich meine Ruhe von ihrer Fragerei gehabt. Ein paar Tage vor Weihnachten bin ich schon in den Pfarrhof gegangen, um zu sehen, wie das dort ist. Es war eine Schnupperlehre, wie man heute sagt. Mit 1. 1. 73 bin ich dann offiziell angemeldet worden. Mit dem Pfarrer hatte ich mich ausgeredet, daher passte es." Mir fällt auf, dass Frau Hermi mit dem Herrn Pfarrer, der sich zu uns an den Tisch setzt, per Du ist. Ich frage sie daher, ob sie schon damals, als sie angeredet wurde, Pfarrersköchin zu werden, den Pfarrer mit „Du" angeredet habe. Sie meint: „Auf Du wurden wir erst weit später. Und zwar durch den Pfarrgemeinderat. Wir hatten da eine Klausur, dabei sind wir alle auf Du geworden." Frau Hermi wurde also als Pfarrersköchin fest angestellt, sie ist nun schon dreißig Jahre lang Pfarrersköchin beim Pater Wilhelm, den sie auch in andere Pfarreien begleitete, wie sie ausführt: „Zuerst waren wir in Thalheim, von dort hat sich der Pfarrer nach Grünau ins Almtal versetzen lassen, dort waren wir elf Jahre. Und jetzt sind wir schon eineinhalb Jahre hier in Pfarrkirchen bei Bad Hall. Es ist nichts, wenn ein Pfarrer zu lange auf einer Pfarre sitzt. Im Ganzen ist der Pater Wilhelm 19 Jahre Pfarrer." Ich kenne den liebenswürdigen Herrn Pfarrer Pater Wilhelm, den man in der Bevölkerung auch freundlich kurz „PaWü" nennt, er ist 1936 geboren worden, er ist ein paar Jahre älter als ich, er maturierte ebenso wie ich im Klostergymnasium von Kremsmünster, von dort kenne ich ihn. 1960 ist er zum Priester geweiht worden. Seine Eltern waren Kleinbauern am Schacherteich in der Nähe von Kremsmünster, also entstammt auch er, wie viele andere Pfarrer und Pfarrersköchinnen, einer bäuerlichen Kultur.

Ebenso bäuerlicher Herkunft sind Frau Lisi Sallinger und ihr Halbbruder, bei dem sie als Pfarrersköchin wirkte. Eindrucksvoll ist ihre Erzählung: „Pfarrersköchin bin ich mit 1. Jänner 1952 geworden, ich war damals 27 Jahre alt. Bis dahin war ich daheim in der Landwirtschaft in Klein-Erlaa bei St. Valentin. Eigentlich war es ausgemacht, dass meine Schwester, die ein Jahr älter war als ich, zu ihm als Pfarrersköchin geht. Meine Schwester war damals, 1951, krank. Jetzt habe ich gesagt, für fünf oder sechs Wochen gehe ich zu meinem Bruder als Pfarrersköchin, so lange, bis die Schwester wieder gesund ist. Mein Bruder war zu der Zeit 43 Jahre alt. Wie meine Schwester wieder gesund geworden ist, ist auch ein Bräutigam gekommen. Mit diesem hat sie später eine kleine Landwirtschaft gehabt. So blieb ich bei meinem Bruder als Pfarrersköchin. Meine Schwester ist also nicht hergekommen, mir hat es nichts gemacht. Ich habe nie bereut, dass ich hergekommen bin. Ich habe nie einen Streit gehabt mit dem Pfarrer und auch nicht mit den Kaplänen. Daher war es auch immer schön bei uns. Wir haben uns auch gut unterhalten. Es war immer eine Gaudi. Es war kein Kaplan darunter, mit dem wir ein Kreuz hatten. Mein Bruder war nebenbei auch Professor für Religion und Philosophie am Gymnasium in Waidhofen. Dort wurde er auch zum Stadtpfarrer ernannt. Sein erster Posten als Kaplan vorher war in Behamberg. Dorthin hat ihm der Bischof M. geschrieben, Professoren sind auch sterblich, er soll die Professur für das Gymnasium machen. Das hat er nebenher dann gemacht. 33 Jahre war ich Pfarrersköchin. Wie mein Bruder und ich in Pension gegangen sind, sind wir hierher in dieses Haus am Stadtrand von Waidhofen gezogen. Er hat dann noch weiter eine kleine Pfarre betreut. Ohne Arbeit hätte er es nicht ausgehalten."

Disziplin und Freude an der Arbeit wuchsen in Frau Sallinger, als sie noch am Bauernhof lebte. Ihr Leben als Pfarrersköchin war durch diese beiden Prinzipien bestimmt. Jetzt allein stehend, blickt sie zufrieden zurück auf ihre Zeit als Pfarrersköchin. Die Beziehung zu ihrem Halbbruder, dem Herrn Pfarrer, muss eine tiefe gewesen sein.

Zwar nicht aus der bäuerlichen Welt, aber aus einer ähnlichen, nämlich aus der des alten Gasthauses, kommt eine andere Pfarrersköchin, es ist Frau Mitzi, die Pfarrersköchin von Adlwang, bei der ich eine prächtige Jause erhielt. Sie meinte, als ich mit ihr über ihre Karriere als Pfarrersköchin sprach, für sie sei das Leben als Pfarrersköchin mehr als ein Beruf, nämlich Berufung: „Berufung war es auch bei mir. Man muss berufen sein. Wer nicht berufen ist, soll es bleiben lassen."

Aber auch ihr Lebensweg ist mit der Kultur der Pfarrer und des Klosters eng verbunden.

Zuerst, von 1945 bis 1949, arbeitete diese Dame in Kremsmünster bei den Kreuzschwestern im Vinzenz-Krankenhaus beim Welser-Eck. Dann war sie ab 1960 Kellnerin in der Stiftsschenke des Klosters Kremsmünster, der so genannten Schank, die damals noch idyllisch am Wassergraben lag. Diese Schank war gemütlich und hatte eine herrliche Veranda, welche in der warmen Zeit mit schönem Weinlaub umrankt war.

Sowohl im Armenkrankenhaus als auch in der Schank entstanden die ersten Kontakte zu Patres des Klosters, die später zu Pfarrherren wurden. Es war aber noch ein langer Weg, bis sie Pfarrersköchin wurde. Spannend ist ihr Leben, sie erzählte es mir an einem kalten Februartag im gemütlichen Pfarrhof zu Adlwang. Für mich persönlich ist an ihrer Erzählung die Erwähnung der Kremsmünsterer Stiftsschank interessant. Ich selbst besuchte gerne als Schüler des Stiftsgymnasiums mit meinen Eltern diese gastliche Stätte. In den oberen beiden Klassen war es uns erlaubt, jeweils zweimal pro Woche für eine Stunde die Schank aufzusuchen und Bier zu trinken. Dabei ging es oft lustig zu. Frau Mitzi erinnert sich gerne der Studenten, aber auch meine Eltern und mein Bruder sind ihr noch in Erinnerung. Sie meint, sie würde meinen Namen von damals kennen, zwar nicht durch mich, da ich bereits 1959 die Klosterschule verlassen hatte, aber durch meinen Bruder, der noch bis 1962 regelmäßig mit meinen Eltern in der Schank eingekehrt ist.

Sie erzählt: „In Kematen, nicht weit von Kremsmünster, bin ich zur Welt gekommen und aufgewachsen. Mit 14 Jahren kam ich von dort nach Kremsmünster, nach dem Vinzenzhaus landete ich in der Schank als Kellnerin. Dort war immer viel los, hierher kamen die Studenten des Gymnasiums mit und ohne Eltern. Ich war gerne Kellnerin, meine viel ältere Kollegin in der Schank war die Anni, sie besucht mich heute noch öfter. Sie ist 86 Jahre alt. Der Wirt war damals der Kaiplinger. Dieser Kaiplinger war ein besonderer Schlaumeier. Wenn zum Beispiel ein Autobus im Stiftshof angekommen ist und er von der Schank aus gesehen hat, wie die Leute über die Stiftsbrücke gegangen sind, da hat er gleich geschrien: ‚Anni, Anni zusperren!' So ein komischer Wirt war der Kaiplinger, er hat die Leute gefürchtet." Ich füge ein, dass ich mich noch gut an diesen Kaiplinger erinnern kann. Einmal wollte mich mein gütiger Vater, der Landarzt, zu einem Paar Würstel, was für mich als kleiner Schüler damals einen Hochgenuss bedeutete, einladen. Als er dem Herrn Kaiplinger die Bestellung aufgab, antwortete dieser, er habe keine Würstel, aber Ansichtskarten könne er anbieten. Mein Vater schüttelte damals lächelnd den Kopf, während ich über diese Auskunft nicht erfreut war. In dieser Schank bei dem Wirt Kaiplinger begann also die Karriere der Frau Mitzi, eine Karriere, die sie in die Nähe zu geistlichen Herren brachte. Dazwischen allerdings arbeitete sie in Linz in der Schutzengelapotheke, die einem Herrn Mag. Mayerhofer gehörte, auch dieser war einmal Student in Kremsmünster gewesen. Als ich ihr erzähle, an meinen Physikprofessor Pater Ansgar, der mir während meiner Schulzeit größte Schwierigkeiten bereitet hat, würde ich mich mit Ärger erinnern, meint sie tröstend, auch ihr wäre dieser Herr nicht gerade sympathisch gewesen. Wie sie zur Pfarrersköchin erkoren wurde, berichtet sie weiter: „Seit 1977 bin ich hier am Pfarrhof, in diesem Jahr hat mich Pater Maximilian hierher geholt. Der Abt Albert (mein früherer Griechischprofessor, R. G.) hat einen Pfarrer für Adlwang gebraucht. So ist er auf den Pater Maximilian gekommen, der hatte aber keine Pfarrersköchin. Da sagte der Abt zu ihm: ‚Wenn du keine Köchin bekommst, muss ich dich wieder weggeben.' Dann hat der Pater Maximilian zu suchen begonnen, so ist er zur Frau Türk, der Schankwirtin, und die hat ihm gesagt: ‚Gehen Sie doch zur Mitzi, also zu mir, die sagt sicher nicht nein.' ‚Zu der gehe ich aber nicht', hat der Pater Max gesagt, ‚die sitzt zu gut beim Mayerhofer in der Apotheke in Linz.' Ich habe dort nicht schlecht verdient, daher hat der Pater Max gemeint, ich werde niemals Pfarrersköchin, denn als solche verdient man weniger. Aber dennoch hat er es versucht, mich abzuwerben. So hat er alle Tage ein paar Leute aus Kremsmünster geschickt, die mich überreden sollten, dass ich hierher nach Adlwang als Pfarrersköchin gehe. Ich habe zuerst auch gesagt, ich bin ja nicht blöd und geh dorthin und mach den Hampelmann. Eines schönen Tages haben sie mich dann doch überredet und da habe ich ja gesagt. Nun habe ich in Linz beim Apotheker gekündigt. Der hat gesagt, nein, ich soll bleiben. Ich habe aber dem Mayerhofer geantwortet: ‚Der Pater Maximilian bekommt keine Köchin', jetzt hat er mich gebeten, dass ich zu ihm gehe. Ich habe eh immer nein gesagt, jetzt habe ich mich aber überreden lassen und habe ja gesagt. Das sah der Apotheker schließlich ein und sagte: ‚Da können Sie gleich gehen.' Er hat mir noch 2 Monate bezahlt, dass ich mich erholen kann. Er hat gesagt: ‚Das ist ein schwerer Beruf (Pfarrersköchin), für den müssen Sie sich noch erholen, dann fangen Sie an.' Und ich habe in Adlwang angefangen, in einem gastlichen Haus als Pfarrersköchin." Auch Frau Mitzi gefällt die Bezeichnung Pfarrersköchin besser als Pfarrhaushälterin. Sie stimmt mir zu, als ich festhalte, dass das Wort Pfarrersköchin schöner ist und besser zum gemeinsamen Essen passt. Und sie ergänzt: „Das gemeinsame Essen ist wichtig, es geht gar nicht anders, wir sind ein gastfreundliches Haus. Am letzten Neujahrstag waren zum Beispiel 25 geistliche Herren von Kremsmünster hier. Die bekamen eine Jause, da deckte ich schön auf mit Kerzerln. Viele der Herren kenne ich von früher, von meiner Zeit in der Stiftsschank. Den Abt Pater Odo habe ich schon als Student gekannt, er ist Jahrgang 1931, ich bin Jahrgang 1930. Ich bin also älter als der Abt." Ob es für sie eine große Umstellung war, als sie in den Pfarrhof kam, will ich wissen. Sie geht darauf ein: „Es war eine große Umstellung, hierher zu kommen, hier sagen sich Fuchs und Hase Gute Nacht. Kremsmünster war meine zweite Heimat, meine erste ist Kematen.

Ich bin hierher, weil alle gesagt haben: ‚Da kannst du nicht nein sagen, den Pater Max kannst du nicht in Stich lassen.' Dann habe ich ja gesagt und bin hierher. Ich bin vom Regen in die Traufe. In Linz in der Apotheke war ich wie ein Kaiser. Und hier bin ich rund um die Uhr eingeteilt. Man darf nicht Pfarrersköchin werden, wenn man nur vierzig Stunden in der Woche arbeiten will. Eigentlich bin ich schon lange in Pension, aber ich mache noch genauso weiter wie früher. Es ist ein großer Unterschied zu heutigen so genannten Pfarrhaushälterinnen, die alle genaue Arbeitszeiten und Freizeit haben." Sie erinnert sich meiner alten Lehrer: „Der Tiemann, der Zeichenlehrer, hat sich gut mit Pater Maximilian verstanden. Der Pater Rudolf war ein feiner Herr. Ich habe auch den Pater Reinhard, den die Studenten gefürchtet haben, gern gehabt, er war ein lieber Mensch. Einmal haben die Studenten recht gesoffen in der Schank. Einer hat dann im Speisesaal auf den Tisch gespien. Dann ist er, der Pater Reinhard, hinunter in die Schank gekommen. Ich habe die Gaststube bummvoll gehabt. Der Reinhard hat mich zusammen geschrien, warum ich den Buben so viel zum Saufen gebe. Ich habe gesagt: ‚Herr Direktor, ich bin nicht Ihr Kindermadl.' Und bin weitergegangen. Er hat dann zu mir gesagt: ‚Du gefällst mir, weil du lässt dir nichts gefallen.' Von diesem Tag habe ich gesiegt. Der Pater Rupert war auch ein feiner Herr. Ich muss ganz ehrlich sagen, zu mir waren sie alle nett, und ich war auch zu allen nett. Aber mit dem Ansgar habe ich einmal eine Kontroverse gehabt. Die Frau Türk hat zu uns gesagt: ‚Wenn der Pater Ansgar kommt, dann müsst ihr zu ihm sagen: Herr Direktor. Er ist heute Direktor geworden.' Wie er gekommen ist, habe ich zu ihm ‚Grüß Gott, Herr Direktor', gesagt. Darauf hat er geantwortet: ‚Für Sie bin ich noch immer der Herr Doktor Pater Ansgar, denn Direktor kann auch einer von einem Flohzirkus sein.' Und ich habe gesagt: ‚Und ich werde in Zukunft nur mehr grüß Gott sagen.' Ich habe mich umgedreht und bin gegangen. Ich habe mir nichts gefallen lassen. Ich habe die geistlichen Herren in der Schank gut kennen gelernt, das hat mir sicher geholfen bei meiner Entscheidung, Pfarrersköchin zu werden.

Die Schank möchte ich nicht missen. Ich habe die schönste Zeit erlebt in Kremsmünster in der Schank, von 1959 bis 1968. Ich habe nachher noch jeden Sonntag ausgeholfen, bis sie zugesperrt haben, das war die schönste Zeit. Damals haben die meisten noch kein Auto gehabt. Da sind die Eltern mit ihren Bubis dagesessen. Ich habe hier also die Patres des Stiftes genauer kennen gelernt.

Und so bin ich zum Pater Max gekommen. Zur Heirat bin ich nicht berufen. Das muss ich ganz ehrlich sagen. Ich hätte die besten Partien machen können." Sie lacht, sie war sicher einmal eine fesche Frau. Und als ich nach ihrer Religiosität hinsichtlich ihrer Karriere als

Pfarrersköchin frage, meint sie: „Ich bin eigentlich sehr religiös erzogen worden. Wir waren zehn Kinder und ich war das jüngste. Mein Vater war Maurer in Kematen. Wir mussten ewig sparsam sein. Da ist auch einmal der Direktor gekommen und hat gesagt: ‚Frau Maier, lassen Sie doch die Dirndln ins Gymnasium gehen.' Aber leider hatten wir das Geld nicht. Aber immerhin bin ich Pfarrersköchin geworden. Ich bereue es nicht. Mir haben sie aber alle zugeredet, ich solle doch Pfarrersköchin zu werden: ‚Geh weiter, geh zum Pater Max.' Heiraten wollte ich nie. Ich war schon 47, wie ich zum Pater Max als Pfarrersköchin gekommen bin. Ich hätte zehnmal heiraten können. Das hat keinen Sinn, wenn man zur Pfarrersköchin gezwungen wird. Man muss so etwas aus freien Stücken machen. Mit Liebe! Man muss ja auch mit Liebe kochen, sonst bekomme ich keinen Geschmack hinein. Das ist doch logisch." Ich füge noch hinzu: „Daher ist auch das Wort Pfarrersköchin das schönere Wort." Sie nickt und sagt: „Ja, sicher."

Diese Dame, die aus einer armen ländlichen Familie stammt und noch immer Pfarrersköchin ist, obwohl sie schon als Pensionistin gilt, ist stolz auf ihre Entscheidung, zu einem Pfarrer als Köchin gegangen zu sein.

Auf der Suche nach einer Pfarrersköchin war auch der Pfarrer von Spital am Pyhrn. Darüber erzählte mir mein alter Freund Erwin, ein alter Holzknecht, der das Dorfleben und so auch die Aktivitäten des Pfarrers mit Geist und Witz beobachtet und mir gegenüber beschreibt: „Die jetzige Pfarrersköchin, die Mariann, hat vorher in der Metallwarenfabrik der Firma Mark gearbeitet. Dort hatte sie Schwierigkeiten mit ihrer Gesundheit. Und wie der Pfarrer eine Köchin gesucht hat, hat der Mark, der mit dem Pfarrer recht gut ist, zu ihm gesagt: ‚Du, frag doch die Marianne. Das wäre das richtige Weiberl für dich.' Der Pfarrer hat es riskiert und sie gefragt. Sie ist gleich gegangen. Zuerst wollte sie keine Pfarrersköchin werden. Aber weil die Arbeit beim Mark zu hart für ihre Gesundheit war, ist sie Pfarrersköchin geworden, obwohl sie da auch viel zu tun hat. Zuerst musste sie alles neu einrichten, sie arbeitet nicht nur in der Küche, sondern putzt auch in der Kirche, eine brave Frau!" Die Pfarrersköchin, die zunächst nicht daran gedacht hatte, bei einem Pfarrer zu leben, dürfte erfreut gewesen sein, als der Pfarrer sie bat, bei ihm den Haushalt zu führen. Wahrscheinlich hatte sie schon früher zum Pfarramt mit seinem Herrn und der Kirche eine innere Beziehung. Ihr Beruf bei der Kirche kommt offensichtlich auch ihrer Religiosität entgegen, denn sie ist eine fromme Dame, wie man im Dorf zu wissen glaubt.

Von einer anderen Dame, der Frau Susi, sie ist Pfarrhaushälterin – ihr gefällt diese Bezeichnung besser als Pfarrersköchin – in einer Wiener Pfarre am Rande des 1. Bezirkes, erfahre ich, wie sich eine Beziehung zwischen ihr und ihrem jetzigen Pfarrherrn entwickelt hat.

Bei einer Jause, zu der sie mich gütig einlud, meinte sie zunächst: „Beglückt waren meine Leute am Anfang nicht, als ich Pfarrhaushälterin wurde, aber sie haben es dann doch akzeptiert. Sicher ist das Leben in der Pfarre nicht das, was sich Eltern für ein Kind wünschen. Eine Pfarrhaushälterin lässt sich nicht mit dem Maßstab des normalen Bürgers messen. Diese Stellung war so ganz außerhalb meines Berufswunsches."

Dann erzählt sie ihren Weg in die Gemeinschaft der Pfarre, der nicht ohne spannende Höhepunkte ist: „Der Pfarrer ist Weltgeistlicher bei einer ehemaligen Ordenskirche. Bevor er hierher kam, war er Kaplan in Simmering, im 11. Bezirk. Und ich bin in Simmering in das Gymnasium gegangen. In der Pfarre, in der die Schule war, war er Kaplan. Über die Katholische Jugend habe ich ihn kennen gelernt.

Er ist als Kaplan mit mir und meiner Mutter auf Urlaub gefahren, ich war damals noch nicht Pfarrhaushälterin. Ich habe einen guten Kontakt zu seiner Familie.

Als er dann Pfarrer wurde, hat er mich gefragt, ob ich mitgehen will mit ihm. Er war Jugendkaplan. Als solchen kannte ich ihn. Ich bin damals nach dem Besuch der pädagogischen Akademie in Strebersdorf Hauptschullehrerin geworden. In dem Jahr, in dem er Pfarrer wurde, war ich gerade Klassenvorstand einer vierten Hauptschulklasse. Er hat nun gefragt, ob ich mitgehe. Darauf habe ich mir gedacht: ‚Ich kann nicht der Direktorin im Oktober sagen: ‚Liebe Frau Direktor, suchen Sie sich jemand anderen, ich kündige.' Ich habe mir gesagt, ich mache das Schuljahr fertig. Nach diesem wurde ich Pfarrhaushälterin. Ich hatte dann fünf Jahre noch eine Lehrverpflichtung; weil ich nicht wusste, schaffe ich das überhaupt in der Pfarre und ist es das, was ich mag. Nach fünf Jahren habe ich gewusst: ja, es gefällt mir sehr gut beim Pfarrer, ich bleibe. Nun habe ich die Schule ganz aufgegeben. Ich hatte mir also fünf Jahre lang den Rückweg in die Schule offen gehalten, falls es mir nicht gefällt als Pfarrhaushälterin." Der Dame, sie ist heute um die fünfzig, ist eine treffliche Pfarrersköchin geworden, die ihrem Pfarrherrn eine Heimat zu geben bereit ist. Als sich sie frage, ob sie mit ihrem Beruf als Pfarrersköchin zufrieden sei, antwortet sie: „Ich würde mich wieder so entscheiden für diesen Beruf. Und auch für diesen Pfarrer. Ich habe es absolut nicht bereut. Ich war gerne Lehrerin, aber dann wurde ich Pfarrhaushälterin und habe ein sehr erfülltes Leben. Ein sehr vielfältiges. Meine Schwester hat einmal einen schönen Satz zu mir gesagt: ‚In keinem anderen Beruf hättest du alles das, was du kannst und gerne tust, so gut verbinden können.' Ich kann nicht sagen, was ist Freizeit und was nicht. Wenn mich jemand fragt, wie viel Stunden Freizeit hast du, muss ich sagen, das weiß ich nicht, denn ich mache meine Sachen gerne."

Wesentlich anders klingt der Lebenslauf der früheren Pfarrersköchin aus Windischgarsten, der Frau Anna, die der bäuerlichen Kultur entstammt und die schließlich auch vom Pfarrer gefragt wird, ob sie seine Pfarrersköchin werden will.

Auf ihre bäuerlichen Arbeiten als Magd und Pfarrersköchin bin ich bereits im letzten Kapitel eingegangen. Hier will ich ihren Weg zur Pfarrersköchin skizzieren.

Sie erzählte mir über ihren Weg zur Pfarrersköchin: „Ich bin schon 79. Ich wollte nie Pfarrersköchin werden. Ich war acht Jahre beim Loambauern in St. Pankraz im Dienst als Magd. Geboren bin ich in Roßleithen. Mein Vater ist delogiert worden, meine Mutter habe ich gar nicht gekannt. Sie ist im Jänner gestorben und ich bin im Juli zwei

Jahre alt geworden. Mein Vater war Kutscher im Sensenwerk. Meine Mutter hat noch einen ledigen Sohn gehabt. Der hat beim Wurbauer in der Säge gearbeitet und ist mit neunzehn Jahren verunglückt, als er im Jahr 1935 mit dem Fahrrad in Vorderstoder beim Schoiswohl gestürzt ist. Mein Vater hat wieder geheiratet, aber die ist ihm fremdgegangen. Sie ist mit einem anderen weg. Ich war damals drei Jahre alt. Ich kann mich nur auf den Schamel (Schemmel) erinnern, auf dem ich gesessen bin, als die beiden gerauft haben. Die Frau, also meine Stiefmutter, hat den Vater bei der Schulter gepackt und zur Tür gedrängt und ihm ins Gesicht gespuckt. Den Schamel, auf dem ich gesessen bin, könnte ich heute noch beschreiben. Mein Vater hat mich genommen und wir sind den Berg hinaufgegangen nach Steyerling, zum Spernhub. Dann hat er mich zu seinem Bruder in St. Pankraz gebracht, unter dem Loambauern, bei der Teichl unten. Wie mein Vater weggegangen ist, habe ich gebettelt: ‚Bitte, Vater, nimm mich wieder mit.' Meine Kindheit war nicht schön. Später, wie er in Grieskirchen war, habe ich ihn gefragt, warum er mich nicht mitgenommen hat. Da hat er fast geweint, was hätte ich denn tun können, hat er gesagt. Er hat wieder geheiratet. Er war auf der Walz und hat auf der Straße gearbeitet. Er war arm. Der Frau, die er gefunden hat, war der Mann gestorben. Ein Kollege von ihm hat gesagt: ‚Ich wüsste dir eine Frau, der ist der Mann gestorben.' Ich war bei der Schwägerin von meinem Vater, sie war meine Ziehmutter, sie hat gemeint: ‚Beim Loambauern brauchen sie jemanden.' Sie hat gesagt: ‚Wehe, Mensch, du kommst mir heim, dann gehe ich mit dir sofort nach Stoder zu einem Bauern, bei dem ich war.' Das habe ich so gefürchtet, weil sie mir erzählt hat, wie schlecht es ihr dort gegangen ist.

Nach der Schule bin ich also zum Loambauern gekommen, da war ich dreizehn Jahre alt. Acht Jahre war ich beim Bauern." Frau Anna kommt schließlich mit dem Pfarrer von St. Pankraz in Kontakt, der sie zunächst als Magd einstellt. Sie wollte inzwischen ins Kloster gehen, zu den Elisabethinnen in Linz. Sie wurde krank und lag sechs Monate im Krankenhaus. Sie hatte Rippenfellentzündung mit Wasser. Man schickte sie nach Windischgarsten zum „Abfiebern". Sie erzählt: „Dann kam der Pfarrer Kirner, bei dem bin ich dann hängen geblieben. Er war damals, 1953, um die vierzig Jahre. Er war im Krieg als Pfarrer. Dabei erlitt er einen Schulterblattdurchschuss. Er hat mich gefragt, ob ich bei ihm Pfarrersköchin werden will. Ich hatte nichts dagegen. Bis zu seinem Tod vor ein paar Jahren war ich bei ihm in diesem Haus und habe ihm die Wirtschaft geführt.“ Frau Anna war froh, beim Herrn Pfarrer zu arbeiten, denn in dessen Haus fand sie, die in ihrer Kindheit und frühen Jugend viel gelitten hat, eine Heimat. An ihre Kindheit erinnert ein Foto, das gleich neben dem des verstorbenen Pfarrers hängt, auf dem ihre Mutter mit traurigen Augen zu sehen ist. Heute ist Frau Anna in Pension, aber dennoch hilft sie dem Nachfolger des Pfarrers Kirner weiterhin.

Über eine Art Vermittlerin kam die Pfarrersköchin von Michldorf zu ihrem Posten.

Zu ihr war ich mit dem liebenswürdigen Herrn Franz Limberger aus Kirchdorf an der Krems gefahren. Zunächst erfahre ich, dass der Vorgänger des Paters Bonifaz, bei dem sie als Pfarrersköchin tätig war, ein gewisser Josef Stögmüller gewesen sei. Er ist beim Kirchenbauen vom Gerüst gestürzt. Interessant ist für mich, dass er der Bruder des früheren Pfarrers meiner Heimatgemeinde Spital am Pyhrn während meiner Kindheit war. Die Pfarrersköchinnen der beiden Stögmüllers haben übrigens beide Juli geheißen und beide waren befreundet. Die Micheldorferin erzählt nun, wie sie zu ihrem Pfarrer kam, es war beinahe wie eine Heiratsvermittlung: „Durch die Schwester Stila im Kirchdorfer Krankenhaus bin ich 1962 Pfarrersköchin geworden. Die Pfarre hier ist damals frei geworden. Der Pater Bonifaz vom Stift Schlierbach hat sich um diese beworben. Er brauchte nun auch eine Pfarrersköchin. Ich habe ihn bis dahin nicht gekannt. Ich habe keinen Kontakt zu ihm gehabt. Er hat die Arbeiterjugend übergehabt und ich war in der Landjugend. Die Schwester Stila war eine richtige Priestermutter, die sich darum gesorgt hat, dass der Pater Bonifaz eine Pfarrersköchin bekommt. Ich war im Krankenhaus angestellt, im Juli hätte ich einen festen Vertrag bekommen im Krankenhaus, dann wäre ich dort fix angestellt gewesen. Sie hat mich gefragt, ob ich beim Pater Bonifaz Pfarrersköchin werden wolle, ich war damals 25 Jahre alt, der Pater Bonifaz war um sieben Jahre älter als ich.

Es war damals noch eine andere junge Frau zur Auswahl für den Pater Bonifaz da. Wenn die will, habe ich gesagt, dann soll sie zu ihm als Köchin gehen, und ich bleibe im Krankenhaus. Am nächsten Tag hat meine Konkurrentin abgesagt, weil ihr der Pfarrhof nicht gefallen hat. Dann war ich dran. Ich habe mir den Pfarrhof gar nicht angeschaut. Ich habe mir bloß gedacht, wenn der Pfarrer in diesem leben kann, kann ich es auch. Gekannt haben der Pater Bonifaz, er war vom Stift Schlierbach, und ich uns nur vom Sehen. Natürlich habe ich Angst gehabt, denn der Pater Bonifaz hatte im Krankenhaus einen schlechten Ruf, nämlich, dass er beim Essen so heikel ist. Am 13. August 1963 sind wir, der Pfarrer und ich, in den Pfarrhof eingezogen. Der alte Pfarrhof steht noch, er ist verkauft worden, er hat dem Kirchenbauverein gehört. Der Pfarrer hat gleich begonnen, den alten Pfarrhof umzubauen. Es gab damals noch ein Plumpsklo. Im Herbst darauf hat der Pfarrer ein Bad und ein WC einbauen lassen. Zu Weihnachten 1965 sind wir schon in den neuen Pfarrhof eingezogen. Landwirtschaft war nie eine dabei, aber ein Garten." Der Micheldorfer Pfarrersköchin gefällt ihr Beruf, sie ist offensichtlich dankbar, dass sie im Krankenhaus Kirchdorf den Kontakt zum Pfarrer gefunden hatte. Der Pfarrer war ein sportlicher Herr, bei einer Radtour mit Herrn Peter Wimmer, der heute noch Hilfsarbeiten im Pfarrhof durchführt, ist er in dessen Armen gestorben. Sein Nachfolger reicht allerdings, so schließe ich aus ihren Bemerkungen, nicht an den Pater Bonifaz heran, zumal Letzterer ein sehr ordentlicher Herr gewesen sei.

Frau Theresia K. war 34 Jahre lang Pfarrersköchin. Von ihr erfuhr ich durch Herrn Dammerer. Sie ist mit ihrem Pfarrer vor fünfzehn Jahren gemeinsam in Pension gegangen, nun lebt sie alleine in einem Haus, das sie und der Herr Pfarrer, der allerdings schon vor einigen Jahren gestorben ist, gemeinsam erworben haben. Auch Frau Theresia stammt von einem großen Bauernhof, zunächst war sie Kindermädchen in einer Mädchengruppe während des Zweiten Weltkrieges. In dieser hat sie Sauberkeit gelernt, eine Sauberkeit, die sie vorher, sie hatte acht Geschwister, nicht kannte. Dann wurde sie Haushälterin bei einem Arzt. Für einen Mann hatte sie nie Zeit, meint sie. Der Arzt, bei dem sie arbeitete, ging zwar nie in die Kirche, dafür kannte er viele Bibelzitate. Das imponierte ihr. Einmal hat er sie zum Beispiel gefragt, was es zum Mittagessen gäbe, und sie antwortete ihm „Kölch", also Kohl. Darauf meinte der Arzt: „Sogar Jesus hat schon gesagt: ‚Oh, Herr, lass diesen Kelch an mir vorübergehen.'" Sie ging gerne in die Kirche. Der Herr Pfarrer kannte sie vom Kirchengehen. Eines Tages sprach er sie an. Ob sie Pfarrersköchin bei ihm werden wolle. Anfangs war sie recht skeptisch, aber dann lies sie sich doch überreden und wurde Pfarrersköchin. Dem Pfarrer hat es gefallen, dass sie sich nicht alles hat sagen lassen und ihm oft widersprochen hat. Ihr gefiel das Leben als Pfarrersköchin. Die Beziehung zum Pfarrer war eine kameradschaftliche.

Angesprochen wurde auch Frau Erika, die erst um die 27 Jahre alt ist, vom Pfarrer. Kennen gelernt hat er sie in der Legio-Maria-Gruppe. Er fragte sie, ob sie sich vorstellen könne, in einen Pfarrhof zu gehen. Sie konnte sich es sich vorstellen. Allerdings meint sie, ihr Traumberuf wäre es nicht gewesen, weil sie nie in einen Haushalt wollte: „Als ich in die Schule gegangen bin, wollte ich eigentlich immer etwas mit Kindern machen, aber leider war da von zu Hause keine Unterstützung. Dass ich aber etwas Geistliches mache, das hätte ich mir schon vorstellen können, da ja meine Tante in einem Kloster ist."

Seit Oktober ist Erika nun Pfarrersköchin in Steinakirchen und wohnt im Pfarrhof. Der Pfarrer wollte eine Frau, die fest im Haus verankert ist, und nicht eine, die nur stundenweise kommt und für den Pfarrer diverse Aufgaben erfüllt. Frau Erika fühlt sich wohl, wie sie schildert: „Ich hab nicht das Gefühl, dass ich hier angestellt bin, sondern dass das meine Familie ist. Und was mir sehr gefällt, ist, dass ich mir den Tag selber einteilen kann, erledigt muss sowieso alles werden, aber auch das Haus schmücken und den Garten pflegen, oder kochen und einkaufen, das freut mich."

Als willkommener Beruf wurde in wirtschaftlichen Krisenzeiten von manchen Frauen der Beruf der Pfarrersköchin gesehen, vielleicht vor allem dann, wenn sie ihren Mann verloren hatten. So erzählte mir der begnadete Musiker Herr Limberger Folgendes: „Nach dem 2. Weltkrieg war es kein Problem, eine Köchin für den Pfarrhaushalt zu bekommen. Viele Frauen haben ihre Männer im Krieg verloren und suchten eine neue Aufgabe. ‚Köchin für Hochwürden', das war zwar nicht der Traumberuf für Frauen im besten Alter, aber eine neue Aufgabe, bei der viele junge Witwen ihre Trauer vergessen konnten und eine Chance sahen, neu anzufangen. Auch für meine Mutter war es so. Sie war 1942 im Alter von 26 Jahren Witwe geworden und stand mit einem vierjährigen Sohn, eben mich, alleine da. Auch sie trug sich mit dem Gedanken, Pfarrersköchin zu werden, doch für sie kam es anders. Sie heiratete 1946 einen Eisenbahner aus Steyerling, dessen Frau bei der Geburt ihres zweiten Kindes verstorben war. Ehefrau und Mutter war ihr letztlich ein höheres Anliegen, als die häusliche Obhut für einen ‚geistlichen Herrn' zu übernehmen."

Gottgefällige Freude

Der Beruf als Pfarrersköchin ist, ähnlich wie der des Pfarrers, nicht nur krisensicher, sondern er scheint schließlich für gewisse Frauen erstrebenswert zu sein, die bereits den Zenit des Lebens überschritten haben und sich als geschiedene oder verwitwete Damen ein offensichtlich beschauliches, gottgefälliges oder seelisch zufriedenes Leben erhoffen.

Zu diesen Frauen gehört auch Frau Helene Janisch, die freundliche Pfarrersköchin von Hausbrunn bei Hohenau an der March im nördlichen Weinviertel. Ihr Lebenslauf ist höchst spannend. Mir imponiert diese Dame, da sie, die jetzt schon achtzig ist, aber wie eine Sechzigjährige aussieht, vor ein paar Jahren noch mit dem Fallschirm gesprungen ist.

Sie ist in Hausbrunn aufgewachsen. Schon als Kind wollte sie Pfarrersköchin werden, und zwar hier in Hausbrunn. Zufällig wurde sie es auch, aber der Weg war lang. Sie war zunächst verheiratet und zog drei Kinder auf. Die Ehe ging jedoch schief und sie ließ sich scheiden. Zehn Jahre lebte sie mit ihren Kindern alleine. In dieser Zeit war sie in einer Konditorei angestellt. Als die Kinder schon groß waren und sie nicht mehr gebraucht haben, erwachte wieder ihr auf die Kindheit zurückgehendes Interesse an der Pfarrersköchin. 1969 war sie bei einer Hochzeit in Zwettl eingeladen. Bei dieser kam sie mit dem Pfarrer ins Gespräch und fragte ihn, ob sie als Geschiedene Pfarrersköchin werden kann, denn das würde ihr gefallen. Der Pfarrer war erfreut über diese Mitteilung und sagte, sie könne gleich anfangen, denn es fehle an Pfarrersköchinnen. Sie gab nun auf den Rat des Pfarrers hin eine Annonce in der Kirchezeitung auf. Auf diese erhielt sie 31 Zuschriften. Zu zwei Pfarrern, die sich gemeldet hatten, fuhr sie mit ihrem Bruder, doch die beiden gefielen ihr nicht. Nun erschien ein dritter Pfarrer bei ihr und lud sie ein, bei ihm in Langenlebarn Pfarrersköchin zu werden. Sie nahm freudig an und blieb bei diesem Pfarrer fünf Jahre lang, dann starb er an Gehirnschlag. Sie erzählt: „Ich war normal angestellt, der Pfarrer zahlt das Gehalt. Er bekommt ja von der Diözese einen Beitrag. Nach dem Tod des Pfarrers musste ich mich um einen neuen Posten umsehen. So kam ich nach Obersulz. Dort war ich alleine im Pfarrhof, denn es gab dort keinen Pfarrer mehr. Aber es sind immer wieder Priester gekommen, um die Messe zu lesen. Bewirtschaftet habe ich den Pfarrhof alleine. Es war mir nicht fad, denn ich hatte mit den Leuten guten Kontakt gehabt. Ich habe die Jungschargruppe aufgebaut und mich um die Kirche gekümmert, um den Blumenschmuck. Es war auch ein Messner dort. Meine Arbeit in der Pfarre bezog sich vor allem auf die Leute und die Kinder. Das war echte Pfarrarbeit.

Heute ist alles anders. Früher waren ja noch sechs oder sieben Leute auf so einem Pfarrhof. Damals in Obersulz lernte ich den Pfarrer kennen, bei dem ich heute noch bin. Er war als Aushilfe dort und hat mir gesagt, er übernimmt nun eine Pfarre. Dabei hat er mich gefragt, ob ich mit ihm mitgehe. Ich habe ja gesagt und bin mit ihm nach Ruperstdorf. Dort blieben der Pfarrer und ich zehn Jahre lang. Nun ist die Pfarre hier in Hausbrunn frei geworden. Der Pfarrer hat sich gemeldet und seitdem sind wir da. Und seit 1984 bin ich in Pension." Frau Janisch genießt ihr Leben als Pfarrersköchin. Sie schätzt den Herrn Pfarrer und ist von der Bevölkerung hoch geachtet.

Eine Scheidung hat auch Frau B. hinter sich, von der mir Herr Dammerer erzählt hat. Sie ist um die fünfzig. Verheiratet war sie in St. Anton an der Jesnitz, wo sie auch Pfarrer W., der dort tätig war, kennen gelernt hat. Nach ihrer Scheidung und nach Schließung der Firma in Scheibbs, in der sie als Schneiderin angestellt war, kam sie auf die Idee, als Pfarrersköchin zu arbeiten. Anfangs arbeitete sie im Bischöflichen Seminar in Melk. Allerdings dürfte es ihr dort wenig gefallen haben. Sie fühlte sich nicht wohl und kam schließlich mit ihrem jetzigen Pfarrer „ins Reden" und folgte ihm in die Wachau. Seit 1992 ist sie nun als Pfarrersköchin bei ihm.

Zunächst wollte Pfarrer W. gar keine Haushälterin, sah aber dann die Fülle der Aufgaben, die ihn in der neuen Pfarre erwarteten, und dass eine Pfarrersköchin für ihn ein Gewinn wäre. Er kannte Frau B. schon lange und sie waren seit der gemeinsamen Zeit in St. Anton gute Freunde.

Das Pfarrhaus, in dem die beiden wohnen, ist groß und geräumig. Beim Haus ist ein großer Garten mit vielen Obst- und Marillenbäumen. Während des Hochwassers im Sommer 2002 baute sie sogar Kartoffeln und Gemüse an, die sie auch selbst erntete.

Gemeinsam haben die beiden eine Küche. Zwei Wohnzimmer und zwei Schlafräume werden von den beiden im Sinne des Zölibats jeweils alleine benützt. Allerdings sitzen beide häufig im Wohnzimmer des Pfarrers, einer Bauernstube, um gemeinsam das Fernsehprogramm zu genießen. Frau B. zieht sich jedoch aus dem pfarrherrlichen Wohnzimmer in ihr eigenes zurück, wenn der Herr Pfarrer, ein sportbegeisterter Herr, im Fernsehen Übertragungen von Fußballspielen oder Ähnliches zu sehen wünscht.

Jedenfalls lebt Frau B. in Zufriedenheit mit dem Herrn Pfarrer, der ihr die Möglichkeit einer attraktiven Arbeit gibt, ihr so aber auch zu Ansehen in der Dorfgemeinschaft verhilft.

Sympathie und Liebe

Sogar echte Liebe zwischen künftiger Pfarrersköchin und Pfarrer scheint bei der Wahl, Pfarrersköchin zu werden, mitunter von Bedeutung sein.

Darüber erzählte mir eine freundliche Dame, die eine sehr nahe Beziehung zu einem Kaplan hatte, bevor sie dessen Pfarrersköchin wurde. Interessant ist bei dieser Dame, dass sie vier Kinder hat, die allerdings nicht vom Kaplan stammen. Auch hat sie, die heute um die sechzig ist, fünf Enkelkinder. Sie erzählt, wie sie Pfarrersköchin wurde: „Wie meine Kinder noch klein waren, da habe ich bei einer Kirche von K. im Kindergarten und in der Pfarre überall ein bisserl mitgeholfen. Ich habe dies vor allem wegen des Kaplans dort getan. Ich habe aufgeräumt, dies und jenes. Ich war Alleinerziehende, ich war nie verheiratet. Wegen des Kaplans habe ich ja nicht geheiratet. 1974, da kannte ich den Herrn Kaplan schon zwei Jahre, habe ich mich von meinem Lebensgefährten, einem hohen Beamten, von dem ich die Kinder hatte, getrennt. Das war eine kleine Tragödie, er war deswegen traurig. Aber darauf will ich nicht eingehen. Der Kaplan hat 1974 sein Studium beendet und ist dann nach Z. als Pfarrer. Alle vierzehn Tage ist er nach K. gekommen, wegen mir. Der Kaplan ist ein paar Jahre jünger als ich." Ich frage sie, ob sie in den Kaplan verliebt war. Sie antwortet: „Ja, Sie sagen es. Es war eine große Liebe, meine Kinder wussten es, auch mein Gefährte wusste das. Jedenfalls hat mich der junge Pfarrer, als er nach Linz gekommen ist, nach einer Zeit gefragt, ob ich seine Pfarrersköchin werden wolle. Ich habe zugesagt und bin ihm nach Z. gefolgt."

Auf die Geschichte dieser Frau gehe ich in dem Kapitel „Der Pfarrer als Liebhaber" noch näher ein.

Liebe spielt auch im Leben von Frau Christine K. eine große Rolle, als sie Pfarrersköchin wird. Auch sie hat, wie andere Damen auch, eine gescheiterte Ehe hinter sich und wird Pfarrersköchin bei einem Herrn, den sie schon vor ihrer Ehe in einer Pfarre, in der sie mit Jugendlichen tätig war, als Kaplan schätzen gelernt hat. Er wird ihr Ehemann. Über diese Dame werde ich in einem eigenen Kapitel später noch Näheres berichten.

Pfarrersköchin zu werden, hat viele Gründe, wie wir sehen. Das Spektrum ist weit: Es reicht von dem Wunsch, im Rahmen der Kirche in einer frommen Welt zu leben und zu arbeiten, bis hin zu echten Freundschaften und sogar zur Liebe zwischen Pfarrersköchin und Pfarrer.

Im Pfarrgarten in St. Ulrich, 1959

Die Pfarrersköchin Rosina und ihr Brief

Im nördlichen Waldviertel traf ich, wie schon erzählt, begleitet von Herrn Dr. Hofbauer, dem Zahnarzt aus Gmünd, die liebenswürdige Pfarrersköchin Rosina, sie ist etwas über siebzig. Sie wohnt im alten Schulhaus, das sie gemeinsam mit ihrem Pfarrer, der schon in der ewigen Heimat weilt, wohnlich umgebaut hat. Ein neuer Pfarrer, er kommt aus Polen und ist um die 46, ist in das Pfarrhaus eingezogen, vor allem in den Ferien kommt eine Frau aus Polen zu ihm. Sie arbeitet für ihn, wenn sie da ist. Wahrscheinlich stammen die beiden aus einem Dorf, meint Frau Rosina. Frau Rosina hält ihrem Pfarrer die Treue, sie will nicht mehr zu einem Pfarrer in den Dienst, außerdem ist sie schon zu alt. Ganz kann Frau Rosina auf ihre Arbeit für die Kirche nicht verzichten, daher räumt sie regelmäßig in dieser auf.

41 Jahre lang war Frau Rosina Pfarrersköchin. Im Alter von 27, das war 1958, kam sie hierher auf den Pfarrhof. Und als ich sie frage: „Warum wurden sie Pfarrersköchin?", antwortet sie: „Das habe ich mir gedacht, dass diese Frage kommt. Da müsste ich meinen ganzen Lebenslauf erzählen." Frau Rosina verstummt und weint still in sich hinein. Sie ist voller Trauer um den Pfarrer, wie sie auch andeutet. Es ist zwar schon drei Jahre her, seit er starb, aber es wird schwerer für sie, wie sie sagt.

Er war ein lieber Mensch, ihr Pfarrer. Nun erkundige ich mich, ob der Pfarrer sie gebeten habe, dass sie seine Pfarrersköchin werden wolle. „Ja, schon, es war 1958, da war er noch Kaplan in Allensteig. Ich stamme aus der Pfarre Vitis und war in Allensteig in einem Kaufhaus angestellt. Im Geschäft musste ich mithelfen. Kennen gelernt haben wir uns über die Katholische Jugend. Alle Wochen haben wir Heimstunden bei der Jugend gehabt, dabei lernt man sich kennen. Da wird gesungen und gespielt." Herr Dr. Hofbauer, ein weiser Herr, unterbricht und meint scherzhaft: „Bei solchen Heimstunden sucht sich der Pfarrer das patenteste Mädchen aus." Frau Rosina reagiert auf diesen Scherz kaum, Herr Dr. Hofbauer schweigt freundlich. Sie fährt fort, zunächst betont sie jedoch: „Wenn das, was ich sage, in einem Buch geschrieben werden soll, soll es auch wahrheitsgetreu sein, was ich sage. Als der Pfarrer, wie er noch Kaplan war, von Allensteig nach Ybbs versetzt wurde, hat er mich gefragt, ob ich mitkommen will, wenn er die Pfarre bekommt. Ich habe mich lange nicht entscheiden können." Interessant ist, was sie nun erzählt: „Wie ich zwölf Jahre alt war, hat die Mutter zu mir einmal gesagt, wir waren gerade dabei, miteinander Erdäpfel zu graben: ‚Wenn du nichts lernen willst, musst du halt in den Deanst (Dienst) zu irgendjemandem gehen.' Eigentlich hätte ich Schneiderin werden wollen, aber aus dem wurde nichts. Zur Mutter habe ich gesagt: ‚Überall gehe ich in den Dienst, nur nicht zu einem Doktor und zu einem Pfarrer.' Meine Mutter ist leider etwas später gestorben. Und obwohl ich gesagt habe, dass ich zu keinem Doktor gehen will, war mein erster Posten gleich beim Gemeindearzt von Vitis, im Haushalt. Dann war ich in Allensteig im Geschäft. Man sagt: Die verredeten Bissen kommen zuerst auf die Schüssel." Sie lächelt und meint: „Ich habe mich ja verredet, wie ich gesagt habe, ich will zu keinem Doktor und keinem Pfarrer. Und dann bin ich doch zu einem Doktor und einem Pfarrer.

Früher gab es viele Geistliche, und da war es nicht so einfach, eine schöne Pfarre zu bekommen, da musste man zwei- oder dreimal um eine solche einreichen. Er hat aber Glück gehabt, er hat 1958 eingereicht beim Bischof und hat gleich die Pfarre hier in Haselbach bekommen. So bin ich hierher gekommen. Seitdem bin ich hier. Das ist meine Heimat. Damals, wie wir hergekommen sind, gab es tausend Seelen hier, heute sind es nur bei 600." Sie meint, als ich sie frage, ob sie noch einmal Pfarrersköchin werden wolle: „Es kommt sehr auf den Pfarrer an. Er darf nicht heiklich (kleinlich) und pedantisch sein." Frau Rosina wird merklich ruhiger, und als ich über ihr Leben als Pfarrersköchin sprechen will, erwidert sie gütig: „Mir fällt so gach (schnell) nichts ein. Kann man Ihnen denn nicht schreiben? Ich werde Ihnen einen Brief schreiben, in dem meine Geschichten stehen werden." Ich meine noch, vielleicht gibt es auch lustige Geschichten, über die sie schreiben könne. Ich danke jedenfalls für das Angebot. Herr Dr. Hofbauer, mein Begleiter, und ich trinken den Tee, den uns Frau Rosina serviert hat, reden noch über die Einrichtung des Hauses, dann verabschieden wir uns. Eine tiefe Sympathie für ihren alten Pfarrer sah ich bei dieser freundlichen älteren Frau. Ungefähr drei Wochen nach meinem Besuch erhielt ich von der freundlichen Dame tatsächlich einen Brief, geschrieben am 4. März 2003 in säuberlicher Handschrift. Ich will aus dessen Inhalt in allem Respekt zitieren:

„Sehr geehrter Herr Girtler!

Ihr Besuch gestern hat mich ganz schön aufgewühlt, konnte mehrere Stunden nicht schlafen. Da beginnt man das Leben von Kindheit an zu überdenken. In meiner Jugend ging ich gerne tanzen – oft bis um 5 Uhr früh. Ich wurde schon öfter gefragt: ‚Warum hast du nicht geheiratet, hast du keinen Mann wollen oder hat dich keiner wollen?‘ Ich war Jugendführerin und hatte viele Bekannte und Freunde. Dann lernte ich ein schlankes Bürschchen kennen, vom Waldviertel, der in Wien in einem Lebensmittelgeschäft angestellt war. Er fuhr im Sommer jeden Samstag 130 Kilometer mit dem Rad nach Hause und am Sonntag wieder zurück nach Wien. Im Herbst war er auf den Zug angewiesen. Ich begleitete ihn zum Bahnhof, ‚Zu Weihnachten sehen wir uns ja wieder‘, sagte ich beim Abschied. Das Wiedersehen gab es aber nicht mehr. Ich bekam auch auf meine Post keine Antwort. Meine Bitte, er soll mir doch antworten, wenn er sich von seiner vorhergehenden Freundin nicht trennen kann. Wieder keine Antwort. – Weil der Herr Kaplan ein ähnlicher sportlicher Typ war und ich gleiche Interessen feststellte, entstand bald eine Kameradschaft. Meinen Entschluss, Pfarrhaushälterin zu werden, habe ich lange bezweifelt, ob das gut gehen wird? Ein Akademiker und ich, die ich die acht Klassen Volksschule mit Ach und Weh durchgebracht hab. Auch meine Geschwister wollten mich von so einem Beruf unbedingt abhalten. Ich habe den Herrn Kaplan gebeten, er soll sich doch um eine ‚Gebildete‘ umsehen. Er meinte: ‚Eine Studierte macht mir doch keine dreckigen Arbeiten.‘ Aber in einem Pfarrhof gibt es viele schöne Aufgaben, von denen man im Lauf der Jahre nicht mehrt loslassen kann. – Ich war schon einige Jahre im Pfarrhof tätig, da erfuhr ich, dass mir damals meine Chefin meine Liebesbriefe aufgestöbert und auch die weitere Post vermutlich unterschlagen hat, weil sie mich nicht verlieren wollte. Sie hat mich wie eine eigene Tochter geschätzt. Der Mensch denkt und Gott lenkt! So hat mich mein Weg zum Pfarrhof in H. geführt."

Frau Rosina denkt wehmütig an ihre missglückte Liebensgeschichte, um die es ihr nicht Leid ist, denn sie findet im Herrn Kaplan einen echten Freund, dem sie sich anschließt. Sie beschreibt in ihrem Brief die Bescheidenheit des Pfarrers, ihre sparsame Küche und die Arbeit für die Kirche. Diese Themen werden später in den betreffenden Kapiteln erwähnt werden.

Jedenfalls spricht aus dem Brief der Pfarrersköchin Rosina Freude an ihrem Beruf als Kumpanin des Herrn Pfarrers. Liebenswürdig und sehr bescheiden sind die letzten Sätze ihres Briefes: „Nun muss ich an das Schlussmachen denken. Verzeihen Sie meine Schreibfehler und dass Sie etwas länger auf meine Post warten mussten. Durch die Energieferien gab es unerwartete Zwischenfälle.

Für Ihr Buch werden Sie von meinen Erzählungen nicht viel verwenden können. Pfarrhaushälterinnen von der Stadt wissen vielleicht mehr. Ganz liebe Grüße, viel Erfolg bei Ihrer Arbeit und dass Sie lange noch so sportlich und gesund bleiben, wünscht Rosina S."

Frau Rosina meint, die „Pfarrhaushälterinnen in Wien" würden mehr wissen als sie, aber in dieser Einschätzung täuscht sie sich, denn ich habe viel durch sie gelernt, vor allem gefiel mir ihre Herzlichkeit, mit der sie das Leben mit dem Herrn Pfarrer teilte.

Diese freundliche Dame sah in ihrem Pfarrer, als er noch Kaplan war, vielleicht einen Ersatz für das zerbrochene Liebesglück. Jedenfalls hatte sie größte Sympathien für ihren Pfarrer. Für sie war es undenkbar, zu einem anderen Pfarrer zu wechseln oder nach seinem Tod bei einem neuen Pfarrherrn zu arbeiten. Die innere Bindung zum Pfarrer war derartig stark, dass sie noch immer, obwohl der Pfarrer schon einige Zeit tot ist, in Trauer an ihn denkt und weint. Dies tat sie auch bei unserem Besuch. Und daher schrieb sie den Brief.

Die Aufgaben der Pfarrersköchin

Hausfrau, Gefährtin, Pfarrhelferin, Fahrlehrerein und so weiter

Die echten Pfarrersköchinnen sind also Frauen, die dem Mann an ihrer Seite in jeder Hinsicht beistehen. Und irgendwie erinnern sie an die alten Sennerinnen im Gebirge und die Frauen der kalabrischen Mafia. Von den Sennerinnen heißt es vor allem in alten Liedern, sie hätten dem Wildschütz Schutz und Lager gewährt. Und ein Spruch der kalabrischen Mafia heißt: Ein Mann braucht zwei Dinge: „Amure il donna e cori di briganti", also: die Liebe einer Frau und das Herz des Wegelagerers. Ich will damit nicht sagen, dass der Pfarrer so etwas wie ein Räuber oder Wildschütz ist, sondern dass es auch in seiner Welt Frauen gibt, die ihm in den Wirrnissen des Lebens Beistand und Freude gewähren.

Es wundert daher nicht, dass die Schutzpatronin der Pfarrersköchinnen eine Heilige ist, die eine kühne Frau war, man kann sie sogar eine Abenteurerin nennen. Es ist dies die heilige Verena. Verena heißt übersetzt soviel wie die Scheue oder Zurückhaltende. Ihr Fest ist der 1. September. Verena ist eine sehr bekannte und beliebte Heilige, die besonders in der Schweiz verehrt wird. Sie wurde um 200 n. Chr. geboren. Als junges Mädchen kam sie mit römischen Soldaten, die damals schon zum Großteil Christen waren, in die Nähe des Großen St. Bernhard. In dieser Armee diente ihr Onkel als Oberst, dieser adoptierte sie, da ihre Eltern früh verstorben waren. Es kam nun zu einer Verfolgung der Christen. Diejenigen Soldaten, die sich als Christen bekannten, wurden getötet. Verena überlebte und wanderte unerkannt bis nach Solothurn in der Schweiz. Dort wurde sie zur Einsiedlerin und lebte eine Zeit einsam und genügsam in einer kleinen Zelle mitten in der Wildnis. Später musste sie von dort weg und kam auf ihrer weiteren Wanderschaft nach Zurzach, das auch in der Schweiz liegt. Dort nahm sie der Ortspfarrer in sein Haus auf – und sie wurde seine Pfarrersköchin (oder „Haushälterin"). Zehn Jahre lang leitete sie gewissenhaft den Haushalt dieses Pfarrers. Später wollte sie wieder in die Einsamkeit gehen, was dieser Pfarrer auch ermöglichte. „Elf Jahre lebte die Jungfrau dort in großer Gottseligkeit" – heißt es im Bericht über die heilige Verena, der später abgefasst wurde. Verena starb etwa Mitte des dritten Jahrhunderts und wurde bald als Heilige verehrt. Diese gottgefällig lebende, aber auch verwegene Frau, die keinen Fußmarsch scheute, wurde schließlich zur Heiligen der Pfarrersköchinnen. Pfarrersköchinnen, die sich in der Tradition dieser Heiligen sehen, sind alles andere als langweilige Geschöpfe, sondern sie zeichnen sich auch durch eine gewisse Selbstständigkeit aus.

Das heißt also, dass die Pfarrersköchin wirtschaftlich im Pfarrhof mehr oder weniger autonom agiert, wie der Pfarrer von Zwettl es beschreibt: „Sie hat in gewissen Bereichen eine gewisse Autorität. Von denen versteht sie etwas, z. B. was das Wirtschaftsgeld anbelangt, da habe ich als Pfarrer keine Ahnung." Seine Pfarrersköchin Christl ergänzt: „Ich bekomme einen gewissen Betrag für den Haushalt. Ich schreibe alles ein, was ich ausgebe. Damit wir einen Überblick haben."

Die alten Pfarrersköchinnen wussten hart zu arbeiten, um den Pfarrhof in Ordnung zu halten. So meinte Frau Christl: „Ich habe mein Leben lang gearbeitet und bin alt geworden mit der Arbeit."

Die echten Pfarrersköchinnen bieten dem Pfarrer also eine Heimat, in der er sich wohl fühlt, und sie sind bereit, sich für den Pfarrer einzusetzen – in vielerlei Hinsicht.

Für sie gilt zwar das Haushälterinnengesetz ebenso wie für jene Frauen, die bloß an bestimmten Tagen oder Halbtagen der Woche notwendige Arbeiten im Haushalt des Pfarrers oder in den Räumen des Pfarrhofes verrichten. Aber für sie ist ein gewisses Maß an Hingabe an das Leben des Pfarrers charakteristisch, wie es auch Frau Rosina in ihrem Brief andeutet, wobei sie den modern gewordenen Begriff der „Haushälterin" in Frage stellt: „Ich war keine Haushälterin, wie sich viele Leute eine Haushälterin vorstellen. Ich habe Schaufel und Krampen, Meißel, Trennscheibe, Maurerkelle genauso gerne in die Hand genommen wie den Kochlöffel."

Die Pfarrersköchinnen im klassischen Sinn sind also Gefährtinnen und Partnerinnen des Pfarrers, den sie in jeder Hinsicht unterstützen, Herz und Seele. Ähnliches meinten auch andere Pfarrersköchinnen, die ich später noch zu ähnlichen Themen sprechen lassen werde.

Die Tradition der klassischen Pfarrersköchin wird heute auch von Frau Susi, einer Pfarrersköchin in einer Wiener Stadtpfarre, weitergeführt. Ich erwähne im Gespräch mit ihr, die Frau, egal ob Ehefrau oder echte Pfarrersköchin, müsse dem Pfarrer einen gewissen Hintergrund bilden, ihm also helfen, mit seinen Problemen und seinem Ärger fertig zu werden. Und daher habe die Pfarrersköchin auch eine gewisse Macht, denn schließlich ist sie die Herrin über Haus und Küche. Frau Susi lächelt und bestätigt meine Gedanken: „Für mich äußert sich Macht darin, dass ich selbstständig entscheiden kann, was ich tun will. Aufgrund meines Zeitplanes weiß ich, dass ich das und das zu tun habe. Aber wie ich es einteile, ist meine Sache. Daher kann ich auch einmal am Vormittag weggehen. Und wann ich Staub sauge, ist eigentlich egal, das ist meine Sache. Macht hat auch etwas mit Verantwortung zu tun. Für das gesamte Hauswirtschaftliche habe ich die Verantwortung. Der Unterschied zu den verheirateten Frauen ist, dass ich nicht verheiratet bin. Offiziell ist der Pfarrer der Chef und ich bin seine Angestellte. Ich tue eine Arbeit, für die eine Ehefrau nichts bezahlt bekommt. Ich bin angestellt und verdiene meine Pension. Das verschafft mir auch Freiheit, aber ich habe auch Verantwortung. Verantwortung hat wirklich etwas mit Macht zu tun. Und es gibt von Seiten der Pfarre keinen Anspruch darauf, dass ich in der Pfarre etwas tue. Ich arbeite in der Pfarre, weil es mir Freude macht. Wenn ich beim Pfarrkaffee mitwirke oder in der Kirche zusammenräume, so tue ich dies gerne. Mein Chef, der Pfarrer, hat gesagt, er möchte seinen privaten Raum und das offizielle Pfarrliche getrennt haben.

Ich bin nicht im Pfarrkirchenrat. Wenn es zwischen Pfarrer und Pfarrgemeinderat klappt, da gibt es kein Problem. Bei uns verstehen sich Pfarrer und Pfarrgemeinderäte. Wäre ich im Pfarrkirchenrat, so könnten Mitarbeiter bequem sagen: ‚Die Susi macht es schon.' So sind es zwei getrennte Bereiche. Der private Bereich im Haus mit dem Pfarrer. Vom Pfarrkirchenrat weiß ich nichts. So kann keiner vom Pfarrgemeinderat sagen, die beiden machen es sich beim Mittagessen aus. (…) Aber wenn sie etwas brauchen, kommen sie ja eh. Da müssen sie aber extra fragen. Das ist meine persönliche Entscheidung. Es gibt sicher Pfarrhaushälterinnen, die wollen im Pfarrgemeinderat sein und kandidieren für diesen. Ich mag das aber nicht." Die Macht und die Beglückung der Pfarrersköchin beziehen sich also im Wesentlichen auf den Privatbereich des Pfarrers. Bei ihr weiß sich der Pfarrer in „Sicherheit", er weiß, wenn er krank ist, dass sich die Pfarrersköchin um ihn kümmert. Die Pfarrersköchin erfreut sich zwar am Leben in der Pfarre, sie bietet dem Pfarrer aber eben auch eine Rückzugsmöglichkeit, ähnlich wie die Sennerin dem Wildschütz, der sich von seinen Abenteuern ausruhen will. So meint auch Frau Susi: „Man muss den Pfarrer freihalten von gewissen Dingen. Und wenn er hier und da Migräne hat, so kümmere ich mich um alles. Wenn er mir also sagt: ‚Mir geht es heute nicht gut, ich lege mich nieder', so weiß ich, was ich zu tun habe. Das heißt dann, ich nehme Telefongespräche entgegen. Und wenn jemand an der Tür läutet, dann empfange ich ihn und sage das oder das."

Die Pfarrersköchin Susi verweist schließlich auf die Weite ihres Berufes und die Freiheiten, die mit diesem trotz der Arbeit verbunden sind: „Ich habe einen sehr großen Freiraum, in dem ich entscheide, was ich tue. Ich bin relativ frei in der Entscheidung, wann und wo gehe ich hin. Seit dem September (2001) ist mein Vater im Spital. Ich war jeden Tag eine Stunde im Spital. Wie der Pfarrer gefragt hat: ‚Was machst du am Nachmittag?' habe ich gesagt: ‚Ich möchte zu meinem Vater gehen.' Und ich konnte gehen. Es wird wohl abgesprochen, was ich heute oder morgen tue. Ich habe Freiheiten, aber auch Verantwortung."

Schließlich betont Frau Susi ganz im Sinne aller anderen Pfarrersköchinnen und stellvertretend für diese: „Zu meinen Pflichten gehört der ganze Haushalt, alles, Wäsche, Wohnung und so weiter. Der ganze

Haushalt und der persönliche Lebensbereich des Herrn Pfarrers gehört zu meinen Aufgaben." Ich flechte ein: „Sie sind also die Herrin über den inneren Bereich des Pfarrhaushaltes." Sie nickt. Ihr und dem Herrn Pfarrer ist es wichtig, dass ihre Aufgaben als „Pfarrhaushälterin" klar umgrenzt sind. Daher meint sie: „Bei dem Pfarrer vorher war es nicht klar, was gehört der Pfarre und was dem Pfarrer. Was ist Aufgabe der Pfarrhaushälterin und was nicht. Der jetzige Pfarrer hat mir von vorneherein gesagt, dass ich in erster Linie für seinen persönlichen privaten Bereich zuständig bin. Und alles, was Pfarre ist, dafür müssen sich Leute von der Pfarre finden. Daher bin ich auch nicht im Pfarrgemeinderat. Wenn mich aber Leute von diesem fragen: ‚Kannst du etwas für den Pfarrkaffee machen?', so werde ich sicher ja sagen. Aber ich bin nicht verantwortlich für den Pfarrkaffee. Ich habe eine Zeit lang den Blumenschmuck in der Kirche gemacht. Dann ist aber jemand gekommen und hat gesagt, er hat Kontakte zu einem Blumengeschäft, er würde das gerne machen. Dann habe ich das wieder abgegeben. Ich mache viele Dinge, aber wenn jemand kommt und sagt, er kann es machen, so soll er es machen. Ich springe dort ein, wo es gerade notwendig ist. Einmal hat man mich gebeten, eine Statue abzustauben, und einmal, die Halbbogenfenster in der Kirche zu putzen. So bin ich hinaufgekraxelt und habe es gemacht. Damals war ich noch schlanker. Ich habe auch den Fußboden abgeschliffen, den Turm vom Taubendreck gereinigt. Es gibt von der Pfarre keinen Anspruch, dass ich dies alles tun muss. Wenn ich etwas für die Pfarre mache, dann nach Absprache mit dem Pfarrer. Und wenn ich mich dazu entschließe, dann mache ich es."

Eine besonders aufregende Aufgabe hatte zusätzlich die Pfarrersköchin Frau K. aus dem Waldviertel, wie sie erzählt: „Der Pfarrer, also der Herr Dechant, hatte keinen Führerschein und daher war ich auch sein Chauffeur. Ich wurde sogar zu seinem Fahrlehrer. Ich habe ihm das Autofahren beigebracht, das Einparken und alles, was dazugehört! Damals haben einige gemeint, es ist nicht gut, wenn eine Untergebene jemand Höhergestelltem etwas beibringt! Aber er hat das Autofahren lernen müssen, und da war ich eben streng zu ihm. Sonst wäre ich vielleicht noch schuld gewesen, wenn er bei der Fahrprüfung in Gföhl dann durchgefallen wäre! Gott sei Dank ist er durchgekommen. Und wie er dann das erste Mal mit dem Auto fahren sollte, ist er ganz verhalten und verspannt gefahren.

Aber irgendwann ist er dann ausgestiegen und hat zu mir gesagt: ‚Fahren Sie weiter, Sie können das eh besser', und seitdem ist er nicht mehr gefahren. Ich habe ihn dann herumgeführt. Jeden Monat führte ich ihn zu den Kranken. Ich habe schon alle Leute gekannt, bei denen er war. Oft sind wir beide auch mit meinem Motorrad gefahren, der Herr Dechant saß im Beiwagerl!"

Die Dame ist schon im fortgeschrittenen Alter und wundert sich: „Ich weiß heute nicht mehr, wie ich das alles auf einmal geschafft habe! Als ich Pfarrersköchin wurde, habe ich nicht gewusst, was da alles auf mich zukommt!"

Ähnlich denkt wohl auch Frau Janisch, die Fallschirmspringerin. Zu ihren Arbeiten zählt ebenso wie bei anderen Pfarrersköchinnen der Telefondienst, bei dem sie Messen im November für das ganze Jahr aufnimmt. Für die gewöhnliche Messe verrechnet sie 7 Euro und wenn ein Organist dabei ist, muss mit 10 Euro gerechnet werden. Um 7 Uhr in der Früh erhebt sie sich aus ihrem Bett, der Herr Pfarrer meist schon früher. Dies nimmt sie an, denn sie hört ihn schon so ab 6 Uhr in seinem Zimmer rumoren. Um 8 Uhr ist dann Messe und dann das Frühstück. Dann fängt ihr Tagesprogramm an, entweder bügelt sie oder sie begibt sich in den Garten. Der Pfarrgarten, der gleich an den Pfarrhof und an ein Haus, in dem sich Gläubige bisweilen versammeln, grenzt, dient in der warmen Jahreszeit unter anderem dem von Janisch vorbereiteten feierlichen Frühstück für die Kinder, die bei der Erstkommunion waren, und der Kirchtagsmesse, die der Herr Pfarrer mit Vorliebe im Freien liest. Frau Janisch ist auch Pfarrgemeinderat und eifrig dabei, obwohl schon in Pension, Muttertagsfeiern, Erntedankmessen, Theaterspiele der Kinder und anderes zu organisieren.

Es ist eine berufliche Buntheit, die mit dem Leben der Pfarrersköchin verbunden ist, wie wir sehen. Diese Buntheit reicht von Arbeit in der Küche und im Garten bis hin zum Wäschewaschen, dem Erledigen von Dingen der Pfarrkanzlei, der Beschäftigung als Aushilfskindergärtnerin und dem Herumführen des Pfarrers mit dem Auto. So eine Pfarrersköchin kann sowohl Hausfrau sein als auch Pfarrsekretärin und Fahrlehrerin.

Es ist diese Buntheit, die auch der jungen Pfarrersköchin Erika, sie ist um die 28, gefällt, sie meinte zu Herrn Dammerer: „Ich möchte noch sagen, dass ich diesen Beruf nicht als altmodisch sehe, sondern als große Herausforderung."

Die Heimat des Pfarrers und der Pfarrersköchin

Der Pfarrer, aber auch die Pfarrersköchin, braucht so etwas wie eine Heimat. Darüber habe ich zwar schon einiges gesagt, will dazu aber noch ein paar Gedanken einbringen.

Heimat hat jemand, der sich wohl fühlt, der nicht fremd ist. Interessant ist, dass das Wort „elend" sich etymologisch, also von der Wortwurzel her, von „elilento" ableitet, was soviel heißt wie: „aus fremdem Land". Der Elende ist also jemand, der fremd ist und keine Heimat hat. Damit der Herr Pfarrer sich nicht als „Elender" vorkommt, sondern als jemand, der heimelig umsorgt wird, braucht er einen Menschen, der ihm dies ermöglicht. Und diese Person ist in klassischer Weise eben die Pfarrersköchin, die dem Herrn Pfarrer eine schöne Lebenssphäre zu gestalten vermag. Wichtig ist dabei auch der Pfarrhof, in dem Pfarrer und Pfarrersköchin wohnen. Schöne Worte dazu findet Frau Maria von Adlwang, die mir dies erzählte: „Man ist stolz auf den Pfarrhof. Ich habe zum Beispiel im Sommer auf allen Fenstern Blumen. Vorne alles voll mit Blumen, aber auch hinten. Das ist so schön. Das mache ich mir alles selbst."

Und in ihrem schon zitierten Brief schreibt die liebenswürdige Frau Rosina etwas, das gut das Thema Heimat umreißt, zu dem eine gemeinsame Bewältigung schwieriger Situationen gehört: „So wie junge Menschen ihr gemeinsames Leben mit großen Hoffnungen beginnen und dann nicht alles so kommt wie erwartet, so beginnt man das Leben neben einem Pfarrer auch mit vielen Plänen. Unser Anfang war sehr schwer. Im Pfarrhof hatten wir nur in zwei Räumen elektrisches Licht. In der Küche waren nur ein paar schäbige Reindln, ein kleines Schneidbrett mit einem durchgeschnittenen Loch in der Mitte, ein

Nudelwalker und mehrere Schöpflöffel aus Blei (oder ähnlichem Material) vorhanden. Wir beide hatten nicht viel erspartes Geld für Möbelkauf usw." Durch diese Bindung aneinander, um Probleme des Überlebens zu lösen, erhält der Pfarrer das Gefühl, auf die Pfarrersköchin könne er sich verlassen. Sie bietet ihm also Heimat.

Plastisch beschrieb mir Frau Christl aus dem Waldviertel das Gefühl des Pfarrers, dem die Pfarrersköchin und damit die Heimat fehlt: „Heimat ist wichtig für den Pfarrer. Und es ist ganz was anderes, wenn in einer Pfarre eine Pfarrhaushälterin da ist, als wenn keine da ist. Wenn der Pfarrer auf d'Nacht (am Abend) heimkommt, nachdem er seine Arbeit gemacht hat, und er dann erst kochen und aufräumen muss, dann wird er sich nicht wohl fühlen. Und überhaupt, wenn es kalt ist im Haus. Wenn keine Pfarrersköchin da ist, rührt sich nichts. Und man muss sich auch ein wenig abladen können, muss etwas erzählen, was so am Tag los war. Sonst hat man nur die Mauern des Pfarrhauses und das ist nichts." Ist eine Pfarrersköchin da, so hat, wie Frau Christl andeutet, der Pfarrer seine Freude und kann sich erholen.

Es ist also die Heimat, die die Pfarrersköchin anzubieten hat. Und darauf ist sie auch stolz. Als Pfarrersköchin gibt sie dem Pfarrer eine gewisse Sicherheit, ähnlich einer Ehefrau, so ziemlich in allen Belangen des Alltags.

Darauf verweise ich in einem Gespräch mit der freundliche Pfarrersköchin Susanne. Ich meine, es gebe sicherlich Pfarrer, die gar keine Pfarrersköchinnen wollen, die aber dabei wahrscheinlich gar nicht glücklich sind. Frau Susanne überlegt: „Ich würde sagen ja, weil die Priester auch eine Heimat wollen. Mein Chef fragt mich zum Beispiel, wenn er einen Anzug anzieht: ‚Du, kann ich so gehen?', fragt er. Und ich kann ihm sagen: ‚Zieh lieber das an oder das.' In Sachen des Geschmacks werde ich gefragt. Sicher kann ein Pfarrer auch kochen, aber das ist nicht seine Aufgabe. Ein Pfarrer hat andere, nämlich seelsorgerische Aufgaben. Warum soll sich ein Pfarrer mit Sachen beschäftigen, die ihm jemand anderer, also die Pfarrersköchin, abnehmen kann. Der Pfarrer soll für die wirklich priesterlichen Aufgaben frei sein und bis zu einem gewissen Grad muss sich der Pfarrer im Pfarrhaus wohl fühlen.

Zum Wohlfühlen gehört es, dass zum Beispiel die Zimmer sauber zusammengeräumt sind. Die Pfarrersköchin braucht ein Fingerspitzengefühl, dass sich der Pfarrer wohl fühlt. Ob das die Einrichtung oder der Christbaum ist. Ich kann mir nicht vorstellen, dass meiner sich einen Christbaum alleine aufputzt, das mache schon ich. Den Heiligen Abend haben wir früher alleine gefeiert. Dazu hatten wir keine Leute eingeladen." Interessant ist an diesem Gespräch, dass die Pfarrersköchin, die Frau Susanne, vom Pfarrer im Gespräch bloß als „meiner" – also: der Meine – spricht. Hier zeigt sich wohl eine enge Beziehung, auf die die Pfarrersköchin stolz zu sein scheint. Denn schließlich will sie ihm Heimat bieten. Das kann sie nur, wenn sie auch im Pfarrhaus in großer Nähe zum Pfarrer wohnt. Hierin unterscheidet sie sich von einer bloßen Zugehfrau. Als ich mich von Frau Susanne verabschiede, sehe ich an der Tür zu ihrer gemeinsamen Wohnung im Pfarrhaus der Paulanerkirche ein Türschild aus Messing, auf dem in schöner Schrift die Namen beider untereinander zu lesen sind, zuerst kommt jedoch der Name des Pfarrers: „Franz W. Susanne K." Die beiden gehören also zusammen, denke ich mir, das glänzende Türschild mit ihren Namen deutet symbolisch und sympathisch wohl darauf hin.

Die echte Pfarrersköchin ist daran interessiert, dem Pfarrer Heimat zu bieten.

Die prächtige Pfarrersköchin von Adlwang erzählte, dass es gerade am Anfang nicht leicht war, dem Pfarrer eine heimatliche Atmosphäre im Pfarrhof zu schaffen: „Ich bin am Anfang dagestanden wie der Ochs vor dem Tor. Renn dir selber die Nase an, so auf die Art, habe ich mir gedacht und habe mit dem Pater Max begonnen, zunächst einmal den Pfarrhof einzurichten.

Wie ich hergekommen bin, haben wir einmal den Pfarrhof eingerichtet. Vorher war der Pater Anton da, der hatte kein Gespür für etwas Schönes, es war alles so kahl im Pfarrhaus. Der Pater Max und ich haben als Erstes im ganzen Stiegenhaus Bilder aufgehängt. Der Maximilian hat ein Gespür gehabt für Kunst. Wir haben vom Dachboden gemeinsam wertvolle Bilder geholt, die dort einfach auf einem Haufen lagen. Die Bilder vom Stiegenhaus, die man sieht, haben wir alle vom

Dachboden. Und diese Bilder haben wir heruntergeholt und im Haus verteilt."

Die Pfarrersköchin hat Freude an den Bildern, es handelt sich vorwiegend um Stiche aus dem 18. und 19. Jahrhundert, die sich auf die Szenerie und die barocken Bauwerke des Klosters beziehen. Sie machen die Räume des Pfarrhofes wohnlich und geben ihnen einen eigenen Zauber, der die Köchin erfreut, auch im Sinne des jetzigen Pfarrers. Ich lobe den herrlichen Stich im Esszimmer, auf dem die breiten und gescheit angelegten Gartenanlagen des Klosters zu sehen sind. Pater Max, wie sie meint, habe überhaupt ein großes Kunstinteresse gehabt, er hatte auch einen freundschaftlichen Kontakt zu dem früheren Zeichenlehrer der Klosterschule, der auch mich, allerdings vergeblich, zu einem guten Zeichner machen wollte. Dieser meinte öfter zu mir, meine Zeichnungen würden aus schön verteilten Scheußlichkeiten bestehen. Und außerdem drohte er mir so: „Der Schlag soll dich treffen, am besten einer von mir." Die Frau ist zwar schon in Pension, aber sie ist gerne Pfarrersköchin, denn dieser Beruf ist für sie und die anderen klassischen Pfarrersköchinnen nicht ein Beruf im üblichen Sinn, bei dem man sich einfach von den Menschen, für die man lebt und arbeitet, zurückzieht. Hier ähnelt die Pfarrersköchin einer Ehefrau. Und hierin liegt auch der Unterschied zur „gewöhnlichen" Pfarrhaushälterin, die in ihrer Tätigkeit einen Beruf wie jeden anderen sieht und die auch keine enge Beziehung zum Pfarrer und seiner kleinen Welt des Pfarrhofes aufbaut, da sie in diesem grundsätzlich auch nicht wohnt. Ihr wird es wohl gleichgültig sein, welche Gemälde oder Stiche an den Wänden des Wohn- und Esszimmers hängen.

Ich sehe auch tatsächlich im geschmackvoll eingerichteten Wohnzimmer des Pfarrhofes, in dem wir sitzen, einen schönen alten Stich mit dem Garten des Stiftes Kremsmünster. Auch für die Pfarrersköchin ist es wichtig, dass sie sich wohl fühlt, denn die Heimat des Pfarrers ist auch die ihre. Sie hat mehrere Pfarrer erlebt und überlebt, jeder hatte seine Vorteile, die sie zu schätzen wusste, aber bei jedem war das Gefühl, dass der Pfarrhof eine echte Heimat für beide ist, ein anderes: „Eigentlich erst seit der Pater Georg da ist, bin ich wirklich gerne Pfarrersköchin. Das ist ein Pfarrer, den man mit der Lupe suchen muss. Früher war ich auch gern da, aber ich bin auch gern heimgefahren, weil es mich heimgezogen hat nach Kematen. Ich hatte damals schon mein Auto. Der Pater Maximilian, er ist am 14. Jänner 1984 in Linz im Krankenhaus gestorben, war anders als der jetzige Pfarrer. Ich habe ihn als meinen Chef respektiert, wie ich immer meine Chefleute respektiert habe, auch die in der Apotheke in Linz. Wo ich war, war ich gern. Und denken kann ich mir eh, was ich will. Der Max war ein Gesellschaftsmensch, der gerne mit Freunden getrunken hat und gerne in der Schank war. Ich kann nichts Schlechtes über ihn sagen, er war genauso in Ordnung wie der Pater Mathias. Aber es gibt Menschen, und so auch Pfarrer, für die man mehr empfindet und für die man weniger empfindet. Beim jetzigen Pfarrer, dem Pater Georg, der ein grundehrlicher Mann ist, fühle ich mich wohl, er gefällt mir wirklich sehr."

Und als ich sie frage, ob sie sich gegenüber dem jetzigen Pfarrer als Mutter fühle, meinte sie: „Ja, weil er noch so jung ist. Mit Pater Maximilian war ich per Sie. Mit den anderen nicht. Immerhin habe ich vier Pfarrer erlebt."

Und sie kocht auch gerne für sie, und zwar mit Liebe, wie sie noch erzählen wird.

Eine Pfarrersköchin aus der Nähe von Melk sieht ebenso ihre Aufgabe darin, dem Pfarrer Heimat zu bieten: „Wichtig ist ihm, dem Herrn Pfarrer, dass im Pfarrhof vor den großen Festen, bei denen er eigentlich immer der Gebende ist oder auch als Beichtvater der Zuhörer, alles in Ordnung ist. Er braucht dies, um sich gut konzentrieren zu können. Es wäre für ihn sehr schlimm, wenn er von einer Beichte oder von sonst wo nach Hause kommt und es ist alles finster und niemand ist da.

Er muss sich sagen können: ‚Da sind meine Leute und da bin ich daheim!' oder: ‚Hier kann ich arbeiten, leben und loslassen.' "

Der Pfarrer, der diesem Gespräch beiwohnt, fügt, um zu zeigen, wie wichtig eine Abgrenzung der Aufgaben von Pfarrersköchin und Pfarrer für ihn und die Ruhe im Pfarrhof ist, noch hinzu: „Mein Ziel ist, dass die Erika, die Pfarrhaushälterin, ihren Bereich hat, bei dem red ich ihr nichts drein, und auf der anderen Seite möchte ich auch nicht, dass sie mir bei meinen Dingen was dreinredet! Es gibt nämlich oft auch Pfarrhaushälterinnen, die sind der Pfarrer. Und ich will nicht, dass alles über die Pfarrhaushälterin läuft, und darum halt ich mich auch sehr oft hier herunten im Parterre des Pfarrhofes auf, um greifbar zu sein. Es muss auch Spielregeln geben."

Der Herr Pfarrer ist dankbar, wenn die Pfarrersköchin ihm eine Heimat bietet, in der er sich wohl fühlt. Dazu gehört auch, dass er sich bisweilen mit der Pfarrersköchin und dem Herrn Kaplan an ruhigen Abenden einem Brettspiel widmet. Besonders amüsiert den Herrn Pfarrer, wenn Pfarrersköchin Erika bei solchen gemeinschaftlichen Treffen, bei denen auch Bäckereien serviert werden, meint, sie müsse „auf ihre Linie schauen". Der Pfarrer genießt die Gemeinsamkeit im Pfarrhof, sie ist seine Heimat.

Die Pfarrersköchin als Bewahrerin von Schätzen

Pfarrersköchinnen sind mitunter Bewahrerinnen von Schätzen, wie Frau Sallinger aus Waidhofen an der Thaya, die mich mit den hier schon wiedergegebenen Schriften ihres Bruders und Stadtpfarrers vertraut gemacht hat. Beispielhaft sei noch die „Pfarrer-Julie" mit ihren Schätzen geschildert.

Die Pfarrer-Julie und die Assignaten

Eine aufrechte Pfarrersköchin war die „Pfarrer-Julie", wie wir die Köchin unseres Pfarrers von Spital am Pyhrn, dem Herrn Dechant Stögmüller, nannten. Der Ausdruck „Pfarrer-Julie" ist somit eine Bezeichnung der Zugehörigkeit, er weist darauf hin, dass das „Fräulein" Juli beim Pfarrer im Dienst steht. Ähnlich wurden mein Bruder und ich mit dem – mich nicht unbedingt erfreuenden – Titel „Doktorbuben" belegt, um klar zu machen, dass wir die Buben des Dorfarztes sind und keinen guten Ruf haben. Die Pfarrer-Julie war eine zumeist liebenswürdige Dame, die mit uns Buben freilich auch schimpfen konnte, die ihrem Herrn, dem Dechanten, jedoch als eine gute Kameradin zur Seite stand. Als der Herr Dechant in Pension ging, zog er in ein kleines Haus, das er in den Jahren davor erbauen hatte lassen. Die Pfarrer-Julie zog mit ihm wie eine Ehefrau. Überhaupt, so schien es mir, hatten die beiden eine sehr enge Beziehung im Pfarrhof. Wir Buben durften als Schüler hie und da auf Einladung der Pfarrer-Julie in die Räume des Pfarrhauses. Dabei zeigte sie uns ihre Schätze, die sie im Laufe der Zeit gesammelt hatte. Die Pfarrer-Julie war eine begabte

Sammlerin von alten Dingen, die zur Geschichte des Dorfes gehörten. Als Pfarrersköchin dürfte sie einen besonderen Zugang zu diesen gehabt haben. Zu ihren Schätzen gehörten alte Heiligenbilder aus Bauernhäusern, die die Bauern vielleicht nicht mehr wollten, Gebetbücher früherer Pfarrer, schöne Steine vom Schwarzenberg, von dem früher Marmor geholt wurde, Rosenkränze, vergilbte Banknoten und anderes mehr. Unter den Banknoten fanden sich auch so genannte Assignaten, das sind Geldscheine, die unmittelbar nach der Französischen Revolution in Frankreich gedruckt worden sind, sie hatten sogar Wasserzeichen, um ihre Echtheit zu bestätigen. Diese Assignaten waren offensichtlich durch französische Soldaten, die Ende des 18. Jahrhunderts im Kriegszug gegen Österreich über den Pyhrnpass gezogen sind, nach Spital am Pyhrn gekommen. Mit ihnen ist eine interessante Geschichte verbunden, nämlich die Geschichte der Französischen Revolution und Napoleons. Und diese Assignaten besaß die Pfarrer-Julie. Dies faszinierte mich. Irgendwie kamen die Assignaten nach dem seligen Tod der Pfarrer-Julie in den Besitz des Herrn S., der mit diesen einen schwungvollen Handel betrieb. Ich erwarb mir von ihm einige dieser Assignaten, die ich heute noch in Erinnerung an die Pfarrer-Julie hochhalte.

Für mich sind diese Assignaten wie vieles andere auch aus dem Besitz der Pfarrer-Julie Hinweise auf die alte Geschichte des Gebirgsortes und daher wichtig. Ohne die Pfarrer-Julie wären Stücke dieser Art wahrscheinlich verschollen gegangen.

Der Mut der Pfarrersköchin

Pfarrersköchinnen sind mitunter kühne Damen, die sich ehrliche Gedanken über Menschen und politische Richtungen machen, die in Widerspruch zu den Vorstellungen des Pfarrers und überhaupt der Kirche sind. Die echte Pfarrersköchin steht hinter ihrem Pfarrer und seinen frommen Ideen, sie ist sogar bereit, für diese zu kämpfen.

Ich habe vorhin bereits über die Pfarrer-Julie aus Spital am Pyhrn erzählt. Sie war nicht nur eine Bewahrerin und Sammlerin alter Stücke der Volkskultur, sondern auch eine sehr mutige Dame. In ihrem Nachlass befanden sich nicht nur die berühmten Assignaten, sondern auch ein geheimnisvolles Kuvert mit einem Zeitungsartikel, diversen Schriftstücken und Briefen der Pfarrer-Julie. Irgendein freundlicher Mensch gab mir diese Schriftstücke schon vor vielen Jahren, da er wusste, sie würden mich interessieren, denn diese beziehen sich auf ein finsteres Kapitel unserer österreichischen Geschichte, nämlich auf die Zeit zwischen 1938 und 1945. All die Jahre hindurch habe ich dieses Kuvert wie einen Schatz gehütet. Ich wusste, irgendwann werde ich es im Sinne der Pfarrer-Julie verwenden können. Und jetzt tue ich es, auch um die Pfarrer-Julie, die wir als Kinder sehr mochten, zu ehren.

Zunächst fallen zwei Schriftstücke auf. Auf dem einen steht im Briefkopf „Gendarmeriekommando Spital am Pyhrn, Bezirk Kirchdorf an der Krems, Ob.Öst.".

Unter dem Text ist als Datum der 15. März 1938 genannt, er wurde also unmittelbar nach dem Einmarsch Hitlers in Österreich geschrieben. Übertitelt ist der maschingeschriebene Text mit „Empfangsbestätigung". Dazu ist zu lesen, dass 55 Schilling und 47 Groschen sowie ein Sparbuch mit 8 Schilling und ein Sparbüchel ohne Einlage auf telefonischen Befehl des Bezirksgendarmeriekommandos in Kirchdorf an der Krems beschlagnahmt „und in Einvernehmen mit dem Ortsführer der NSDAP von Spital am Pyhrn Karl Schwaiger und dem SS-Rottenführer Max Friedwanger am hiesigen Posten (der Gendarmerie) verwahrt wurden“. Unterschrieben ist dieses Schriftstück unter „Der Übergeber“ mit Julie Rieder, also unserer Pfarrersköchin, und unter „Die Übernehmer“ mit Zauner, Revierinspektor, und Max Friedwanger.

Auf der zweiten Seite ist rechts oben der deutsche Reichsadler mit dem Hakenkreuz zu sehen, unter diesem steht: „Der Reichskommissar für die Wiedervereinigung Österreichs mit dem Deutschen Reich – Stab – Stillhaltekommissar für Vereine, Organisationen und Verbände“. Links steht: Wien, 14. Oktober 1938.

Gerichtet ist das Schreiben an die „Katholische Frauen-Organisation, Spital am Pyhrn“, von deren Geld handelt offensichtlich das vorige Schreiben. Etwas eigenartig ist der Text: „Mit heutigem Tage wird obgenanntem Verein das Verfügungsrecht über seine Vermögenswerte wiedergegeben, jedoch mit der Auflage, sich unverzüglich selbst zu liquidieren, falls das noch nicht geschehen ist.“ Die Unterschrift ist unleserlich. Die Pfarrer-Julie, in deren Besitz die beiden Schreiben sich befanden, dürfte die Leiterin der katholischen Frauen von Spital am Pyhrn gewesen sein. Sie verwaltete wohl auch deren Geld, das sie an die NS-Behörden abliefern musste. Ihr wird also klar gemacht, dass der Verein der frommen Frauen sich aufzulösen habe. Die Nazis sahen in diesen Damen mit der Pfarrer-Julie voran offensichtlich eine Gefahr für die Durchsetzung ihrer Pläne, mit denen sie die Menschen mit ihren Ideen erfassen wollten.

Die Pfarrer-Julie nahm diese Erniedrigung, so sehe ich es, ergeben hin, aber sie blieb nicht stumm und machte sich laut Gedanken über dieses für sie katastrophale System der Nationalsozialisten. Dies geht aus den weiteren Schriftstücken, die mir vorliegen, hervor. Dazu gehören ein Zeitungsartikel und einige Briefe. Dieser Artikel des so genannten „Österreichischen Beobachters“ vom Mai 1940 verkündet, dass die Pfarrer-Julie wegen ihrer aufrechten Art Schwierigkeiten mit den Nazis hatte.

Unter dem Titel „Kleine Kreaturen in großer Zeit! – Pfarrersköchinnen unter sich“ werden sie und ihre Freundin, ebenso eine Pfarrersköchin, geradezu verspottet: „Pfarrersköchin ist ein nicht nur sehr verdienstlicher Beruf in bezug auf die Freuden, die eine solche Dienerin am (geistlichen) Herrn im Jenseits erwarten, sondern sie findet es auch im irdischen Jammertal bereits vielfach recht nett eingerichtet. So nett, daß sie nach des Tages Müh und Plag noch Zeit und Muße genug findet, an eine Amtsschwester Plauderbriefchen zu schreiben, in denen man sich so manches vom Herzen schreibt, was einen drückt. Wenn zwei Pfarrersköchinnen so recht unter sich sind, fällt manche Hemmung weg und sie plaudern über dies und jenes ganz ungeniert von der Leber weg, teils über die Eigenheiten und Schwächen ihrer geistlichen Herren, teils auch darüber, was man so auf gewissen Pfarrhöfen über das Dritte Reich denkt und sagt. Auch die Pfarrersköchin Julie Strasser aus Micheldorf hatte eine solche Amtsschwester und Busenfreundin, die Pfarrersköchin Julie Rieder in Spital am Pyhrn, und weil man nicht immer Zeit und Gelegenheit zu einem mündlichen Tratscherl hat, so vertraut man seine schwarzen Gedanken lieber dem Briefpapier an und so manches, was in Dämmerstunden sich in scherzhafter oder grollender Weise mehr oder minder geweihtem Mund entrang, ward hier Schwarz auf Weiß niedergelegt.“

Nun wird ein Teil eines angeblichen Briefes einer der beiden Pfarrersköchinnen wiedergegeben, allerdings in einer Art Dialekt und durchsetzt mit Fehlern. Offensichtlich will man die Pfarrersköchinnen dadurch demütigen und degradieren, dass man zeigt, dass sie nicht einmal der Rechtschreibung mächtig sind und sich nur im Dialekt auszudrücken wissen:

„So zum Beispiel: ‚… und muß ich Dir sagen, daß wir neilich im Radio gehört ham, und zwar, Du weißt eh schon von woher, und da hat er zum Schluß gesagt: ‚Wir brauchen kan Sieg, drauf pfeifn mir Eich! Halt's nur aus Drei Esterreich!‘ Gelt das ist ein feines Sprüchl, beinah so wie ein Stoßgebet, und mir tun's auch jetzt bei jeder Gelegenheit sag'n, das heißt, wann wir unter uns sein …‘“

Mit „Drei Esterreich“ soll wohl „Treue (gegenüber) Österreich“ gemeint sein. Tatsächlich hatten die beiden Damen wohl einen guten Stil und beherrschten die deutsche Rechtschreibung. Dies schließe ich aus den in dem geheimnisvollen Kuvert befindlichen Briefen der Pfarrer-Julie, die alle stilistisch einwandfrei und in einem gepflegten Hochdeutsch geschrieben sind.

Weiters belustigt sich der Schreiber über die beiden Pfarrersköchinnen und ihre Freundin und bezeichnet sie als „Klatschbasen“:

„Leider sind die beiden Pfarrersköchinnen doch nicht ganz unter sich geblieben, denn die Pfarrersköchin in Micheldorf hat noch eine zweite Busenfreundin, die Philomena Cziegler. Sie ist zwar keine Pfarrersköchin, die fromme Philomena, aber sie steckt, so oft sie kann, in der Kirche und in der Pfarre, und was sie dort hört und sieht, das tratscht sie gedankenlos und eifrig weiter, die gute Haut. Und so erzählte sie auch im Hof des Kaufgeschäftes Osen in Micheldorf brühwarm den ‚guten‘ Witz, daß wir keinen ‚Sieg‘ brauchen, ‚wir‘, nämlich die schwarzen Tratsch- und Klatschbasen und das ganze Geschmeiß, das die Köpfe zusammensteckt und tuschelt, während unsere Söhne und Väter draußen den heldenhaftesten Kampf der Geschichte überhaupt kämpfen.“

Gegen Ende des spöttischen Aufsatzes eines den Nazis hörigen Journalisten werden die drei gänzlich herabgewürdigt und ihre Einweisung in das Gefängnis gerechtfertigt, wobei noch angedeutet wird, dass man ohnehin entgegenkommend sei, denn im Mittelalter wäre man mit tratschenden Pfarrersköchinnen ohnehin ärger verfahren:

„Da es offenbar ist, daß die drei ebenso dummen wie losen Tratschmäuler sehr viel überflüssige Zeit haben, um solchen Unsinn zu reden, zu schreiben und zu verbreiten, hat man es übernommen, ihre Freizeit nutzbringend zu gestalten. Im Mittelalter hat man solche Weiber aus einem gesunden Volksempfinden heraus an den Schandpfahl gebunden und ihnen ein großes Schloß vor das Lästermaul gehängt. Wir verfahren da weit glimpflicher, aber wir haben selbstverständlich alles getan, daß die beiden Pfarrersköchinnen und ihre Busenfreundin Philomena diesmal wirklich ‚ganz unter sich‘, nämlich jede für sich allein, darüber nachdenken können, daß man in Notzeiten dem Volk nicht durch gemeinste Sabotage in den Rücken fallen darf.“

Jedenfalls hatte die Pfarrer-Julie, auch wenn sie in dem Artikel als dumm und als eine verräterische Person hingestellt wird, den Mut, sich während der Zeit des Nationalsozialismus zu Österreich zu bekennen und den „Sieg" dieses Systems über andere Völker abzulehnen.

Höchst bemerkenswert sind nun die Briefe der Pfarrer-Julie aus dem Gefangenenhaus in Linz an der Donau. Zunächst jedoch bekommt der hochwürdige Herr Pfarrer von ihr eine Karte aus dem Polizeigefängnis in der Mozartstraße in Linz. Die Schrift scheint schnell hingeworfen, etwas fahrig. Man merkt, die Juli steht unter Druck. Auf dieser Karte heißt es im Telegrammstil: „Bitte, Kamm, Seife, Zahnbürste, färbiges gestreiftes Spangenhemd, lichtblaue Hose, alles im Waschkasten. Strümpfe untere Schublade im Kasten, und vielleicht 10 Mark. Mehr nicht. Gruß Julie Bitte alles zu schicken, ins blaue Tascherl geben und verpacken."

Man merkt an dem Text, dass Juli dem Pfarrer vertraut, die Wäsche zu finden und ihr zu schicken. Nach dem Poststempel ist die Karte am 22. 4. 1940 aufgegeben worden. Ein paar Tage später wird die Pfarrer-Julie wegen ihres Vergehens vom Polizeigefängnis in das Gefangenenhaus Linz überstellt. Der nächste Brief ist aus diesem, wie der Briefkopf zeigt. Nun hat die Pfarrer-Julie Zeit, in Ruhe an den Herrn Pfarrer zu schreiben. Man merkt es dem Stil und der ruhigen Schrift an, dass die Dame sich mit ihrer Situation abgefunden hat. Die Pfarrer-Julie bedient sich der so genannten Kurrentschrift. Sie schreibt schön und deutlich, allerdings tue ich mir bei manchen Buchstaben schwer, sie zu entziffern. Im Brief, er ist mit 30. 4. 1940 datiert, wird der Pfarrer in allem Respekt angesprochen:

„Euer Hochwürden

Sehr geehrter Herr Pfarrer.

Teile mit, daß wir am Samstag dem Landesgericht überstellt worden sind. Es wird etwas länger dauern. Es geht mir aber sonst ganz gut. Ich brauche keinen Besuch und auch sonst nichts. Vielleicht schreibe ich später um ein leichteres Kleid, vorläufig aber habe ich mit allem genug, was ich hier habe. Ich weiß nicht, ist Seferl für mich eingesprungen, ich lasse sie vielmals bitten auszuhalten bis ich komme. Die Dahlien wären einzulegen: Von der Mauer weg sind die schönsten. Nicht zu eng legen, wir brauchen nicht so viel. Die übrig bleibenden verschenken; Frau Dehn, Frau Kreiml und Bugl haben um Dahlien gebeten. Wie Ihr die Kartoffeln einlegt, ist ganz gleich. Steckzwiebel ist im Temper … Vielleicht habt Ihr ihn ohnehin schon gefunden. Jetzt sind Bittage, ich denke dran. Mein altes Sprücherl bringt mich über vieles hinweg.

Mit ergebener Hochachtung
Schönen Gruß Julie“

Die Pfarrer-Julie, die aufrechte Pfarrersköchin von Spital am Pyhrn, trägt mit Würde die Festhaltung im Gefängnis. Sie will kein Mitleid und zeigt sich mit ihrer Situation zufrieden. Wichtig ist ihr, dass die „Seferl“ sie gut vertritt, wohl damit es dem Pfarrer nicht schlecht ergehe in ihrer Abwesenheit. Ihre Gedanken sind bei den Blumen im Garten des Pfarrhofes. Der Garten scheint ihr wichtiger zu sein als die eigene Person. Sie denkt auch, das macht sie besonders sympathisch, an einige Frauen des Ortes, denen man Dahlien schenken solle. Und schließlich erinnert die Pfarrer-Julie an die Bitttage und das „Sprücherl“, das ihr helfe, um mit der Gefängnissituation fertig zu werden. Wie dieses „Sprücherl“ heißt, will die Pfarrer-Julie nicht schreiben, vielleicht ist es jenes „Sprücherl“, über das sich der Verfasser des spöttischen Aufsatzes über die beiden Pfarrersköchinnen belustigt, in dem die Treue zu Österreich vorkommt.

Spannend ist auch ihr nächster Brief, er datiert vom 3. 5. 1940, ist also ein paar Tage nach dem ersten geschrieben. Der Pfarrer-Julie war also gestattet worden, wiederum einen Brief zu schreiben. Dies ist wohl im Sinne der Ordnung des Gefangenenhauses, wie sie auszugsweise am Briefkopf wiedergegeben wird. Dort heißt es unter „Brief- und Besuchsverkehr“, dass dieser für Untersuchungsgefangene – eine solche war die Pfarrer-Julie – von der Erlaubnis des Untersuchungsrichters abhängt. Die mutige Pfarrersköchin schreibt:

„Euer Hochwürden

Sehr geehrter Herr Pfarrer.

Ich muß heute nochmals schreiben. Es fällt mir erst nach und nach alles ein. Bitte, Herr Pfarrer, an die Meli soll man schreiben. Wenn sie Ende Mai von ihrer Stelle geht, soll sie ruhig zu allen ihren lieben Bekannten und Verwandten gehen, soll auch in Vorarlberg solange bleiben, als es ihr gefällt. Die beiden alten Leutchen im Kühgäßli sind ganz passabel beieinander. Die Stelle ist besetzt, das ist der Hauptgrund, daß sie sich Zeit läßt mit dem Kommen. So ähnlich zu schreiben. Melies Adresse ist unter der Eule (? vielleicht eine Statuette, Anm. R. G.) oder in meiner Schreibmappe. Sollten für mich Briefe kommen, bitte nicht nachsenden. Auch keine Besuche. Es geht mir gut.

Bitte geht zu Herrn O. Gaßner.

Was Ihr im Garten macht, ist ganz gleich. Um Tasso ist mir zeitlang.

Mit ergebener Hochachtung

Schönen Gruß Julie

Wenn Meli gegen Juli – August nach Spital kommt, ist Zeit genug."

Es ist nicht alles klar, was die Pfarrer-Julie mit diesem Brief aussagen will, aber immerhin macht sie sich Gedanken wegen einer Freundin mit Namen Meli, die sich nicht hetzen soll, sie soll sich Zeit lassen, nach Spital am Pyhrn zu fahren.

Auch der Garten wird erwähnt. Rührend ist die Erwähnung Tassos, um den ihr „zeitlang" ist, womit sie sagen will, er geht ihr ab. An den Tasso kann ich mich noch erinnern. Er gehörte zum Pfarrhaus und ist uralt geworden.

Auffällig ist auch, dass sie wiederum den Herrn Pfarrer mit höchster Achtung benennt und sogar mit „Euer Hochwürden" anspricht. Es besteht also zwischen beiden eine noble Distanz, die in Widerspruch zu den üblichen Behauptungen steht, dass Pfarrer und Pfarrersköchin stets eine über den normalen Kontakt hinausgehende Beziehung hätten. Sie erwähnt noch, sie wolle keine Briefe und keinen Besuch des Herrn Pfarrers. Vielleicht will sie damit andeuten, dass sie ihn keiner Gefahr aussetzen wolle.

Der Herr Pfarrer lässt sich von diesem Wunsch seiner Pfarrer-Julie jedoch nicht abhalten und schreibt ihr doch in das Gefängnis. Dies geht aus dem Brief der Julie vom 14. 5. 1940 hervor. Nach der höflichen Anrede schreibt sie:

„Pfingstsonntag mit großer Freude Ihre lieben Zeilen erhalten. Ich sehe, es geht auch alles ohne mich. Jetzt soll noch Fronleichnam vorübergehen. Dann wird es etwas stiller. Die Adresse, wie Herr Pfarrer sie geschrieben, ist richtig. Wenn ich jetzt erst nach Fronleichnam mal ein Schreiben bekomme, bin ich ganz zufrieden. Ich weiß jetzt, es geht Euch gut und so brauch ich nicht so schnell wieder Nachricht.

Aber meinetwegen kein Besuch, das bleibt aufrecht.

Es geht mir gut, wir sind gesund.

In aller Hochachtung

Julie Rieder“

Die Pfarrer-Julie ist froh und zufrieden, dass der Herr Pfarrer wohl in ihrer Abwesenheit gut zu leben weiß. Sie freut sich über Briefe vom Pfarrer, will aber nicht, dass er sie besucht. Vielleicht schreibt sie dies aus Bescheidenheit und will nicht, dass der Herr Pfarrer für sie Mühen auf sich nimmt, denn es ist doch beschwerlich, in der damaligen Zeit nach Linz zu reisen. Vielleicht will sie aber vor allem den Pfarrer schützen, damit er selbst nicht in Verdacht gerät, ein Gegner der Nazis zu sein. Und wahrscheinlich sind ihr die Rituale der Degradierung, wie sie bei solchen Besuchen üblich sind, zuwider.

Bemerkenswert ist auch ein Brief von ihr an Seferl vom 21. 5. 1940, der sie auf deren Brief antwortet:

„Liebste Seferl!

Deinen lieben Brief heute erhalten. Es ist immer eine große Freude, wenn ein Brief von zu Hause kommt. Ja du siehst das jetzt wieder einmal, wie es in unserem Garten geht. Man soll wirklich im Mai gar nicht Pflanzen setzen. Erst von den 2ten Pflanzen. Dann, wenn es einmal wachst, dann ists gut.

Liebe Seferl, nun hätte ich wieder eine Bitte. Sei so gut und schicke mir 2 Bluserl, solche von den Salzsackerl gemachte, den Leiblkittl mit den Zickzackborten. Bitte den Kittl anschaun, ob beim Schlitz ein Unterkittel mit 2 Drücker ist. Bitte, wenn nicht, sei so gut und mache das. Schürze nehme ich die vom Winterdirndl, also keine Schürzen. Ein Paar Strümpfe, die neuen, die ich mir ... gekauft habe mitsamt der Stopfwolle dazu. Ein paar Fäden mit schwarzem und weißem Zwirn, eine braune Stopfwolle ist im (Näh-)Maschinladen. Die 2 Bluserl brauch ich zum Wechseln, einmal das in die Wäsche, einmal das andere. Der Kittl hält ja wieder lange an.

Mich interessiert von zu Hause alles. Ich hab wohl am Sonntag dran gedacht, daß Erstkommunion ist. Jetzt soll noch Fronleichnam vorübergehen, dann ist es stiller. Tasso tut mir leid, weil niemand mit ihm eißer geht und er geht doch so gern.

Na, wenn der Herr Hofrat auf Sommerfrische kommt, der geht schon mit ihm. Das ist gut, daß grad Anna immer ein bißl Zeit hat zum aushelfen. Wie wird es Euch mit Kranzbinden gehen. Also Bitte:

2 Bluserl
1 Leiblkittl
1 Paar Strümpfe
(bißl Zwirn und Stopfwolle) in ein kleines Sackl geben, damit es beim Ausgeben nicht verstreut wird.

Die Adresse ist richtig
Julie Rieder
Linz Museumstrasse 12
Landesgericht

Ich habe alle Briefe von Euch bekommen und danke recht herzlich dafür.

Viele herzliche Grüße von Eurer
Julie"

In diesem Brief wendet sich die Pfarrer-Julie an ihre Vertraute und Vertreterin Seferl – Seferl ist das Kosewort für Josefa. Auch hier erwähnt sie den Garten mit seinen Pflanzen. Dies ist wichtig für sie, zumal sie im Stile der alten Pfarrersköchinnen, über die ich in einem früheren Kapitel schon erzählt habe, an alte Bauerntradition, zu der der Garten gehört, anknüpft.

Von der Seferl will sie Blusen, Kittel und Strümpfe. Sie denkt an kirchliche Feste, die ihr am Herzen liegen. Und traurig erwähnt sie wieder Tasso, mit dem niemand spazieren geht. Daher freut sie sich auf den Herrn Hofrat, der als Sommerfrischler offensichtlich im Pfarrhof, vielleicht ist er ein Freund des Herrn Pfarrers, wohnt. Er werde schon mit Tasso spazieren gehen, hofft sie. Die Pfarrer-Julie macht sich also im Gefängnis Gedanken über das Leben am Pfarrhof.

Und schließlich gibt es noch einen Brief der Pfarrer-Julie an die Seferl, er wird am 28. 5. 1940 geschrieben. In diesem bedankt sie sich, so ist zu lesen:

„Liebe Seferl!

Vielen vielen Dank für die rasche Erledigung meiner Bitte. Es wird jetzt etwas stiller sein zu Hause und Du zu Deiner Näherei kommen.

Bei Kinz wird ihnen aber der Sepp abgehen, wenn jetzt das Heuen kommt und alle andere Arbeit. Wir sind gesund, nur soviel trostlos. Die Enzian sind jetzt auch schon verblüht, haben mir aber viel Freude bereitet. Die Baumblüh wird schon hübsch vorüber sein. Geht doch mit Tasso ein bißl spazieren, es würde Dir auch nicht schaden, wenn Du ein bißl gehst.

Ich danke für Euer freundliches Gedenken und grüße Euch herzlich.

Julie“

Die Pfarrer-Julie denkt sogar an den Kinz, einen Bauern beim Stift, der einige Pfarrwiesen gepachtet hat. Der Sepp, Sohn oder Knecht des Bauern, dürfte im Krieg sein, er geht bei der Arbeit ab. Wehmütig klingt der Hinweis auf den Enzian und die Baumblüh. Wieder erwähnt sie Tasso und fordert Seferl heftig auf, mit dem Hund spazieren zu gehen. Etwas frech fügt sie hinzu, ihr, der Seferl, würde das Gehen, also Bewegung an der frischen Luft, auch nicht schaden. Wichtig scheint der Pfarrer-Julie jedoch der Hund zu sein.

Es folgt noch ein Nachsatz:

„Grade bekomme ich rechtzeitig Euren Brief. Ich hab an alles gedacht und war schon neugierig, wie der Sonntag ausgeht, ist auch recht. So wird immer wieder alles recht. Über Vater Kreiml mußte ich wirklich lachen, das sieht ihm gleich.

Ja ganz unverhofft ist Besuch gekommen, ist mir doch eine Freude. Solcher Besuch macht nichts, versteht Ihr mich. Nur selber nicht kommen, auf keinen Fall. Ja sie haben uns wieder Mut gemacht und wir sollen nicht verzagen, und damit geht es oft fast nicht mehr.

Sonst geht es uns gut, wir könnten in keiner Weise was sagen.

Ich grüße Euch recht herzlich

Eure Julie"

Offensichtlich hat die Seferl der Pfarrer-Julie etwas Heiteres über den alten Kreiml geschrieben, sodass diese lachen kann – in der Situation des Gefängnisses eine willkommene Abwechslung. Interessant wieder die flehentliche Bitte, sie nicht zu besuchen. Sie will weiterhin nicht, dass der Pfarrer und die Seferl, ihre Vertreterin, zu ihr ins Gefängnis zu Besuch kommen. Vielleicht fürchtet sie auch Mitleid und rührende Szenen. Sie will tapfer mit ihrer Situation fertig werden. Diese ist für sie trostlos, wie sie andeutet, aber sie will den Herrn Pfarrer nicht in Schwierigkeiten bringen. Und daher nimmt sie ergeben die Gefängnissituation auf sich.

Die Briefe, aus dem Gefängnis in Linz an den Pfarrer und ihre Freundin Seferl geschrieben, sind auch von zeitgeschichtlichem Wert. Schließlich ist es rührend zu lesen, wie sich Pfarrer-Julie um den Haushalt des Pfarrers aus der Ferne kümmert. Sie gehört zum Pfarrhof, er ist wesentlicher Teil ihres Lebens, ebenso wie der Hund Tasso.

Pfarrer-Julie liebt ihren Garten und sie hofft, dass ihre Vertreterin Seferl ihn gut pflegt.

Irgendwie dürfte es der Pfarrer-Julie gelungen sein, nach einiger Zeit aus dem Gefängnis des Landesgerichtes entlassen zu werden. Darüber fehlen mir die Unterlagen. Aus Gesprächen mit alten Spitalern weiß ich, dass die edle Pfarrer-Julie den Nazis schlau widerstanden hat. Nach dem Krieg jedenfalls lebte sie weiterhin hoch angesehen und verbrachte mit dem Herrn Dechant in einem kleinen schmucken Haus am Rande von Spital am Pyhrn in der Nähe eines kleinen Waldes ihren Lebensabend.

Aufrecht und mutig sind auch andere Pfarrersköchinnen, mit denen ich sprach. Auch für sie schien es wichtig, dem Pfarrer wacker beiseite zu stehen.

Darüber sprach ich mit dem Pfarrer einer Stadt im Waldviertel, dessen Pfarrersköchin wie die frühere von Spital am Pyhrn ebenso Juli heißt. Er meinte mit festen Worten: „Unsere Pfarrersköchin Juli war eine aufrechte Dame. Pfarrhaushälterinnen sind überhaupt tapfere Frauen. So manchen Pfarrer haben sie wieder zurechtgerichtet. Sie halten wirklich oft einen Pfarrer, auf dass er sich zum Beispiel nicht versauft. Immer wieder kommt das vor. Wenn wo ein Kaplan ist, hat die Pfarrhaushälterin oft eine Mutterrolle.“ Die echte Pfarrersköchin, wie ich sie verstehe, lebte für den Pfarrer und dort, wo es Kapläne gab, auch für diese. Sie wusste sich einzusetzen und konnte sogar kämpferisch sein, wenn es galt, den Pfarrer und überhaupt die Religion oder den Glauben zu verteidigen, denn die klassische Pfarrersköchin ist eine Frau, für die Frömmigkeit wichtig ist.

Eine mutige Pfarrersköchin in dieser Richtung war eine Frau, die den schönen Beinamen „Pfarrer-Miaz“ trug. Über sie schrieb mir Herr Prälat Ulrich Küchl, Propst des Stiftes Eisgarn und Titular-Pfarrer von Eggern in Niederösterreich. Ich danke ihm herzlich für seinen Brief und möchte diesen hier auszugsweise wörtlich wiedergeben:

„Frau Maria Strasser, geb. am 22. Dezember 1907 in Pehendorf, Pfarre Rappottenstein, war die Schwester meines Amtsvorgängers Geistl. Rat Josef Strasser, Pfarrer in Eggern, und seine Haushälterin von 1936 bis zum Tod ihres Bruders 1972. Anschließend wurde sie bei mir Haushälterin (‚Pfarrersköchin‘) im Pfarrhof Eggern, dort blieb sie bis zu ihrem Tod im Jahre 1996. In der Pfarrgemeinde hatte sie den schmückenden Beinamen ‚Pfarrer-Miaz‘.

Im berüchtigten Jahre 1938 hat sie als energische Gegnerin des Nationalsozialismus bei der ‚Volksabstimmung' mit ihrem Bruder, dem Pfarrer, gegen den Anschluss an Hitlerdeutschland gestimmt. Es waren die einzigen zwei Nein-Stimmen in der Gemeinde! ‚Aber wissen S', erzählte sie mir verschmitzt lachend, ‚die Leute haben glaubt, dass die zwei Beck-Weiber es waren, die gegen den Anschluss gestimmt haben!' Mit diesen zwei älteren und etwas ungemütlichen Damen, von Beruf Handarbeitslehrerinnen, lebte die gute ‚Pfarrer-Miaz' in ständiger ‚Konkurrenz' und sie vergönnte ihnen die wohl nicht ganz ungefährliche Verdächtigung von Herzen.

Als dann nach einigen Wochen auf Befehl des Bürgermeisters die NS-Flagge auf dem Kirchturm gehisst werden musste, war sie darüber todunglücklich und sann auf Abhilfe. ‚Ich habe das nicht ausgehalten, dass sich der Herrgott das gefallen lassen muss. So bin ich halt in der Nacht mit einer großen Schere auf den Turm hinauf und habe die Fahne zerschnitten und zerrissen. In der Früh habe ich gesagt, der Wind hat die Fahne zerrissen. Draufgekommen ist mir niemand und die Fahne ist auch nicht mehr hinaufgekommen.' Mit Stolz und Genugtuung hat sie bis an ihr Lebensende an diese Episode gedacht.

Den Einmarsch der Russen 1945 erlebte sie furchtlos couragiert. ‚Den Messwein haben wir halt noch vorher im Garten vergraben, weil die Russen haben so viel getrunken. Aber eine Frau aus dem Dorf, die zuerst mit den Nazis gehalten hat, die ist jetzt mit zwei Dopplern Wein auf die Straße gegangen, wie Russen gekommen sind, und die Russen haben geschrieen: ‚Mutter gut! Mutter gut!' Na, so sind halt die Leute.'"

Die Pfarrer-Miaz ist eine aufrechte Dame, die ihrem Pfarrer und ihrer Religion die Treue hält und nicht akzeptiert, dass „ihr Herrgott" beleidigt wird. Im Kapitel über die Ehre der Pfarrersköchin werde ich wieder auf sie zu sprechen kommen. Mit List begegnete sie den Nazis, aber auch den Russen, die nach dem Krieg als Besatzer kamen.

Die hier beschriebenen Pfarrersköchinnen sind wohl nicht alleine im Chor der mutigen Pfarrersköchinnen, sie weisen aber darauf hin, dass Pfarrersköchinnen dazu neigen, sich auch mit Vehemenz für den Herrgott und ihren Herrn im Pfarrhof einzusetzen.

Die Pfarrersköchin als Mittlerin – die Gemeinschaft der Pfarre

Die Pfarrersköchin ist die wahre Dirigentin im Hause des Pfarrers, sie ist eine Art Herrscherin, die weiß, wie sie dem Pfarrer eine Heimat bieten kann. Und dazu gehört eben auch Mut.

Die Pfarrersköchin lebt in einer bunten Welt, in der sie Wirtschafterin, eine Art Mutter und Freundin ist und früher auch Bäuerin war, die noch wusste, wie man mit Kühen umging. Die Pfarrersköchin hatte und hat meist auch starke Kontakte zu den Menschen der Pfarre.

Die meisten der Pfarrersköchinnen dürften freundliche Damen gewesen sein, wie die alte frühere Pfarrersköchin Poldi aus dem Waldviertel, die aus ihrem reichen Leben zu berichten weiß, dass Frauen aus dem Dorf sie nicht nur nach Küchenrezepten gefragt haben: „Manche Leute sind zu mir an die Kuchltür gekommen und haben gefragt: ‚Wie machen Sie denn das oder das?‘ Die man besser gekannt hat, sind auch mit den Sorgen gekommen."

Die klassische Pfarrersköchin ist somit Mittlerin zwischen der Gemeinschaft der Gläubigen und dem Pfarrer, zumal dieser daran interessiert sein mag, dass sie in der Pfarre mitwirkt. So erzählte mir die frühere Pfarrersköchin aus Micheldorf: „Als ich Pfarrersköchin wurde, war noch die alte Pfarrersköchin da, die alte Juli.

Die hat mich eingeführt, durch sie habe ich die Leute hier ein wenig kennen gelernt. Und der Pfarrer hat geschaut, dass ich bei den Frauen mitgearbeitet habe. Wichtig war für ihn, dass ich Kontakte bekomme. So bin ich zum Kirchenchor gekommen. Und habe ich immer mehr Leute kennen gelernt. Ich habe auch den Kirchenschmuck übernommen, wie die Juli nicht mehr gekonnt hat. Ich war so die Mittelsperson. Wenn der Pfarrer nicht da gewesen ist, habe ich den Leuten, die etwas von ihm wollten, gesagt, wann er da ist und wann sie kommen können. Messen habe ich auch aufgeschrieben. Und wenn jemand eine Messe zahlen wollte, habe ich auch kassiert.“

Die Micheldorfer Pfarrersköchin ergänzt noch, indem sie auf andere Tätigkeiten von ihr für die Pfarrgemeinde hinweist: „Hier und da habe ich auch die Lesungen in der Kirche gehalten, aber sonst habe ich mit der Liturgie nichts zu tun gehabt. Sogar einen Arbeitskreis habe ich geleitet. Die Kirchenwäsche habe ich zum Teil gewaschen. Dafür haben wir zuerst eine Messnerin gehabt, die hat das alles gemacht. Die war dann schon 80 Jahre alt und konnte vieles nicht mehr machen. Da ist mir dies zugefallen.“

Respekt genießt die Pfarrersköchin wohl, wenn sie auch sonst für die Menschen der Pfarre da ist. So weiß ich von der Pfarrersköchin von Adlwang, dass sie in der Früh nach der Messe einige alte Leute, die sich mit dem Gehen schwer tun, mit ihrem Auto von der Kirche nach Hause fährt. Die Pfarrersköchin zeigt dadurch, dass ihr die Pfarrgemeinschaft am Herzen liegt und sie auch im Sinne des Pfarrers den Menschen hilft. Diese Mittlerrolle liegt beiden, dem Pfarrer und seiner Gefährtin, am Herzen. Von großer Bedeutung für diese Mittlerrolle ist wohl der Kirchenchor, in dem Pfarrersköchinnen mitunter sehr rege mitarbeiten können.

Über seine heute pensionierte Pfarrersköchin, die für den Kirchenchor Wichtiges geleistet hat, erzählt begeistert ein Pfarrer aus dem Weinviertel: „Dann hat sie auch noch den Kirchenchor übernommen, weil sie da recht begabt ist und eine gute Sängerin, das hat ihr sehr gut gefallen. Sie hat mit den Sängern sehr viele und auch sehr schwierige Lieder eingelernt.“ Die alte Pfarrersköchin, die dabeisitzt, fügt ein: „Der Herr Dechant hat selber nicht sehr gut singen können, darum hat er mich sehr gefördert. Ich habe sehr gern gehabt, wenn der Chor gesungen hat. Damit im Kirchenchor auch gut gesungen wird, war ich wie ein Feldwebel, so streng, weil sonst geht es nicht!“

Die alte sangesfrohe Pfarrersköchin erinnert sich mit Freude an ihre Tätigkeit im Kirchenchor, wie Herr Dammerer, der für mich mit der Dame gesprochen hat, festhält.

Dem Willen des Pfarrers entspricht es wohl, dass die Pfarrersköchin eine gute Beziehung zu den Menschen der Pfarre aufbaut, dies geht auch aus der Erzählung der Pfarrersköchin aus Wien hervor, auf die ich schon vorher eingegangen bin.

Der Pfarrer, der selbst im Rahmen der Männerbewegung der Wiener Diözese engagiert ist, hat ihren vollen Respekt, aber auch den seiner Pfarrschäfchen.

Ich meine, dass der Beruf der Pfarrersköchin eben wegen den Beziehungen zu den Menschen eine spannende Angelegenheit sein kann. Sie bejaht. Allerdings gäbe es auch Grenzen, nämlich dort, wo es um das Wohlbefinden des Pfarrers gehe.

Die „Pfarrhaushälterin" lebt sowohl für den Pfarrer als auch für die Gemeinde. Sie ist eine echte Mittlerin, aber sie versucht, alles zunächst im Sinne des Herrn Pfarrers zu tun. Aber auch ihm ist es wichtig, wie schon einige Mal gezeigt, dass sie für die Pfarrgemeinde etwas leistet. Bemerkenswert sind dazu folgende Gedanken der „Haushälterin", deren Umgang mit den Menschen in der Pfarre ein sehr beweglicher ist: „Manches ändert sich. Wie ich herkam, war ich 25. Damals habe ich andere Sachen gemacht als jetzt. Ich habe mich verändert, die Leute in der Pfarre sind andere geworden. Die Bedürfnisse sind andere. Ich kann meinen Beruf nicht einengen und sagen, ich muss mein Lebtag nur das eine machen.

Seit 5 Jahren lerne ich Querflöte. Im letzten Advent hab ich einen Adventmusikabend veranstaltet. Da waren 60 Leute. Ich versuche alles, was für mich eine Bereicherung ist, persönlich einzubauen. Ich musiziere mit unserem Organisten zu allen möglichen Festen. Mein Beruf ist wirklich spannend, weil sich immer wieder eine neue Herausforderung ergibt."

Der Kontakt dieser freundlichen Pfarrersköchin zu den Menschen ist ein noch intensiverer, wie ich erfahre, denn ganz im urchristlichen Sinn bedeutet für sie der Begriff Gemeinschaft mehr, er geht über den der Pfarre sogar hinaus. So fanden sie und der Herr Pfarrer es geradezu als selbstverständlich, einen ausländischen Asylanten aufzunehmen und ihm zumindest für eine Zeit Heimat zu geben. Dazu erzählt die Dame:

„Wenn ein Neuer zur Hausgemeinschaft kommt, weil er hier im Haus wohnt, dann bedeutet das eine Veränderung. So sagt der gläubige Muslim, ein geflüchteter Afghane, der nun bei uns hier wohnt, er isst kein Schweinefleisch. Nun muss ich mich beim Kochen umstellen. Irgendeinen Zuschuss von der Caritas, glaube ich, erhalten wir wohl für den Burschen. Es gibt eine Organisation, die ihm hilft, und bei uns kann er wohnen und auch essen."

Für diese Pfarrersköchin, aber auch für den Pfarrer – die beiden ergänzen sich großartig – bildet das Pfarrhaus eine Art Zentrum für die Pfarre und ihre Gemeinschaft. Man will sich nicht verschließen und ist sogar bereit, in Notfällen das Haus anderen Menschen zu öffnen, so kommen bisweilen auch einsame Leute aus der Pfarre zum gemeinsamen Mittagstisch. Darüber werde ich später noch erzählen. Jedenfalls ist das Pfarrhaus, in dem diese Pfarrersköchin lebt und wirkt, im Sinne der alten Familie zu begreifen, zu der mehrere Leute gehören, wie in früheren Zeiten. Es ist die Gemeinschaft der Pfarre, die dem Pfarrer und auch der Pfarrersköchin am Herzen liegt, allerdings hängt es von den Aktivitäten der Pfarrersköchin ab, inwieweit diese Gemeinschaft auch wirklich einbezogen wird. Die klassische echte Pfarrersköchin ist somit tatsächlich eine Mittlerin zu den Menschen der Pfarre, jedoch ist es ihr sehr wichtig, sich vorrangig um die Anliegen des Pfarrers zu sorgen, wie eben, dass das Mittagessen am Tisch steht, mit dem der Herr Pfarrer sich für seine Seelsorge am Nachmittag zu stärken gedenkt.

Kontakt zu Kindern und der Jugend

Wenn es um die Jugend und die Kinder geht, helfen Pfarrersköchinnen im Sinne des Herrn Pfarrers gerne mit und stehen den jungen Leuten bei.

Als ich mit Frau Christl, der alten Pfarrersköchin, und dem Herrn Pfarrer im Waldviertel spreche, kommt eine ältere Dame auf Besuch, die mir als die Leiterin der Bastelgruppe in der Pfarre vorgestellt wird. Sie hat dem Pfarrer einiges zu erzählen und dürfte mit Freude Kindern das Basteln beibringen. Frau Christl flicht ein, dass sie bis vor zwei Jahren auch dabei mitgeholfen habe. Nun sehe sie schlecht und daher habe sie das Basteln mit Kindern aufgegeben. Aber um die Sternsinger kümmere sie sich, also jene Buben und Mädchen, die nach Neujahr bis zum Festtag der Heiligen Drei Könige als Könige aus dem Morgenland verkleidet im Dorf von Haus zu Haus gehen, ihre Lieder singen und Wünsche für das neue Jahr vorbringen. Dafür erhalten sie etwas Geld, das für die Mission verwendet wird. Frau Christl stellt fest, dass „mehr Madln als Bubn bei den Sternsingern sind". Das sei ganz gut, denn die Madln singen besser. Um die Organisation der Sternsinger bezüglich der Routen, die sie zu gehen haben, und Ähnliches kümmere sich der Pfarrer, aber für die Kostüme und überhaupt das Einkleiden sei sie zuständig. Sie wäscht die Sachen und hebt sie sorgfältig für das nächste Jahr auf. Da ein paar Sternsingergruppen unterwegs sind, helfen ihr meist zwei oder drei Frauen beim Ankleiden der Könige. Geholfen hat der Christl bei solchen Anlässen, wenn es um die Ministranten und um die Schule ging, auch eine ihrer älteren Schwestern. Diese liegt nun im Krankenhaus, sie ist um die achtzig.

Der Pfarrer meint dazu: „Die Christl ist die Chefin, die andere ist in Pension gegangen und dann ist sie dahergekommen, sie hat immer mitgeholfen." Auch wenn es darum ging, den jungen Leuten vor allem beim Sternsingen beizustehen.

Spannend erzählt auch die Pfarrersköchin M. aus Salzburg, die allerdings, wie noch zu sehen sein wird, Probleme mit dem Herrn Pfarrer hatte, über ihre Freude vor allem an den Ministranten, mit denen sie sogar auf Sommerlager war: „Ich bin 12 Jahre mit den Ministranten auf Lager gefahren. Der Pfarrer war der Leiter des Lagers und ich die Köchin. Wir hatten auch zwei oder drei Betreuer mit. Wir waren am Attersee und einige Male auch im Böhmerwald. Das war sehr schön, weil ich gern mit Kindern gearbeitet habe. Einmal waren sogar 56 Kinder mit dabei. Am Lager gab es immer eine Gaudi. Heute veranstaltet der Pfarrer keine Lager mehr, die Kinder von damals sind heute erwachsen. Der Nachwuchs heute ist sehr schwach in der Kirche. Damals aber, da war noch etwas los." Frau M. bedauert offensichtlich, dass es heute eher an Kindern mangelt, die Freude am Lagerleben haben. Jedenfalls genoss sie es, auf Wunsch des Pfarrers als Pfarrersköchin auf Jugendlager zu sein.

Die freundliche Frau Maria aus Adlwang, bei der ich eine gute Jause verzehren durfte, schwärmt ebenso von ihrem Kontakt zu Kindern: „Wir haben jede Woche eine Kindermesse, für Kinder aus der Pfarre Adlwang. Wir sind vier Frauen, die abwechselnd die Kindermesse gestalten. Alle vier Wochen komme ich dran. Die Frauen kommen zu mir in den Pfarrhof, da machen wir es uns aus, wie die Messe jeweils gestaltet werden soll. Die eine der Frauen spielt Gitarre, die andere sucht die Lieder aus. Das ist schön. Das gibt einem sehr viel, wenn man so die Kinder sieht. Das ist richtig lieb. Ich tue alles mit Liebe. Mit den Kindern hat man gerne Kontakt."

Für die Herren Pfarrer war und ist die Beziehung zu Kindern und jungen Leuten stets wichtig, denn sie sind es, die künftig die Pfarrgemeinde ausmachen und diese stützen. Daher hat mich auch interessiert, was Pfarrer Sallinger aus Waidhofen in seinem schon einige Male erwähnten „Sonntagsbuch" dazu geschrieben hat, schließlich nahm seine Schwester als Pfarrersköchin, wie sie mir andeutete, regen Anteil an seinem Leben als Jugendseelsorger, gerade während der Nazizeit. Die Zeilen des Herrn Pfarrers sind nicht nur zeitgeschichtlich bedeutsam, sondern sie verweisen auch auf seinen engen Kontakt zu jungen Leuten während einer schweren Zeit. Die Nationalsozialisten hatten dem Herrn Pfarrer, der am Gymnasium Religionsprofessor geworden war, 1942 die Religionsstunden genommen, damit er keinen Kontakt zur Jugend mehr habe. Doch der Pfarrer suchte weiterhin die Nähe zur Jugend. Darüber schrieb der Pfarrer etwas, von dem ich meine, dass es auch hierher passt: „Doch die Kirche gibt nicht auf. Das ging auch ‚legal'. Andachten in der Kirche waren erlaubt. Ich hielt nun jede Woche Jugendandachten in der Frauenkapelle oder Sakristei (wo man leichter verdunkeln konnte wegen der Fliegergefahr), dort konnte ich auch Lichtbilder zeigen. Einmal sagte mir der Dangl Franz (der spätere Sparkassendirektor von Groß-Sieghards): ‚Herr Professor! Sie können schon anfangen, der Judas ist schon da!' Das war ein ganz unscheinbares Bürscherl, von der Hitlerjugend geschickt, der beim Ortsgruppenleiter der NSDAP genau Meldung machen mußte: wer, wie viele Jugendliche da waren, was wir getan und wovon ich gesprochen hatte. Die Protokolle wurden gefunden. Dieser Herr Ortsgruppenleiter Karl Winter war aus der der Kirche ausgetreten und hatte auch seine brave Frau dazu gezwungen.

Einmal hoffte er, mich unschädlich zu machen: Die Willstorfer Erika, Tochter eines Illegalen Stadtamtsdirektors, meldete sich zum Religions- und Erstkommunionsunterricht. Das war ihm unfaßbar. Daher wollte er von dem Mädl unbedingt herausbringen, daß ich dahinterstecke. Aber das Mädl blieb bei der Wahrheit: ‚Nein, der Professor Sallinger hat nichts zu mir gesagt. Ich will zur Erstkommunion gehen. Trotzdem drohte er mir: ‚Einmal noch und Sie gehen nach Dachau!'

Bald darauf bekam ich eine Einladung nach Wien zur Gestapo, die Geheime Staatspolizei! Mir wurde zum Vorwurf gemacht, daß ich die Jugend aufgefordert habe, in der Jugendandacht um den Frieden zu beten: ‚Sie sollen nicht um den Frieden beten, sondern um den Sieg!' Einmal wurde ich zur Gestapo-Zentrale nach Znaim vorgeladen, wegen einer kirchlichen Jugendfeier 1940 in Hoheneich. Zuerst war Meßfeier, dann saßen wir im Schatten der Pfarrkirche und sangen und hörten einen religiösen Vortrag von zwei Offizieren der Wehrmacht, die im Polenfeldzug verwundet worden waren. Ich war mit etwa 15 Burschen und Mädchen der Katholischen Jugend von Waidhofen per Fahrrad nach Hoheneich gefahren. Das hat den Nazis gar nicht gepaßt. Man wollte uns einschüchtern."

Der Pfarrer überstand die Zeit vor 1945 gut. Er pflegte weiterhin sein Hirtenamt als Pfarrer gegenüber der Jugend. Seine Pfarrersköchin hatte größte Sympathien dafür.

Den Pfarrersköchinnen ähnlich waren übrigens jene Damen, die im Internat des Klosters zu Kremsmünster, in dem ich acht Jahre hindurch zu leben hatte, uns jungen Burschen mit großer Freundlichkeit und Zuneigung begegneten. Auch deren Aufgabe war es, für uns zu kochen, den Schlafsaal in Ordnung zu halten, unsere Wäsche zu pflegen, die Böden zu reinigen und auch sonst kleine Arbeiten zu verrichten, die uns den Alltag erleichterten. Einige dieser Damen kümmerten sich speziell in der Küche des Stiftes und auch sonst um das Wohlergehen der Herren Patres. Der Unterschied zur Pfarrersköchin ist wohl ein nur unwesentlicher. Insofern habe ich schon früh gesehen, was solche Frauen, die im Dienste geistlicher Herren oder eines ganzen Ordens stehen, zu leisten haben. Zu uns Internatszöglingen, die fernab der Eltern im Kloster zu leben hatten, waren diese Damen – mit Hochachtung denke ich an das „Fräul'n Resi" – oft von liebenswürdiger Güte. Und manchmal bemutterten uns diese Frauen sogar, was uns wohl tat hinter diesen kühlen Klostermauern.

Etwas Mütterliches hatten und haben auch Pfarrersköchinnen an sich, wenn sie mit Kindern und Jugendlichen in der Pfarre zu tun haben.

So erinnere ich mich, dass in meiner Kindheit Ende der 40er-Jahre des vorigen Jahrhunderts es die Pfarrersköchin Juli war, die gemeinsam mit anderen braven Frauen für die Kinder, die zur Erstkommunion gingen, nach dem Kirchgang ein prachtvolles Frühstück bereitstellte. Wir ließen es uns schmecken und langten bei Kakao und Kuchen ordentlich zu.

Darüber sprach ich auch mit der Pfarrersköchin von Micheldorf. Sie erzählte ähnlich: „Gekümmert habe ich mich ebenso um die Buben und später auch um die Mädchen, die als Heilige Drei Könige nach Neujahr von Haus zu Haus gingen. Ich habe ihr Gewand repariert oder auch ein neues gemacht. Im Pfarrheim sind die Drei Könige angezogen worden, ich habe sie geschminkt und hergerichtet. Auf d'Nacht sind sie wieder zurückgekommen. Ich habe geschaut, dass ihr Gwandl aufgehängt ist, damit es am nächsten Tag wieder trocken war. Auch das Frühstück für die Erstkommunion haben wir gemacht. Dafür war ein Helferinnenkreis der Frauen zuständig, zu dem ich auch gehörte. Das Gebäck haben wir beim Bäcker machen lassen. Den Kakao haben wir selber gekocht."

Auch die Wiener Pfarrhaushälterin Susi weiß von ihrer Beziehung zu den Kindern, die für sie höchst wertvoll war, zu erzählen: „Wenn ich die 28 Jahre, die ich da bin, zurückschaue, so hatte ich am Anfang meinen Zugang zu den Menschen in der Pfarre eher über die Kinder, eben aufgrund meiner Berufsausbildung als Lehrerin. Die Kinder kamen am Sonntag zu mir, wenn sie kochen lernen wollten. Ich habe auch einen Kinderchor geleitet, ein richtiges Kinderorchester, dann eine Mädchenschola. Der Pfarrer hat mich nicht direkt darum gebeten, das hat sich so ergeben. Ich habe ihm gesagt: ‚Das würde ich gerne machen'. Und er hatte nichts dagegen. Ähnlich machen dies auch die anderen Mitarbeiter, wenn sie etwas in der Pfarre tun wollen. Natürlich habe ich das dann in den Gottesdienst eingebracht. Ich habe dies alles mit seiner Zustimmung getan. Eine Zeit kümmerte ich mich auch vor allem um die Jugendlichen, die zum Firmunterricht kamen."

Für Frau Hermi, heute lebt sie in Pfarrkirchen, war es überhaupt ihr Kontakt zur Jugend, durch die sie mit dem Herrn Pfarrer, dem berühmten PaWü (Pater Wilhelm), näher in Kontakt kam und so Pfarrersköchin wurde. Sie erzählt: „Mir machte es Freude, die Pfarrjugend in Thalheim bei Wels zu betreuen. Ich habe gekocht für die jungen Leute, im Lager oder am Wochenende. Immer wenn die Jugend eine Köchin gebraucht hat, hat man mich gebeten, zu kochen." Auch als Pfarrersköchin blieb sie weiterhin der Jugend verbunden.

Die klassische Pfarrersköchin, die Teil des Pfarrhofs war, war stets auch den Kindern und Jugendlichen der Pfarre zugetan.

Darüber berichtet mir auch der schon einige Male zitierte Herr Dammerer. Bei einer Pfarrersköchin im Weinviertel, mit der er sprach, sah er, dass ihr der Kontakt zu den Kindern, wenn sie in den Pfarrhof kommen, gefalle.

Auch bei der Erstbeichte war sie oft als Aufpasserin dabei, damit es in der Kirche nicht zu laut ist. Und da hat sich, wie sie bedauernd meint, sehr viel geändert, da sich die Kinder heute nicht mehr wie früher für die Kirche interessieren, und das täte ihr Leid, weil den Kindern etwas fehlt und sie arm sind, wenn sie nicht zur Kirche gehen.

Jedenfalls entspricht es der klassischen Pfarrersköchin, dass sie ein Herz für die Kinder hat und sie traurig ist, wenn Kinder nicht mehr die Gemeinschaft der Pfarre aufsuchen wollen, wie es, so meint zumindest die Dame aus dem Weinviertel, einem Trend der modernen Zeit entspricht.

Erwachsene und Alte

Auch die Erwachsenen freuen sich über Kontakte zum Pfarrer und zur Pfarrersköchin, wie zur Frau B. im Waldviertel, die den Pfarrer in den Seniorenrunden unterstützt, im Kirchenchor singt und bei Mütterrunden mitwirkt.

Zu den klassischen Aufgaben des Pfarrers zählt, sich um die Alten der Gemeinde zu kümmern, nicht nur im Gottesdienst, sondern auch außerhalb dessen. Unser alter Pfarrer im Dorf pflegte in den Jahren nach dem Krieg beinahe täglich die Alten und Kranken auf den Bauernhöfen, die an das Haus gebunden waren, zu besuchen. Er erkundigte sich nach ihrem Befinden, betete mit ihnen einen Rosenkranz und langte zu, wenn man ihm eine Jause kredenzte. Es mag sein, dass in Zeiten der Not den Herrn Pfarrer eine solche Jause besonders erfreut haben mag. Jedenfalls freuten sich die kranken Bauersleute, dass der Pfarrer bei ihnen manchmal vorbeischaute. Auch mein Vater, der Landarzt, tat dies, wenn er dachte, man würde sich über seinen Besuch freuen. Der neue Pfarrer fand nicht mehr die Zeit für geistliche Krankenbesuche, ihm war die Jagd lieber. Daher meinte einmal eine alte Bäuerin zu meinem Vater: „Herr Doktor, ich glaube, wenn ich ein Geweih hätte, käme der Pfarrer auch zu mir.“

Jedenfalls gehört es zu den Obliegenheiten des Pfarrers, sich auch um die alten Erwachsenen zu kümmern. Die echte Pfarrersköchin unterstützte ihn dabei, wenn es galt, erwachsene und ältere Leute in die Gemeinschaft der Pfarre, zum Beispiel in so genannte Seniorenrunden, einzubinden. So erzählte mir Frau Susi aus Wien, der jedoch zunächst, wie wir sahen, die Kinder wichtig waren: „Seit dem Tod meiner Mutter und dem Jahr, in dem ich in der Pfarre nicht viel machen konnte, weil ich meinen Vater gepflegt habe und daher nur von Freitag bis Dienstag da war, geht es eher in Richtung Erwachsenenbildung. Jetzt kommen die älteren Leute, die Senioren, zu mir. Auch in das Rosenkranzvorbeten bin ich hineingewachsen. Ich gehöre zur Kirche. Das wissen sogar die Leute in dem Geschäft, in dem ich einkaufe. Daher haben sie mich auch gefragt: ‚Wann ist bei Ihnen die Krippenandacht, wann ist die Mette und anderes?'" Frau Susi sieht sich dabei als echte Mittlerin zum Pfarrer: „Leute, die der Kirche fern waren, fragen mich oft Sachen, die mit der Kirche zu tun haben. Sie sagen: ‚Den Herrn Pfarrer traue ich mich nicht zu fragen, daher frage ich Sie.'"

Die besondere Aktivität dieser Frau für Erwachsene zeigt sich darin, dass sie im Rahmen ihrer Erwachsenenbildung eine Gruppe gegründet hat, die sie KKK, das heißt „Kreativer Kulturkreis", genannt hat. Sie schildert: „Einmal im Monat ist eine Veranstaltung, entweder in einem Museum oder wir machen eine Bastelarbeit. Solche Veranstaltungen sind zwar für alle offen, aber da sie gewöhnlich am Vormittag sind, kommen meist nur die Alten. Diese Zusammenkünfte werden im Pfarrblatt ausgeschrieben. Auch auf unserer pfarrlichen Homepage stehen sie oben. Wir waren zum Beispiel in der Ausstellung in Mauerbach, haben uns die Lipizzaner angesehen. Und wir haben Seidenschals gemalt, dabei waren 30 Leute, darunter sechs oder sieben Kinder. Auch Osterkerzen haben wir gemeinsam verziert. Und wir waren bei der Klimtausstellung, im Bezirksmuseum. Ich habe ein- oder zweimal im Jahr so etwas organisiert. Meinen Bekannten habe ich gesagt: ‚Geht ihr mit.' Sie meinten, ich solle so etwas öfter machen. Wir gehen zum Beispiel manchmal ins Historische Museum der Stadt Wien, dann wieder in das Jüdische Museum. Eine Sonderführung hatten wir im Diözesanmuseum und eine im Botanischen Garten. Weit gestreut und gemischt sind unsere Veranstaltungen, die ich vorschlage. Auch Geburtstage von Alleinstehenden feiern wir bei mir. Die kommen hierher, da gibt es ein Geburtstagsmenü. Es sind fast nur Frauen, der Pfarrhof ist ihre zweite Heimat."

Die Gemeinschaft der Pfarre ist für die Frau auch so etwas wie Familie: „Meinen fünfzigsten Geburtstag habe ich mit dem Marionettentheater in Schönbrunn gefeiert. Da habe ich hundert Leute zusammenbekommen. Ich habe mir dieses Theater für eine Sondervorstellung gemietet. Und habe alle dorthin eingeladen. So neunzig bis hundert Leute waren wir dort. Der Pfarrer war auch dabei."

Allerdings nicht alle Pfarrersköchinnen dürften Freude daran haben, sich um ältere Leute zu kümmern, zu diesen gehört eine Pfarrersköchin, die nicht genannt werden will: „Seniorengruppen interessieren mich nicht. Die sind mir alle zu alt. Leute, die das siebzigste Lebensjahr vollendet haben, besuchen der Pfarrer und ich zu ihren Geburtstagen jedes Jahr. Die Leute warten eh schon. Hier und da gibt es eine Jause. Das Schöne dabei ist aber, dass man Leute näher kennen lernt, wenn man mit ihnen redet."

Auch wenn diese Pfarrersköchin kein besonderes Interesse zeigt, sich mit den alten Leuten der Pfarrgemeinde abzugeben, so ist ihr doch bewusst, dass auch die Alten zum Kirchenvolk gehören. Um sie hat sich der Pfarrer, aber in gewisser Weise auch die Pfarrersköchin zu kümmern, denn sie ist es, die im Alltag beim Einkaufen oder bei anderen Besorgungen einen direkten Kontakt zu ihnen erhält.

Pfarrer und Pfarrersköchin (am Heuwagen), 1998

Der Pfarrkaffee

Es gibt in manchen Pfarren, so auch in den meisten Bezirken Wiens und in anderen Städten, den so genannten „Pfarrkaffee" im Anschluss an den Hauptgottesdienst am Sonntag. Ich selbst besuche gerne den Pfarrkaffee in St. Ulrich im 7. Gemeindebezirk Wiens. Bei diesem treffe ich regelmäßig freundliche Menschen, wie einen Herrn Richter vom Wiener Landesgericht mit seiner Frau Gemahlin, einen alten Ministerialrat aus dem Handelsministerium, einen pensionierten Chemiker, der mit großer Begeisterung Altgriechisch lernt, einen prächtigen Musiker der Philharmoniker und eine liebenswürdige und hochrangige Mitarbeiterin eines Ministers, die allerdings in letzter Zeit nur selten erscheint, da sie, nachdem sie eine eheliche Verbindung mit einem ehedem unfrommen Herrn eingegangen ist, Nachwuchs erhalten hat. Diese sympathische Dame bat mich unmittelbar nach einem Pfarrkaffee, dies sei nur nebenher erzählt, kirchlicher Zeuge beim Wiedereintritt ihres künftigen Gemahls in die katholische Kirche zu sein. Gemeinsam mit dem Herrn Pfarrer und dem neuen Katholiken betete ich das „Glaubensbekenntnis" und unterschrieb mich in einem großen Buch der Pfarrei, in dem jene Leute festgehalten sind, die exkommuniziert und re-exkommuniziert wurden. Dieses Ereignis ist für mich eng mit dem Pfarrkaffee verbunden.

Die Unterhaltung dabei im Anschluss an die Messe bei Tee und Kuchen, die von gütigen Damen aus der Pfarrei bereitet werden, ist von frommer Heiterkeit und kritischer Distanz zu allerhand Leuten, die als Heuchler oder gar als böswillige Zeitgenossen erscheinen. Bisweilen findet man auch Worte für den gegenüber der Kirche wohnenden Herrn Vorsitzenden der Sozialdemokratischen Partei Österreichs, der angeblich selbst einmal Ministrant gewesen ist. Gegen Ende des sonntäglichen Pfarrkaffees geht ein kleiner Bub mit einem Korb von Tisch zu Tisch und bittet um eine Spende, damit die Unkosten für Tee und Kuchen beglichen werden können.

Grundsätzlich dürften es die Pfarrersköchinnen sein, die solche Pfarrkaffees betreuen. Jedoch fehlt eine solche Dame in der Pfarre der Ulrichskirche, da der Herr Pfarrer meint, ohne eine Pfarrersköchin auszukommen.

Auch die Pfarrersköchin Susi kümmere sich um keinen Pfarrkaffee, wie sie meint: „Das mache ich nicht, weil der Pfarrer gesagt hat, er möchte am Sonntag zu Mittag sein Mittagessen haben. Und wenn der Pfarrkaffee bis drei viertel zwölf dauert, so könne ich nicht sein Mittagessen vorbereiten."

Anders war es in der Pfarre der Frau M. in der Stadt N., die sich allerdings die Zeit nahm, um für den Pfarrer dazwischen zu kochen: „Zehn Jahre habe ich für die Pfarre die Kaffeestube gehabt. Den Pfarrkaffee habe ich jeden Sonntag ganz alleine gemacht. Dazu hat jeder etwas zahlen müssen. Da ist es 3 Uhr oder 5 Uhr (am Nachmittag) geworden, wenn so eine Clique beisammen war. Ich bin jeden Sonntag wegen des Mittagessens für den Pfarrer nach Hause gegangen, um zu kochen. Am Vormittag habe ich vorgekocht. In zwanzig Minuten hat er sein Essen gehabt."

Die Einrichtung des Pfarrkaffees, der manchmal etwas hochtrabend auch als „Agape" – das Liebesmahl – bezeichnet wird, hat für manche Pfarrer eine wichtige Bedeutung, da er die frommen Kirchgänger einander näher bringt. Manchen Pfarrersköchinnen macht es offensichtlich Freude, an diesem Pfarrkaffee im Sinne kirchlichen Beisammenseins mitzuwirken.

Folgende kleine Geschichte, die mir passierte, zeigt gut, wie christlich fromm die Besucher von Pfarrkaffees sein können. Als ich vor einigen Jahren die Kirche und den Pfarrkaffee zu St. Ulrich die ersten Male besuchte, kannte man mich noch nicht. Da ich, weil ich mich am Sonntagmorgen um Hund und Enkelkinder zu kümmern habe, meist zu spät zur Messe komme und damals in einem alten abgetragenen Mantel erschien, meinte man, ich müsse ein armer Teufel, vielleicht sogar ein Landstreicher sein. Als Hinweis darauf sah man wohl an, dass ich stets einer der Ersten beim Pfarrkaffee war und bei diesem höflich zulangte. In einem Anflug christlicher Nächstenliebe meinten einige der Kirchenbesucher, man solle für einen neuen Mantel für mich eine Sammlung veranstalten. Zu dieser Kollekte kam es allerdings nicht, da jemand, der mich kannte, meinte, ich hätte solche Zuwendungen nicht nötig.

Der Pfarrkaffee ist also eine Bereicherung christlichen Lebens in der Pfarre, denn Pfarrer und auch Pfarrersköchin können durch Gespräche mit den Teilnehmern einiges über deren Alltag erfahren, ihnen aber auch wichtige Informationen zukommen lassen, wie zum Beispiel, dass einem bestimmten Bischof nicht immer zu trauen ist oder die Pfarrersköchin viel für die Belange des Pfarrers zu tun habe.

Die Pfarrersköchin als Seelsorgerin

Die vornehmste Aufgabe des Herrn Pfarrers ist, sich um die Seelen seiner Gemeindemitglieder zu sorgen. Man spricht daher vom Pfarrer auch als einem Seelsorger, der als Beichtvater und als jemand, zu dem man mit seinen Problemen und Freuden kommen kann und der den Menschen in seelischen Bedrängnissen zu helfen vermag. Er ist dabei in der Rolle des Psychotherapeuten. Bemerkenswert ist, dass das aus dem Griechischen kommende Wort „Psychotherapie" nichts anderes bedeutet als „Seelsorge" (psyche – die Seele, therapeuein – helfen, heilen).

Bei der Seelsorge kann auch die Pfarrersköchin behilflich sein, wenn sie, ähnlich wie der Messner, sich um Belange der Kirche kümmert oder den Menschen der Pfarre Trost und Freude spendet.

Die Kontakte zu den Gläubigen, auch im Rahmen des Pfarrkaffees, können für die Pfarrersköchin – vor allem in der Stadt – mitunter eng sein. Dies mag wohl auch der Grund sein, dass heutigen Pfarrersköchinnen sogar eine echte Mitarbeit in religiösen Dingen, die früher, vor dem letzten berühmten Konzil, allerdings nicht vorstellbar war, gestattet ist. So ist bemerkenswert, dass sich Frau Susi aus einer Wiener Pfarre in den Jahren nach diesem Konzil um Dinge kümmert, die früher außerhalb der Tätigkeit der Pfarrersköchin lagen: „Am Dienstag, wenn der Pfarrer nicht da ist, muss ich (die Monstranz) aussetzen und einsetzen und dann die Kirche zusperren. Ich mache also den Tabernakel auf und stelle die Monstranz hin zur Anbetung. Früher durfte man das nicht, aber ich habe den Kommunionhelferkurs gemacht, das waren zwei Abende. Auch einen Kurs für Krankenkommunion habe ich gemacht. Ich habe einen Schlaganfallpatienten zu Hause mit der Kommunion besucht, da waren oft vier, fünf Leute, so ein kleiner

Hausgottesdienst, den ich gehalten habe. Dabei habe ich etwas von dem erzählt, was der Pfarrer gepredigt hat. Auch zu einer Krebspatientin um die 55, die sehr gerne in die Kirche gegangen ist, ging ich, wenn das Wetter sehr schlecht war. Die Frau hatte bei uns auch die Fürbitten gelesen. Mit der Frau konnte man einen richtigen Wortgottesdienst halten, dazu gehören das Evangelium, Schuldbekenntnis, Glaubensbekenntnis, Fürbitten usw. Das gibt es seit dem letzten Konzil. Im Normalfall macht dies alles unser Herr Diakon. Aber wenn wer kommt und fragt, ob ich kommen kann, mache ich es sehr gerne."

Die Pfarrersköchin nähert sich hier tatsächlich einer Seelsorgerin an, der die geistigen Belange der Menschen in der Pfarre durchaus auch im Sinne des Herrn Pfarrers, dem sie auf diese Weise ja hilft, wichtig sind. Schließlich sieht sie sich als eine echte Seelsorgerin im Sinne einer Psychotherapeutin, wenn sie meint: „Für Leute, die labil oder angeknackst sind, ist es ein Grund hierher zu kommen. Ich habe als solche eine wichtige Aufgabe in der Kirche, unter diesem Gesichtspunkt bin ich oft auch Seelsorgerin".

Auch die freundliche Frau B., die nach ihrer Scheidung Pfarrersköchin geworden war, sieht sich als Seelsorgerin, wie Herr Dammerer mir mitteilt. Frau B. nimmt teil am Leben der Pfarre, wie sie bewegt dartut: „Man erfährt oft viel Schönes gemeinsam mit dem Herrn Pfarrer, zum Beispiel bei Hauskommunionen oder bei Begräbnissen, dabei geht es sehr menschlich zu, ich habe viele ergreifende Momente erlebt, wenn ich dabei sein konnte. Und es kommen sehr viel Menschen hierher und lassen das Sorgenpinkerl bei dir. Es ist aber auch nicht leicht, wenn man immer nur das Negative hört, und ich muss selber schauen, das wieder loszuwerden. Oft kommen auch junge Frauen mit ihren Problemen zu mir." Die Pfarrersköchin Frau B. verbindet mit ihrer Existenz im Pfarrhof auch das Bemühen um die Seele von Menschen, die mit Sorgen zu ihr kommen.

Des Tages Arbeit – Frömmigkeit und Kirchgang

Der klassische Satz der Benediktinermönche „ora et labora" – „bete und arbeite" – ist wohl auch für Pfarrer und Pfarrersköchin wichtig. Dies erlebte ich, als ich mit dem Herrn Pfarrer von Zwettl und seiner Pfarrersköchin, der Frau Christl, an einem Februarabend im Pfarrhof beisammensaß. Der Herr Pfarrer war gerade von einer seelsorgerischen Tätigkeit heimgekehrt. Er schien etwas müde zu sein. Auch Frau Christl wirkte etwas müde, denn sie hatte viel zu tun an diesem Tag. Als wir ins Gespräch über das Leben der Pfarrersköchin vertieft waren, es war Punkt 19 Uhr, läutete es vom Kirchturm her. Nach alter frommer Sitte, wie ich sie von der Klosterschule her kannte, war jetzt der „Engel des Herrn" oder der „Angelus", wie wir dieses Gebet lateinisch kurz nannten, zu beten. Wir unterbrachen damals unser Spiel oder eine andere Tätigkeit und beteten mehr oder weniger fromm die Worte über den Engel des Herrn, der Maria die Botschaft von ihrer Niederkunft brachte. Ebenso unterbrach auch jetzt hier am gemütlichen Tisch des Pfarrhofes von Zwettl der Herr Pfarrer unser zum Teil heiteres Gespräch und begann den „Engel des Herrn" zu beten. Auch ich betete in Erinnerung an alte Zeiten im Kloster mit. Nachdem das Gebet beendet war, meinte ich zum Pfarrer, ich als ehemaliger Klosterschüler in Kremsmünster hätte mich gefreut, wieder einmal den „Engel des Herrn" zu beten. Er erklärte mir nun, er würde ihn am Mittag und am Abend beten, nicht jedoch in der Früh um 6 Uhr, denn da würde man noch schlafen. Auch wenn er unterwegs ist, bete er. Er fügte hinzu: „Die Glocken laden uns dazu ein."

Frömmigkeit paart sich auch bei der klassischen Pfarrersköchin mit ihrem Tagwerk. Der Tag der Pfarrersköchin ist ausgefüllt mit Arbeit, vor allem für den Herrn Pfarrer und bisweilen auch für die Gemeinde.

Darüber habe ich bereits einiges erzählt. Zu ihrer umfangreichen Arbeit ist noch etwas anzufügen.

Die klassischen Pfarrersköchinnen setzen vieles daran, wie wir sahen, vor allem dem Pfarrer einen Bereich zu schaffen, in dem er sich wohl fühlt. Die Arbeit dafür war bisweilen hart und ließ nicht viel Zeit übrig für andere Tätigkeiten im Sinne der Gemeinschaft der Pfarre. Im ländlichen Pfarrhaushalt hatte die Pfarrersköchin bis in die 60er-Jahre auch für den der Pfarre angeschlossenen bäuerlichen Hof und für den Garten viel zu tun. Und schließlich gab es damals kaum Küchengeräte. Die alte Pfarrersköchin war mit ihrer täglichen Arbeit voll ausgelastet. Dies erzählt Frau Sallinger aus Waidhofen an der Thaya so: „Geputzt und gekocht habe ich gerne. Ich habe den Haushalt gern gemacht, dem habe ich mich gewachsen gefühlt. Flink bin ich gewesen. Wie wir in den neuen Pfarrhof eingezogen sind, haben die Leute gefragt, wie ich mir da tue. Habe ich gesagt, da tue ich nicht anders. In kirchliche Sachen wie Frauenrunden oder Kinderrunden habe ich mich nicht viel eingemischt. Für diese gab es ohnehin Jugendführer und andere Leute. Dazu hätte ich wirklich keine Zeit gehabt. Ich war mit dem Führen des Haushaltes ausgelastet. Viel Arbeit war mit der Wäsche.

Auch für die Kapläne habe ich die Wäsche gewaschen. Eine Waschmaschine hatte ich damals in den 50er-Jahren freilich noch nicht. Ich war damals sogar dagegen, eine Waschmaschine zu kaufen. Es gab da ohnehin einen Waschkessel. Ich bin damals um eins in der Nacht aufgestanden, um zu waschen. Bis die anderen aufgestanden sind, war ich mit dem Waschen fertig. Aber der Pfarrer hat es sich dann doch nicht nehmen lassen, eine Waschmaschine zu kaufen. Eines Tages ist sie da gestanden. Mit der Waschmaschine war es immer so eine Schlüflerei (Durcheinander) im Badezimmer. Der Platz war nicht gut bei der Badewanne. Das war um 1955."

Der Herr Pfarrer konnte es also nicht mehr mit ansehen, wie Frau Elisabeth sich mit der Wäsche abrackerte, obwohl sie gerne am Kessel werkte. Sie lobt ihn deswegen: „Er war ein guter Mensch, er hat keine schlechte Nachrede. Im Gegenteil. Auch die Leute reden gut über ihn. Wie ich im Spital war für ein paar Tage, ist eine Frau drinnen gewesen, die ist zu mir gekommen und hat gesagt: ‚Sie sind mir bekannt vorgekommen, Sie sind doch die Pfarrersköchin und Schwester vom Herrn Pfarrer S.' Dann hat sie ihn sehr gelobt."

Der Tagesablauf der Pfarrersköchin ist auch heute ein ausgefüllter, denn in einem Pfarrhof ist stets viel zu tun.

Darüber sprach ich mit der Pfarrersköchin von Adlwang. Sie erzählte mir sehr farbig über ihren Tagesablauf: „Ich stehe jeden Tag um halb sechs Uhr auf. Eine halbe Stunde brauche ich, um mich zu kultivieren. Dann gehe ich vom 1. Stock im Pfarrhaus, wo ich mein Schlafzimmer habe, hinunter in die Küche und mache das Frühstück. Ich stell den Kaffee hin, decke für die Arbeiter, die hier wohnen und in der Nähe arbeiten, auf, dann für den Pfarrer, der kommt um 7 Uhr zum Frühstück. Dann fahren wir zur Kirche, er fährt mit seinem Auto und ich mit meinem. Es sind zwar nur 300 Meter zu fahren, aber ich tue mir mit dem Gehen schwer, denn ich bin schon viermal an den Hüften operiert worden." Ich nicke höflich. Sie erzählt weiter: „Um halb acht Uhr ist in der Kirche der Rosenkranz und um 8 Uhr die Messe. Wir sind ein Wallfahrtsort und daher beten wir jeden Tag den Rosenkranz. Dann gehe ich einkaufen. Nachher decke ich den Frühstückstisch ab, ziehe mein Arbeitsgwandl an und beginne mit dem Zusammenräumen. Dann muss man eh schon das Essen vorbereiten, dazwischen gebe ich die Wäsche in die Waschmaschine."

Ähnlich, aber doch etwas anders, ist der Tagesablauf der Pfarrersköchin Christl im Waldviertel: „In der Früh um ungefähr halb sieben Uhr heißt es einmal aufstehen, Frühstück machen und die Kirche aufsperren." Ich frage höflich, ob auch der Pfarrer hier und da das Frühstück bereitet. Frau Christl meint lächelnd: „Nein, der Pfarrer und der Kaplan sind froh, wenn sie sich dazusetzen können." Der dabeisitzende Herr Pfarrer schaltet sich in dieses Gespräch ein: „Der Kaplan und ich stehen auch so um sechs oder viertel sieben auf, wir beten gemeinsam Brevier und dann sind wir zum Frühstück bei der Frau Christl eingeladen." Nun erzählt die Pfarrersköchin weiter: „Zum Frühstück gibt es ein paar Spaltln (Scheiben) Wurst und einen Käse. Dem Pfarrer ist die Wurst lieber, dem Kaplan der Käse. So zweimal in der Woche, wenn es mich freut, gibt es ein Müsli. Auch gibt es Kaffee, eine Butter, eine Marmelade." Dazu erwähnt der Herr Pfarrer: „Nach dem Frühstück gehen wir meist in die Schule oder in einen Gottesdienst. Das Frühstück ist vor der Messe. Früher war es anders, früher waren die Gottesdienste schon um 7 Uhr, aber heute geht ja keiner mehr um 7 Uhr in die Messe." Ich unterbreche und erzähle von meinem Leben als Zögling des Stiftes Kremsmünster, als ich jeden Tag um 6 Uhr aufstehen musste, mich kalt wusch und dann um halb sieben Uhr zur Messe ging. Auch der Pfarrer, der 1955 ebenso in einer Art Klosterschule maturiert hat, kennt ein solches Leben im Internat. „Es hat sich viel geändert seit damals", meint er lächelnd.

Die frühere Pfarrersköchin Rosina, deren Pfarrherr gestorben ist, schildert ebenso die Bedeutung des Gottesdienstes für den Tagesablauf, sie weist aber auch auf das Geld hin, das sie benötigte, um im Pfarrhof wirtschaften zu können: „Früher war jeden Tag um 7 Uhr eine Messe, zweimal in der Woche war Abendmesse, im Sommer um 8 Uhr, im Winter um sechs. An Wirtschaftsgeld habe ich bekommen, was ich so gebraucht habe für das Essen jeden Tag. Von meinem Gehalt, den ich nach dem Haushälterinnengesetz alle Monate bekommen habe, musste ich nichts hergeben. Mein Gehalt habe ich gespart."

Die Buntheit ihres täglichen Einsatzes in Sachen des Herrn Pfarrers und seiner Pfarre deutet mir Frau Susi aus Wien so an: „Bei uns fängt es mit dem Frühstück an, um 7 Uhr ist gemeinsames Frühstück, um halb eins ist unser Mittagessen. Dazwischen schickt man mich herum, manchmal in die Diözese, oder ich gehe einkaufen. Vormittag mache ich auch die Wohnung. Ich stehe um viertel sieben auf. Also um 7 Uhr wird gefrühstückt. Das ist das erste Gemeinsame. Ich wohne vis-à-vis der Küche, ich habe zwei Zimmer, das ist eine Dienstwohnung. Der Pfarrer wohnt auf der anderen Seite. Es ist ein Haushalt. Mit dem gemeinsamen Essen um 7 Uhr früh fängt es an. Das Frühstück mache ich. Wenn ich krank bin, dann macht es auch der Pfarrer. Wir waren nach dem Tod meiner Mutter im Urlaub bei meinem Vater. Dort hat er mir beim Abwaschen und Geschirrabräumen geholfen. Sonst macht er aber nichts in der Hauswirtschaft. Meine Mutter ist vor sechs Jahren gestorben. In den letzten Jahren hat mir der Chef, der Pfarrer, ermöglicht, dass ich zu den Eltern fahre, sodass ich Montag bis Donnerstag oder Dienstag bis Freitag bei meinen Eltern war. Der Mutti habe ich so ermöglicht, zu Hause zu sein. Deshalb haben wir angefangen, zu meinen Eltern auf Urlaub zu fahren." Ich meine nun, sie unterbrechend, dass der Pfarrer auf mich einen sehr guten Eindruck mache, er sicher ein guter Mensch sei. Sie lächelt und sagt: „Das ist er. Bei uns ist es auch so, dass viel gescherzt und gelacht wird."

Wesentlich ist wohl, dass die Pfarrersköchin Haus und Hof in Ordnung hält und dem Pfarrer zur Seite steht. Eine typische Feststellung in dieser Richtung ist dieser Satz einer Pfarrersköchin: „Für den Pfarrer nehme ich jedes Telefongespräch entgegen." Damit will ausgedrückt sein, dass die Pfarrersköchin ihren Herrn Pfarrer trefflich zu unterstützen weiß. Verbunden ist all dieser Einsatz wohl mit einem regelmäßigen Gang zur Kirche, in der der Herr Pfarrer seine Messe liest.

Arbeit und Frömmigkeit verbinden sich so im Tagesablauf trefflich.

Die Arbeit für die Einrichtung und den Schmuck der Kirche

Als Kumpanin des Pfarrherrn bemüht sich die echte Pfarrersköchin auch um die Einrichtung, den Schmuck und den baulichen Bestand der Kirche. Durch ihre Nähe zur Kirche, dem zentralen Ort der Seelsorge, ist sie auch in das Geschehen in der Kirche einbezogen und weiß darüber Bescheid. So ist es auch verständlich, dass Pfarrersköchinnen von der Existenz des Messweins Genaueres wissen. Über diesen erzählte mir eine Waldviertler Pfarrersköchin: „Den Messwein haben wir von Schönberg bestellt. Den haben die Herren in der Früh, wenn sie in die Kirche gegangen sind, mitgenommen und dort in die Glaserln eingefüllt, das Wasser auch. Den Messwein haben wir immer an einer Stelle gehabt, damit der Messner, auch der Gast, der mitzelebrieren will, gleich weiß, wo der ist."

Bemerkenswert ist, dass die Pfarrersköchin von „wir" spricht, sie es also als selbstverständlich sieht, dass sie sich gemeinsam mit dem Pfarrer um derlei Dinge wie den Messwein kümmert. Die Dame lächelt, als ich ihr erzähle, dass ich als Ministrant hier und da einen Messwein getrunken habe, sodass der Pfarrer dies nicht sah. Sie meint verständig: „Ja, ja, das macht angeblich jeder Ministrant, wenn noch ein bisserl Wein im Glasl ist. Der Messwein ist ja sauer."

Wie wichtig ihr die Kirche war, zeigt sich in diesem knappen Satz der Pfarrersköchin Frau Lisi: „Die Kirche habe ich allweil geputzt."

Und Frau Rosina aus dem Waldviertel schildert in ihrem Brief mit eindrucksvollen knappen Worten, wie sie sich für die Kirche bei deren Renovierung eingesetzt hat: „Im zweiten Jahr wurde die Kirche renoviert. Ein Teil mit neuem Pflaster, neue Bänke, Mauer, Malarbeiten usw. Arbeiter, die weiter weg wohnten, mussten wir im Pfarrhof einquartieren und sämtliche Arbeiter verköstigen. Wenn ich heute zurückblicke, war so ein Tagesablauf ein Stress. Um halb sieben Uhr für die Arbeiter das Frühstück, um halb acht Uhr nach der heiligen Messe Herrn Pfarrers Frühstück, um 9 Uhr die Jause für die Arbeiter, um 12 Uhr musste für die Arbeiter das Essen fertig sein. Nach 13 Uhr kam der Herr Pfarrer von der Schule (zum Mittagessen) und die Speisen dürfen nicht kalt sein. Kein Elektroherd! Die Leute wurden aufgefordert zu spenden. Die Bauern brachten Schmalz und Fleisch – kein Kühlschrank, nur ein kalter Keller! Oft Facharbeiterwechsel, Steinmetz oder Vergolder, wieder Bettwäsche wechseln, keine Waschmaschine. Die Kirchenwäsche, der Gemüsegarten, die Blumen, alles braucht Pflege. Freilich war früher der Kirchenschmuck nicht so üppig wie jetzt. Ich habe einmal gelesen, die Kirche ist kein Blumengarten. Wenn man in eine Kirche kommt, soll man nicht den Eindruck haben, man ist in einer Blumenhandlung. Die Kirchenrenovierung dauerte 5 Monate. Ein arbeitsreiches Jahr ging zu Ende. Meine schwere Krankheit war wahrscheinlich die Folge der Überbelastung: Nierentuberkulose! Ich musste für 6 Monate in die Heilstätte Grimmenstein. Meine Schwester hat in dieser Zeit meinen Haushalt weitergeführt. Durch die gute Behandlung und über 200 Injektionen wurde ich geheilt. Unser Vater ist ja auch mit 38 Jahren an Lungen-Tb verstorben, da war ich erst fünf Jahre alt. Unsere Mutter verstarb mit 45, ebenfalls an Lungen-Tb …"

Pfarrersköchin Rosina riskierte sogar ihre Gesundheit bei ihrem Einsatz für die Kirche.

Zur täglichen Arbeit der Pfarrersköchin gehört also auch, dass sie sich in der Kirche oder im Pfarrhof betätigt, wenn sie gebraucht wird, wie eben die freundliche Frau Susi: „Jetzt bin ich dabei, die Kirchenwäsche in Schuss zu bekommen. Auch um die Palas kümmere ich mich. Die Pala ist ein Tuch, in dem ein viereckiges Stück Karton steckt, sie wird über den Kelch gelegt. In unserer Kirche haben wir fünfzig solche Palas. Die sind alle schon sehr dreckig. Mit dem Karton kann man sie nicht waschen. Wenn sie früher gewaschen wurden, so musste man sie auftrennen und den Karton rausgeben und dann wieder zunähen. Um Arbeit zu ersparen, habe ich das Kartonstück durch ein entsprechendes Plastikstück getauscht, auf diese Weise kann man die Pala waschen und bügeln. Das war meine Idee. Das habe ich so mit zwei, drei Palas ausprobiert, und jetzt mache ich es mit allen fünfzig so. Die sind schon lange nicht gewaschen worden. Auch die neuen Kartons haben nicht immer gepasst. Das war eine mühsame Geschichte. Ich mache nur die kleine Kirchenwäsche, nicht die große, die haben wir immer zu den Salesianerinnen getragen. Die Kirche ist an sich nicht mein Bereich, aber wenn sie mich brauchen, tue ich etwas. Ich bin groß und wenn zum Beispiel eine Glühbirne ausgefallen ist, dann holen sie mich. Ich helfe auch, wenn die Krippe aufgestellt wird oder ein Messner ausfällt."

In aller Buntheit schildert die Pfarrersköchin von Adlwang ihre Beziehung zur Kirche, die allerdings eine eingeschränkte ist. Auf meine Frage hin erzählt sie: „Was macht man denn alles?! Ich kümmere mich zum Beispiel um den Blumenschmuck in der Kirche, aber auch um die gesamte Kirchenwäsche, Zusammenputzen in der Kirche tue ich jedoch nicht. Im Pfarrhaus schon. Für die Kirche haben wir eine Putzfrau. Wenn es notwendig ist, mache ich den Messner. Jetzt haben wir zwei. Jeden Sonntag Dienst machen ist für einen alleine zu viel. Der eine ist jetzt in Pension. Wie der noch nicht in der Pension war, habe ich den Messner gemacht. Wenn der junge nicht kann, kommt er und sagt: ‚Geh, mach mir den Messner.' Dann mache ich ihn. 25 Jahre war ich beim Kirchenchor." Also: Frau Maria aus Adlwang hat sich voll für den Schmuck der Kirche, aber auch für das Funktionieren des Gottesdienstes in der Kirche eingesetzt. Sieht es als höchst wichtig an, ähnlich wie Frau Susi und Frau Rosina, dass sie als Pfarrersköchin sich auch um die Kirche als den heiligen Bereich, für den der Pfarrer von den Kirchenoberen bestellt ist, sorgt.

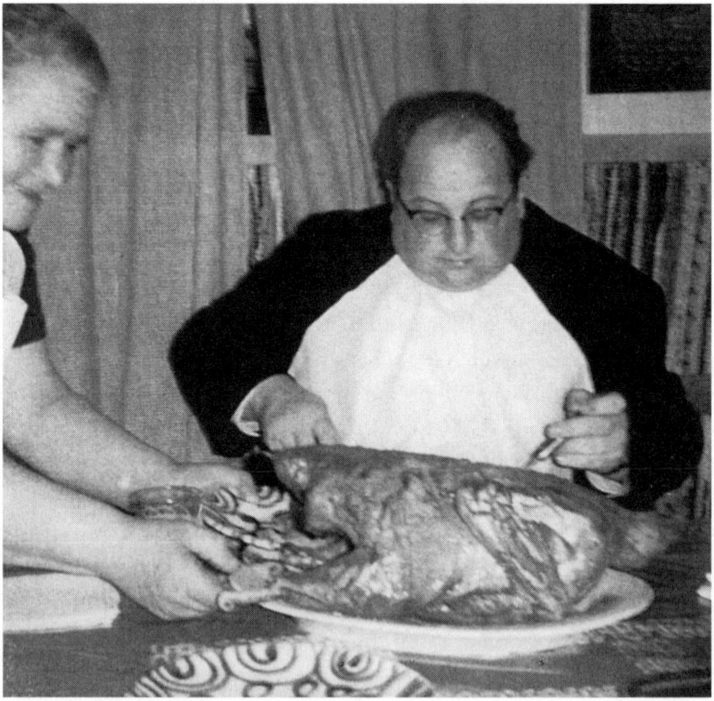

Das Essen – die Bedeutung der Gemeinsamkeit

Ich habe in einem Eingangskapitel schon erzählt, warum mir der Ausdruck Pfarrersköchin besser gefällt als die heute übliche Bezeichnung Pfarrhaushälterin, denn freundliche Leute meinen heute, das Wort Pfarrersköchin wirke eher abwertend und das Wort Pfarrhaushälterin würde edler oder vornehmer klingen.

Ich denke da anders. Für mich, wie ich schon erzählt habe – ich wiederhole mich hier bewusst –, strahlt die Bezeichnung Pfarrköchin einen gewissen Zauber aus, er erinnert an die sinnliche Gemeinsamkeit des Essens, denn die noble Aufgabe der Pfarrersköchin ist es, dem Pfarrer so etwas wie den Himmel auf Erden zu bereiten. Dazu gehört, dass der Herr Pfarrer den Pfarrhof als Heimat empfindet und dass sein Wohlergehen, sowohl das der Seele als auch das des Körpers, von der Pfarrersköchin garantiert wird. Erst so kann die Seele des Pfarrers, die für seine geistliche Arbeit wichtig ist, gedeihen. Schließlich heißt eine alte katholische Weisheit: Ein gutes Essen hält Leib und Seele zusammen.

Die alten Pfarrersköchinnen waren großartige Frauen, die sich sogar mit der Landwirtschaft auskannten, Kühe molken und auch prächtig kochten. Es hat sich gegen früher wohl einiges geändert, aber dennoch ist es der echten Pfarrersköchin wichtig, den Herrn Pfarrer mit guter Kost zu erfreuen. Er sieht sich von der Pfarrersköchin geachtet und umsorgt.

Umsorgt hat auch Frau Rosina aus dem Waldviertel ihren Herrn Pfarrer. In ihrem an mich gerichteten Brief, aus dem ich vorher schon einiges gebracht habe, geht sie auch auf das gemeinsame Essen ein, das zunächst ein sehr bescheidenes war. Der Herr Pfarrer, ein bescheidener Herr, dürfte jedoch zufrieden gewesen sein: „Herr Pfarrer bekam anfangs, so um 1960, nur 500 Schilling Gehalt, so musste ich auch beim Kochen sparen, so gut es ging. Wie es dann finanziell etwas besser wurde, habe ich Krautfleisch mit mehr Fleisch als sonst gekocht, in der Hoffnung, dass ich Lob bekommen werde. Wie üblich kamen die Speisen fast immer mit dem Kochgeschirr auf den Tisch. Herr Pfarrer schöpfte sich heraus, dann sagte er: ‚Das ist ja heute kein Krautfleisch, sondern ein Fleischkraut. Wie der Name sagt, Krautfleisch, so muss mehr Kraut als Fleisch sein.' Also seine Bescheidenheit war grenzenlos. Wenn mir einmal die Mohnnudeln nicht so gelungen sind, ein bisschen letschig waren und ich mich entschuldigte, meinte er: ‚Im Krieg hätten wir uns über ein solches Essen gefreut.'"

Eine Mahlzeit ist nicht auf die bloße Nahrungsaufnahme beschränkt, sie ist mehr, sie bietet eine Möglichkeit des Gesprächs, ganz im Sinne des griechischen Symposions, das eigentlich soviel heißt wie „gemeinsam trinken". Darüber sprach ich mit Frau Susanne, die sich noch an die früheren Pfarrersköchinnen, an ihre Vorgängerinnen, erinnert. Es ist klug, gerade hinsichtlich der Gemeinsamkeit des Gesprächs, was sie erzählt: „Als ich noch nicht Pfarrhaushälterin und noch in der Pfarrjugend tätig war, das war so gegen Ende der 60er-Jahre, da habe ich Haushälterinnen gekannt, die für fünf oder sechs Leute gekocht haben, wie für eine große Familie. Das war harte Arbeit. Auch für mich ist das Kochen eine sehr wichtige Sache. Es geht nicht nur ums Essen und die gesunde Ernährung, es geht vor allem um die Kommunikation. Gemeinsames Essen ist etwas Kommunikatives. Wo es kein gemeinsames Essen mehr gibt, gibt es nur mehr wenig Kommunikation. Unter diesem Gesichtspunkt ist es eigentlich schade, dass viele Priester diese Kommunikation auf die unkomplizierte Weise nicht mehr wollen. Dafür müssen sie Teambesprechungen einführen, solche erzwungenen Gespräche sind einmal in der Woche. Beim gemeinsamen Essen lässt es sich besser reden. Das Haus hat viel mit Tisch und mit Essen und mit Gemeinschaft zu tun. Die Araber sagen: Mit dem man gegessen hat, dem darf man nicht den Schädel einschlagen."

Es ist gut durchdacht, was Frau Susi hier erzählt. Sie verwendet dabei zunächst allerdings den Ausdruck „Kommunikation", ein Wort, das eher verschleiert als enthüllt. Ich gestatte mir dazu ein paar Einwände, denn das Gespräch bei Tisch, gerade am Tisch des Pfarrers, ist mehr als bloße Kommunikation, es ist eine bunte Beschäftigung mit einer Vielzahl von Themen, die den Pfarrer und auch die Pfarrersköchin beschäftigen mag. Dieses Wort „Kommunikation", das wegen seiner Farblosigkeit nicht meinen Respekt genießt, wurde übrigens vom deutschen Literaten Botho Strauß als Unwort des Jahrhunderts bezeichnet. So schreibt er: „Ein Autor kommuniziert nicht mit einem Leser. Er sucht ihn zu verführen, zu amüsieren, zu provozieren, zu beleben. Welch einen Reichtum an inneren Bewegungen und entsprechenden Ausdrücken verschlingt ein solch brutales Müllschluckerwort. Mann und Frau kommunizieren nicht miteinander. Die vielfältigen Rätsel, die sie einander aufgeben, fänden ihre schalste Lösung, sobald dieser nichtige Begriff zwischen sie tritt. Ein Katholik, der meint, er kommuniziere mit Gott, gehört auf der Stelle exkommuniziert. Zu Gott betet man … All unsere glücklichen und vergeblichen Versuche, uns mit der Welt zu verständigen, uns zu berühren und zu beeinflussen, die ganze Artenvielfalt unserer Regungen und Absichten fallen der Ödnis und der Monotonie zum Opfer. Damit leisten wir dem Nichtssagenden Vorschub, das unsere Sprache mit großem Appetit auffrisst." (Der Spiegel, 9/2004, S. 164).

Dem Pfarrer schafft die ehrbare Pfarrersköchin nicht einen bloßen Bereich der Kommunikation, sondern eine kleine Welt des Wohlfühlens, in der es sich gut tafeln, reden, scherzen und grübeln lässt. Und das macht den farbenfrohen Kosmos des Pfarrhofes aus.

Über ihre Welt im Pfarrhof, bei dem das Mahl eine sehr hohe Bedeutung hat, erzählte mir Frau Susanne in farbigen Worten ergänzend noch etwas. Sie schildert spannend, dass die alte Pfarrersköchin, die sie später abgelöst hat, noch eine echte Pfarrersköchin im klassischen Sinn war. Für die alte Dame war der Pfarrer eine herrschaftliche Person in geradezu mittelalterlicher Tradition. Und so behandelte sie ihn auch: „Die erste Zeit war hier im Pfarrhof eine Köchin, die vorher in einem Herrschaftshaushalt angestellt war und die der Pfarrer von Wien-Simmering her kannte, sie hat der Pfarrer hierher mitgenommen. Die war damals schon um die 76. Sie war vorher bei reichen Ungarn Köchin gewesen. Und die hat auch gesagt, sie wird mich einschulen. Ich hatte ja keine Ahnung vom Kochen. Wenn ich gefragt habe: ‚Warum kommt da ein Ei hinein?' hat sie gesagt: ‚Jedes Warum hat sein Darum.' Das war aber keine Antwort. Wenn sie gesagt hätte, da gebe ich ein Ei hinein, damit etwas gebunden wird, hätte ich damit etwas anfangen können. Es war etwas mühsam mit ihr, denn sie hat mich falsch verstanden, sie hat geglaubt, ich würde das Ei sparen wollen. Da sie Herrschaftsköchin war, war es so: der Pfarrer hat am Abend das Fleisch bekommen und wir beide mussten Erdäpfel essen. So war es halt bei der Herrschaft, bei der sie gekocht hat. Und so machte sie es auch hier. Der Pfarrer musste daher auch um Punkt 12 Uhr zu Mittag erscheinen. Wir mussten uns dazu links und rechts von der Tür aufstellen, wenn er kam. Das wollte sie so haben." Ich füge ein: „Der Pfarrer wurde noch wie ein echter Pfarrherr behandelt." Sie erwidert: „Ja, sie war Burgenland-Kroatin, hat dann Ungarisch bei der Herrschaft gelernt und erst später mit 16 Deutsch. Und daher war es etwas mühsam mit ihr, denn wenn ich auf Deutsch etwas gefragt habe, hat sie es ganz anders aufgefasst, wie die Geschichte mit dem Ei zeigt."

Die alte herrschaftliche Pfarrersköchin wusste gut für den Pfarrer zu kochen, sie war es aber auch gewohnt, für mehrere Personen aufzutischen. Dabei half ihr Frau Susanne, die dann, als die alte Pfarrersköchin aus dem Pfarrhaushalt ausgeschieden war, alleine für den Pfarrer und die Gäste des Pfarrhauses kochte. Für Frau Susanne war es also am Beginn ihrer Karriere als Pfarrhaushälterin, so will sie bezeichnet werden, selbstverständlich, um den Tisch beim Pfarrer mehrere Kostgänger zu haben. Sie befand sich damit in der besten Tradition der echten Pfarrersköchinnen: „Die erste Zeit haben wir für fünf bis sechs Leute gekocht: Wir hatten in der Pfarre einen Buchhalter, der war ein alter Herr, er hat Montag und Freitag bei uns gegessen. Auch die ehrenamtliche Pfarrsekretärin hat eine Zeit lang mit uns gegessen. Ebenso ein Pastoralassistent. Und oft hat ein alter Herr, dessen Frau gestorben war, bei uns gegessen. Genauso kam eine ganz alte Dame, die im Pfarrhof aufgewachsen ist, weil der Vater Kirchendiener war, zum Essen zu uns. Bis zu ihrem 94. Geburtstag ist sie zu uns zum Essen gekommen. Sodass ich immer für eine größere Runde gekocht habe. Mit dieser alten Dame war es interessant, weil sie viel von früher erzählt hat, wie es früher ausgeschaut hat im Pfarrhaus. Der alte Herr hat etwas herumgebastelt. Für die beiden war die Pfarre so etwas wie Heimat. Zum Essen kamen aber für eine Zeit auch zwei Polen und ein Nigerianer. Immer wieder war jemand da als Gast beim Essen. Diese Leute hat uns die Diözese geschickt, darunter waren auch Studenten, von denen man in der Diözese nicht wusste, wohin mit ihnen. Die schwierigeren Fälle haben sie uns geschickt. Eben weil wir hier eine Gemeinschaft sind, wie eine Familie. Mir hat das nichts ausgemacht, ich war das von meiner Ursprungsfamilie gewohnt. Dort hat es gut mit Vater, Schwester und Bruder funktioniert." Es war am Anfang auch nicht leicht für Frau Susanne, meisterlich zu kochen. Und eben weil man sie doch auch und vor allem als Pfarrersköchin sah, gab es auch freundlichen Spott, wie sie erzählt: „Mit dem Buchhalter, der bei uns gegessen hat, war es ganz schwierig, er hat gesagt, wenn ich im Gefängnis kochen würde, würden sie mich hinausschmeißen, denn dort darf es nur alle drei Wochen dasselbe geben. Er war zwar nur Montag und Freitag hier, aber er wollte immer etwas Festes zum Essen, zum Beißen, haben. Ein Erdäpfelpüree und Karotten wollte er nicht. Es war eine Schwierigkeit für mich: Was soll ich da kochen? Es war immer eine Gratwanderung für mich wegen dieses Mannes, denn gerade am Freitag, an dem er zum Essen kam, gab es kaum etwas für ihn, Schwammerl, Karotten und so etwas wollte er nicht, weil sie ihm zu wenig fest waren. Aber auch Eierhörnchen wollte er nicht. Daher hat er diesen Spruch getan, wenn ich im Gefängnis wäre, würden sie mich aus der Küche hinausschmeißen, weil es darf nicht sein, dass es so oft dasselbe zum Essen gibt."

Die Pfarrersköchin sieht die Wichtigkeit des gemeinsamen Essens, sie fügt jedoch noch hinzu, dass das Kochen und Putzen ihr zu wenig wäre, sie wolle aber auch „etwas weitergeben", wohl das Gefühl für Gemeinschaft, und dafür ist das gemeinsame Mahl höchst bedeutungsvoll.

Über die Bedeutung der Gemeinschaft sprach auch der bereits erwähnte Herr Dammerer mit einer jungen Mostviertler Pfarrersköchin, die im Pfarrhaus mit Pfarrer und Kaplan lebt. Sie führt schwärmerisch aus: „Was den Herrn Pfarrer freut, ist, dass wir zu dritt im Haus jetzt eine gute Hausgemeinschaft haben, sei es bei den fixen Gebetszeiten oder beim Essen." Im Pfarrhof will der Herr Pfarrer Lebenskultur im Alltag und Feierkultur. Die junge Pfarrersköchin Erika hat dies schnell begriffen und orientiert sich daran. Dies freut den Pfarrer, der beim Gespräch dabei ist und meint, es würde sehr viel im Haus gelacht werden. Dazu stellt er fest: „Was mir vom Lebensstil her wichtig ist, ist, dass wir im Haus einen öffentlichen Bereich und jeder seinen privaten Bereich hat. Oben im ersten Stock hat jeder von uns sein eigenes Zimmer, wir halten uns aber oft gemeinsam hier im Wohnzimmer auf, wenn wir Zeit haben und ich mich nicht oben im Stock verstecke, um meine Predigt vorzubereiten. Die Gemeinsamkeit ist wichtig. Bei Pfarrerkollegen erleb ich es oft als gänzlich negativ, dass sie niemanden haben, mit dem sie gemeinsam essen können. Die verlieren jede Lebenskultur, die essen halt irgendwann, zum Beispiel wenn sie von der Schule kommen. So etwas wollte ich schon als junger Priester nicht. Es gibt Pfarrer, die haben keine Pfarrersköchin und wollen total ungebunden sein. Das sehe ich auch ein, denn eine Pfarrersköchin bedeutet auch einen finanziellen Aufwand. Mir ist die Pfarrersköchin das Geld wert. Zur Pfarrersköchin habe ich nicht nur ein dienstliches Verhältnis, sondern viel mehr. Auch der private Umgang muss passen. Ich bin froh, dass so etwas wie Gemeinschaft im Pfarrhof möglich ist."

Wesentlich dabei ist, dass Pfarrer und Pfarrersköchin als Kumpanen am gemeinsamen Tisch sich gegenseitig auch achten. Der Respekt durch den Herrn Pfarrer erfreut die Pfarrersköchin. Ist ein solcher für die Frau nicht mehr erkennbar oder sieht sie sich durch den Pfarrer „betrogen", so wird sie dem Pfarrer ihre Missachtung zeigen. Wie Frau Pfarrersköchin M. – darüber werde ich in einem eigenen Kapitel noch mehr erzählen –, die den Pfarrer nach großem Streit, es ging unter anderem um Eifersucht, verließ. Sie führte aus: „Das letzte halbe Jahr habe ich nichts für ihn getan. Ich habe mir gedacht: ‚Du kannst mich.

Du schaufelst da hinein (isst) und in fünf Minuten fährst du zu deiner Henne (Freundin).'

Um das Abendessen habe ich mich das ganze halbe Jahr nicht gekümmert. Dadurch, dass er sehr wenig da war, ich habe ihn drei, vier Tage nicht gesehen, habe ich mich auch nicht verpflichtet gefühlt, für ihn zu kochen."

Diese Pfarrersköchin sieht sich durch den Herrn Pfarrer verletzt und weigert sich daher, mit ihm gemeinsam zu essen. Sie zeigt ihm so an, dass sie den ihm einst entgegengebrachten Respekt verloren habe. Der Respekt gehört zur Gemeinsamkeit des Wohnens, Wirkens und Essens. Dass dieser nicht verloren geht, darauf achten Pfarrer und Pfarrersköchin. Das gemeinsame Essen ist dabei von großer Bedeutung.

Die Liebe zum Kochen und der Speiseplan

Auf diese kleine Welt ist die Pfarrersköchin stolz, zumal sie sich redlich um das Wohlsein des Pfarrers bemüht, dazu gehört die Liebe zum Kochen, denn Kochen hat auch etwas mit Heimat zu tun. Auch die modernen Pfarrersköchinnen, die für sich die Bezeichnung „Pfarrhaushälterin" vorziehen, sind wohl ebenfalls begeisterte Köchinnen, darauf weisen diverse von ihnen herausgegebene Kochbücher und die Wiedergabe ihrer besonderen Kochrezepte in Diözesanjahrbüchern hin.

Über die Wichtigkeit des guten Kochens sprach ich mit der Pfarrersköchin von Adlwang, die mir dies erzählte: „Was das Essen anbelangt, soll der Pfarrer eine Freude haben. Der Pfarrer freut sich, wenn es am Sonntag etwas schöner aufgedeckt ist."

Für die Pfarrersköchin ist also das gemeinsame Essen mit dem Herrn Pfarrer etwas Besonderes, ein Ritual, durch das der Alltag unterbrochen, Erholung angeboten und etwas Abwechslung möglich wird. Es ist vor allem der Sonntag, zu dem das feierliche und rituelle Essen gehört. Und am Sonntag gibt es auch einen besonderen Braten oder eine ähnliche Speise, wie die Adlwanger Pfarrersköchin weiter ausführt, als ich frage, was sie am Sonntag kocht: „Am Sonntag ist es ganz verschieden. Einmal mache ich Schnitzel, das andere Mal mache ich Cordon bleu. Oder Schweinekotelett mit einer Scheibe Käse überbacken."

Auch sonst weiß sie mit Liebe zu kochen und zu servieren: „Gerne koche ich Gemüseauflauf und Eiernockerln. Oder was habe ich gestern gemacht: Buchteln mit Vanillesauce. Und eine Gemüsesuppe. Das ist ganz verschieden. Oder ich mache ein Saucenfleisch. Als Zuspeise zu einem Braten gibt es oft Salzkartoffeln und einen Salat dazu."

Das Kochen ist der Frau wichtig und daher betont sie noch einmal: „Man muss mit Liebe kochen und sich dabei etwas denken." Und deswegen macht sie auch die Butter selbst: „Und eben weil ich mit Liebe koche, koche ich hauptsächlich mit Butterschmalz, ich lasse selbst Butter aus. Ich habe Bauernmilch, die ich mir vom Bauern hole. Von dieser Bauernmilch schöpfe ich den Rahm ab. Wenn ich also einen Liter Rahm habe, mache ich mir einen Striezel Butter, wie zum Beispiel heute in der Früh, da habe ich schon vor der Messe Butter gerührt. Die Milch habe ich von Kuhbauern. Die lasse ich über Nacht stehen. Einen Liter Rahm bekomme ich in der Woche leicht zusammen. Habe ich einen Liter Rahm, dann rühre ich wieder Butter, und zwar mit einem elektrischen Mixer. Davon bekomme ich einen Striezel. Die Striezel friere ich mir ein. Wenn ich fünfe, sechse solche Striezel habe, lasse ich sie zum Butterschmalz aus."

Das Essen als Ritual des Zusammenkommens hat für das Leben am Pfarrhof große Bedeutung. Und daher macht die Pfarrersköchin sich auch Gedanken um den Speisezettel, ganz ähnlich wie die klassische Hausfrau. Ich sprach darüber auch mit der freundlichen Pfarrersköchin von Adlwang. Sie betont wiederholt, während sie an ihrer Zigarette zieht, sie ist eine ehrliche Raucherin, die sich gegen die Heucheleien der modernen Nichtraucher wehrt, dass sie mit Liebe kocht: „Und ich muss mit Liebe kochen, sonst bekommt es keinen Geschmack. Wenn ich es lieblos hinhaue, wird es ja nichts. Für gewöhnlich versuche ich, sehr ausgewogen zu kochen. Fleisch und Mehlspeisen wechseln sich ab. Am Montag gibt es eine Mehlspeise, am Dienstag gibt es etwas Fleischiges. Am Donnerstag gibt es Fleisch, am Samstag und Sonntag auch. Am Mittwoch und am Freitag, da gibt es aber zu Mittag nur Tee und Brot, denn der jetzige Pfarrer fastet zweimal in der Woche." Die Pfarrersköchin macht sich also Gedanken wegen eines Essens, das dem Pfarrer Freude bereitet.

So erzählte mir auch Frau Christl aus dem Waldviertel: „Der Kaplan isst gerne Gemüse, er mag auch sehr das Süße, wie Mohnnudeln, Zwetschkenknödel, Marillenknödel und Topfenpalatschinken. Gerne isst er auch Lasagne."

Da der Pfarrer öfter zu Hochzeitsessen eingeladen ist, bekommt er meist auch ein „Bschoart"-Packerl mit, wie man einige Stücke vom übrig gebliebenen Hochzeitsmahl, das den Gästen beim Abschied mitgegeben wird, bezeichnet. Dieses Bschoart wird dann, wie der Pfarrer einwirft, „in der Familie (!) aufgeteilt". Also: Auch die Pfarrersköchin und der Herr Kaplan profitieren von diesem Mitbringsel vom Hochzeitsessen.

Frau Christl fährt nach diesem Einwurf des Pfarrers fort: „Ich bin auf d'Nacht recht froh, wenn ich schon weiß, das und das bekommen wir morgen. Da ist mir schon ein wenig leichter. Dem Pfarrer ist alles recht. Der Kaplan sagt, was ihm lieber ist. Das Beste sind immer die Reste von gestern. Zum Beispiel ein Grenadiermarsch. Auch abgeschmalzene Knödel haben wir gerne. Meist ist das Mittagessen sehr einfach. Heute haben wir zum Beispiel gehabt Fleischlaberln, Petersilerdäpfel, einen grünen Salat und als Gemüse dazu Kohl und Mehrer (Karotten).

Als Nachspeise gab es ein wenig einen Obstsalat. Das war es schon. Morgen gibt es einen Apfelstrudel und Krautsuppe. Kraut kann ich in unserem Garten leider nicht anbauen, wegen der Schnecken. Erdäpfel haben wir selber, wir kaufen aber auch welche. Petersilie haben wir selber. Sehr viel Fleisch essen wir nicht. Höchstens, dass ein wenig eine Wurst dabei ist. Hier und da gibt es einen Schweinsbraten oder Grammelknödel." Der Pfarrer scheint mit seiner Pfarrersköchin zufrieden zu sein, denn er nickt und sagt dazu, um der Pfarrersköchin ein Kompliment zu machen, nobel: „Die Küche ist hier ganz exzellent."

Geradezu spannend hört es sich an, was mir Frau Poldi, die alte Waldviertler Pfarrersköchin, zu erzählen hat. An dem Gespräch mit ihr nahm Frau Elisabeth teil. Frau Poldi holt aus: „Die Kapläne waren mehr fürs Fleisch, der Pfarrer hat gerne eine Mehlspeise gehabt. Jetzt haben wir es so geregelt: zweimal in der Woche eine Mehlspeise – am Dienstag und am Freitag. Sonst gab es Fleisch oder ein Fleischgericht. Am Sonntag gab es ein Bratl, meist einen Schweinsbraten mit Sauerkraut. Dazu kochte ich Waldviertelknödel. Unter der Woche hatten wir gerne ein eingewickeltes Faschiertes oder ein Hendl. Gemüse hat es auch gegeben. Am Freitag gab es nie Fleisch. Ich habe mich immer daran gehalten." Lächelnd fügt Frau Poldi hinzu: „Bevor ich Pfarrersköchin wurde, war ich Hausgehilfin bei einer jüdischen Familie in Wien, bei der hat es am Freitag Fleisch gegeben. Wie ich einmal auf Urlaub heimgefahren bin, habe ich dem Pfarrer, der mein Schulkatechet war, erzählt, dass ich bei einer jüdischen Familie arbeite. Darauf hat er mich gefragt: ‚Isst du am Freitag dort ein Fleisch?' Ich habe ja gesagt. Darauf hat er gemeint, wenn ich unter Nichtkatholiken bin, kann ich ruhig Fleisch essen. Außerdem meinte er: ‚Du schaust eh gut aus.'"

Heiter erzählt Frau Poldi weiter: „Wenn die Kapläne jung zu uns gekommen sind, sind sie auch gerne in die Kuchl und haben geschaut, was gekocht wird." Frau Elisabeth wirft ein: „Mir hat es nichts gemacht, wenn einer Häferl geguckt hat." Und Frau Poldi redet weiter: „Einmal habe ich Powidltatschkerln gemacht. Da kam der Kaplan von der Schule heim, ging in die Kuchl und gleich hin zum Nudelbrett. Auf dem lag der Teig, den ich schon auswalkt hatte. Ich war gerade beim Ausstechen. Und der Kaplan hat gleich mitgearbeitet. Er hat dabei gemeint, er habe seiner Mutter in der Küche immer geholfen. Er hat sich gut ausgekannt beim Kochen. Er war ein recht ein lustiger Mann, der Herr Kaplan."

Und als ich frage, wie Pfarrer und Kaplan außerhalb der Mittagszeit gespeist haben, schildert Frau Poldi noch: „Die Jause haben die Herren meist bei ihren Besuchen bei Kranken bekommen oder sonst wo. Am Abend waren wir wieder gemeinsam am Tisch. Am Abend hat es in besseren Zeiten Käse und Wurst gegeben, ein anderes Mal wieder Eierspeis oder Fisch, also eher kalte Sachen und Tee."

Mich interessieren die Kochpläne der Damen und ich frage bei meinen Gesprächen auch stets nach solchen. Frau Anna Baumschlager in

Windischgarsten verweist dabei auch auf ihr Rezeptbuch, das sie mir borgt, damit ich es mir kopieren kann: „Ich habe dies selbst geschrieben, am 6. Juni 1987. Das borge ich Ihnen, Sie müssen es mir aber wiederbringen." Ich verspreche es und bringe es ihr auch tatsächlich, nachdem ich es kopiert habe, mit dem Fahrrad zurück. Im Anhang dieses Buches werde ich ein paar Rezepte der Frau Anna wiedergeben. Sie fährt fort, indem sie auf ein Rezept eingeht: „Gut ist das gespickte Kalbsherz, auch der Tiroler Kuchen von mir schmeckt gut. Meine Rezepte sind Hausmannskost. Ich habe sie von der alten Köchin, meiner Vorgängerin, abgeschrieben. Die hat recht gut kochen können. Ich habe das Kochen nicht direkt gelernt von ihr, sondern durch Zuschauen. Ich habe ihr beim Kochen geholfen, ich habe Gemüse geputzt, Erdäpfel gewaschen und dann auch Geschirr gespült, weil das Fräulein Nana nach dem Kochen ein wenig gerastet hat. Der Hausel, der Moarknecht, hat immer gesagt, ich soll weitertun. 1953 beim Pfarrer Kirner war ich dann schon alleine. Vorher bin ich noch für ein paar Tage nach Gampern mit dem Pfarrer Haber. Ich bin aber dann wieder zurück zum Pfarrhof in Windischgarsten. Die Kapläne waren ja noch da. Sie haben gesagt: ‚Wir brauchen auch wen (zum Kochen); die (die Frau Anna) geben wir nicht her.' So bin ich halt dageblieben. Bis dann der Pfarrer Kirner gekommen ist. Der war froh, dass ich da war. Ich habe für ihn und die Kapläne gekocht, gewaschen und aufgeräumt."

Frau Anna, die aus der Landwirtschaft kommt, lernt im Pfarrhof kochen und wird dadurch bei Pfarrer und Kaplänen derart beliebt, dass man sie nicht missen will, denn ihre Speisepläne dürften von einigem Reiz gewesen sein. Darüber legen die Rezepte, die sie mir mitgibt, bestes Zeugnis ab.

Das Mittagessen ist in den Pfarrhöfen wohl die wichtigste Mahlzeit, bei der der Pfarrer mit Pfarrersköchin, Kaplänen und eventuellen Gästen zusammenkommt. Von weniger großer Bedeutung sind wohl die Jause und das Abendessen.

Über die Jause meinte Frau Christl auf meine Frage, die würde es eigentlich gar nicht geben: „Wer halt gerade kommt, der nimmt sich kalt, was halt da ist oder vom Mittagessen übrig geblieben ist." Der

Herr Kaplan, der zu dem Gespräch kommt, ergänzt zum Abendessen: „Normal esse ich nichts zu Abend, ich esse gerne einen Gabelbissen, das weiß Frau Christl. Sie sagt: ‚Die müssen Sie essen, bevor das Datum abrennt.'"

Weil eben das Mittagessen im Tagesablauf von besonderer Bedeutung ist, eben auch für die Gemeinschaft, bemüht sich die Pfarrersköchin darum, wenn auch nicht jeden Tag. Es ist daher auch selbstverständlich, dass, bevor zugegriffen wird, ein Gebet gesprochen wird, ebenso nach dem Essen, bevor man aufsteht und sich dem Alltag zuwendet. Zum Beten erzählt auch Frau Elisabeth aus Waidhofen, sie lebt alleine: „Wir haben immer gebetet, vor dem Essen haben wir den ‚Engel des Herrn' gebetet. In der Früh hat jeder für sich gebetet. Nach dem Essen haben wir auch gebetet. Ich bete heute noch alleine. Nach dem Essen bete ich: Wir danken dir für diese Speise." Das Essen am Pfarrhof erhält seine Würde durch das Gebet. Frömmigkeit verbindet sich mit der Speise.

So auch bei Frau Janisch im Weinviertel, allerdings ist ihr Herr Pfarrer Vegetarier. Deswegen muss er sich manche Neckereien der Weinbauern gefallen lassen, die ihm gerne etwas Fleisch anbieten. Bei Hochzeiten oder Taufen, zu denen er regelmäßig eingeladen ist, serviert man ihm jedoch, da man ihn als Vegetarier respektiert, gebackenen Käse oder Fisch. In der Früh um 8 Uhr macht Frau Janisch dem Pfarrer Müsli. Auf ein Mittagessen verzichtet der Herr Pfarrer, erst um 3 oder 4 Uhr am Nachmittag serviert sie ihm Salate oder Gemüse. Der fleischlos lebende Herr Pfarrer ist jedenfalls zufrieden und macht einen gesunden Eindruck.

Das Kochen als Kunst – der Stolz auf gute Rezepte

Die echte Pfarrersköchin weiß, dass ein gutes Essen dem Pfarrer Freude macht und ihr Ansehen hebt. Unter den Pfarrersköchinnen gibt es echte Künstlerinnen, was das Zubereiten eines Mahles anbelangt. Bei Pfarrersköchinnen finden sich bisweilen wunderbare Kochbücher oder von eigener Hand verfasste Rezeptsammlungen, wie die der Pfarrersköchin Bertilia Mandl, deren Rezepte im Anhang wiedergegeben werden.

Nicht nur eine kühne Fallschirmspringerin, sondern auch eine großartige Köchin und Backkünstlerin dürfte Frau Janisch aus dem Weinviertel sein. Sie ist bekannt für ihre wunderbaren Mehlspeisen und Torten, die sie bei Mehlspeismärkten vor der Kirche in Hausbrunn präsentiert. Sie ist die Erfinderin dieser Märkte, für die sie dreißig bis vierzig Torten und Schnitten fabriziert und dreißig bis vierzig Kilo Bäckereien zaubert. Viermal im Jahr finden diese Mehlspeismärkte statt, die sich großer Beliebtheit erfreuen. Zu ihren Spezialitäten gehören unter anderem Topfentorten, Topfenschnitten und Erdbeerschnitten. Die Einnahmen aus dem Verkauf dieser berühmten und wunderbar schmeckenden Backkunstwerke werden für die Pfarre verwendet. Als ich mich von Frau Janisch verabschiede, steckt sie mir auf Wunsch des Herrn Pfarrers noch ein großes Stück Mohnkuchen in meinen Rucksack. Nach dem Gespräch mit Frau Janisch bringt mich der Herr Pfarrer nach Hohenau.

Wie ich auf den Zug warte, spricht mich eine Frau, die mich von irgendwoher kannte, an und fragt, wo ich denn gewesen wäre. Ich erzähle ihr von dem Besuch bei Frau Janisch. Darauf gerät diese Dame in Verzückung und schwärmt von den Krapfen und Torten der Frau Janisch.

Ich sprach noch mit weiteren solcher Königinnen der Kochkunst. Eine solche scheint Frau Susanne von der Pfarre im 4. Wiener Gemeindebezirk zu sein. Sie, die zwar als Pfarrhaushälterin angesprochen werden will und die die Bezeichnung Pfarrersköchin für sich ablehnt, weiß jedoch ganz im Stile der klassischen Pfarrersköchinnen zu kochen. Sie wurde zu einer Berühmtheit, als sie bei einer Sendung, bei der es um den Lebensbereich von „Pfarrhaushälterinnen" ging, im österreichischen Fernsehen ganz spezielle, und zwar dreieckige „Fleischlaberln" (faschierte Laibchen) kreiert hat. Darüber sprach ich mit ihr und stolz erzählte sie: „Wir veranstalten hier in der Pfarre jedes Jahr ein Herbstfest. Wenn ich da hingehe, esse ich dort auch etwas. Die letzten zwei Jahre musste ich dort für das Büffet meine Fernsehfleischlaberln kochen. Die habe ich fürs Fernsehen erfunden. Das sind dreieckige Fleischlaberln mit Schinken und Käse gefüllt. Ähnlich wie ein Cordon bleu. Das ist meine Erfindung. Dass die Fleischlaberln bei mir dreieckig geworden sind, hat damit zu tun, dass dem Pfarrer, ich war gerade für ein paar Tage bei meiner Mutter, jemand von der Pfarre Fleischlaberln gebracht hat, weil er die so gerne isst. Die waren aber nicht ganz rund. Darüber hat er mir gegenüber etwas gemeckert. Und meine Mutter, der ich das erzählt habe, hat gesagt: ‚Wer sagt denn, dass Fleischlaberln rund sein müssen.' Ab diesem Moment habe ich dreieckige Fleischlaberln probiert. Und solche dreieckigen Fleischlaberln füllen viel besser die Pfanne." Lachend erzählt sie weiter: „Wenn ich sechs dreieckige Laberln in die Pfanne nebeneinander lege, ist die Pfanne voll. Wenn ich runde habe, habe ich zu viele Zwischenräume. Seither gibt es nur mehr dreieckige Fleischlaberln. Wie das Fernsehteam damals für die Sendung über Pfarrhaushälterinnen bei uns im Pfarrhaus war, wollte man, dass ich fürs Fensehen koche, und da habe ich ein Stückerl Schinken und ein Stückerl Käse zwischen zwei Teile eines dreieckigen Laberls gelegt. Das waren dann die ‚Fernsehfleischlaberln'. Die Leute wollten solche beim Pfarrfest. Also habe ich heuer solche Laberln gemacht. Die Zutaten dazu habe ich von den Leuten bekommen oder sie haben etwas dazu beigesteuert."

Frau Susanne ist zu Recht stolz auf ihre Kreation in der Küche des Pfarrhofes. Ebenso freut sich über ihre Kochkünste die Pfarrersköchin Maria von Adlwang, die, wie sie ausdrücklich bereits festgehalten hat, „mit Liebe kocht". Sie erzählt selbstbewusst und heiter: „Eine Spezialität von mir ist ein Schweinslungenbraten. Da schneide ich kleine Stücke, die klopfe ich, salze und pfeffere sie, lege sie ins Mehl und ins Ei. Und nicht in Brösel. Ich schäle rohe Kartoffeln, koche sie, hachle sie grob. Und ich lege sie in die grob gehachelten Kartoffeln – statt der Brösel – und backe sie in Butterschmalz heraus. Das ist eine Spezialität von mir. Und dazu gibt es Reis. Das schmeckt dem Pfarrer." Gerne kocht sie auch dies: „Wenn ich etwas Fleisch übrig habe, mache ich ein Saucenfleisch. Alles, was mir unterkommt, tue ich da hinein. Das mache ich aus dem Gefühl. Da tue ich Karotten hinein und Sellerie, Knofel, Zwiebel, alles, was mir unterkommt, das püriere ich und die Sauce ist traumhaft. Ein wenig Butterschmalz oder auch Margarine gebe ich noch dazu."

Frau Maria aus Adlwang hat noch ein anderes Rezept anzubieten, nämlich eine Torte, die die Krönung manchen Mahles mit hohen Herren ist, wie sie mit Stolz betont: „Mit meiner Torte habe ich noch jeden fasziniert. Das ist eine Mandeltorte, dafür brauche ich 8 Deka Zucker, 8 Deka Butter. Dann brauche ich 10 Deka geriebene Schokolade, 20 Deka geriebene Mandeln und 5 Eier. Den Teig abtreiben, Schnee schlagen, das backe ich. Wenn es gebacken ist, tue ich es heraus und stürze es. Oben tue ich es fest mit Eierlikör bestreichen. Dann lasse ich es stehen. Je nachdem, wie lange. Wenn ich es am selben Tag brauche, dann genügt mir dieser eine Tag, sonst lasse ich das Ganze noch bis zum nächsten Tag stehen. Nun nehme ich zwei Schlagobers, gebe einen Zucker dazu und Eierlikör. Das schlage ich fest. Und mache eine schöne Torte daraus. Ich spritze schön, jetzt kommen Kirschen drauf. Solche Torten mache ich, wenn der Bischof kommt oder sonst wer. Der Bischof Richard Weberberger aus Brasilien kommt öfter vorbei. Er mag diese Torte sehr. Vor dem Kaisersaal im Stift Kremsmünster hat er einmal zu mir hinübergeschrien: ‚Die beste Torte habe ich bei Ihnen gegessen.' Das hat mich schon sehr gefreut."

Als ich Frau Christl aus Zwettl nach besonderen Kochrezepten von ihr frage, mischt sich der dabeisitzende Herr Pfarrer ein und meint scherzhaft: „Frau Christl ist die Erfinderin der Aglatorte." Er lacht und fragt mich, was ich mir unter dieser Aglatorte vorstelle. Ich denke an einen Scherz und antworte nach kurzem Überlegen, es würde sich wohl bei dieser Torte um eine „Eiklartorte" handeln. Der Pfarrer schaut lachend zur Pfarrersköchin Christl und sagt anerkennend: „Na, sichst du, er weiß es, er ist also doch ein Doktor." Der Herr Pfarrer macht sich also auch über mich lustig, denn offensichtlich wirke ich von meinem Aussehen her wie eine weniger würdige Person, von der man nicht glauben würde, sie wäre ein „Doktor". Frau Christl lächelt verlegen und erklärt: „Ich wollte nach der Schrift sprechen und habe mich dabei so blöd ausgedrückt. Das habe ich nun davon. Seitdem reden der Herr Pfarrer und der Kaplan von der Aglatorte." Die um den Tisch im Pfarrhof zu Zwettl sitzenden Personen lachen freundlich und höflich. Jedenfalls zeigt auch diese Geschichte, wie wichtig, auch für den Scherz, das gemeinsame Essen ist, und wie bedeutungsvoll die Rezepte sein können.

Gescherzt hat wohl auch der schon erwähnte Kaplan Rafatseder, von dem Frau Anna aus Windischgarsten lächelnd erzählt: „Dem dürften meine Knödel nicht besonders geschmeckt haben. Daher hat er einmal zu jemandem gesagt: ‚Heute haben wir Knödel gehabt, die hat man über das Dach schmeißen können.' Ich habe darüber gelacht."

Es gibt übrigens auch ein wunderbares Kochbuch, das in Oberösterreich erschienen ist, mit Rezepten von Pfarrersköchinnen mit zum Teil heiteren Benennungen der einzelnen Speisen.

Der Garten

Mit dem klassischen alten Pfarrhof war bäuerliche Landwirtschaft verbunden. Die alten Pfarrersköchinnen kannten sich daher bestens mit dieser aus. Zu der früheren Landwirtschaft gehörte auch wesentlich ein Garten, der Früchte und Gemüse lieferte, die den Mittagstisch des Pfarrherrn wunderbar bereicherten.

Die Freude am Garten ist in manchen Pfarrhöfen bis heute geblieben. Vielleicht genießen derartige Gärten gerade heute, in einer Zeit, in der der biologische Anbau an Ansehen gewonnen hat, eine besondere Attraktivität.

Der Garten hat seinen alten Zauber, der sich schon darin ausdrückt, dass das Wort „Garten" vom althochdeutschen „garto" kommt, was soviel heißt wie das „Umzäunte". Der Garten mit seinem Zaun gewährt also Pflanzen einen besonderen Schutz vor Tieren und auch vor Menschen. Mit dem Garten ist eine alte Geschichte verbunden, zu der sorgfältig gezogenes Gemüse, besonderes Obst und schöne Blumen gehören.

Für die alten echten Pfarrersköchinnen, mit denen ich sprach, bedeutete daher der Garten stets auch Segen. Bisweilen ist auch der Pfarrer am Garten interessiert und arbeitet in diesem mit, wie eine Pfarrersköchin aus der Wachau erzählt. Gemeinsam mit dem Herrn Pfarrer erfreut sie sich an einem Gemüse- und einem Marillengarten. Den Rasen würden sie gemeinsam und abwechselnd mähen.

Auch Frau Rosa aus dem Waldviertel schwärmt von ihrer alten Gartenkultur, die allerdings an Umfang eingebüßt hat: „ Früher haben wir beim Pfarrhof, auf dem es noch Hühner gab, einen großen Garten mit ungefähr 7.000 m^2 gehabt. Wir hatten Gemüse und alles, ich hab den Garten gern gehabt. Auch Obstbäume waren dabei. Das war zu einer

Zeit, als es im Dorf noch viele Bauern gab. Vierzig Milchbauern hatten wir.

Jetzt gibt es nur mehr drei. Die Wiese in diesem Jahr hat ein Bauer gemäht. Ein Gartl habe ich heute noch, um das kümmere ich mich. Die Blumen brauchen wir für die Kirche." Frau Rosa freut sich über ihren kleinen Garten beim Pfarrhof, der freilich weit kleiner ist als der frühere Garten, wie er typisch für die alte Bauernkultur ist.

Auch die Pfarrersköchin Christl spricht mit Freude von ihrem Garten: „Wir haben einen großen Garten mit Gemüse und Blumen. Endiviensalat pflanze ich an, den haben wir bis Weihnachten, erst dann muss ich ihn im Geschäft kaufen. Ich baue so ziemlich alles an, alle möglichen Gemüsesachen: Zwiebel, Petersil, Mehrer (Karotten), Fisolen, viel Salat, Zeller, Rote Rüben. Und viele Blumen, vor allem für die Kirche." Ich frage den Herrn Pfarrer, der dem Gespräch mit Frau Christl beiwohnt, was er zum Garten sagt. Er meint heiter: „Ich darf ja nur manchmal durch den Garten gehen." Weiter erzählt Frau Christl: „Auch Erdbeeren haben wir, aber mit diesen habe ich nicht viel Glück wegen der Schnecken. Die paar Erdbeeren, die wir haben, das sind gerade so viele, dass ich ein paar kosten kann, wenn ich in den Garten gehe. Der Kaplan möchte gerne welche. Wenn wir zu wenig haben, kaufe ich welche für ihn dazu."

Ich möchte mehr über den Plan des Pflanzens und Erntens wissen. Frau Christl geht darauf ein: „Mehrer (Karotten) und Petersil werden schon im März gepflanzt, der erste Salat kommt auch dran. Für den habe ich so einen Fensterstock. Im Winter steht er im Keller, im Sommer wird er in den Garten geschleppt. Dabei muss der Pfarrer helfen. Wir haben vielleicht für fünfzehn, zwanzig Salatpflanzen Platz. Am Abend werden sie verhüllt und in der Früh abgedeckt, damit ein Licht hereinkommt. Das geht so bis Mitte Mai. Der Zeller kommt spät, denn den friert es leicht. Dem Zwiebel macht die Kälte nichts. Erbsen könnte man auch früh pflanzen, die pflanze ich aber nicht mehr an wegen des Mehltaus (ein Pilz). Das tue ich mir nicht mehr an. Bohnen und Fisolen kommen später, denn die friert es leicht. Im April kommen die Erdäpfel. Kohlrüben kann man auch setzen, denn die friert es nicht so leicht. Auch Kohlrabi haben wir.“ Die Pfarrersköchin Frau Christl weiß heute noch, mit dem Garten umzugehen. Als ich sie frage, wie sie dies alles gelernt habe, meint sie: „Das kommt so mit der Zeit.“

Über den Garten und Kräuter sprach ich auch mit der alten Waldviertler Pfarrersköchin Poldi. Frau Poldi, die ihren Garten beim Pfarrhof geliebt hat, erzählt:

„Im Garten haben wir alles gehabt: Kohlrüben, Fisolen, Erbsen, Karotten, einen Kohl, Salat. Um diese habe ich mich ganz alleine gekümmert.

Ein bisserl Erdäpfel habe ich angesetzt, damit wir was haben, bevor man die ersten Erdäpfel bekommt. Auch Ribiseln hatten wir, aus dessen habe ich Saft und Ribiselwein gemacht. Je älter der Wein war, umso besser war er. Wir haben ihn im Keller gelagert. Zwetschkenbäume haben wir auch gehabt. Die Zwetschken habe ich sogar für Kompott geschält. Viel Arbeit hatte ich mit dem Garten. Es gab auch Diebe. Im Garten haben wir 35 Hühner gehabt. Wegen der Ratten haben wir mit den Hühnern aufgehört. Die Ratten waren auf das Hühnerfutter aus. Heuer habe ich das erste Mal keinen Garten. Wegen meiner Hüfte kann ich auch im Garten nicht mehr so wie früher arbeiten. Noch habe ich Endiviensalat, Petersilie, Schnittlauch, was man so braucht. Das habe ich eh. Das ist auch nicht gespritzt. Von einem Bauern habe ich die Eier, die Hühner dort rennen den ganzen Tag herum und suchen.“

Auch Frau Pfarrersköchin M., die mit ihrem Herrn Pfarrer in einem sehr engen Kontakt lebte und die, wie noch zu berichten sein wird, dahinter kam, dass er eine Freundin hat, liebte genauso wie der Herr Pfarrer den Garten. Sie schildert: „Früher haben wir gemeinsam im Garten gearbeitet. Das war auch ein Hobby von ihm. Wir bauten alles Mögliche an. Tomaten sowieso, sehr, sehr viele Blumen, Melanzani, Zucchini, Kürbis, Bohnen, Gurken, Erdbeeren, Salat, alles. Der Garten war ein bisserl über 400 m^2. Viel habe ich eingekocht. Wir hatten fünfzehn Stöcke Paradeiser, zwei Stöcke Zucchini, die wachsen ja wie das Unkraut. Die blühen immer wieder. Paradeiser sind sehr viel gegessen worden. Die Hortensien habe ich selbst gesteckt, ich habe sie im

Frühjahr am Markt gekauft oder selbst angesetzt. Diese Blumen waren für uns. Die Blumen in der Kirche haben alte Damen gespendet. In unserem Garten konnte man sich auch sonnen. Niemand konnte hereinsehen. Da hätte man den ganzen Sommer nackt sein können, niemand hätte etwas gesehen. Ich bin ja eine richtige Sonnenanbeterin."

Freude an ihrem Garten hatte auch Frau Lisi in Waidhofen. Ich frage sie nach Heilkräutern und nach Kräutern für den Tee. Auch Kräuter, die nicht nur im Garten wachsen, waren ihr wichtig, wie sie erzählt: „Ich bin immer Kräuter suchen gegangen, im Garten haben wir Pfefferminztee angebaut. Ich habe nach Arnika gesucht, die wächst frei. Ich habe eine Stelle gekannt, zu der bin ich immer hinaufgegangen und habe Arnika gepflückt. Dort, wo eine Baustelle war, wächst meist Schafgarbe, Johanniskraut und so etwas. Dort, wo es so sumpfig ist und brach, dort wächst das Johanniskraut. Aus dem habe ich Johanniskrautöl gemacht. Einmal ist einer mit einem Zwölffingerdarmgeschwür vom Spital gekommen. Der hat von mir einen Käspappeltee bekommen. Die Käspappeln habe ich hinter der Stadtmauer in Waidhofen gefunden. Jedes Jahr habe ich frische Kräuter gepflückt. Da weiß ich schon so Plätze. Die Kräuter kann man auch kaufen, aber da sind sie nicht so frisch. Die alten Kräuter nehme ich fürs Badewasser. Ich haue sie nicht weg, immerhin habe ich sie getrocknet und Arbeit mit ihnen gehabt. Auf sie gebe ich in einem Häfen kochendes Wasser drauf, lasse es stehen und seihe es ab. Weil es mir leid ist um die alten Kräuter."

Auch Frau Poldi weiß um die Heilkraft der Kräuter: „Wie der Pfarrer schon mit der Prostata zu tun hatte, habe ich für ihn einen Tee angebaut, den habe ich gekocht. Er ist immer zum Urologen gegangen. Der Tee wird ihm schon geholfen haben."

Zur Kultur der klassischen Pfarrersköchinnen am Land gehörte und gehört der Garten. Er erinnert an die vergangene bäuerliche Welt, in die auch der Pfarrhof eingebunden war.

Feste und Gäste

Feste und Gäste sind eng mit dem Leben des Pfarrherrn verbunden. Als Vorsteher der Kirchengemeinde wird der Herr Pfarrer regelmäßig zu Festessen im Anschluss an Hochzeiten, Taufen und anderen feierlichen Ereignissen eingeladen. Solche Essen haben einen rituellen Charakter, denn durch die Teilnahme des Pfarrers werden sie geradezu geheiligt. Und die Hauptbeteiligten an Festen, zum Beispiel die jungen Brautleute, sehen sich geehrt, wenn der Herr Pfarrer auftaucht. Für den Pfarrer ist es oft nicht leicht, solche rituellen Verpflichtungen zu erfüllen. Aber er bemüht sich. Das wissen auch die Pfarrersköchinnen. Eine Pfarrersköchin aus der Gegend von Melk erzählt dazu: „Oft, wenn der Herr Pfarrer wo eingeladen ist, kommt er zu spät dorthin, weil er viel zu tun hat. Als Einzigem wird ihm, weil die anderen schon gegessen haben, dann noch ein Essen serviert. Der Pfarrer nennt das eine Schaujause, da ihm alle beim Essen zuschauen."

Manche Pfarrersköchin mag es freuen, wenn dem Herrn Pfarrer vom Hochzeitsessen etwas als „Bschoart-Packerl" mit nach Hause gegeben wird. Aber auch der Pfarrer selbst hat Gäste, die von der Pfarrersköchin bewirtet werden. Gäste gehören zur Tradition der Pfarrhöfe. Ein gastliches Haus ist der Schmuck der Pfarrersköchin und des Herrn Pfarrers. Für Gäste und Freunde hält der Herr Pfarrer stets eine Kleinigkeit bereit, wie ein Stamperl Schnaps oder einen Likör. Eine Pfarrköchin betonte, dass gerade nach Proben des Kirchenchors ihr Herr Pfarrer, der selbst keinen Alkohol zu sich nahm, den freundlichen Sängern „ein Stamperl" aufwartete, um ihnen so auch seine Anerkennung zu bezeugen. Ohne Pfarrersköchin wäre es allerdings schwer für den Herrn Pfarrer, Gäste zu bewirten. Die Pfarrersköchin steht also im Mittelpunkt des Lebens mit Festen und Gästen.

Interessant ist der so genannte „Pfarrersbraten", den ich im Deutschen Wörterbuch der Brüder Grimm fand. Als ein solcher „Braten" wurde der Pfannkuchen bezeichnet, also eine schnell zu kochende Speise, den man den Gästen, vor allem den unerwarteten, in Pfarrhäusern in gewissen Gegenden vorzusetzen beliebte (Grimm, 1873, Band 13, S. 1622).

Mit den Gästen im Pfarrhof ist eine alte Geschichte verbunden, die weit zurückreicht, denn die Pfarrhöfe boten reisenden Klerikern und Personen von Stand stets die Möglichkeit, bewirtet und zumindest für eine Nacht als Gast aufgenommen zu werden. Eine besondere Ehre widerfährt einem Pfarrhof, wenn ein Bischof sich ansagt. Die Pfarrersköchin von Adlwang erzählt mir dazu: „Wenn eine Visitation des Bischofs zu erwarten ist, sagt der Herr Pfarrer vorher zu mir: An dem oder dem Tag kommt der Bischof. Meistens backe ich für diesen Besuch meine Spezialtorte. Mit der habe ich noch immer den Vogel abgeschossen." Über diese wunderbare Torte habe ich bereits vorhin berichtet. Über einen Bischof, zu dem der Herr Pfarrer eine freundschaftliche Beziehung von der Schulzeit her hat, erzählt die Pfarrersköchin weiter: „Der Bischof Weberberger aus Brasilien kommt gerne auf Besuch zu uns, weil wir vor Jahren im Pfarrkirchenrat beschlossen haben, für einen guten Zweck eine Tafelsammlung zu veranstalten. Ich habe mich gleich für die Mission des Klosters Kremsmünster in Brasilien für Bischof Weberberger und Pater Gerhard stark gemacht. Eine Tafelsammlung, das ist die Kollekte in der Kirche mit dem Körberl, sie wird einmal im Monat für die Mission veranstaltet. Deswegen kommt er öfter her und die Leute freuen sich. Dabei besucht er den Pfarrhof. Fast jedes Mal, wenn er auf Besuch in Kremsmünster ist, kommt er hierher. Oft zweimal im Jahr. Auch der Bischof von der Diözese Oberösterreich, Maximilian Aichern, war vor über einem Jahr hier. Hie und da kommt auch Pater Jakob Krinzinger von Kremsmünster, er ist aber nur zur Aushilfe da. Er fährt auch gleich wieder. Er hat einmal gesagt: ‚Krinzingerblut ist keine Blunzensuppe.' Pater Jakob war traurig, dass sein jüngster Bruder, der Frater Norbert, gleich wieder aus dem Kloster ausgetreten ist, weil er sich verliebt hat."

Es war in früheren Jahrzehnten üblich, dass Pfarrer, die sich gut kennen oder benachbarte Pfarreien betreuen, einander Besuche abstatteten, um sich zu beraten oder auch um sich bloß zu unterhalten. Eine in Pension lebende alte Waldviertler Pfarrersköchin erinnert sich gerne daran: „Früher war es so, dass die Geistlichen von einer Pfarre zur anderen alle vierzehn Tage einmal an einem Sonntagnachmittag auf einen Besuch kamen. Entweder sie sind zu uns gekommen oder wir sind hingegangen, sodass ein Kontakt war. Die Herren haben sich verschieden beraten, wie sie das oder das gestalten sollen. Das war viel wert. Heute sagt jeder: Allweil steht man alleine da. Obwohl jeder ein Auto hat, besucht man sich kaum. Früher sind sie zu Fuß gegangen, die Köchin ist mitgegangen." Eine andere Pfarrersköchin erzählt ähnlich: „Alle Monate sind die Herren zu einer Konferenz zusammengekommen, ich bin auch mitgegangen." Die Pfarrersköchinnen ließen ihre Pfarrer bei solchen Treffen also nicht alleine. Allerdings saßen sie nicht bei ihnen, wenn diese etwas zu beraten hatten. Die Pfarrersköchin, in deren Pfarrhof man zusammenkam, kümmerte sich um eine kräftige Jause, die gerade jenen Pfarrherren besonders mundete, die in der Tradition der Aposteln per pedes apostolorum, also zu Fuß, gekommen waren. Freilich wusste die Pfarrersköchin sich zurückzuziehen, wenn sie merkte, dass die Herren alleine sein wollten.

Ähnlich meinte eine alte Pfarrersköchin aus der Gegend von Melk: „Manchmal lädt der Pfarrer seine Studienkollegen ein und da sitz ich dann dabei und koche für alle."

Die Pfarrersköchin akzeptiert, vielleicht nicht immer, derartige Einladungen des Pfarrers. Sie kümmert sich um die Gäste und verfolgt mitunter still und höflich die Gespräche.

Manchmal kamen die Herren auch wegen des Tarockspiels, wie mir eine alte Pfarrersköchin erzählte. Oder sie gingen außer Haus, wie die Dame noch zu erzählen weiß: „Alle paar Wochen sind die Herren mit dem Oberlehrer und dem Schullehrer in ein Gasthaus tarockieren gegangen. Das Tarockieren hat sich aber ganz aufgehört. Sonst sind sie nie in ein Gasthaus gegangen, außer bei einer Hochzeit. Unser Pfarrer ist aber bald nach Beginn des Hochzeitsmahls und einer kleinen Begrüßungsrede heimgegangen." Der Pfarrer musste als hochwürdiger Herr auf seinen Ruf achten, daher blieb man lieber im Pfarrhof und freute sich über die Besuche, wie auch die Pfarrersköchin Frau Elisabeth andeutet: „Den heutigen Pfarrer K. kannte ich schon, wie er ein junger Kaplan, ganz neu geweiht, in der Nachbarspfarre war. Er ist öfter zu unserem Kaplan gekommen, in die Kuchl. Da haben wir unsere Hetz gehabt. Er ist ein braver Mann. Alle Achtung vor ihm."

Der Pfarrhof bietet feinen Leuten Gastfreundschaft. Schon seit alters her. Dazu schrieb mir Herr Franz Limberger, der als Kirchenorganist in Klaus Interesse an der Pfarrgeschichte hat: „Im Pfarrhof von Klaus empfing man zu allen Zeiten Besucher oder Reisende, die auf ihrem Weg nach Spital am Pyhrn und weiter nach dem Süden hier übernachteten. Es waren vor allem Geistliche aus Passau und Bamberg, aber auch Äbte aus verschiedenen Klöstern.

In den Jahren nach dem 2. Weltkrieg waren es Sommerfrischler aus Wien, die die Gastfreundschaft im Pfarrhaus in Klaus nutzten. Ich erinnere mich an eine betagte, sehr vornehme Dame, Frau Wimmer, die viele Sommer im Pfarrhof in Klaus verbrachte. Sie war eine Wohltäterin für die Pfarre, spendete Geld für die Kirchenrestaurierung, kaufte dem damaligen Pfarrer schöne Messgewänder und finanzierte auch manche Reise von Hochwürden. Sie wohnte im Fremdenzimmer, einem spartanisch eingerichteten Raum mit zwei Fenstern nach Süden hin und einem nach Westen. Die Einrichtung bestand aus einem Bett und einem Kasten, einem Tisch und zwei Stühlen, alles Biedermeiermöbel mit schönen Intarsienarbeiten, und an der Wand hingen kleine Bilder in vergoldeten Rahmen. Es waren dies Aquarelle des Klauser Baders und Heimatdichters Joseph Moser, so erzählte mir die Pfarrersköchin, keine besonders wertvollen Bilder, aber für Klaus sind es Erinnerungsstücke. Wertvoll war nur die Kreuzigungsgruppe, die am Nachtkästchen stand, angeblich eine Arbeit der berühmten Schwanthaler-Familie."

Die Gäste des Pfarrhofes logierten vornehm in den alten Gemäuern mit ihren alten Kostbarkeiten.

Gäste bringen auch Leben in das Pfarrhaus, daher freuen sich so manche Pfarrherren, wenn sie Gäste beherbergen können, um deren Wohlbehagen sich freilich die Pfarrerskköchin zu kümmern hat. So erzählte mir die liebenswürdige Frau Annerl aus Windischgarsten: „Wir haben, als der alte Pfarrer noch lebte, oft sehr viel Gäste gehabt. Einmal kamen zwölf zum Frühstück. Zu den Gästen gehörte auch ein Medizinalrat W., der kam immer mit der Lederhose daher. Ab und zu besuchen mich noch einige der früheren Gäste. Die Gäste sind um den Tisch in der Küche gesessen, meist bis 10 Uhr am Abend. Ich habe nie viel Zeit gehabt, mich zu ihnen zu setzen, ich habe schaun müssen, dass alles in Ordnung ist. Wenn es schon sehr spät war, hat die Frau Medizinalrat W. gesagt: ‚Kinder, wir müssen schlafen gehen, der Annerl fallen schon die Augen zu.' Dann war da auch ein Professor aus Duisburg, der hat auch jeden Tag seine Messe gelesen. Er war ein Priester, mit dem war es recht lustig. Er hat ausgeholfen. Ich habe nicht so aufgepasst, was die geredet haben, ich habe immer zu tun gehabt. Wenn ich mit dem Geschirrabwaschen fertig war, war es 8 Uhr. Dann habe ich mich meist noch mit den Gästen etwas zusammengesetzt, aber nicht lang. Der Pfarrer Kirner hat um 10 Uhr gesagt: ‚10 Uhr ist es, ins Bett!' Er hat aber auch, wenn Gäste da waren, zu ihnen gesagt: ‚Wenn ihr wollt, könnt ihr noch sitzen bleiben, ich gehe aber ins Bett.' Und er hat es auch so gemacht." Nobel lässt der Herr Pfarrer seine Gäste im Pfarrhof feiern, obwohl er selbst schon genug hat und sich zur Ruhe begibt. Die Gastfreundschaft ist ihm heilig.

Ein großer Gastfreund war Pater Thomas von der Pfarre in Pfarrkirchen. Ihm war es ein großes Anliegen, die in der Nähe von Bad Hall gelegene gotische Wallfahrtskirche St. Blasien, die am Verfallen war, zu renovieren. In dieser Kirche erteilte Pater Thomas zu Lichtmess am Beginn des Februar jeweils mit zwei überkreuzten Kerzen den Blasiussegen, und hier las er gerne feierliche Messen, unter anderem auch für Jäger und Handwerker. Damit in Verbindung richtete er für Feste und freundschaftliche Treffen das frühere Messnerhaus bei der Kirche ein. Dieses Haus, es musste von Grund auf restauriert werden, erhielt vom

Pater die schöne Bezeichnung „Blasiusstube". Leider steht diese freundliche Stube heute leer, da Pater Thomas bereits das Zeitliche gesegnet hat.

Unweit der Kirche steht ein kleines Haus, in dem Frau Wolfslehner, sie ist heute um die neunzig, mit ihrer Familie wohnt. Diese liebe Dame, die Elmar Oberegger und mich freundlich empfängt, sorgte sich einige Jahre hindurch um das Wohlergehen von Pater Thomas und seinen Gästen, sie dürfte eine fabelhafte Köchin gewesen sein.

Sie war zwar keine richtige Pfarrersköchin in dem Sinn, dass sie sich die ganze Woche hindurch um das Wohlergehen des Herrn Pfarrers kümmerte. Sie war vor allem für das Wochenende und die Feiertage da, während der der Herr Pfarrer hier in St. Blasien residierte und seine Gäste, für die er vorher eine Messe las, empfing. Und dabei half ihm Frau Wolfslehner, die während der Anwesenheit des geistlichen Herrn sehr wohl die Funktionen einer Pfarrersköchin wahrnahm.

Pater Thomas jedenfalls hat, wie es scheint, schöne Tage in dieser Blasiusstube, in der die Dame ihre Braten servierte, verbracht. Hier in dieser frommen Absteige schrieb er seine Gedanken nieder, arbeitete, wie es heißt, an seinen Predigten und hortete seine Gästebücher. Fein säuberlich führte er diese, versah sie mit Fotos und ließ die Gäste etwas hineinschreiben. Unter den freundlichen Kommentaren der Bewirteten finden sich mitunter schöne und wohlklingende Trinksprüche. Er hinterließ zehn dieser Gästebücher, die für ihn wie ein Schatz waren und die jetzt Pater Wilhelm, der Nachfolger von Pater Thomas in Pfarrkirchen, in Verwahrung hat. Ein Gästebuch besitzt Frau Wolfslehner, sie zeigt es uns und wir dürfen darin blättern. Pater Thomas wusste in trefflicher Weise kirchliche Frömmigkeit mit katholischem Wohlergehen zu verbinden. Diese Blasiusstube ist mit einem prächtigen Kachelofen versehen, den Pater Thomas setzen ließ.

In einem der Gästebücher ist Pater Pius vom Stift Kremsmünster an einem Tisch der Blasiusstube zu sehen, vor ihm befindet sich ein Teller mit einem Truthahn darauf. Pater Pius hat Gabel und Messer in der Hand, er langt ordentlich zu. An der anderen Seite des Tisches sitzt Pater Maximilian vom selben Kloster. Auch er genießt den Braten, hält heiter lächelnd einen Truthahnknochen in der Hand und blickt wohlgenährt in die Kamera. Ich kenne die beiden sympathischen Herren aus meiner Zeit als Klosterschüler. Schon damals wussten sie bei gutem Essen zuzulangen.

Frau Wolfslehner erzählt über ihr Leben als Köchin für Pater Thomas: „Pater Thomas ist 1962 hergekommen. Er hat angefangen, die Kirche herzurichten, die Bänke sind heraus, es musste alles geputzt und geweißnet werden. Das hat gedauert, von 1962 bis 1969, bis alles renoviert war. Dann, 1969, ist es hier richtig losgegangen. Der Herr Pfarrer hat immer wieder Leute eingeladen. Dafür hat er die Stube eingerichtet. Ich habe für ihn und seine Gäste gekocht. Er hat mich gebraucht. Alleine hätte er nichts anfangen können. Als in der Kirche gearbeitet wurde, haben immer vier Leute dort gearbeitet. Für die habe ich auch gekocht. Mein Mann ist 1983 gestorben, er war der Messner bei der Kirche."

Elmar wirft ein: „Sie haben für das körperliche Wohl gesorgt und Ihr Mann für das geistliche." Sie nickt und fährt fort: „ Ja, wir waren ein Team. Aber als mein Mann starb, also ab 1983, war ich beides: Köchin und Messnerin des Paters Thomas. Gewohnt hat der Pater Thomas in Pfarrkirchen. Hierher hat er sich zurückgezogen in seine Stube, die hat er sich schön hergerichtet. Auch mit einem Teppich, damit es schön warm ist. Die Leute haben auch etwas gebracht, damit die Stube etwas gleichsieht. Sehr war der Pater Thomas an der Kirche interessiert, die ist ihm am Herzen gelegen. Wenn er nicht gewesen wäre, wäre die Kirche St. Blasius nicht renoviert worden. Er hat sich eingebildet, wenn er einmal in der Rente ist, dass er für dauernd hierher in die Blasiusstube zieht. Pater Thomas war zu mir ein guter Freund. Wir sind zusammengewachsen, weil eins das andere gebraucht hat. Wir haben auch eine kleine Mostpresse gehabt. Die geistlichen Schwestern in Pfarrkirchen haben für ihn das Obst zusammengeklaubt. Er hat das Obst hergeführt und wir haben gemeinsam Most gepresst. 25 Eimer Most haben wir gehabt. 5 Eimer hat er für sich gebraucht, die anderen Eimer waren für seine Freunde und für uns. Er war den Most gewöhnt. So haben wir uns gegenseitig geholfen. Er war ein wenig ein Schleuderer, er war nicht so genau." Sie meint damit, Pater Thomas war von einer gewissen Großzügigkeit, die ihr gefallen hat. Elmar, der Neffe, bestätigt dies und erzählt: „Ein genauer Mensch war der Pater Thomas nicht. Er hat mir das Schwimmen beigebracht. Er war ein großer Schwimmer. Da habe ich auch gesehen, dass er es nicht so genau nimmt. Damals hat er mir am Meer einen Rotwein zu trinken gegeben. So ist auch etwas aus mir geworden, sehn Sie." Elmar zeigt Bilder, die er mitgenommen hat, von der Blasiusstube, von einem gedeckten Tisch, von Menschen, die hier waren, unter ihnen ist sogar der frühere Landeshauptmann Gleißner zu sehen. Ein Bild zeigt Frau Wolfslehner vor dem Backrohr mit großem Truthahn. Elmar erinnert sich, zum Geburtstag von Pater Thomas habe Frau Wolfslehner stets Kitz gebraten: „Dazu waren wir oft eingeladen, denn meine Mutter war die Halbschwester von Pater Thomas." Frau Wolfslehner erzählt weiter: „In Pfarrkirchen hat er als Pfarrersköchin eine Ordensschwester gehabt, die Schwester Hedwig. Bei ihr hat es ihm nicht so geschmeckt wie bei mir. Bei mir war Abwechslung, bei mir hat er eine gebackene Leber bekommen, das war seine Leibspeise. Er hat immer gesagt, von der Schwester Hedwig wird er nicht so gut verpflegt, da bekommt er Palatschinken, Baunzerln und das Zeug. Bei der Frau Wolfslehner bekommt er gute Sachen, daher fährt er lieber hierher. Zum Würstelstand in Bad Hall ist er auch gerne gefahren. Krapfen habe ich ihm auch gebacken, die haben ihm auch geschmeckt."

Frau Wolfslehner war sowohl Köchin als auch Messnerin für Pater Thomas, der in der durch ihn renovierten Kirche in St. Blasien mit Vorliebe die heilige Messe las und in der Blasiusstube mit seinen Gästen feierte. In Pfarrkirchen waren es zwei Ordensschwestern der Benediktinerinnen, Hedwig und Vizenzia, die Pater Thomas an seinem geistlichen und leiblichen Wohl an nichts fehlen ließen. Die eine half in der Kirche und erfüllte die Aufgaben des Messners. Die andere werkte in der Küche und kümmerte sich um die Dinge, die im Haus anfielen.

Beide Funktionen oblagen in St. Blasien nach dem Tod ihres Mannes, des früheren Messners, der Frau Wolfslehner. Sie wusch für Pater

Thomas das Messgewand und kochte für ihn, aber auch für die Arbeiter, die auf seine Anordnung hin die Kirche renovierten. Für ihre Dienste erhielt Frau Wolfslehner vom Pater stets etwas Geld aus seiner eigenen Kassa. Sogar bäuerlich werkte die gute Frau, damit auf dem Tisch des Pfarrherrn zur Freude der Gäste Gutes landete. Sie schildert dazu weiter: „Hie und da haben uns die Bauern ein Fleisch gebracht. Früher haben wir sogar eine Sau gefüttert. Das Futter haben wir vom Sonnenheim bekommen, es waren die Speiseabfälle dieses Hauses. Er, der Pfarrer, hat mir das Saufutter oft mit dem Auto hierher geführt. Wir hatten auch Geißen. Der Pater und ich haben zusammengeholfen. Eine Hand wäscht die andere." Den Gästen dürfte es geschmeckt haben. Aber auch für die Gläubigen, auf deren Wunsch der Pfarrer in St. Blasien eine Messe las, sorgte er freundlich, wie sich Frau Wolfslehner erinnert: „Die Leute, für die er eine Messe gelesen hat, wurden nachher in die Blasiusstube gebeten. Auf einen Umtrunk ist zum Beispiel der Bürgermeister mit der Familie in die Blasiusstube nach der Messe eingeladen worden." Der Pfarrer wusste also, wie es auch das Gästebuch zeigt, in einer von ihm geschaffenen kleinen Welt fromm und fröhlich bei gutem Trunk und guten Speisen zu leben. Deswegen, meinte seine Köchin, dürften Mönche des Klosters Kremsmünster missgünstig gewesen sein: „Es gab auch welche im Stift, die es ihm geneidet haben, dass er es sich hier schön eingerichtet hat. Er ist 1998 im Stift gestorben. Beim Begräbnis hat der Abt gesagt, dass ihn nicht einmal seine Mitbrüder besucht haben. Sie haben einen Neid gehabt, weil er ein gescheiter Mensch war. Es war aber einfach herzlich hier." Der Herr Pfarrer Pater Thomas war also ein geselliger Herr, der auch zu leben wusste und hier gerne für fromme Leute Messen las.

Die Tochter von Frau Wolfslehner, die dem Gespräch beiwohnt, erzählt dazu noch: „Meine Mutter hat ein schweres Leben hinter sich. Durch Pater Thomas hat sie Kontakte nach außen bekommen. Es waren freundschaftliche Kontakte. Wie der Vater gestorben ist, sind die beiden sogar gemeinsam einkaufen gefahren. Für die Mama war das nach ihrem harten Leben schön hier mit Pater Thomas." Frau Wolfslehner bringt uns die bereits erwähnten Gästebücher. Wir sehen feiernde Gäste und auf einem Bild einen Truthahnbraten, von dem Frau Wolfslehner stolz meint, er habe 13 Kilo gewogen und sei beinahe nicht in das Rohr gegangen.

In einem der Gästebücher lese ich auch einen Trinkspruch der alten Vaganten des Mittelalters: „Meum es praepositum in taberna mori." (Mir ist es vorausbestimmt, im Gasthaus zu sterben.)

Ich lese auch diesen Spruch: „Nach dem Schnitzel, Most und Kraut sind wir alle sehr erbaut. Doch bevor wir noch mehr schwanken, wollen wir dir herzlich danken."

Frau Wolfslehner sagt traurig: „Mir geht der Pater Thomas sehr ab, es gab kein Habsein (Bösesein) mit ihm, wir haben uns gut vertragen. Er war ein guter, hilfsbereiter Mensch."

Jedenfalls war Pater Thomas beliebt. Bei ihm zeigt sich beste katholische Tradition, zu der das Einladen und Bewirten von Gästen gehört.

Eine große Freude an manchmal bunten Festen im Pfarrhof hatte auch eine freundliche Pfarrersköchin aus Tirol, die in ihren Erinnerungen schwelgt: „Wir haben immer viele Veranstaltungen gehabt. Ich bin ein Mensch, der gerne Feste gegeben hat. Richtige Feste, dabei ist richtig geplätschert worden.

Bei den Veranstaltungen habe ich gekocht. Nur ich. Zuerst haben die Leute gemeint, ich kann gar nichts, ich bin ein bisserl eine Blöde und arbeiten kann sie auch nicht, eine Tirolerin. Ich habe mir gedacht, euch zeige ich es. Ich habe das Hauptkommando geführt in der Pfarre. Es gab 7.000 Gläubige. Ich habe Veranstaltungen gemacht. Die waren bummvoll. Ich habe persönlich gekocht. Bei den Veranstaltungen hat es immer warm zu essen gegeben.

Ich trinke ja keinen Alkohol. Aber da ist getrunken worden, da hat man nicht gewusst, wer mehr blau ist, die Männer oder die Weiber. Es waren immer private Feste. Es hat immer irgendetwas zum Feiern gegeben. Mir ist immer etwas eingefallen. ‚Ich habe zum Beispiel zu Freunden aus der Pfarre gesagt: Ich koche etwas, kommt ihr! Machen wir eine Gaudi.' Ich habe alles in der Wohnung vorgekocht und hinunter gebracht und fertig gemacht. Ich habe auch Wildbraten gemacht, darauf waren sie ganz narrisch. Meist Schnitzel, Gulasch und Ähnliches. Es war eine schöne Zeit, da gibt es nichts zu sagen. Eine gewisse Narrenfreiheit hat man auch als Pfarrersköchin."

Der Umgang mit Gästen gehört zum klassischen Leben der Pfarrersköchinnen. So schildert die Dame weiter über ihre Freude an solchen Veranstaltungen im Pfarrhaus, zu denen sie wesentlich beigetragen hat: „Wir haben schöne Feste gehabt: Gartenfeste, Pfarrbälle, dann habe ich auch den Kathreintanz veranstaltet. Später haben wir es uns anders überlegt. Nun habe ich zu Kathrein zu Mittag groß aufgekocht. Das hat den Leuten gefallen. Ich habe ganz alleine gekocht, mir hat niemand dabei geholfen. Auch für die Sportveranstaltungen habe ich gekocht, die ganze Woche. Von der früh bis abends." Der Dame behagte es, für die Pfarre und den Herrn Pfarrer Feste zu veranstalten. Ihre Freude legte sich aber, als sie sah, dass der Pfarrer ihre Freundschaft nicht mehr erwiderte.

Sie ärgert sich: „Dass ich solche Feste veranstaltet habe, wurde aber vom Pfarrer nicht honoriert. Er hat es nicht nötig gehabt, mir zu danken." Auf die Hintergründe dieses Ärgers werde ich später noch in einem eigenen Kapitel eingehen.

Großzügigkeit und Vagabunden

Zur alten Geschichte der Pfarrersköchinnen gehören auch Vagabunden, die beim Pfarrhaus vorstellig wurden und manchmal auch noch werden, um zu einer Wegzehrung zu gelangen.

Ich erinnere mich hier eines Spruches, den die fahrenden Studenten des Mittelalters, wenn sie zu einem Pfarrhaus kamen, sagten. Dieser Spruch lautet: „Pauper studiosus sum, peto te viaticum" (Ich bin ein armer Student und bitte um eine Wegzehrung). Der Pfarrer oder auch die Pfarrersköchin wird so aufgefordert, den vagabundierenden Scholaren etwas auf den Weg mitzugeben oder ihn gastlich aufzunehmen.

Als Schüler der Klosterschule zu Kremsmünster, in der ich acht Jahre als Internatsschüler verbracht habe, hatte mich diesen klugen

Spruch mein Lateinprofessor, Pater Rupert hieß er, gelehrt. Er meinte, da er meinen Hang zur Vagabondage kannte, wenn ich einmal als wandernder Student Hunger und wenig Geld habe, so solle ich zu einem Pfarrer oder seiner Köchin gehen und ihm oder ihr diesen Spruch sagen. Dieser Spruch war typisch für die vagabundierenden Scholaren, die sich auf diese Weise des Lateins kundig zeigten und so einigermaßen überleben konnten. Es gab genügend Pfarrer, die bereit waren, diese Leute, aber auch anderes fahrendes Volk, mit etwas Essbarem zu unterstützen. Eine wichtige Rolle spielte dabei stets die Pfarrersköchin, denn die war es auch, die den Vagabundierenden etwas aus des Pfarrers Küche zusteckte. Einmal, bei einer Wanderung durch das Alpenvorland, machte ich auch tatsächlich von diesem Spruch Gebrauch. Der Pfarrer, den ich von früher her kannte, verstand den Spruch, nicht aber die neben ihm stehende Pfarrersköchin, die mich fragend ansah. Ich verdolmetschte ihr den Spruch. Sie lud mich daraufhin mit Zustimmung des Herrn Pfarrers zu einer Jause ein, die ich mir schmecken ließ und die mich stärkte. Ich dankte der Pfarrersköchin herzlich und habe sie in bester Erinnerung.

Die Pfarrersköchinnen hatten es sicher nicht immer leicht mit den Vagabunden und hatten einiges einzustecken.

Bereits im „Liber vagatorum“, dem „Buch der Vaganten“ aus der Zeit um 1510, wird geschildert, wie ein auf Krücken gehender Bettler eine Pfarrersköchin um etwas Geld bittet. Die Pfarrersköchin gibt ihm zwar kein Geld, aber etwas Brot. Diese Gabe erzürnt den Bettler, der sich Geld erhofft hat, derart, dass er die Pfarrersköchin als alte „Pfaffenhure“ beschimpft. Diese läuft darauf weinend zum Pfarrherrn und erzählt ihm von dieser gemeinen Bezeichnung durch den Bettler. Der Pfarrer will sich nun erbost an dem Bettler rächen und läuft zum vor dem Pfarrhof wartenden Bettler. Als der Bettler den zornigen Pfarrer sieht, wirft er, offensichtlich plötzlich gesundet, seine Krücken weg und ergreift die Flucht (Heiner Boehncke und Rolf Johannsmeier, 1987, S. 85).

Auf die fahrenden Scholaren und die Pfarrersköchin bezieht sich auch der steirische Dichter und Bergpriester Ottokar Kernstock in seinem 1897 gedichteten Lied „Vale universitas Bursa et Taberne“, ein

Lied, das ich übrigens, wenn ich mit dem Fahrrad unterwegs bin, gerne singe. Vor allem die letzte Strophe gefällt mir, in der es unter anderem heißt: „Und wenn ab das Glück sich kehrt und die Wangen blassen, der die jungen Raben nährt, wird uns nicht verlassen." Interessant ist der Refrain dieses Liedes, er ist im Stil der alten fahrenden Scholaren auf Latein, er heißt: „Sumus de vagantium ordine laudando, petimus viaticum (!) poro properando." Übersetzt bedeutet dies: „Wir sind vom zu lobenden Orden der Vaganten, wir bitten um eine Wegzehrung, damit wir uns schnell entfernen." In der zweiten Strophe kommt auch die Pfarrersköchin vor, die allerdings als bösartig geschildert wird, im Gegensatz zum gütigen Pfarrer. Es heißt da: „Vor dem Pfarrhaus schreckt ein Drach oft uns arme Pilger: ‚Hebt euch weg, Vagantenpack! Schnöde Weinvertilger!' Doch es winkt des Pfarrherrn Hand hinterm Drachen milde – das Barett ziehn wir galant vor der bösen Hilde: Sumus de vagantium ordine laudando, petimus viaticum …" Der Pfarrer beschenkt die Burschen, die ihren Hut vor ihm ziehen und zufrieden weitermarschieren. Die Pfarrersköchin zeigt sich allerdings verärgert über das „Vagantenpack". Aber es gab und gibt wohl auch noch andere Pfarrersköchinnen, die freundlicher sind.

Die Kultur der alten Vaganten, der Herumzieher des Mittelalters, wird bisweilen heute von bettelndem Volk, das im Pfarrhof oder an der Klostertür zu Geld oder Essbarem zu kommen sucht, weitergeführt, aber auch durch Leute, die bloß belästigen wollen.

Ein Waldviertler Pfarrer erklärte mir dazu: „Es ist das Image einer Pfarre, dass die Bettler und armen Leute im Pfarrhof betteln können. Das ist nichts Negatives. Wohin soll man sich denn wenden? Der Pfarrer muss ja doch gut sein."

Und seine Pfarrersköchin schildert ihre Erfahrungen mit vagabundierenden Bettlern: „Wir haben im Pfarrhof zwei Türen gehabt, eine von der Marktseite und eine von der Kirchenseite. Beide Türen waren immer offen. Der Pfarrer hat gesagt, ein Pfarrhof gehört offen, nur Sonntag am Nachmittag haben wir ihn zugesperrt.

Ab und zu kommen Bettler in den Pfarrhof. Viele sind nach dem Öffnen der Grenzen im Jahre 1989 gekommen, vor allem aus Ungarn.

Es hat aber immer ein paar gegeben, die so herumgezogen sind. Auch ein alter Mann aus Kroatien tauchte einmal auf, er ist weit herumgekommen, hat er erzählt. Einen dieser Bettler hat der Kaplan bis nach Weitra gebracht, damit er dort schlafen kann, denn bei uns hat er nicht schlafen können, aber zum Essen hat er von uns etwas bekommen. Einmal hat sich so ein Herumzieher einfach in das Vorhaus hingelegt. Ich habe gedacht, mich trifft der Schlag, ich gehe hinaus aus der Küche, ganz ahnungslos. Ich gehe den Gang nach vorne. Liegt da einer, bei der Stiege hat er sich das Bett gemacht. Mich wundert, dass ich noch reden habe können. Der Pfarrer hat gerade Brautleute in der Pfarrkanzlei gehabt. Der Bräutigam ist gleich mit ihm hinaus, man weiß ja nicht, was einem solchen Esel einfällt. Es war aber einer, der zufrieden gewesen wäre, wenn wir ihn auf dem Pflaster im Vorhaus liegen gelassen hätten. Das ist aber ungesund und unmenschlich. Der Pfarrer hat gesagt, wir sollen bei einem Wirtshaus anrufen, damit ihn die dort übernachten lassen. Früher haben diese Leute in Heustadeln übernachtet, die gibt es aber nicht mehr. Es gibt auch eine Pfarrcaritas, die in bestimmten Fällen helfen kann. Öfter ist so ein Junger gekommen, mit einem Stock, er wollte immer etwas zu essen. Er ist aber schon lange nicht gekommen. Vielleicht haben sie ihn eingesperrt."

Geradezu heiter klingt, was Frau Christl erzählt: „Die erste Zeit haben wir viel Arbeit mit dem Umbau des Pfarrhofes gehabt, man konnte ohne weiteres, ohne gesehen zu werden, in das Haus. Einmal stehe ich im Vorhaus, kommt da ein wildfremder Mann die Stiege herunter, er hat gesagt, wie er mich so verwundert stehen gesehen hat: Er hat sich im Bad frisch gemacht. Es war ein Sandler, wie man so sagt. Ich glaube nicht, dass ich mit ihm geschimpft habe. Wenn man alleine ist, ist es schwierig. Da haben wir einen gehabt, der ist jahrelang gekommen. Der war furchtbar zudringlich. Er hat immer gesagt, er braucht Geld, um dringend nach St. Pölten oder Krems zu fahren. Das Geld hat er dann versoffen. Einige dieser Bettler sind schon ausgeblieben."

Eine andere Pfarrersköchin, die von Waidhofen an der Thaya, hatte auch ihre Erlebnisse mit bettelnden Vagabunden: „Hie und da ist ein Bettler bei uns im Pfarrhof vorbeigekommen. Die Herren sind oft ausgenutzt worden von solchen Leuten. Man sagt: Der Bettler nützt die Gutmütigkeit aus und geht nachher mit dem Geld ins Gasthaus. Das wird schon stimmen. Es gab solche, die von Pfarrhaus zu Pfarrhaus gegangen sind, um Geld für was zum Trinken zu bekommen. Einmal ist der Pfarrer hereingekommen und hat gefragt: ‚Wo ist das Verbandszeug?‘ Habe ich gefragt: ‚Was ist denn passiert?‘ ‚Das erzähle ich dir morgen‘, hat er gesagt. Am nächsten Morgen hat er erzählt: ‚Gestern ist noch ein Flüchtling aus Böhmen gekommen, ein armer Mann, er hat sich am Stacheldraht verletzt. Man wollte ohnehin mit ihm ins Krankenhaus, dagegen hat er sich aber gewehrt. Er hat gebrochen Deutsch geredet.‘ Er hat bei uns im Pfarrhof übernachtet. Er hat gesagt, er ist geflüchtet, er will weiter und bleibt nicht lang. Der Kaplan hat ihm in der Früh das Geld für die Fahrt gegeben. Wie ich den Mann gesehen habe, habe ich mir gedacht, er kommt mir komisch vor. Dann sind der Pfarrer und der Kaplan in die Kirche gegangen. Ich habe gesagt: ‚Ihr geht jetzt alle fort und ich bin alleine mit dem Mann. Ich fürchte mich ja.‘ Ich habe das laut gesagt, weil ich mir gedacht habe, er versteht das eh nicht, weil er gemeint hat, er ist ein Tscheche. Es macht aber eh nichts, wenn er es verstanden hat. Der Messwein für die Kirche war bei uns im Haus in einem Kastl. Ich bin nun in die Kuchl gegangen. Wie ich herauskomme, steht der Mann beim Kastl und hat die Messweinflasche in der Hand und trinkt. Es war ein Wiener und kein Tscheche, bin ich nun draufgekommen. Er ist halt gekommen, weil er Geld gebraucht hat. Er ist dann verschwunden. Zufällig fuhr der Herr Pfarrer an diesem Nachmittag mit dem Zug nach Wien. Wie er zum Bahnhof geht, sieht er diesen Mann aus einem Wirtshaus herauskommen, obwohl er gesagt hat, er fährt am Vormittag weg. Der Pfarrer hat nun gesehen, dass es ein Schwindler ist und sagte sich: aha!“ Der Pfarrer nimmt es locker, wenn er von solchen Bettlern, die dem Alkohol verfallen sind, angegangen wird.

Grundsätzlich dürften die Herren Pfarrer freigebige Leute sein. Das meint auch Frau Poldi: „Unser Pfarrer war großzügig. Obwohl er keinen Überfluss gehabt hat, hat er immer wieder etwas hergegeben.“

Bettler der beschriebenen Art sind eher harmlos, es gibt aber auch aufdringliche und gefährlich wirkende Leute, die die Pfarrersköchin belästigen und erschrecken können. Pfarrersköchinnen scheinen, weil man sie offensichtlich alleine im Pfarrhaus vermutet, Ziel solcher Übergriffe zu sein.

Eine frühere Waldviertler Köchin erzählte mir dazu: „Es gibt auch welche, die wir schon kennen, die brutal sind. Einmal kommt ein Mann, ich war alleine, zu uns ins Pfarrhaus gerannt und schreit: ‚Geschwind, könnte ich 10.000 Schilling haben, sonst ist es aus.' Sage ich: ‚Von wo sollen wir so viel Geld hernehmen?' ‚Ihr werdet doch ein Geld hier haben', sagt er, ‚geben Sie es mir gleich, sonst ist es aus mit mir.' Dann hab ich wieder gesagt: ‚Ich habe keines.' Dann ist er wieder davongerannt. Auch einen Telefonterror habe ich erlebt. Ich war alleine daheim. Ich habe das lange niemandem erzählt, weil ich mir dachte, es ist nur mir passiert. Damals war im Spital die Krankenhauseinweihung. Die Kapläne und der Pfarrer waren dort. Ich war also alleine daheim im Pfarrhof. Es läutete das Telefon und ich höre jemanden rufen: ‚Hilfe, Hilfe!' Ich denke mir, da ist etwas passiert. ‚Helfen Sie, helfen sie!', hat der gesagt. Ich darauf: ‚Ich kann Ihnen nicht helfen. Wenn Sie eine Hilfe brauchen, müssen Sie die Polizei anrufen.' ‚Nein, nein, Sie brauche ich.' Ich: ‚Es ist niemand zu Hause, die Herren sind im Krankenhaus.' Er wieder: ‚Hilfe, Hilfe, es sind Männer da.' Ich habe dann aufgehängt. Dann hat wieder das Telefon geläutet: ‚Hilfe, Hilfe!' Ich habe gleich wieder aufgelegt. Dann wieder: ‚Hilfe. Hilfe.' Ich habe wieder aufgelegt und bin zu einer befreundeten Familie gegangen, weil ich Angst hatte. Ich habe einen Zettel hinterlassen: bin bei Familie Z. Der Pfarrer hat den Zettel gelesen und gefragt, was war denn da los. Ich habe gesagt: ‚Da hat mich jemand angerufen, der hat mich vielleicht nur sekkieren wollen.' Bei der Annafeier habe ich die Zilli getroffen, auch eine Pfarrersköchin. Sie hat mir erzählt, auch bei ihr hat so jemand angerufen. Auch von anderen Pfarrersköchinnen weiß ich, dass sie solche Anrufe bekommen haben."

Vom Pfarrer und von der Pfarrersköchin erwarten sich manche, psychisch kranke Leute offensichtlich, dass man sie problemlos und ungestraft belästigen könne.

Traditionell werden Großzügigkeit und Gastfreundschaft mit dem Pfarrhof verbunden. Daher ist es auch verstehbar, dass Pfarrer und somit auch ihre Pfarrersköchinnen gebeten werden können, Menschen, die auf der Flucht nach Österreich gekommen sind, bei sich aufzunehmen.

Ein solcher Flüchtling, er ist ein Afghane, fand im Pfarrhof der Frau Susanne Aufnahme. Über eine Organisation, die dem Pfarrer für den Afghanen auch einen gewissen Betrag zahlt, kam er hierher und wurde gastfreundlich aufgenommen. Frau Susanne schildert mir dazu: „Wir haben jetzt einen jungen Afghanen da, achtzehn Jahre ist er alt, er ist in einem Container geflohen. Er hat zunächst in einem Lehrlingsheim gewohnt, musste aber mit achtzehn raus, da er in diesem Jahr den Hauptschulabschluss gemacht hat. Er hat in einem Jahr wirklich phantastisch Deutsch gelernt. Er ist Pharsi. Er hilft mir öfter beim Einkaufen. Er möchte schulisch weitermachen, er ist sehr gescheit. Ob er hier bei uns weiter wohnt, das wird sich jetzt herausstellen. Jetzt wohnt er einmal bei uns im Gästezimmer. Das bestimmt der Pfarrer. Aber ob die Aufenthaltsgenehmigung verlängert wird, das ist nicht seine Sache. Da der junge Afghane ein gläubiger Muslim ist, isst er auch kein Schweinefleisch. Wegen ihm muss ich mich beim Kochen umstellen.“

Der junge Flüchtling ist weitherzig in die Hausgemeinschaft des Pfarrhofs eingegliedert worden. Und die Pfarrersköchin Frau Susanne ist stolz darauf.

Heiterkeit im Pfarrhof und Zeitvertreib

Das Leben im Pfarrhof ist bisweilen geprägt durch katholische Heiterkeit und fromme Gelassenheit. So erzählte eine mit ihrem Beruf glückliche Pfarrersköchin aus dem Waldviertel: „Es wir sehr viel gelacht bei uns im Haus. Es gehen viele Leute ein und aus, am Vormittag sind Kanzleistunden. Heiter ist es, wenn der Messner kommt. Es geht oft lustig zu. Und gerne werde ich, die Haushälterin, gerollt, also auf heitere Weise geärgert. Ich freue mich, wenn ich Lob höre und man dankbar ist für meine Arbeit. Es ist für mich hier so wie im Paradies."

Zum scherzenden Umgang mit der Pfarrersköchin kommt bei manchem Pfarrer, wenn er überhaupt Zeit dazu hat, das Karten- und Schachspiel.

So schreibt Pfarrer Sallinger in seinem „Sonntagsbuch": „Mit dem Herrn Pfarrer von Behamberg, bei dem ich Kaplan war, mußte ich zu seinem Zeitvertreib das Kartenspiel erlernen. Damals, also vor 1940, galt es fast als ein schweres Weihehindernis, wenn ein Kaplan nicht Kartenspielen konnte. Allerdings habe ich, als ich von Behamberg wegging, das Kartenspiel schnell verlernt, eben weil ich keine Zeit zu diesem mehr hatte."

Auch wenn der Pfarrer keine Muße zu solchen Spielen aufbringen kann, so ist es doch wichtig für ihn, dass der Umgang mit der Pfarrersköchin und den Menschen, die seinen Pfarrhof aufsuchen, ein heiterer und gelassener ist.

Heitere Gelassenheit spricht auch aus der Erzählung von Frau Lisi, die sich an meinen Urgroßonkel, einen Pfarrer Schmiedl, der um 1900 in St. Valentin Pfarrer war, erinnert. Aus ihrer Bemerkung sieht man auch, dass das Kirchenvolk vor manchmal wenig respektierlichen, aber heiter-wohlwollenden Einschätzungen des Herrn Pfarrers nicht zurückschreckt. Frau Lisi erzählt: „Meine Mutter war bei einem gewissen Stöckler im Dienst, sein Bauernhof gehörte zur Pfarre St. Valentin. Dort haben die Leute den Pfarrer Schmiedl sehr geschätzt, wie ich von ihrem früheren Reden weiß. Er war aber ein bisserl langsam beim Messlesen, hat sie uns gesagt. Auch der Kaplan war langsam. Daher haben sie ihnen auf die Tür vom Pfarrhaus ein großes Plakat gehängt, auf dem ist gestanden:

‚Du und der oan
Müassts a wenig geschwinda tuan
Sonst sats du und der oan
Bald ganz alloan.'"
(„Du und der eine
müsst ein wenig geschwinder tun
Sonst bist du und der eine
Bald ganz alleine.")

Frau Lisi fügt noch hinzu: „Diesen Spruch habe ich Ihnen aufgeschrieben, weil der Pfarrer Schmiedl Ihr Urgroßonkel ist. Die Leute haben wegen des Zettels gelacht."

Obwohl sie gelacht haben, mochten sie ihren Pfarrer. Er war gerne dort, wie ich von meinen Voreltern weiß. Auf Bildern, die ich besitze, macht er einen gemütlichen, nicht gerade asketischen Eindruck. Seine Pfarrersköchin wird ihn gut, wie ich ahne, umsorgt haben.

Heiteres erlebte der Herr Pfarrer vor allem in der Schule in Berührung mit den Kindern. Solche Geschichten aus der Schule brachte er nach Hause und erzählte sie der Pfarrersköchin, wie zum Beispiel der Pfarrersköchin Rosina aus dem Waldviertel, die mir in ihrem schon einige Male zitierten Brief Sachen zum Lächeln mitteilte: „7. März – Sie wollten ja lustige Geschichten hören und ich schreibe von harten Zeiten. Es tut mir Leid, dass ich die lustigen Kindersprüche, die der Herr Pfarrer vom Religionsunterricht nach Hause brachte, nicht aufgeschrieben habe. Einiges ist noch im Gedächtnis. Als Dechant hat er sich bei der Schulvisitation der Kinder so vorgestellt: ‚Ich heiße Schraivogl und wohne in einem Dorf mit einem roten Kirchturm!' Ein Kind hat der Mutter darauf zu Hause erzählt: ‚Der Dechant heißt Schreihals und wohnt oben im Kirchturm.' Oder zu Weihnachten werden unsere großen Christbäume neben dem Hochaltar mit Silberkugeln geschmückt. Ein kleiner Ministrant erzählte zu Hause: ‚Unser Herr Pfarrer ist soooo arm, er hat vom Christkind gar nichts bekommen, nur Glaskugeln.'"

Katholische Fröhlichkeit, gemischt mit heiterer spielerischer Freude, dürfte charakteristisch für die klassischen Pfarrhöfe sein. Eine solche Fröhlichkeit erlebte ich bei meinen Besuchen auf Pfarrhöfen. So erfreute mich Pater Wilhelm, der Pfarrer von Pfarrkirchen, den man abgekürzt bloß PaWü nennt, mit prächtigen Witzen über sein Leben als Pfarrer und seine Pfarrersköchin. Auf diese war er stolz, da sie einmal den Pfarrhof anzündete, weil sie leichtsinnig im Garten altes Holz verbrannte. Ein Funken dürfte den Dachstuhl in Brand gesetzt haben. Der Brand war leicht zu löschen, am Haus ist auch kaum ein Schaden passiert. Seit dieser Zeit, so scherzt PaWü, würden mit ihm befreundete Pfarrer gerne für einen Tag seine Pfarrersköchin ausborgen, damit sie auch ihren Pfarrhof entflamme. PaWü lacht herzlich über seine Pfarrköchin, die seine Scherze gelassen hinnimmt.

Auch Frau Maria in Adlwang lebt auf einem Pfarrhof, auf dem Vergnügliches geschah. Sie erzählt: „Pater Max hat gerne seine Klassenkollegen von der Klosterschule in Kremsmünster hierher eingeladen. Die sieben Jahre, die er da Pfarrer war, bis er gestorben ist, hat er die Maturajubiläen hier gefeiert. Alle aus seiner Klasse sind gekommen. Einmal hat der Pater Max gesagt, dass er furchtbares Zahnweh habe. ‚Macht nichts', meinte er, ‚heute kommen ohnehin meine Maturakollegen, unter ihnen ist der Aichinger, der ist Zahnarzt.' Den hat er angerufen und ihm gesagt: ‚Nimm das ganze Klumpert mit, das du zum Zahnziehen brauchst. Du musst mir einen Zahn ziehen.' Wir haben so viel gelacht. Zu mir hat er gesagt: ‚Stellen Sie mir einen Sessel mitten in die Küche.' Wie der Aichinger dann gekommen ist, hat er ihm hier in der Küche den Zahn gezogen. Mit Schnaps hat er die

Wunde desinfiziert. Gut gegangen ist es. Wir haben uns dabei amüsiert."

Der Pfarrer erfreut sich bisweilen an der Heiterkeit der Pfarrersköchin. Darüber sprach ich mit Frau Susanne, die zu einem ähnlichen Gedanken kommt und lächelnd erzählt: „In ihrer Beziehung zum Pfarrer ist die Pfarrersköchin auch darauf bedacht, dass der Pfarrer in einer Welt lebt, in der auch gelacht wird. Humor ist bei uns wichtig. Es wird sehr viel gelacht. Es werden Leute auf die Schaufel genommen. Es waren meine ersten oder zweiten Weihnachten mit dem Pfarrer, da habe ich aus Ton kleine Krippenfiguren gemacht und in eine Baumrinde gelegt für Kinder. Da hat jemand angerufen und gefragt, was ich mache. Der Pfarrer war am Apparat und hat im Scherz gesagt: ‚Die Susi hat gerade fünfzig Kinder gemacht, die liegen in der Küche auf dem Boden.' Der Pfarrer hat Witz."

Es ist im Sinne der Pfarrersköchin, wenn der Pfarrer in einer heiteren Welt lebt, in der gelacht werden kann. Das befreiende und nicht beleidigende Lachen hat wohl etwas Göttliches an sich.

Mit Pfarrer und Kaplänen lebte auch Frau Annerl aus Windischgarsten bisweilen in heiterer Gelassenheit: „Ich habe mich am Anfang, als ich Pfarrersköchin geworden war, recht gefürchtet vor dem Kochen, ich habe es ja nicht gelernt. Bevor der Pfarrer Kirner (1953) gekommen ist, waren die Kapläne schon da. Der Rafatseder war damals Kaplan bei uns, der hat mich oft aus reiner Gaudi sekkiert. Der Rafatseder war ein lieber Mensch. Der ist leider bald weggekommen. Wir haben oft eine Gaudi gehabt und gelacht. Als wir noch die Landwirtschaft hatten, da war der Pater Hindl da. Damals waren wir drei Menscher (= Mädchen oder weibliche Dienstboten) am Pfarrhof. Einmal habe ich zu ihnen gesagt, jetzt schlaft er, der Pfarrer. Ich bin zu ihm gegangen und habe ihm Wasser über den Kopf geschüttet. Die zweite hat dabei mitgetan, dann sind wir aber gerannt. Aus Spaß." Man erfreut sich an kleinen Scherzen auf Kosten des Herrn Pfarrers, der jedoch kein Spaßverderber gewesen sein dürfte.

Beliebt ist es, sich über Versprecher vor allem der Pfarrersköchin lustig zu machen. Der Pfarrer von Zwettl nimmt seine Pfarrersköchin

Christl aufs Korn und erheitert sich über die Wortwahl der Frau: „Einmal hat sie uns etwas besonders Gutes zum Frühstück machen wollen, da hat sie einen ‚alkoholfreien' Kaffee gekocht. Ein ‚koffeinfreier' hätte es werden sollen."

Ein höchst humorvoller Mensch war Herr Pfarrer Sallinger, wie seine Pfarrersköchin Lisi meinte. Dieser Humor zeigt sich sehr deutlich in seinem bereits genannten „Sonntagsbuch". In einem eigenen Kapitel bringt der Herr Pfarrer köstliche Witze, mit denen er wohl, wie Frau Lisi andeutet, seine Gäste und Freunde im Pfarrhof erheitert haben mag. Einige dieser humorvollen Geschichtchen lassen sich wohl vor dem Hintergrund seiner seelsorgerischen Arbeit und der Organisation der Kirche verstehen. Daher möchte ich sie hier auch bringen, da sie auf augenzwinkernde Strategien von Pfarrern und auch ihrer Pfarrersköchinnen verweisen, um beim gläubigen Volk zumindest ein Lächeln zu erreichen.

Auf die Organisation der Kirche bezieht sich der erste der gesammelten Witze des Herrn Pfarrer Sallinger:

„Papst Johannes XXIII. wurde von einem Ehrengast gefragt: ‚Wie viele Leute arbeiten denn hier im Vatikan?' Der Papst antwortete: ‚Die Hälfte!'"

Der zweite Witz hängt mit der Aufgabe des Pfarrers als Beichtvater zusammen, denn diese Funktion ist eine sehr bunte:

„Ein braver Mann fängt zu beichten an: ‚Ich armer sündiger Mensch … ich bin verheiratet …' Der Pfarrer korrigiert ihn: ‚Das ist keine Sünde!' Der Beichtende darauf: ‚Aber ich bereue es trotzdem.'"

Dass der Pfarrer auch Mensch ist mit all seinen Wünschen, wenn er Beichten abnimmt, zeigt diese kleine heitere Geschichte:

„Ein Arzt erleichtert sein Gewissen bei einer Beichte und bittet den Pfarrer: ‚Bewahren Sie mich, daß ich nicht in die Hölle komme!' Darauf der Pfarrer, ebenso bittend: ‚Bewahren Sie mich davor, daß ich nicht jetzt schon in den Himmel komme!'"

Pfarrer Sallinger war, wie mir seine Pfarrersköchin erzählte, zumindest in seiner ersten Zeit als Pfarrer ein begeisterter Radfahrer. Daher gefiel ihm wahrscheinlich dieser Witz besonders – der Brünndlberg dürfte ein Hügel im Waldviertel sein: „Vom Brünndlberg saust ein Radfahrer herunter am späten Abend. Ein Gendarm schreit ihm schon von weitem entgegen: ‚Halten S' aus! Sie haben, Sie haben kein Licht!' Doch der Radlfahrer schreit zurück: ‚Gehen S' weg! Ich hab auch keine Bremse!'"

Die folgenden heiteren dichterischen Zeilen in seinem „Sonntagsbuch" deuten wohl auf die Freude des Herren Pfarrers an Geselligkeit und freundschaftlichem Umtrunk hin. Diesem dürfte er, wie ich weiß, nicht abgeneigt gewesen sein:

„Das Wasser gibt dem Ochsen Kraft –
dem Menschen Wein und Gerstensaft.
Drum, mein Freund, trink Bier und Wein!
Du wirst ja doch kein Ochs nit sein!"

Himmel, Hölle und Fegefeuer als Bereiche, über die der fromme Mensch Bescheid wissen soll, werden in diesem Witz des Herrn Pfarrers erwähnt: „‚Wollen Sie für den verstorbenen Mann eine Messe lesen lassen?', fragte der Pfarrer eine Witwe. Sie antwortete: ‚Nein! Ist er im Himmel, dann braucht er sie nicht. Ist er in der Höll, dann nützt sie ihm nicht. Ist er im Fegefeuer – wie mein Mann gebaut ist –, das hält er aus!'"

Die Bibelfestigkeit eines Diebes imponiert offensichtlich dem Herrn Pfarrer, der ja selbst täglich seine Vertrautheit mit der Bibel zu beweisen hat:

„Der Richter zum Angeklagten: ‚Sie haben nicht nur das Geld aus der Tischlade gestohlen, sondern auch Kästen aufgebrochen und alles durchwühlt!' Darauf der Angeklagte: ‚Ich habe an die Worte des heiligen Paulus gedacht: Prüfet alles und wählt das Beste.'"

Heiter ist auch diese Geschichte des Herrn Pfarrers aus seiner Tätigkeit als Religionsprofessor am Gymnasium. Unter dem Titel „Kaiserliche Hoheit" ist zu lesen: „Auf Schloß Persenbeug an der Donau wohnt die Familie Salvator, Nachkommen des Kaisers Franz Joseph. Ein Sohn dieses Hauses, Erzherzog Friedrich, kam bald nach dem 2. Weltkrieg hierher in das Schloß Gudenus, damit er hier das Gymnasium besuchen konnte. Seine Mitschüler nannten ihn nie ‚Erzherzog' oder ‚Kaiserliche Hoheit', sondern immer nur ‚Friedl'. Er war ob seines bescheidenen, freundlichen Wesens bei Mitschülern und Lehrern beliebt. Eine Mitschülerin hat ihm gut gefallen, die hübsche, blitzgescheite Eta Köhrer mit ihren langen blonden Zöpfen und ihrer herrlichen Stimme. Sie hat ihm vielleicht auch manchmal bei der Hausübung geholfen. Oder er tat es als Gentleman. Seine Kaiserliche Hoheit sah man Tag für Tag, wie er nach Unterrichtschluß freundlich plaudernd der holden Maid Eta die Schultasche trug, fast bis zu ihrer elterlichen Wohnung. (...)

In einer Religionsstunde wollte einmal ein Mitschüler ein heimliches Brieferl von einer Abteilung über den Mittelgang schicken zu der anderen Abteilung, doch der Erzherzog war etwas zögernd langsam bei der Weitergabe. Ich war schneller, weil ich im Mittelgang stand, und schnappte kaltblütig das Brieferl. Da empörte sich die liebe Eta halblaut: ‚Friedl, du Depp, du!' Lächelnd ertrug der Erzherzog diese Titulierung. Er hat bei mir aus Religion maturiert – mit Sehr gut!"

Pfarrer Sallinger hatte Witz und erfreute sich und die anderen mit kleinen Geschichtchen, wie diesem vom Erzherzog.

Sein heiterer Sinn kommt auch in einer Festrede vom 14. 8. 1998, er war schon in Pension, anlässlich eines Jubiläums der Pfarrkirche zum Ausdruck. So heißt es in dieser Rede unter anderem: „Ein ganzer Versager war um das Jahr 1640 der Pfarrer Mathäus Bartsch. Denn der war im ganzen Jahr nur drei- oder viermal in der Kirche, dafür öfter bei Gastereien und Hochzeiten. Anders war dies bei seinem Nachfolger Heilnegger. Der meldete ans bischöfliche Konsistorium: ‚Das ist mein einziger Trost, dass ich in den zehn Jahren nichts an Gottesdiensten versäumt habe, meine Schäflein nicht im Stich gelassen, Pestkranken in Lebensgefahr die Sakramente spendete, dass ich die Lutheraner der Stadt wieder bekehrt und die Namenschristen zu neuem religiösen Eifer geführt habe.'" Augenzwinkernd fügt der Herr Pfarrer hinzu: „Wäre schön, wenn uns dies auch gelingen täte!"

Gefallen haben dem Pfarrer, der Sympathien für die kleinen Leute hatte, die Bauern.

Daher sei auch diese Stelle erwähnt: „Um 1850 gab es den Pfarrer Urbanek, der hat mit der Peitsche die Getreidehändler am Kirchenplatz verjagt, weil sie den Bauern das ‚Körndl' billig abdrücken wollten …"

Dieses „Sonntagsbuch" des Herrn Pfarrers gibt einen Einblick in den weiten und heiteren Geist des Herrn Pfarrers und seine Tätigkeit für seine Gläubigen, die ohne die Pfarrersköchin Lisi, die ebenso einen verschmitzten Witz hat, nicht vorstellbar ist.

Der Pfarrhof ist also kein Platz bigotten Ernstes, sondern ein Ort, an dem Menschen oft heiter lächelnd zusammenleben. Humor, überhaupt wenn er auch etwas fromm ist, erleichtert das Leben der Pfarrersköchin.

Gruselgeschichten

Die alten, schlossähnlichen Gemäuer des alten Pfarrhofes sind nicht nur von historischer Würde, sie haben auch etwas Aufregendes an sich, sie regen die Phantasie an und können daher auch mit Gruselgeschichten in Verbindung gebracht werden.

So schrieb mir der Kirchenchorspezialist Franz Limberger aus Kirchdorf an der Krems eine gruselige und abenteuerliche Geschichte aus dem Pfarrhof Klaus. Er hat sie mit „Der Fenstersprung" übertitelt: „Poltergeister treiben bis heute ihr Unwesen im alten Pfarrhof von Klaus. Besonders sensible Bewohner können bei so einer mitternächtlichen Geisterstunde schon die Nerven verlieren.

Vor Jahrhunderten gehörte zum Pfarrhof neben der Landwirtschaft und den Waldbesitzungen auch eine Brauerei. Obwohl die Pfarrchronik von Klaus seit dem Bestehen der Pfarre 1674 genauestens geführt wurde und Pater Eberhard Bauer im Jahr 1889 ein Buch ‚Historische Notizen von Klaus' herausgab, muss es doch irgendwelche Seiten in der Original-Chronik geben, die bis heute nicht veröffentlicht wurden. Diese Feststellung kann ich begründen, da Pater Franz Dutzler, trotz vielem Drängen, mir nicht erlaubte, die handschriftliche Chronik von Klaus zu lesen. Was hat sich im Pfarrhof zugetragen, eine Frage, die mich auch heute noch beschäftigt, vor allem dann, wenn ich wieder einmal von unheimlichen Poltergeistern hinter Pfarrhofmauern höre. Erst kürzlich haben die Kirchenchormitglieder während einer Probe ein Poltern und Krachen vernommen, erzählt die Pfarrersköchin. Mehrere Chormitglieder bestätigten diese Wahrnehmung.

Eine andere Geschichte ist besonders heiter-gruselig. Pfarrer Franz Dutzler unternahm wieder einmal eine größere Reise mit seinem Motorrad.

Damit die Pfarre nicht ohne Priester ist, kam ein Schlierbacher Pater zur Aushilfe nach Klaus. Damals kamen die Aushilfen gerne nach Klaus, denn die Pfarrersköchin hatte den Ruf, nicht nur hervorragende Speisen aufzutischen, sondern kümmerte sich auch wie eine Messnerin um alle Arbeiten in den beiden Kirchen.

Jeder Priester, der zur Aushilfe nach Klaus kam, wurde zuerst einmal über die Eigenheiten des Pfarrvolkes, über Essenszeiten und sonstige Pfarrhofregeln informiert. Von den Poltergeistern erzählte sie nichts, um nicht unnötig Angst zu verbreiten.

Es war zur Ferienzeit, der Aushilfspriester kam bereits samstags nachmittags. Er wurde von der Pfarrersköchin mit Kaffee und Biskuitroulade empfangen. Anschließend empfahl sie dem Hochwürden einen Spaziergang durch den Ort. Dieser Spaziergang war in vieler Hinsicht für den Aushilfspfarrer wichtig, wie sich später herausstellte. Vor dem Schlafengehen studierte der Aushilfspfarrer nochmals seine Predigt, denn schließlich wollte er eine besonders aufrüttelnde Predigt halten und zur Bekehrung aufrufen. Nach 10 Uhr ging er zu Bett.

Diese erste Nacht in Klaus werden Pfarrersköchin und Aushilfspriester nicht so schnell vergessen. ‚Ungefähr um 3 Uhr früh läutete jemand an der Haustüre‘, erzählte die Köchin, und dann hörte sie rufen: ‚Hallo, aufmachen!‘ Vorsichtig, ohne das Licht anzudrehen, schlich sich die Köchin ans Fenster und versuchte einen Blick zum Hauseingang. Im Dunkeln konnte sie zwei Gestalten erkennen, eine war ganz in Weiß und die andere Schwarz gekleidet. Energisch schrie sie: ‚Was wolln S' denn?‘ Die Stimme aus der schwarzen Nacht: ‚Aufmachen, passiert ist was!‘ Jetzt erkannte sie den Dorfgendarm und zu ihrer Überraschung den Aushilfspfarrer. Schnell öffnete sie die Haustüre und erschrak, als sie den geistlichen Herrn im weißen Nachthemd sah. ‚Im Haus sind Einbrecher', stotterte der Pfarrer mit zittriger Stimme. Jetzt zückte der Herr Inspektor seine Pistole, entsicherte sie und betrat kraftstrotzend und energisch das Haus. Blitzschnell riss er jede Türe auf und schrie: ‚Ist da jemand, Hände hoch!' Hinter ihm die Pfarrerskochin, die sich zur Eigenverteidigung mit einem eisernen Schürhaken bewaffnet hatte. Mit entsprechendem Respektabstand ging der Aushilfspfarrer hinterher. Eine gute Stunde dauerte die Verfolgungsjagd, doch von Einbrechern war weit und breit keine Spur. Für den Herrn Inspektor war der Einsatz beendet und zum Pfarrer meinte er etwas zynisch: ‚Vielleicht ham S' schlecht geträumt, Hochwürden?' Er verabschiedete sich und wünschte noch eine gute Nacht.

Aber schlafen gehen wollte der Herr Pfarrer nicht mehr. Zum Schutz des Pfarrers blieb auch die Köchin wach, kochte einen starken Kaffee und wollte jetzt genau wissen, was sich in der Nacht ereignet hatte. ‚Es war nach Mitternacht, da hörte ich ein lautes Poltern im Nebenraum', erzählte der Aushilfspfarrer, ‚dann Schritte, dann ein Klirren, als würde jemand die Glasfenster zertrümmern.' Die Pfarrersköchin schmunzelte und sagte: ‚Oh, mein Gott, ich hab vergessen ihnen zu sagen, dass es im Pfarrhof manchmal geistert. Aber Hochwürden, jetzt müssen Sie mir noch erzählen, wie sie zur Gendarmerie gekommen sind?' ‚Ich bin aus dem Fenster gesprungen und nachdem ich von meinem gestrigen Spaziergang wusste, wo die Gendarmerie ist, rannte ich hin und weckte den Inspektor.'

Vom Pfarrhof bis zur Gendarmerie sind nur fünf Minuten zu gehen, aber für den Herrn Pfarrer muss es ein Leidensweg gewesen sein. Der Pfarrer hatte einen Schutzengel gehabt, denn genau dort, wo er aus dem Fenster gesprungen war, sind höchstens ein Meter ebener Grund und dann ist eine steil abfallende Böschung, gut 40 Meter hinunter, bis zum Steyrfluss.

Die Sonntagsmesse hat der Aushilfspfarrer noch gelesen, gepredigt hat er nicht und gleich nach der Messe verließ er Klaus. Es war ihm wohl bewusst, dass dieser nächtliche Fenstersprung das Tagesgespräch in der Pfarre sein wird. So etwas lässt sich nicht verheimlichen, meinte die Pfarrersköchin. Als Aushilfe kam er nie wieder nach Klaus."

Der Herr Aushilfspfarrer kam zwar mit dem Schrecken davon, aber der Pfarrhof von Klaus blieb ihm weiterhin unheimlich.

Von einer „unheimlichen Aktion", die mit Gruseln zu tun hat, schrieb mir Pfarrersköchin Rosina, die schon einige Male zu Wort gekommen ist. Obwohl sie hinzufügte: „Mein Erlebnis ist nur für Sie gedacht, Ihnen erzählt! Es ist nicht fürs Pfarrersköchinnenbuch geeignet", bringe ich diese Geschichte dennoch, denn die alte Pfarrersköchin hat sie in schöner Sprache und mit verstecktem Witz verfasst: „Eine unheimliche Aktion möchte ich noch erzählen. Unter unserer Kirche sind zwei große Gruftkammern, die voll gefüllt sind mit Menschenknochen. Als die Kirchenheizung gemacht wurde, musste von der Sakristei hinunter in die Gruft das Gewölbe für die Elektrokabel durchbrochen werden. Damit der Schutt nicht unter die Gebeine kommen konnte und leichter zum Wegräumen war, habe ich an der Stelle einen großen schwarzen Mantel über die Knochen und Totenschädel gebreitet. Elektriker und Maurer haben an einem Tag bis spät am Abend gearbeitet. Als sie nach einem ausgedehnten Abendessen weg waren und ich in der Küche beim Aufräumen war, stand da noch ein Kübel halb voll mit Mörtel. Wegwerfen wäre doch schade, dachte ich, das Loch unten in der Gruft muss sowieso zugemauert werden, damit oben zugeschüttet und das Pflaster wieder verlegt werden kann. ‚Soll ich das noch machen?', fragte ich den Pfarrer. ‚Wenn du dich traust! Es wird bald Mitternacht!' ‚Soll ich? Soll ich nicht?', so war meine Überlegung. Ich gab meinem Herz einen Stoß: In einer Hand eine kleine Lampe, in der anderen Hand Werkzeug und den Mörtelkübel, so stieg ich über die Stufen in die Vorkammer hinunter, dann bei der Maueröffnung hinein zu den Toten. Auf den Knien musste man über die Gebeine krabbeln. Durch die erste Kammer, der Blick in die 2. Kammer ließ das Blut in meinen Adern stocken. Der schwarze Mantel sah aus, als würde dort jemand hocken. Nach einer Sekunde wusste ich natürlich, es ist der Hadern, den ich selbst über die Totenschädel gelegt hatte. Die Turmuhr schlug zwölf, Geisterstunde! Mit zittrigen Händen und klopfendem Herzen hatte ich die kleine Maurerarbeit beendet. Mein Interesse an Bauarbeiten hat mir den Spitznamen ‚Frau Polier' eingebracht." Der Dame gruselte offensichtlich in der Gruft, in der auch ein geöffneter Sarg stand. In Hochachtung vor den Maurern fügte sie noch hinzu: „Die Handwerker, harte Burschen, hatten einen Sarg aufgemacht, dessen Holz schon brüchig war, und mit einem Stock die Gebeine von einer oder einem Adeligen aus dem Sarg herausgeworfen, es waren noch winzige Kleiderfetzen daran."

Der Pfarrhof und die Kirche mit der Gruft gaben wohl stets Anlass zu leichtem Schaudern. Auch Pfarrersköchinnen mögen mitunter einem solchen erliegen.

Urlaub und freie Zeit – die Wallfahrten

Einen Urlaub kannten die alten und echten Pfarrersköchinnen nicht. Ihnen war ein Urlaub genauso fremd, wie er auch den früheren Bauern und den Dienstboten fremd war. Ich habe darüber in meinen Büchern „Aschenlauge" und „Sommergetreide" einiges geschrieben. Manche Bauern und Bäuerinnen meinten, sie hätten das Wort Urlaub das erste Mal in den 50er-Jahren gehört. Es gab lediglich ein Freisein von Arbeit an den Feiertagen, die man auch zu genießen wusste, aber dass man sich eine Woche oder mehr überhaupt vom Hof entfernte, um sich zu „erholen", das gab es nicht. Ähnlich war es auch bei den alten Pfarrersköchinnen, die zum Pfarrhof, als dieser noch eine echte Wirtschaftseinheit mit Kühen, Hühnern und Garten war, gehörten. Es gab jedoch eine Einrichtung in der alten bäuerlichen Kultur, die für einen oder ein paar Tage Abwechslung bot: Meist im Frühjahr oder im Herbst, wenn wenig Arbeit anstand, ging man auf Wallfahrt. Solche Wallfahrten dienten nicht nur der christlichen Erbauung, sondern sie boten auch die Möglichkeit der Unterhaltung, aber auch des zwischenmenschlichen Kontaktes.

Manche Pfarrer waren und sind begeisterte Wallfahrer. So berichtet auch Frau Lisi aus Waidhofen an der Thaya, dass sie mit dem Pfarrer oft auf Wallfahrt unterwegs war: „Ich war fünfmal in Medjugorje. Mein Bruder, der Pfarrer, war sich sicher, dass das dort kein Schwindel ist. Die Mädchen, denen die Mutter Gottes erschienen ist, machen einen guten, natürlichen Eindruck. Ich habe sie selbst gesehen. Die Leute haben den Pfarrer einmal gefragt, ob die Mundkommunion oder die Handkommunion würdiger sei. Da hat er sich gedacht, er fragt eine dieser Seherinnen. Die eine hat ihm gesagt: ‚Wir werden auch öfter deswegen gefragt. Die Mutter Gottes hat gesagt, es kommt auf das Herz an.' ‚Danke', hat der Bruder gesagt, ‚das genügt mir, weil, wenn man unwürdig ist, ist die Hand nicht unwürdiger wie der Mund.' Andererseits ist es oft hygienischer mit der Hand für den Priester." In seinem „Sonntagsbuch" schreibt Pfarrer Sallinger, dass das „Eindrucksvollste" in seinem Leben die Wallfahrtsreisen nach Rom, Jerusalem, Bethlehem, Lourdes, Medjugorje und Assisi gewesen wären. Pfarrer Sallinger war aber auch ein begeisterter Bergsteiger. Das Bergsteigen war für ihn jedes Mal so etwas wie eine Wallfahrt. Noch im Alter von siebzig Jahren war er auf einem Berg, und zwar am Großen Priel im Toten Gebirge. Die Pfarrersköchin begleitete ihn dabei jedoch nicht. Lediglich an Wallfahrten nahm sie teil. Sie gehören zu ihrem Leben.

Auch andere Pfarrersköchinnen erzählen gerne von den Wallfahrten, die für sie eine willkommene Abwechslung im Alltag des Pfarrlebens bedeuteten. Manche Wallfahrten gingen nur über ein paar Dörfer, zum Beispiel zu einer Wallfahrtskirche an der Donau. Die Fußmärsche dorthin bereiteten offenbar Freude. Eine Pfarrersköchin erzählte mir, wie sie mit dem Pfarrer und dessen Nichte, um die sich die beiden redlich kümmerten, einmal nach Maria Taferl zu einer Wallfahrt gegangen wären.

Und Frau Rosina aus dem Waldviertel erzählt: „Die ganzen vierzig Jahre habe ich keinen Urlaub gehabt. Einmal bin ich alleine mit dem Pfarrer nach Mariazell wallfahrten gewesen. Jedes Jahr waren Ausflüge mit mehreren im Autobus, da war ich dabei. Einmal war ich in Rom mit einer Reisegesellschaft, da war aber der Pfarrer nicht dabei."

Abwechslung vom Alltag als Pfarrersköchin boten und bieten wohl auch Treffen der Pfarrersköchinnen. Bei Zwettl hätten sie sich jeden

Monat einmal getroffen, erzählte mir Frau Rosina. Ihr Interesse daran scheint jedoch nur begrenzt gewesen zu sein.

Auch Frau Christl aus dem Waldviertel meinte, einen richtigen Urlaub habe sie zwar nie gehabt, aber mit anderen „Pfarrhaushälterinnen" sei sie einmal für eine Woche weggefahren. Das habe ihr gefallen. Und einmal war sie auf einer Kulturwoche, die habe aber zehn oder zwölf Tage gedauert und sei vom Stift Zwettel veranstaltet gewesen. Der Pater Wolfgang wäre auch dabei gewesen.

Wallfahrten, bei denen es wohl auch heiter zuging, und freundschaftliche Treffen dieser Art bieten der Pfarrersköchin und dem Herrn Pfarrer Abwechslung.

Abwechslung, wenn auch eine etwas anstrengende, bieten Wallfahrten jenen Pfarrersköchinnen, die selbst in einem Wallfahrtsort leben und mit dem Herrn Pfarrer einiges für die Pilger zu leisten haben. Ein gutes Beispiel für eine solche Pfarrersköchin ist die Frau Maria von Adlwang, die dies erzählt: „Weil wir ein Wallfahrtsort sind, hat unser Herr Pfarrer in der Wallfahrtszeit ein paar Aushelfer aus Kremsmünster, denn da ist viel zu tun. ‚Maria sieben Schmerzen' heißt unsere Kirche, zu der die Leute vor allem im Mai kommen. Viele Wallfahrten haben wir aber auch im Juni und Juli, da geht es dahin. Dann ist es ein bisserl ruhiger. Am 15. September haben wir das Patrozinium. Das ist der Namenstag der Kirche. Von weit und breit kommen sie die ersten drei Samstage und Sonntage im Oktober nach Michaeli. Bis zu 20.000 Leute sind da oft an einem Tag hier. Die Pilger kommen auch zu Fuß von Pettenbach, Sattledt und allen anderen Orten der Gegend. Es gibt welche, die dann mit den Autos heimgeführt werden. An solchen Wallfahrtstagen haben wir jede halbe Stunde eine Messe. Das kann der Pfarrer alleine nicht schaffen, daher braucht er Unterstützung aus dem Kloster. Und ich muss mich um alle kümmern." Als Pfarrersköchin im Wallfahrtsort ist viel zu tun. Eine alte bäuerliche Kultur steckt wohl dahinter, denn gerade für frühere Bauern war es eine willkommene Abwechslung von der Arbeit am Hof und auf dem Feld, zu einem Wallfahrtsort zu wandern. In diesen Wallfahrtsorten sorgten und sorgen schöne

Gasthäuser unweit der Kirche für fröhliche Unterhaltung und heiteres Zechen. Dies hat man sich nach dem Marsch und dem ernsten Besuch der Wallfahrtsmesse verdient. Die Pfarrersköchin erlebt diese Welt und freut sich an dem Gedränge, das immerhin für die Würde ihrer Pfarrei spricht. Auch sie war schon auf Wallfahrt. So ist sie mit dem Flugzeug, wahrscheinlich in geistlicher Begleitung, nach Santiago de Compostela, dem Endpunkt des Jakobsweges, gepilgert. Ihre freie Zeit verbringt sie ansonsten im gemütlichen Pfarrhof, aber auch bei ihren Verwandten, die sie mit ihrem Auto bisweilen besucht. Dies schildert sie mir so, als ich nach ihrer Freizeit frage: „Man hat immer Arbeit. Am Sonntagnachmittag fahre ich öfter, wenn nichts zu arbeiten ist, heim zu meinen Leuten." Sie fügt noch lächelnd etwas hinzu, das direkt an mich gerichtet ist: „Aber heute, an diesem Sonntag, widme ich mich dem Gespräch mit Ihnen. Aber dafür bleibt die Wäsche liegen." Ich erwidere freundlich und dankbar, dass es eine große Ehre für mich sei, dass sie mir über ihr Leben erzähle. Ich gebe ihr meine Visitenkarte, auf der bei meinem Namen als „Berufsbezeichnung" „Pilger" steht. Dies gefällt der Pfarrersköchin. Als ich erzähle, ich sei schon mit dem Fahrrad als Pilger in Assisi gewesen, steigt die Sympathie zu mir, sie wundert sich jedoch, dass ich noch nicht den Jakobsweg gegangen bin, der sich heute großer Attraktivität erfreut. Ich teile ihr meine kritischen Gedanken zum Jakobsweg mit, der sich von seiner Entstehung her gegen die liberalen Mauren und die sephardischen Juden richtet. Ich erwähne noch, um ihre Hochachtung zurückzugewinnen, dass ich bereits zweimal auf dem Berg Athos, der von keiner Frau betreten werden darf, als Pilger stand.

Der Pfarrer als Freund

In meinen Gesprächen mit Pfarrersköchinnen und Pfarrern fiel mir auf, dass sich beide sehr freundschaftlich verbunden sehen. Allerdings, so empfand ich es, ist diese Freundschaft voll des Respekts für einander. Einige Pfarrersköchinnen sprechen daher den Herrn Pfarrer – zumindest in meiner Gegenwart – auch mit „Sie" an.

Frau Janisch, die kühne Frau mit dem Fallschirm, drückt diesen Respekt so aus: „Ich bin per Sie mit dem Pfarrer. Dadurch ist ein bisserl mehr Achtung da.

Aber schärfere Wörter gibt es auch. Ich sage schon meine Meinung. Eine Achtung ist notwendig, sonst ginge es nicht miteinander."

Frau Janisch, die gemeinsam mit dem Herrn Pfarrer im Pfarrhof von Hausbrunn im Weinviertel lebt, erzählt über diese freundschaftliche Beziehung zum Herrn Pfarrer:

„Unsere Gemeinschaft ist eine eheähnliche Gemeinschaft. Ich bin seine Unterstützung in der Pfarre, ich kümmere mich um die Leute, und er hat seine geistlichen Sachen."

Die Beziehung zwischen Pfarrersköchin und Pfarrer ist also eine grundsätzlich freundschaftliche, zumal die klassische Pfarrersköchin sich redlich bemüht, dem Pfarrer so etwas wie Heimat zu bieten. Dazu gehört, dass sie dem Pfarrer den „Rücken freihält", ihm also die Möglichkeit bietet, sich mehr oder weniger voll und ganz seiner geistlichen und auch anderen Tätigkeit zu widmen.

Der Pfarrer weiß dies und bringt der Pfarrersköchin entsprechenden Respekt entgegen. Allerdings kann diese freundschaftliche Nähe verschiedene Formen haben, je nach der Dauer der Beziehung zwischen beiden. So scheint, dass eher jüngere Pfarrersköchinnen, überhaupt wenn sie über Mittelspersonen angestellt wurden, ein eher distanziertes Verhältnis zum Herrn Pfarrer haben. Damen jedoch, die schon länger im Dienst stehen, entwickeln ein familiäres Band zu ihrem Herrn Pfarrer, das von Harmonie geprägt zu sein scheint. Das Du-Wort dürfte zwischen Pfarrersköchin und Pfarrer bei dieser Form der Beziehung typisch sein.

Und schließlich gibt es den Typ von Pfarrersköchinnen, der eine echte Lebensgemeinschaft mit dem Pfarrer pflegt. Diese kann sehr innig sein, nach außen, dem gläubigen Volk gegenüber, zeigen beide allerdings eine lockere Distanz zueinander.

Eine tiefe freundschaftliche Sympathie für ihren alten Pfarrer sah ich bei einer alten Pfarrersköchin, deren Pfarrer vor nicht allzu langer Zeit verstorben ist. Es ist dies Frau Rosina, die mir nach meinem Gespräch mit ihr einen freundlichen Brief, über den ich schon erzählt habe, geschrieben hat. In diesem schreibt sie über ihre feste Freundschaft zum Pfarrer, mit dem sie gemeinsam das Haus, ein altes Schulhaus bei der Kirche, in dem sie gemeinsam die Pension verbringen wollten, renoviert hat. Sie war eine echte Kumpanin des geistlichen Herrn, der ihr auch sehr dankbar gewesen sein dürfte. Sie weinte, als ich sie auf ihren Pfarrer ansprach. Die Erinnerung an ihn, mit dem sie noch viel vorhatte, steckte tief in ihr.

Freundschaftlich war auch das Verhältnis der Pfarrersköchin Christl zu ihrem Pfarrer, von dem sie meint, sie habe alles mit ihm besprochen, wenn es um eine Anschaffung ging, wie zum Beispiel um einen Kühlschrank. Sie fügt hinzu: „Und wenn wir einen Teppich gekauft haben, sind mir mitsammen gefahren und haben ihn ausgesucht." Sie sieht zwar im Pfarrer ihren „Chef", antwortet aber, als ich danach frage, ob der Pfarrer auch ihr gehorcht habe, wenn sie etwas für den gemeinsamen Pfarrhaushalt vorschlug: „Eigentlich ja."

In gewisser Weise schützt die Pfarrersköchin den Herrn Pfarrer vor lästigen Leuten, die etwas vom Pfarrer wollen. Ein Pfarrer meinte sogar, die Pfarrersköchin würde ihm den Rücken freihalten, gerade hinsichtlich von Damen, die seine Nähe suchten.

Besonders resolut konnte manche Pfarrersköchin sein, wenn sie wollte, dass man den Herrn Pfarrer nicht störe. Mein Altkremsmünsterer Kollege Fritz Egger erzählte mir dazu, dass unser Religionsprofessor Pater Rudolf Huntsdorfer in der Klosterschule zu Kremsmünster vom „Lois'n-Eck" erzählt habe. Bei diesem „Eck" handelte es sich um das geographische Dreieck in Oberösterreich zwischen den Kremsmünsterer Pfarren Neuhofen an der Krems, Allhaming und Eggendorf.

In den dortigen drei Pfarrhöfen „herrschten" die teilweise sehr respektierten, beinahe gefürchteten Pfarrersköchinnen, die alle drei Aloisia hießen und „Loisi" gerufen wurden. Alle drei Damen dürften Originale gewesen sein. So auch die, die in Neuhofen wirkte. Einmal erschien an einem Sonntag zu Mittag ein junges Brautpaar an der Pfarrhofstür und läutete, weil es das Aufgebot für die Hochzeit bestellen wollte. Nach längerer Pause kam mit raschen Schritten die Pfarrersköchin Loisi zur Tür und öffnete. Grimmig schaute sie auf die beiden jungen Leute, die zitternd ihr Begehr vorbringen. Nach einer kurzen Pause brüllte die Pfarrersköchin zum Pfarrer hinauf in den ersten Stock: „Gell, Sepp, an einem Sunda wird net g'heirat!" Darauf schlug sie die Tür zu. Die jungen Leute erschraken und zogen leise von dannen.

Die Pfarrersköchin zeigte hier Macht wohl im Sinne des Pfarrers, dem sie am Sonntag in aller Freundschaft seine Ruhe gönnen wollte.

Im Pfarrer, dem seine Ruhe zu gönnen ist, sieht auch Frau B., eine sehr gläubige Frau aus dem Waldviertel, von der der freundliche Herr Dammerer mir erzählt hat, so etwas wie einen guten Freund. Auch sie bietet ihm Rückzug und Schutz an, ebenso wie andere Pfarrersköchinnen. Dazu erinnert sich Frau B., die sehr aktiv in der Pfarre im Kirchenchor, in der Mütterrunde und in der Seniorenrunde mitwirkt: „Einmal hatte der Herr Pfarrer ein Problem mit einem Messner, er ärgerte sich jeden Sonntag beim Mittagessen über diesen Mann. Das musste ich mir immer anhören und irgendwann hat es mir dann gereicht. Als der Messner wieder einmal im Pfarrhaus war und irgendetwas vom Pfarrer wollte, sagte ich zu ihm, dass es mit ihm nicht so weitergehen könne. Der Pfarrer ärgert sich ständig wegen ihm. Ich kann mir das nimmer anhören. Obwohl der Pfarrer die Probleme mit ihm hatte und nicht ich, habe ich es ihm ordentlich gesagt." Frau B. weist noch auf den freundschaftlichen und für ihn seelisch entlastenden

Kontakt hin, den jeder Pfarrer wohl braucht: „Ich denke mir, ein Pfarrer ohne Haushälterin ist arm, denn er hat niemanden zum Reden, um irgendwie seinen Ärger und solche Sachen loszuwerden."

Frau A., eine Pfarrersköchin in der Nähe der niederösterreichischen Donau, ist froh über ihre freundschaftliche Beziehung zum Pfarrer: „Ja, ich muss sagen, ich hab eine Ehe hinter mir, da hat's Probleme gegeben, es war nicht so schön – aber wir leben in Freundschaft miteinander, und so einen Menschen wie den Herrn Pfarrer findet man kein zweites Mal. Ich hab ein Glück gehabt. Er ist ein guter Kamerad und nimmt mich auch überallhin mit, auch wenn wir Urlaub machen. Allerdings einmal, wie wir mit sieben Pfarrern weg waren, war mir das dann schon zu viel. Auch Schi fahren gehen wir manchmal gemeinsam, zum Beispiel sind wir vor kurzem den Großen Ötscher mit Schiern hinuntergefahren, das hat uns beiden recht gut gefallen.

Wir unternehmen sehr viel miteinander. Er geht auch sehr gern in die Berge, wie ich. Letztes Jahr waren wir gemeinsam auf dem Sonnblick, und das war ein recht schönes Erlebnis. Auch fahren wir Rad, wir wandern und gehen Langlaufen. Demnächst fahren wir wieder auf das Hochkar zum Schifahren. Wir bleiben dort über Nacht." Die beiden, Pfarrer und seine Pfarrersköchin, leben in harmonischer Freundschaft. Ihre Beziehung zum Pfarrer malt sie in schönen Farben: „Es gibt kein böses Wort, keinen Streit zwischen uns beiden. Er redet auch in der Küche nichts dazwischen und lässt mich nie spüren, dass ich bei ihm angestellt bin. Auch mit seiner Familie habe ich einen sehr guten Kontakt. Und seine Familie dürfte auch recht froh sein, dass er mich hat.

Auch waren wir gemeinsam in Frankreich. Dorthin sind wir mit dem Auto gefahren. Es war eine wunderschöne Reise. Einmal hat er und einmal habe ich gelenkt."

Bei dieser Autoreise kamen sich die beiden körperlich sehr nahe, ohne dass dies geplant gewesen wäre: „Einmal mussten wir in einem Zimmer gemeinsam übernachten. Wir waren beide recht erledigt vom vielen Autofahren und es gab nirgends mehr zwei separate Zimmer, nur noch dieses eine, und da haben wir uns dann dieses Zimmer genommen. Da war die Toilette auch im Zimmer, und immer, wenn einer von uns diese benutzte, ist der andere aus dem Zimmer gegangen. Da war auch so ein französisches Bett, in dem wir beide schlafen mussten. Dieses Bett stand ganz nahe an der Wand, sodass der Herr Pfarrer über mich drüberklettern musste, wenn er schlafen ging. Das war recht lustig!“

Die Pfarrersköchin sieht im Herrn Pfarrer ihren edlen Freund, von dem sie, wie sie meint, „alles haben“ könne. Sie ist „sehr glücklich“, dass sie so jemanden wie ihn gefunden hat. Und besonders freue sie sich, dass auch ihre beiden Söhne und ihre alte Mutter sie im Pfarrhof besuchen können: „Sie können jederzeit kommen, sie fühlen sich hier wie zu Hause. Das sieht man daran, dass sie, ohne sich etwas dabei zu denken, zum Kühlschrank gehen und sich aus diesem bedienen, so als ob sie zu Hause wären. Ich freue mich, dass alles so klappt. Der Pfarrer hat auch nichts dagegen, wenn ich meine beiden Söhne besuche, einer wohnt in Linz und einer in Salzburg. Der, der in Linz wohnt, hat ein Kind. Das nimmt auch der Herr Pfarrer ganz gern auf den Arm. Er unterstützt mich auch etwas finanziell, wenn ich meinen Söhnen etwas unter die Arme greife. Das ist nicht so selbstverständlich. Und es gefällt ihm, wenn auch meine Verwandten auf Besuch in den Pfarrhof kommen. Er gehört auch zur Familie.“ Die Pfarrersköchin fügt noch hinzu: „Ich bin sehr froh, dass ich so jemanden gefunden habe. Wenn ich krank bin, macht er sich Sorgen um mich. Aber auch ich sorge mich sehr um ihn. Wenn er mit kalten Füßen heimkommt, dann lege ich ihm einen Thermophor hin.“ Die Beziehung zwischen den beiden ist von geradezu zärtlicher Freundschaft. Die Dame meint noch nachdenklich: „Aber ich muss sagen, so alleine, das ist gar nix, und da bin ich so froh, dass ich den Herrn Pfarrer habe.“ Aber auch die Umgebung dürfte die beiden als zusammengehörig betrachten, denn sie sind des Öfteren gemeinsam zu einem Abendessen eingeladen.

Sie sagt aber noch etwas, das höchst bedeutsam für diese Beziehung ist: „Man ist irgendwie verheiratet. Manchmal braucht er seine Ruhe, das merke ich, so gut kenne ich ihn schon. Da ziehe ich mich zurück und fahre nach Scheibbs in meine Wohnung.

Es ist bei uns wie bei anderen in der heutigen Zeit, man lebt einfach so beisammen. Ja, er ist ein guter Kamerad und ein Lebensgefährte, das kann man eigentlich sagen."

Das sehr freundschaftliche Verhältnis zu ihrem Herrn Pfarrer zeigt sich auch am Tagesablauf. Darüber erzählt sie noch: „Meistens ist es so, dass ich das Frühstück mache. Er wäscht sich in der Zwischenzeit und zieht sich an. Im Winter kümmert er sich um die Heizung. Dann gehe ich mich anziehen. Nachher frühstücken wir gemeinsam. Manchmal macht auch er das Frühstück, wenn er in die Schule geht. Am Vormittag ist er oft in der Kanzlei, aber nicht so lange, weil er nicht gern so lange sitzt. Hie und da hilft er auch gerne im Garten oder auch sonst, wenn etwas zu machen ist. Enten haben wir auch, aber die schlachtet nicht der Pfarrer, sondern meine Mutter, wenn sie da ist. Am Samstagvormittag macht er immer seine Predigten und da braucht man ihm nichts anschaffen. Da will er seine Ruhe. Nach dem Mittagessen setzt er sich dann meist in seinen Lehnstuhl in die Bauernstube und macht dort ein Nickerchen. Er schaut auch gerne Sport und dreht dabei immer auf leise, weil er die Kommentare der Reporter nicht mag, aber dann redet halt er immer zum Sport, und das mag ich wieder nicht, daher gehe ich dann oft in mein Wohnzimmer um fernzusehen. Wir haben auch viel Spaß zusammen." Geradezu heiter ist ihr gemeinsames Leben im Pfarrhof und auch sonst: „Ich tanze auch gerne und früher sind wir oft auf Bälle gegangen, aber er wollte immer schon um halb zwölf oder um zwölf heim, und da hab ich dann gesagt, dass ich nicht fortgehen will, wenn wir schon so früh wieder gehen. Und seitdem gehen wir halt nicht mehr so oft. Manchmal tanzen wir auch in der Küche, wenn grad ein schönes Lied im Radio läuft, aber er tanzt nicht so gut, schwindlig wird ihm auch öfter dabei. Er tanzt nur, weil er mir einen Gefallen machen will. Aber das ist immer recht lustig."

Die Nähe ihrer Freundschaft zeigt sich unter anderem dadurch, dass die Pfarrersköchin ihn sucht, wenn er ihr abgeht: „Wenn ich ihn oft im Haus suche, früher bin ich noch von Zimmer zu Zimmer gegangen, aber jetzt geh ich grad zur Glocke und läute und dann taucht er schon von irgendwo auf."

Und er bekundet seine Freundschaft dadurch, dass er ihr, wenn sie einmal ein paar Tage auf Kur oder in ihrer Heimat ist, auch sagt: „Ich bin froh, dass du wieder da bist!" „Und das freut mich immer recht, wenn er das sagt!", meint die Pfarrersköchin.

Die freundschaftliche Bindung von Pfarrer und Pfarrersköchin wird schließlich darin deutlich, dass die beiden die kirchlichen Hochfeste gemeinsam feiern. Dazu erwähnt die freundliche Dame, die ihren Herrn Pfarrer wahrlich in ihr Herz geschlossen hat: „Weihnachten ist immer schön gemeinsam. Es gefällt ihm auch recht gut, wenn meine ganze Familie dabei ist. Wir haben einen schönen Christbaum. Für uns ist das recht gut so!"

Das Thema Heimat als ein Symbol der Freundschaft, wie ich es bereits besprochen habe, taucht auch beim Pfarrer auf, wie seine Kumpanin über ihn erzählt: „Er hat es auch gerne, dass, wenn er heimkommt, immer wer da ist, mit dem er reden kann. Auch ich mag das Alleinsein nicht, obwohl es auch zu zweit immer Probleme gibt, aber die legen sich bei uns immer wieder."

Dass ihre Beziehung eine familiäre ist, deutet die Pfarrersköchin noch in diesem Satz an: „Einmal im Jahr fahren wir zu ihm nach Hause. Da ist es dann immer recht lustig und ich versteh mich mit allen echt gut!"

Die dem Pfarrer freundschaftlich gesinnte Frau A. erzählt abschließend noch etwas, das eigentlich ein Geheimnis bleiben sollte, das aber recht spannend klingt, gerade was die Enge der Beziehung zwischen den beiden anbelangt. Sie verweist auf die Sauna im Pfarrhof: „Eine Sauna haben wir auch. Aber das wissen nur ganz wenige im Ort. Die Sauna ist im ‚Archiv' gleich neben der Kanzlei untergebracht." Um ihre Seriosität als Saunabenutzerin im Pfarrhof zu betonen, fügt sie noch hinzu: „Wir gehen nicht miteinander in die Sauna, aber manchmal hintereinander. Er mag es nicht ganz so warm wie ich. Ich gehe gerne zweimal in die Sauna, der Pfarrer nur einmal. Es ist manchmal schwierig, weil man ja nie weiß, ob jemand kommt, und da kann ich dann nicht im Bademantel herumlaufen, vor allem nicht neben der Kanzlei."

Zur räumlichen Aufteilung des Pfarrhofs erwähnt Frau A. noch: „Unsere Schlafzimmer liegen etwas auseinander, aber wir benutzen das gleiche Badezimmer und die gleiche Toilette." Meistens sind die Schlafzimmertüren offen, aber manchmal, wenn sie in der Nacht auf die Toilette geht, ist seine Schlafzimmertüre zu, und dann weiß sie, dass sie wieder recht laut geschnarcht hat und das stört ihn beim Schlafen."

Die Freundschaft zwischen Pfarrer und seiner Pfarrersköchin ist also eine enge, die jedoch, folgt man den Ausführungen der Pfarrersköchin, eine durchaus seriöse ist. Sie meint dazu: „Vieles kann ich niemandem erzählen, weil sich die Leute gleich immer so viel einbilden und tratschen!"

Frau B., die Freundin des Pfarrers, die sich viele Gedanken über die Kirche und den Umgang der Kirche mit geschiedenen Wiederverheirateten macht, ist eine aufgeschlossene, moderne Frau, die ihren Glauben lebt. Sie sieht im Pfarrer, wie zu lesen ist, einen echten Freund, zu dem, wie sie andeutet, keine sexuelle Beziehung besteht.

Ähnliches wie Frau B. berichtet auch Frau K., die in der Nähe der niederösterreichischen Donau bei einem Pfarrer als dessen Köchin lebt. Ihre familiär-freundschaftliche Beziehung zum Pfarrer beschreibt sie durch Hinweis auf das größte christliche Fest des Jahres: „Weihnachten war immer recht schön, das haben wir gemeinsam gefeiert und dabei war es immer recht weihnachtlich und feierlich bei uns!" Auch sie verbrachte mit dem Herrn Pfarrer gemeinsame Urlaube, so waren die beiden in Südtirol. Sie ist ihm damals nachgefahren, mit einem 2CV.

Frau K. macht bei dem Gespräch den Eindruck einer schon lange verheirateten Frau, die über den Pfarrer so redet, als ob er ihr Ehemann wäre. Er aß alles, was sie ihm vorsetzte. Streit gab es selten, wie sie erzählt, eher müsse man von Meinungsverschiedenheiten sprechen. Kam es zu einem Ärger zwischen den beiden, so ging sie einfach, um zum Beispiel im Garten zu arbeiten. Der Herr Pfarrer, ein Herr Dechant, blieb am Tisch sitzen und wartete, bis sie wiederkam. Er verließ den Tisch erst, wenn alles zwischen den beiden bereinigt war. Die beiden schätzten sich als Freund und Freundin. Sie wussten, jeder benötigte den anderen, um einigermaßen in Ruhe und Zufriedenheit leben zu können.

Einen ebenso freundschaftlichen Kontakt zwischen Pfarrer und Pfarrersköchin konnte ich in einem Wiener Pfarrhof am Rande des 1. Bezirkes beobachten.

Ich war von der Pfarrersköchin am Nachmittag zur Jause eingeladen worden. Die Dame erzählte mir bei Tee und Kuchen in der geräumigen und wohnlichen Küche des Pfarrhofes über ihr Leben an der Seite des Herrn Pfarrers. Dieser erschien nach einiger Zeit. Er erwies sich als freundlicher, sympathischer Herr, der für meine Studie zum Thema Pfarrersköchinnen ein wohlwollendes Lächeln übrig hatte. Er begrüßte meine Gesprächspartnerin herzlich. Er sprach sie mit „Du" an, sie ihn ebenso. Mir fiel eine sehr herzliche Beziehung zwischen den beiden auf. Die Küche, der heilige Ort der Pfarrersköchin, steht auch dem Pfarrer offen, hier, so schien es mir, treffen sich die beiden nicht nur zum Essen, sondern auch zum Gespräch. Die Dame des Hauses weist darauf hin, dass sie auf der einen Seite der gemeinsamen Wohnung ihr Zimmer hat, der Pfarrer residiert am gegenüberliegenden Ende.

Bemerkenswert ist, dass an der Tür zur gemeinsamen Wohnung der beiden zwei gleich kunstvoll verzierte Türschilder mit ihren Namen prangen.

Die beiden scheinen für mich ein ideales Paar zu sein, das miteinander in freundschaftlicher Verbundenheit in einem gemeinsamen Haushalt lebt.

Freundschaft bestimmt ihr beider Leben, eine Freundschaft, die an eine eheliche Gemeinschaft erinnert, aber angeblich nichts mit Sexualität zu tun hat. Ähnlich verhält es sich wohl auf den meisten Pfarrhöfen, wo Pfarrersköchin und Pfarrer gemeinsam leben und arbeiten.

Jedenfalls schien mir, als ich mit einer alten Pfarrersköchin sprach, dass sie sehr freundschaftliche, vielleicht sogar mütterliche Gefühle für den Herrn Pfarrer aufbringt, denn sie bügelte während unseres Gesprächs in liebevoller Weise dessen Unterhosen.

Der Zölibat – heiß umstritten

In meinen Gesprächen mit Pfarrersköchinnen kam ich auch auf das Thema des Zölibats, der Ehelosigkeit des Pfarrers, zu sprechen.

Mit dem Leben als Pfarrer und überhaupt mit der Priesterschaft in der katholischen Kirche ist traditionell der Grundsatz des Zölibats, der Ehelosigkeit, verbunden. Aber auch der der Keuschheit, denn als offiziell Eheloser ist der Pfarrer im Sinne der Gebote angehalten, sexuell enthaltsam zu leben.

Mir war es wichtig, herauszufinden, was gerade die Pfarrersköchinnen und vielleicht auch die Pfarrer über dieses Dilemma des Zölibats denken und erzählen. Zunächst meinte ein alter Pfarrer mir gegenüber dazu heiter: „Die einzigen, die heute noch heiraten wollen, sind die Homosexuellen und die Pfarrer." Ein anderer Pfarrer, er lebt im Weinviertel, hielt fest, die Kirche müsse „endlich einmal" vom Gebot der Ehelosigkeit abgehen, wolle sie weiter existieren, denn viele jungen Männer würden vielleicht Priester werden, wenn sie heiraten dürften. Überlegungen dieser Art sind wohl typisch für die sicherlich alte und immer wieder moderne Diskussion zum Zölibat.

Das Gebot des Zölibats ist heiß umstritten. Vor allem heute, wo man meint, durch Aufhebung des Zölibats ließe sich der momentane Priestermangel beheben, schließlich habe jeder Mensch, auch ein Priester, das Recht auf Liebe. So heißt es in einem Artikel einer österreichischen Tageszeitung, dass ein „Ex-Priester", Herbert Bartl ist sein Name, gegen den Zölibat „kämpfe". Er tut dies mit der von ihm gegründeten „Arbeitsgemeinschaft Priester, ihre Frauen und Kinder". Seiner Meinung nach würden dreißig Prozent der Priester ein Doppelleben führen, obwohl angeblich die Bibel Priestern empfiehlt zu heiraten. Tatsächlich gäbe es in der katholischen Kirche für verheiratete Priester der orthodoxen Kirche, wenn sie zur katholischen Kirche übertreten, eine Ausnahme, sie könnten weiterhin mit ihren Frauen zusammenleben. Er selbst rät Priestern zur „Naturehe“: „Man gibt vor zwei Zeugen ein Eheversprechen ab. Das gilt sakramental vor Gott, nur die Kirche weiß nichts davon.“ (Kurier, 29. 9. 2002, S. 9.)

Und schließlich gibt es in Deutschland eine „Vereinigung katholischer Priester und ihrer Frauen e. V.“. In der Sondernummer 4 ihres Mitteilungsblattes aus dem Jahr 1990 werden unter der Überschrift „Zwangszölibat“ Diskussionsbeiträge zum Zölibat gebracht, wohl in der Absicht, dessen Einrichtung zu hinterfragen.

So meint ein früherer Pfarrer, der geheiratet hat und heute als Psychotherapeut tätig ist, er würde sich über den „Zwangszölibat“ von Jahr zu Jahr mehr empören. Er führt aus: „Im Allgemeinen aber richtet der Zwangszölibat in der Psyche der von diesem Gesetz betroffenen Frauen und Männer schwere und schwerste Schäden an. Bei den davon betroffenen Patienten, die mir begegneten, fand ich als Folgen vor allem Depressionen, Suchtkrankheiten, Zwangsneurosen, vor allem Kleptomanie und Waschzwänge, bei Amtsträgern übermäßig häufig Introversion und Hypochondrie sowie psychosomatische Störungen, die bereits chronisch waren. Aber es geht nicht nur um Neurosen und Psychosen der direkt von diesem Zölibatsterror betroffenen Menschen. Auch viele der von ihnen seelsorgerlich betreuten Christen erleiden Schäden.“ Der Zölibat ist für den früheren Herrn Pfarrer also vollkommen abzulehnen. Schließlich sei die Sexualität eine Gottesgabe.

Seinen Gedanken schließt sich eine Dame an, die, wie sie erzählt, nach 17 Dienstjahren am Gymnasium von einem Tag auf den anderen entlassen wurde, weil sie eine Liebesbeziehung zu einem Priester und die aus der Liebe zu ihm entstandenen Kinder nicht verheimlicht habe. Fast zwanzig Jahre war sie die heimliche Geliebte eines katholischen Priesters, der eine höhere Stelle bei der katholischen Kirche innehatte. Sie fühlte sich wie verbannt. Vor dem Jugendamt musste sie sagen, dass diese Kinder keinen Vater haben. Die Schande fiel auf sie.

Die Priesterkinder zog sie alleine groß. Als sie bei der katholischen Kirche um Alimente nachsuchte, wurde ihr „mit Schimpf, Spott und

Verachtung geantwortet". Im letzten Moment habe ihr Mann die „Flucht" ergriffen. Die Kirche verweigerte ihm, der vorher Direktor eines Gymnasiums war, Abfertigung und anderes. Hilflos stand die Familie auf der Straße. Der Wunsch der Dame wäre eine Veränderung der Kirche in dem Sinn, dass diese verheiratete Priester und ihre Frauen respektiere.

Diese moderne Diskussion zum Zölibat wird von Pfarrersköchinnen jedoch nicht unbedingt unterstützt.

Manche „echte" Pfarrersköchin verteidigt, wie ich noch zeigen werde, den Zölibat mit dem Hinweis, dass der katholische Pfarrer sich seinem Kirchenvolk mehr widmen könne als sein evangelischer Kollege. Und tatsächlich meinte auch ein evangelischer Pfarrer, dass der katholische Pfarrer wegen des Zölibats besser dran wäre als er hinsichtlich seines Kontaktes zu den Menschen der Pfarre.

Bevor ich Pfarrer und Pfarrersköchin zu diesem Thema sprechen lasse, gestatte ich mir einen Hinweis auf die Geschichte des Zölibats, sie ist nicht uninteressant für diese Arbeit.

Zur Geschichte des Zölibats

Der Begriff Zölibat kommt vom lateinischen „caelibatus", was soviel wie Ehelosigkeit bedeutet. Ganz allgemein ist unter Zölibat die Pflicht der römisch-katholischen Geistlichen sowie von Mönchen und Nonnen zur Keuschheit und Ehelosigkeit zu verstehen.

Es ist nicht ganz klar, ob die Ehelosigkeit auf die Bibel zurückgeht. Als Argument wird die Ehelosigkeit von Jesus betrachtet oder dessen Aufforderung an die Aposteln, Besitz und Familie zurückzulassen, um ihm zu folgen (siehe Matthäus-Evangelium).

Die Ursprünge des zölibatären Denkens liegen wahrscheinlich bereits in der Antike, in der der Gedanke auftaucht, dass man Gott nur dann vollkommen dienen kann, wenn man Enthaltsamkeit übt. Auch auf der Synode von Elvira zu Beginn des 4. Jahrhunderts wurde festgelegt, dass sich Bischöfe, Priester und Diakone des Geschlechtsverkehrs mit ihren Ehefrauen zu enthalten hätten und keine Kinder mehr zeugen sollten. Und der Kirchenvater Ambrosius von Mailand (339–397) forderte, wie andere auch, in der gleichen Weise, dass Priester keinen Geschlechtsverkehr mit ihren Frauen üben sollten.

Einen Höhepunkt des Kampfes gegen die Priesterehe war schließlich das zweite Laterankonzil von 1139, das die Ehelosigkeit für alle Geistliche verpflichtend machte. Dieser Beschluss wurde vom Zweiten Vatikanischen Konzil im Jahre 1965 nochmals bekräftigt. Bis dahin gab es in der Kirche verheiratete und unverheiratete Priester, die ab der Weihe jedoch zur sexuellen Enthaltsamkeit aufgerufen waren. Beim zweiten Laterankonzil wurde festgelegt, dass „höhere Kleriker, die geheiratet haben oder eine Konkubine halten, (...) Amt und Benefizium (verlieren)" (in Kanon 6) und die Messen von Priestern, die eine Ehefrau oder Konkubine haben, „nicht mehr gehört werden" dürfen (in Kanon 7). Im gleichen Zuge wurde die Priesterweihe im Rechtsverständnis der römisch-katholischen Kirche zu einem trennenden Ehehindernis – was sie bis heute ist.

Bis zum Konzil von Trient (1545–1563) kam es jedoch vor, dass Priester mit Konkubinen zusammenlebten. Ihnen wurde dafür in der Regel eine hohe Geldstrafe auferlegt. Auch der Zürcher Reformator Ulrich Zwingli wuchs bei einem Onkel auf, der als Priester im Bistum Konstanz mit Konkubine und Kindern zusammenwohnte. Zwingli selbst lebte während seines priesterlichen Dienstes in Zürich in einer festen Beziehung. Später heiratete er dann seine Konkubine (siehe dazu: Denzler, 2002).

Spätestens ab dem Konzil von Trient wird die Ehelosigkeit also zu einem wesentlichen Grundsatz des priesterlichen Lebens. Der Pfarrer hat ehelos zu bleiben und keusch zu leben. Die Pfarrersköchin unterstützt ihn wohl dabei.

Die katholische Kirche führt als Argument an, dass nur ehelose und keusche Priester ein gottgewolltes Leben voller Disziplin zu führen imstande sind – Ähnliches hörte ich auch von Pfarrersköchinnen. Der Zölibat hat demnach auch etwas mit Charisma, der Außeralltäglichkeit und Heiligkeit des geistlichen Berufes zu tun. Enthaltsamkeit wird also

„um des Himmelsreiches willen" und als von Christus gewollt gesehen. Man ist sich dabei wohl bewusst, dass es in der frühen Kirche auch verdiente Priester im Ehestand gegeben hat.

So heißt es beim Zweiten Vatikanischen Konzil über die Ehelosigkeit: „Ist sie doch ein Zeichen und zugleich ein Antrieb der Hirtenliebe und ein besonderer Quell geistlicher Fruchtbarkeit in der Welt. Zwar ist sie nicht vom Wesen des Priestertums selbst gefordert, wie die Praxis der frühesten Kirche und die Tradition der Ostkirchen zeigt, wo es neben solchen, die aus gnadenhafter Berufung zusammen mit allen Bischöfen das ehelose Leben erwählen, auch hochverdiente Priester im Ehestand gibt." (2. Vaticanum, Presbyterorum Ordinis, 16.)

Als Argument für den Zölibat werden neben religiösen und machtpolitischen auch ökonomische Gründe genannt, denn Priester ohne Nachkommen, die versorgt werden müssen und die erben wollen, machen der Kirche wohl weniger Probleme als kinderreiche Geistliche. In der modernen Diskussion um den Zölibat wird sowohl auf alte Vorbilder zurückgegriffen, aber auch die Vorstellung von der Wichtigkeit des Genusses sexueller Freuden vertreten.

Es gibt sogar einen Verband der vom Zölibat betroffenen Frauen, die darunter leiden, dass ihre Gefährten als Pfarrer oder Priester durch den Zölibat gebunden sind. Es ist anzunehmen, dass diese Frauen eine feste Ehe mit Familienleben und Kindern anstreben, ihnen diese Erfüllung aber versagt ist. Auch Pfarrersköchinnen, wie jene, die in einem vorhergehenden Kapitel, in dem es um den Pfarrer als Liebhaber ging, zu Wort kommt, mögen den Zölibat als Problem für sich sehen.

Der Vorteil des Zölibats für den katholischen Pfarrer

Ich hörte aber auch zustimmende Gedanken zu diesem alten Thema des Zölibats, vor allem von „echten" Pfarrersköchinnen.

Eine Waldviertler Pfarrersköchin, die heute in Pension ist, sieht Vorteile im Zölibat. Und zwar meinte sie, der katholische Pfarrer sei gerade durch den Zölibat besser dran als sein evangelischer Amtsgenosse: „Da war in Gmünd ein evangelischer Pfarrer, der ist oft zu unserem Kaplan gekommen und hat zu ihm gesagt: ‚Ihr Katholischen gebt ja den Zölibat nicht auf.' Er hat nicht gesagt, er ist unglücklich verheiratet, er hat aber gesagt, behaltet euch den Zölibat. Unser Pfarrer, also der katholische, hat erzählt, er war einmal in einer Gesellschaft, in der evangelische Pfarrersfrauen beieinander waren. Fast jede hat gesagt, sie würde keinen evangelischen Pfarrer mehr heiraten. Entweder gehört er der Pfarre oder ihr."

Ähnlich wie diese Pfarrersköchin denkt auch eine andere Pfarrersköchin im Waldviertel. „Ich habe immer vorgehabt zu heiraten. Doch mein Verlobter ist dann tödlich verunglückt. Irgendwie bin ich alleine geblieben und Pfarrersköchin geworden. Mit dem Zölibat ist es sicher für manchen Pfarrer schwierig. Es ist nicht leicht, es durchzustehen. Heute gehen viele junge Priester weg von der Kirche, denn bei denen hat es nicht hingehaut. Sie verlassen ihren Beruf. Ich selbst kann es mir aber nicht vorstellen, dass die Pfarrer heiraten dürften. Wenn sie heiraten dürften, so wäre es für ihre Frauen sicher nicht einfach mit ihnen. Die Frauen müssen damit rechnen, dass sie mindestens drei viertel der Woche alleine daheim sind. Der Pfarrer hat viel zu tun: einmal ist eine Bibelrunde, einmal eine Pfarrgemeinderatssitzung, die dauern oft bis zehn oder halb elf Uhr in der Nacht. Der Pfarrer und der Kaplan hier gehen jeder um halb acht Uhr fort und kommen spät heim. Jeder von den beiden geht seine Wege. Ich mache währenddessen Handarbeiten oder stricke. Eine Ehefrau würde sich vielleicht ärgern, wenn sie immer alleine ist. Mir erzählte ein protestantischer Pfarrer, der katholische Geistliche sei besser dran, er habe bessere Beziehungen zu den Leuten."

Der Zölibat wird also von dieser und auch anderen Pfarrersköchinnen als eine Einrichtung gesehen, die den Pfarrer anhält, sich gleich dem ebenso ehelos gewesenen Religionsstifter Christus um die ihm anvertrauten „Seelen" zu kümmern.

Und eben weil der Pfarrer eine zölibatäre Person zumindest sein soll, verteidigen Pfarrersköchinnen, mit denen ich sprach, den Pfarrer hinsichtlich diverser Gerüchte und Witze, wonach der Pfarrer mit der Pfarrersköchin auch sexuell verkehre. Eine Pfarrersköchin, mit der ich im tiefsten Waldviertel darüber sprach, wehrte sich heftig gegen Vorwürfe, der Pfarrer habe mit der Köchin ein intimes Verhältnis: „So etwas ist mir wirklich unverständlich. Bei meinen Brüdern, die Pfarrer waren, hätte ich mir nicht vorstellen können, dass sie sexuell etwas mit ihrer Pfarrersköchin haben. Es kann auch sein, dass eine Pfarrersköchin aus verschmähter Liebe zum Pfarrer solche Sachen erzählt. In einer Fernsehsendung hat eine Frau gesagt, dass einige Pfarrersköchinnen im Waldviertel vom Pfarrer ein Kind haben. Das ist eine Gemeinheit, so etwas zu sagen. Die kann das jemand anderem erzählen. Ich kenne keinen Pfarrer, von dem ich mir dächte, dass er mit der Pfarrersköchin etwas hat." Ich erwähne, dass den Pfarrern immer wieder unterstellt wird, sie hätten ein Verhältnis mit der Pfarrersköchin und auch Witze mache man darüber. Darauf geht die Pfarrersköchin nun genauer ein und versucht klar zu machen, dass: „Die Mutter einer Krankenschwester hat mir etwas über die Haushälterin eines Pfarrers aus dieser Gegend gesagt, den Namen wollte ich nicht wissen, sie hat ihn mir auch nicht gesagt. Sie war eine fesche Pfarrersköchin. Sie und der Pfarrer würden wie Mann und Weib leben, hieß es. Es ist schon ein paar Jahre her. Die Pfarrersköchin wurde hier ins Krankenhaus eingeliefert und operiert. Während der Operation haben sie nachgeschaut, ob sie noch eine Jungfrau ist. Und sie war es. Einerseits war es gut, dass sie nachgeschaut haben, aber andererseits sind sie blamiert gewesen. Die Frau selbst weiß nichts davon, denn es ist verboten, dass man so etwas bei der Operation tut. Die Geschichte ist sicher wahr. Als Pfarrersköchin ist man also der Gefahr ausgesetzt, wenn man ins Spital kommt, dass sie nachschaun, ob man noch eine Jungfrau ist. Ich selbst wäre nie auf die Idee gekommen, mich auf einen Pfarrer oder sonst jemanden näher einzulassen. Das war mein Lebensinhalt hier (sexuell enthaltsam zu leben), auch der Glaube ist dabei wichtig." Die Pfarrersköchin, die mir dies erzählte, ist durch einen tiefen Glauben bestimmt. Zu diesem gehört eben unbedingt auch Keuschheit in der Ehelosigkeit. Für sie, im Gegensatz vielleicht zu anderen Damen, gibt es hier keine Diskussion.

Bei anderen Pfarrersköchinnen mag allerdings das Gebot der Keuschheit eine vielleicht weniger große Rolle spielen, als sie hier vertreten wird.

Zwischen Pfarrer und Pfarrersköchin kann jedoch, wie ich gezeigt habe, eine sehr enge emotionale Beziehung entstehen, denn auch der Pfarrer braucht jemanden, dem er sich innerlich verbunden fühlt. Diese Person kann die Pfarrersköchin sein. So meinte ein Pfarrer: „Ich kann mir vorstellen, zölibatär zu leben, aber ich kann mir nicht vorstellen, einsam zu leben! So war ich auf der Suche nach einer Haushälterin."

Für den Pfarrer mag der Hinweis auf den Zölibat allerdings auch so etwas wie Freiheit bedeuten, nämlich das Wissen, nicht zu einer Ehe gezwungen werden zu können. In diesem Sinn heißt es im „Deutschen Wörterbuch" der Brüder Grimm, es sei besser für einen Pfarrer, eine Köchin zu haben als ein Eheweib. Die Pfarrersköchin verschafft also dem Pfarrer mehr Freiheiten, als wenn er verheiratet wäre.

Ähnliches lese ich auch in dem Bericht der Neuen Züricher Zeitung vom 11. Juli 2004, in dem über die Pfarrersköchin Rosmarie Koller berichtet wird: „Und manchmal ist sie (die Pfarrhausfrau) hilfreich, jene Frauen auf Distanz zu halten, die sich aus religiöser Inbrunst von der pfarrherrlichen Aura angezogen fühlen ... Den Zölibat einzuhalten fällt leichter, wenn eine Pfarrhausfrau einem den Rücken freihält. Andererseits muss sie es aushalten, dass sie – nicht zuletzt von besonders eifrigen Kirchgängerinnen – wegen ihrer Nähe zum Pfarrer und des Sozialprestiges des Pfarrhauses beneidet wird."

Die Pfarrersköchin kann also wirksam dazu beitragen, dass der Herr Pfarrer auch tatsächlich zölibatär leben kann.

Die Gemeinschaft mit der keuschen Pfarrersköchin

Nach altem kanonischem Recht, wie mir von Spezialisten erzählt wurde – ich selbst fand keine Quelle –, musste eine Pfarrersköchin mindestens 33 Jahre alt sein. Vielleicht dachten die alten Kirchenväter weise, eine Dame jenseits der 33 würde nicht mehr durch üppige Reize den Herrn Pfarrer in fleischliche Versuchung führen. Eine keusche, nicht unbedingt reizvolle Pfarrersköchin wäre demnach im Sinne der alten Kirche. Allerdings ist es auch in ihrem Sinne, dass Pfarrer und Pfarrersköchin eng zusammenarbeiten und als so etwas wie ein keusches Paar erscheinen.

Bisweilen werden Pfarrer und Pfarrersköchin gemeinsam zu Feiern, wie zum Beispiel zu einer Hochzeit, eingeladen, geradezu wie ein Ehepaar.

Da die Pfarrersköchin dem Pfarrer Heimat anbietet, ergeben sich stets enge Bindungen, die an das Leben in einer Familie erinnern. So feiern Pfarrer und Pfarrersköchin Weihnachten und auch Ostern grundsätzlich gemeinsam, wie ich schon erzählt habe. Dazu meinte ein Pfarrer: „Wenn ich den Leuten in der Kirche von der Weihnachtsfreude erzähle oder predige, dann möchte ich sie auch selber erleben, ich will ja wissen, wovon ich rede."

Die Gemeinsamkeit des Hauses mit dem Gespräch ist wohl den meisten Pfarrern wichtig, damit ihre Seele nicht vereinsamt. Daher schildert ein Pfarrer, der offensichtlich ein angenehmes Verhältnis zu seiner Pfarrersköchin besitzt, mit Blick auf diese Frau: „Ich möchte jedem Priester wünschen, dass er auf seine Lebenskultur schaut, dass er also nicht wie ein einsamer Junggeselle lebt. Er soll nicht in der Gesprächskultur vereinsamen. Es ist eine sehr wichtige Sache, dass jemand da ist oder es jemanden gibt, mit dem man reden kann." Und das ist grundsätzlich eben die Pfarrersköchin, eine Art Ersatzehefrau.

Der Pfarrer braucht also so etwas wie eine Familie – wie ich schon angedeutet habe. Dazu meinte farbig eine Wiener Pfarrersköchin um die fünfzig: „Ich bin für den Pfarrer da, ich biete ihm Familie. Vor einigen Jahren fragte ein liebes, ungefähr achtjähriges Mädchen den Pfarrer etwas Interessantes. Es war ein Sonntagvormittag, an einem solchen kamen oft Kinder zu mir, um mir beim Kochen zuzuschauen, während die Eltern im Pfarrkaffee waren. Nach dem Pfarrkaffee läuteten die Eltern an und ich schickte die Kinder zu ihnen hinunter. Also dieses Mädchen fragte in meiner Anwesenheit den Pfarrer am Muttertag, ob er mir auch etwas geschenkt habe. Die Mutter stand daneben und ärgerte sich über diese Frage. Sie sagte zu dem Mädchen: ‚Sei still.' Doch die Kleine rechtfertigte sich damit gegenüber der Mutter: ‚Die Susi (die Köchin) macht für den Herrn Pfarrer das, was du für uns machst.‘ Damit war für das Kind klar, eigentlich müsste mir der Herr Pfarrer etwas zum Muttertag schenken. Das Mädchen hat ja miterlebt, ich führe den Haushalt, ich sorge dafür, dass der Pfarrer sich wohl fühlt. Eben genauso, wie ihre Mutti sich sorgt, dass sie sich wohl fühlt. Diese Definition meiner Aufgabe hat mir sehr gut gefallen. Ich glaube, es muss ein persönliches Verstehen geben.“ Die Pfarrersköchin sieht es als ehrenvoll an, dem Pfarrer eine Welt zu schaffen, die ihm Geborgenheit ganz im Stile einer klassischen Familie verspricht. In dieser Richtung interpretiere ich auch die weiteren Ausführungen der Pfarrersköchin aus Wien: „Man hat mich gefragt, ob mir eine Familie abgeht. Ich antworte darauf, ich habe zwar keine leibliche Familie, dafür eine Adoptivfamilie. Auch wenn man keine eigenen Kinder hat. Es gibt welche, die sagen, schön, dass du da bist, dass es dich gibt.“

Offensichtlich freut sich die Pfarrersköchin, dass Kinder in ihr eine Frau sehen, die gleich einer Ehefrau sich um den Pfarrer kümmert und so auch ihre Familie hat.

Eine andere Pfarrersköchin meint ähnlich, dass sie als Pfarrersköchin von Kindern als Ehefrau des Pfarrers angesprochen wurde. Sie lacht und erzählt: „Ich habe einmal im Garten gearbeitet, da kommen Kinder, es waren der Karli N. und seine Schwester, vorbei und haben mich laut gegrüßt, vielleicht wollten sie mich ärgern: ‚Grüß Gott, Frau Pfarrer!‘ Ich weiß, wie man im Wirtshaus über mich redet. Die beiden Kinder hören, was die Leute sagen. Wie die beiden vorbeigegangen sind, haben sie sich eine Gaudi gemacht. Darum haben sie mich mit Frau Pfarrer begrüßt.“

Spannend ist ein Gespräch, das ich mit der Pfarrersköchin von Adlwang zu diesem Thema der Ehelosigkeit führte. Sie selbst sieht sich geradezu berufen zur Pfarrersköchin, ein Leben, das sie auch mit Liebe verbindet: „Heiraten wollte ich nie. Ich war schon 47, wie ich zum Pater Max als Pfarrersköchin gekommen bin. Ich hätte zehnmal heiraten können. Es hat keinen Sinn, wenn man zur Pfarrersköchin gezwungen wird. Man muss so etwas aus freien Stücken machen. Mit Liebe!“ Zum

Problem der Ehelosigkeit der Pfarrer meint sie: „Ich habe nichts dagegen, dass Weltpriester heiraten, aber ein Ordenspriester, wie der Pater Max, ein Benediktiner, sollte es nicht. Die Weltpriester würde ich heiraten lassen, das sind ja arme Hunde. Wenn die heute Primiz haben, werden sie einfach hinausgestellt. Das ist nicht so wie bei uns. Wäre hier ein Kaplan, so hätte der Familienanschluss, ich bin da, der Pfarrer ist da, er ist nicht alleine."

Als ich ihr sage, dass oft behauptet wird, Pfarrersköchinnen hätten mit dem Pfarrer ein sexuelles Verhältnis, führt sie aus: „Ich kann mir nicht vorstellen, ein Verhältnis mit dem Pfarrer zu haben, ich könnte niemandem mehr in die Augen schauen. Mir ist es aber eine Freude, dass sich der jetzige Pfarrer, der Pater Georg, wohl fühlt. Ich glaube, er ist gerne da. Ich glaube, dass die meisten Pfarrersköchinnen kein Verhältnis mit ihren Pfarrern haben. Ich wüsste in unseren Kremsmünsterer Pfarreien niemanden von den Pfarrersköchinnen, die ein solches Verhältnis hätte. Das muss ich ganz ehrlich sagen. Da gehören auch immer zwei dazu. Sicher gibt es Frauen, die ganz scharf auf einen Pfarrer sind, oft sind es die jungen Menscher! Die sollen einen Respekt haben. Heute haben sie keinen, sie schreien eh schon von der Ferne zum Pfarrer: Servas, grüß dich! Und das ist nicht das Richtige." Und noch etwas Interessantes hat die Frau zu erzählen: „Einmal kommt der Pater Max nach der Kirche zu mir in die Küche und sagt, ihn habe nach der Kirche eine Frau gesagt: ‚Schick mir deine Köchin, wir haben ein frisches Geselchtes, ihr könnt zu Mittag ein Geselchtes essen. Geh, fahr dorthin!' Ich bin nun dorthin gefahren und habe gesagt: ‚Der Pfarrer schickt mich hierher, weil ich etwas holen soll.' Darauf hat sie mir das Geselchte gegeben und hat gemeint: ‚Sei ehrlich, wie oft liegst du in der Woche beim Herrn Pfarrer?' Ich habe sie angeschaut und gesagt: ‚Ich weiß nicht, wie ihr euch das vorstellt, ich bin ja im Pfarrhof zur Arbeit und nicht seine Matratze.'

Und eine Ruhe war. Manche Leute haben mir gegenüber eine Einstellung, dass einem das Kotzen kommt. Ich bin zur Arbeit da, und wenn ich frei habe, mache ich, was ich will."

Die Pfarrersköchin verwahrt sich also mit ganzer Vehemenz dagegen, als Gegenstand des sexuellen Interesses des Pfarrers angesehen zu werden.

Dieselbe Dame ist aus gutem Grund für den Zölibat des Pfarrers, auch wenn er sich nicht an die Regeln der Keuschheit hält: „Ich kenne in Linz einen Pfarrer, der hat ein paar Kinder, er ist nicht verheiratet. Die Leute akzeptieren es, weil sie froh sind, dass sie einen Pfarrer haben. Der Pfarrer kann nicht verheiratet sein. Das hat auch etwas mit der Beichte zu tun. Wenn er verheiratet wäre, wäre das vielleicht ein Problem.

Die Pfarrersköchin geht das alles nichts an. Um Gottes willen! Er erzählt mir nicht einmal das, was die Tischmütter, die gestern da waren, erzählt haben. Oder über die Religionslehrerin. Das ist nicht mein Kaffee. Er redet mir nicht drein und ich frage ihn nicht. Er hat oben sein Reich und ich unten. Ich bin froh, wenn ich meine Ruhe habe."

In diesem Sinn meinen auch manche Pfarrersköchinnen, dass der Zölibat gut sei, damit sich der Pfarrer der Gemeinde voll widmen kann. Und sollte es offenkundig werden, dass ein Pfarrer mit einer Dame ein intimes Verhältnis hat, so könne er, wenn er ein Mönch ist, sogar bestraft werden. So soll ein Pater des Stiftes Kremsmünster, er war mein Lehrer in Geschichte, für eine Zeit auf eine Almhütte verbannt worden sein, weil er mit einer Wirtin einen allzu frivolen Kontakt gehabt habe. Dies erzähle ich der Pfarrersköchin von Adlwang, die diesen Pater kannte. Entrüstet antwortet sie: „Für diesen Mann lege ich meine Hand ins Feuer. Da verbrenne ich mich nicht ein bisserl. Er war ein feiner Herr und ein origineller Professor."

Es gehört also zur Ehre der Pfarrersköchin, ihren Pfarrherrn und auch andere Pfarrer zu verteidigen und sie als ehrenhafte zölibatäre Männer zu bezeichnen, eben auch als Männer, die sich im Sinne ihres Lebens für die Gemeinde an den Zölibat halten.

So erzählte mir eine Pfarrersköchin aus dem Weinviertel: „Wenn zum Beispiel die Sängerrunde am Abend blödelt, so fragen sie zum Beispiel den Pfarrer: ‚Durch welche Türe gehen Sie heute Nacht hinein, Herr Pfarrer?' Solche Sachen muss er sich sagen lassen." Zu ihrer und des Pfarrers sexueller Lust fügt sie hinzu: „Bei ihm merke ich nicht, dass er es (Sex) unbedingt haben muss. Und mir ist es gleich. Ich spüre nicht, dass es notwendig wäre. Vielleicht wäre ich sonst gegen den Zölibat. Im Grund bin ich jedoch dafür, dass der Zölibat fällt."

Pfarrer und Pfarrersköchin leben gemeinsam in einem Haus grundsätzlich in Respekt voreinander.

Der Stachel des Fleisches

Die katholische Kirche setzt hohe Ziele und weiß von den Schwächen des Fleisches, sie kennt – besser: kannte – aber auch die Regeln der Diskretion: ein Fehltritt soll nicht immer auch zum Skandal werden. Es gibt einen klassischen, wohl katholischen Spruch, den ich das erste Mal als Zögling der Klosterschule zu Kremsmünster gehört habe: „Der Kavalier genießt und schweigt!"

Man nimmt „Fehltritte" hin, redet aber nicht über sie, um das Prinzip des Zölibats nicht in Frage zu stellen. So ist es durchaus möglich, dass der Pfarrer bei der mehr oder weniger attraktiven Pfarrersköchin sexuelle Erfüllung erfährt. Auch der Weg zur Dirne ist ein möglicher für den braven Pfarrer. Es dürfte in der Beziehung geistlicher Herr und Dirne eine wohl alte Tradition geben, die weit in das Mittelalter zurückreicht. So wird berichtet, dass beim Konzil von Konstanz, das von 1414 bis 1418 tagte und bei dem sich kirchliche Würdenträger aus allen Teilen Europas trafen, Dirnen aller Art, so genannte Kurtisanen, gute Geschäfte gemacht hätten. In einem Bericht über dieses Konzil wird von siebenhundert öffentlichen Dirnen in Freudenhäusern gesprochen, dazu kamen noch „heimliche, deren Zahl man gar nicht angeben kann" (Lujo Bassermann, 1965, S. 121).

Auf geistliche Herren, die sich bei Dirnen erfreuten, weist auch in seinen Gedichten der Magister der Pariser Universität und Zuhälter François Villon, der um 1463 starb, hin. Ein Gedicht heißt „Jammerballade einer schönen Frau aus dem goldenen Heim". Dieses „goldene Heim" war Bordell und die Frau eine Dirne. Es heißt unter anderem in dem Gedicht:

„... Ihr alle, die ihr mich von weitem schon
betastet habt mit Augen langgestielt:
die Pfaffen (!), Krämer, Offiziere ...“
(Paul Zech, Die lasterhaften Balladen und Lieder des François Villon, München 1966, S. 19)

Neben anderen guten Bürgern, die bei Dirnen freudvolle Lust erleben, taucht in diesen Zeilen auch der „Pfaffe“, der Pfarrer, auf.

Ich habe nun auch in dieser Richtung mit einem früheren Wiener Zuhälter und Bordellbesitzer gesprochen. Dieser meinte, auch Pfarrer seien Menschen und würden ab und zu, dies sei seine Berufserfahrung, eine Dirne aufsuchen. Er selbst kannte zwei Wiener Pfarrer, die zwischen 1990 und 1997 regelmäßig zu ihm in das Bordell kamen, und zwar nicht beim Vordereingang, sondern beim Hintereingang. Meistens erschienen sie in dunklem Anzug mit einem kleinen Kreuz auf dem Revers des Sakkos. Sie fürchteten offensichtlich nicht, erkannt zu werden. Wenn die beiden Herren ungesehen erschienen, erzählte der Zuhälter, hätte er ihnen jeweils zwei Mädchen „aufgelegt“. Sie wünschten ein „volles Programm“. Oft auch unterhielt sich dieser Bordellchef mit den beiden Pfarrern, schließlich war er selbst einmal Ministrant gewesen. Einmal erkundigte er sich bei einem der beiden Herren bezüglich der erotischen Betätigungen von Pfarrern, was er meine, was so üblich war. Der Pfarrer, der sich auf sein Gefühl verlassen musste, glaubte, unter den Priestern würde es zwischen 60 und 70 Prozent Homosexuelle, etwa 20 Prozent Pädophile und ungefähr 10 Prozent Heterosexuelle geben, höchstens 2 Prozent würden den Zölibat heilig halten.

Diese Angaben sind freilich höchst problematisch, aber sie zeigen, wie ein Priester sich und seine Kommilitonen einzuschätzen beliebt.

Die unkeusche Pfarrersköchin

Aber auch zur Pfarrersköchin, wie schon angedeutet wurde, kann eine sexuell erfreuliche Beziehung des Herrn Pfarrers bestehen, allerdings wird eine Pfarrersköchin darüber kaum etwas berichten, auch wenn sie dem Herrn Pfarrer eine echte Liebschaft ist. Ich erfuhr dazu so gut wie nichts, außer von jener Dame, über die ich im Kapitel „Der Pfarrer als Liebhaber" erzählen werde.

Über eine solche Pfarrersköchin wird schon früh, wie im „Deutschen Wörterbuch" der Brüder Grimm (Band 11, S. 1562) nachzulesen ist, berichtet. Es wird da auf den „unlauteren Priester" hingewiesen, nämlich auf jenen Typus von Pfarrer, der seiner Pfarrersköchin offensichtlich Liebe entgegenbringt, dem die Pfarrersköchin also mehr bedeutet als sein Amt: „Sehr schwerlich kann ein unlauterer priester sein köchin verlassen, viel eher lest (lässt) er sein pfarr dahinden, und zeucht (zieht) mit ihr davon." Der Pfarrer sieht sich hier offenbar mit seiner „Köchin" engstens, also auch sexuell, verbunden und sucht mit ihr das Weite. Es zeigt sich hier offensichtlich ein altes Problem, nämlich die Frage, ob Pfarrer und Pfarrersköchin sich ehelich verbinden sollen.

Dazu gibt es eine Reihe von Scherzen, die sich auf angeblich wenig keusche Umtriebe der beiden Bewohner des Pfarrhofes beziehen. Ein solcher ist ebenso im Deutschen Wörterbuch der Brüder Grimm festgehalten: „Pfarrerkinder und Müllerküh geraten minder oder nie." (Grimm, Band 13, S. 1622.) Also auch der Pfarrer kann Kinder haben, wird hier angedeutet, allerdings keine ehelichen, sondern in Sünde gezeugte.

Auf die vorgebliche, in alten Zeiten vielleicht übliche und sprichwörtliche Unkeuschheit der Pfarrersköchin bezieht sich auch dieser alte Hinweis, ebenso zitiert bei Grimm, dass „die Pfaffenhuren ewig verdammt sind und zu des Teufels Leibrossen" werden. Und an einer anderen Stelle wird von der „Beischläferin eines Pfaffen", offensichtlich die Pfarrersköchin, gesprochen. (Grimm, Band 13, S. 1590.)

In einer alten deutschen Sage wird von der „Pfaffenkellnerin" gesprochen. Es heißt darin, wenn „in früherer Zeit sich eine Pfaffenköchin mit dem Pfarrer versündigt hatte, so wurde sie zur Strafe in einen Esel verwandelt, musste als solcher arbeiten und erhielt auch Hufeisen aufgeschlagen. Diese zeichnen sich durch ihre Kleinheit aus und werden auch heute noch hie und da gefunden." Eine Erlösung der verwandelten Pfaffenköchin aus ihrer Eselsgestalt konnte nur auf eine Weise geschehen: wenn man nämlich die verzauberte Eselin in der Morgenfrühe zu einem Morgenbrunnen zur Tränke führte. Ein Morgenbrunnen ist ein solcher, auf den in der Frühe „die ersten Sonnenstrahlen beim Aufgange fallen". Die Pfarrersköchin, die mit dem Herrn Pfarrer sexuell verkehrte, musste also dieser Sage nach damit rechnen, in einen Esel verwandelt zu werden.

Auch in einer anderen Geschichte geht es ähnlich zu. Zunächst wird von einer Votivtafel in einer Waldkapelle berichtet, auf der ein Hufeisen und eine Haarflechte zu sehen sind. Beide beziehen sich auf eine in der Nähe gelegene Schmiede. In diese kam eines Tages ein Reiter mit einem Pferd. Der Reiter forderte den Schmied und seinen Gehilfen auf, das Pferd zu beschlagen. Er selbst werde kurz in das Dorf gehen und bald wiederkommen. Als Schmied und Gehilfe begannen, dem Pferd ein Hufeisen aufzuschlagen, hörten sie das Pferd jammern: „Schlage nicht so hart, du schlägst dein Fleisch und Blut; denn ich bin deine Tochter, die du verwünschet hast und die nun der Teufel reitet. Doch mach geschwind fertig und binde mich los; es ist heute der letzte Tag, an dem mich der Teufel allein lässt und ich ihm etwa noch entlaufen kann. Ich werde nur frei, wenn ich, ehe er mich wieder einholt, über neunundneunzig Friedhöfe setzen kann." Wie versteinert horchten Vater und Sohn, der Gehilfe, zu. Sie waren überrascht, die Stimme der Tochter beziehungsweise der Schwester zu hören, die sich offensichtlich die Verwünschungen zugezogen hat, weil sie mit einem Herrn Pfarrer einen allzu engen körperlichen Kontakt hatte. Die beiden taten schnell, wie ihnen befohlen, banden das Pferd los und ließen es laufen. Als der Reiter kam, forderte er das Pferd wieder, doch der Schmied meinte, er habe nur befohlen, das Pferd zu beschlagen, nicht aber, es zu hüten. Der Reiter verschwand verärgert. Und nach drei Tagen erschien die befreite Tochter im elterlichen Haus und erzählte, wie sie der Teufel beim letzten Friedhof eingeholt und sie fest am Schweif gepackt habe. Mit einem mächtigen Satz setzte sie hinüber, den Schweif in den Händen des Teufels zurücklassend. Entzaubert und gerettet lag sie, die ehemalige Pfarrerkellnerin, auf dem Boden. Voll Zorn warf ihr der

Teufel die Hufeisen und die ausgerissene Haarflechte nach. Sie hob diese auf und brachte sie heim und in die Waldkapelle. (In: L. Petzoldt, 1978, S. 90 ff.)

Diese Pfarrersköchin ist also noch einmal davongekommen, während eine andere nicht so viel Glück hatte. So sieht man auf einem alten Stich aus dem 16. Jahrhundert einen dicken Pfarrer im Talar und den Teufel, der eine hübsche Dame, sicherlich eine „unkeusche" Pfarrersköchin, in das Feuer der Hölle trägt.

Man sieht an diesem Bild und an den Geschichten, dass es nicht der Pfarrer ist, der wegen Unkeuschheit bestraft wird, sondern die Pfarrersköchin, die als die große Verführerin erscheint. Jedenfalls wird die unkeusche Pfarrersköchin ganz im Sinne der abschreckenden Drohungen des katholischen Mittelalters vom Teufel geholt.

Der Pfarrer als Liebhaber – die verwegene Pfarrersköchin und ihr Ärger

Es wird von Pfarrern und Pfarrersköchinnen erzählt, deren Freundschaft eine intime gewesen sein soll oder ist, also eine, in der auch sexuellen Freuden gehuldigt wird. Sie sind Gegenstand alter und neuer Witze, über die später noch erzählt wird.

Allerdings ist es für den Forschenden sehr schwierig, etwas über solche Verhältnisse zu erfahren. Auch der Takt im Gespräch verlangt, nicht direkt danach zu fragen, zumal Sexualität und die Erkundigung danach im Leben des katholischen Pfarrers mit Tabus belastet ist. Und wenn dennoch darüber gesprochen wird, dann doch eher augenzwinkernd.

Jedenfalls bedeutete es für mich ein großes Glück, als ich über einen mir bekannten Herrn, er ist Rechtsanwalt, eine Dame kennen gelernt habe – sie kam schon zu Wort –, die mir spannend und ehrlich über ihr sexuelles Leben als Pfarrersköchin mit einem Herrn Pfarrer erzählt hat. Es ist denkbar, dass Frauen dieser Art, die in liebender Vereinigung mit dem Herrn Pfarrer lebten und leben, nicht selten sind. Man ahnt dies nur. Grundsätzlich spricht man jedoch nicht über sexuelle Lust, die auch Pfarrer und Pfarrersköchin bisweilen befallen mögen.

Ich sprach also mit einer Pfarrersköchin, die mir bereitwillig über ihr Leben mit einem Pfarrer erzählte, mit dem sie sich in sehr weltlichen, aber doch himmlischen Freuden erging. Sie hatte im Pfarrhof gearbeitet, in dem sie den künftigen Pfarrer, als er noch Kooperator war, also Mitarbeiter des Pfarrers, kennen und lieben gelernt hat. Zunächst jedoch war sie zwanzig Jahre lang im Gastgewerbe tätig und gerne hätte sie ein Gasthaus geführt. Doch wegen ihrer Kinder habe sie es aufgegeben, weiterhin in Restaurants zu arbeiten. Verheiratet war sie nicht, aber mit einem hohen Beamten, von dem sie einige Kinder hat, liiert.

Diesen Herrn verließ die Dame und folgte dem Herrn Pfarrer in seine neue, in einem anderen Bundesland gelegene Pfarre als Pfarrersköchin. Im Pfarrhof lebte sie mit dem Herrn Pfarrer schließlich wie ein Ehepaar. Allerdings zog sie sich nach vielen Jahren enttäuscht von ihm zurück, da sie ihn ertappte, wie er mit einer jüngeren Dame in eine engere Verbindung trat. Sie leidet heute noch darunter.

Am Beginn unseres Gespräches meint sie über andere Pfarrersköchinnen: „Manche sind nicht so fromm, wie sie immer tun. Ich trau der Sache nicht mehr ganz. Es wird nur groß geredet. Sind fünf Messen am Tag, gehen sie in fünf Messen. Und dabei haben es manche faustdick hinter den Ohren."

Ich frage, wie es zum näheren Kontakt zu dem zunächst im Schuldienst tätigen späteren Pfarrer kam und ob er mit ihr angebandelt habe. Sie erzählt nun: „Ja, freilich hat er angebandelt. Er war damals noch Kooperator. Der Pfarrer war auf Urlaub. Ich habe im Pfarrhof aufgeräumt und geputzt, das war meine Aufgabe. Ich habe auch in seiner Garçonnière aufgeräumt, in der hat er gearbeitet und gelebt. Da hat es angefangen mit uns. Wir sind uns beim Aufräumen also näher gekommen. Er hat sich ein bisserl an mich hergemacht. Und ich war auch nicht abgeneigt."

Die Dame war also erfreut, dass der junge geistliche Herr Gefallen an ihr findet, sie war zu dieser Zeit schon um die vierzig. Ich erkundige mich nun nach der Strategie des Anbandelns des jungen Geistlichen. Sie erzählt weiter: „Irgendwie sind die Pfarrer ja interessant, weil sie nicht heiraten dürfen. Man soll die Pfarrer nicht verkennen. Die sind raffinierter als wir. Viele haben eine Freundin. Ich war 22 Jahre bei einem Pfarrer im Dienst, ich habe viele Pfarrer kennen gelernt, unter denen sind aber nur zwei, bei denen kannst du die Hand ins Feuer legen, dass sie keine Freundin haben. Aber alle anderen haben ihre Freundinnen. Ich möchte die Männer nicht ganz verurteilen, denn die eigentlichen Miststücke sind ja die Weiber. Das ist meine Einstellung. Wissen Sie, warum, ich sage Ihnen das glatt ins Gesicht. Wenn ich als Frau nicht gewillt bin, kann der neben mir tanzen und tun, was er will, er interessiert mich nicht. Es sind immer Frauen dabei, die gleich zur Sache kommen. Und welcher Mann ist ein Kostverächter oder lässt etwas links liegen? Beim Anbandeln machen es die Pfarrer genauso wie die anderen. Da gibt es keinen Unterschied."

Sie lächelt und fährt fort: „In meiner Verliebtheit habe ich gar nicht weiter nachgedacht, was da herauskommen kann und welchen Gefahren ich mich da aussetze, ob ich vielleicht von den Leuten verachtet werde, die es wissen, oder auch nicht. Am Anfang habe ich einiges mitgemacht von Leuten, die von dem Verhältnis wussten. Der Pfarrer, also der Chef des Kooperators, hat es dazumal überrissen, dass ich in seinen Kooperator verliebt bin. Einmal war ich wieder in der Garçonnière, als es an der Tür geklopft hat. Ich bin gleich ins Badezimmer. Ich wollte nicht, dass mich der Pfarrer in der Garçonnière des Kooperators sieht, sonst durchschaut er die Sache. Der Pfarrer hat jemandem die Garçonnière gezeigt, wahrscheinlich einem anderen Pfarrer, aber die Badezimmertür hat er nicht aufgemacht. Er hat sicher gewusst, dass ich drinnen bin."

Wie die Beziehung zum damaligen Kooperator, dem künftigen Pfarrer, genau begann, darüber erzählt die Dame Folgendes: „Der Pfarrer war gerade auf Urlaub, es war der 26. Juli. Da sind wir uns näher gekommen. Ich habe geputzt und er hat mir geholfen. Die Pfarrer kommen schneller zur Sache: ‚Bitte, wenn ich die Gelegenheit habe, ich bin auch nur ein Mann, warum soll ich die Gelegenheit nicht nützen.' Sind wir uns ehrlich. Zu solchen Sachen gehören immer zwei dazu. Und die Maßgebende ist immer die Frau. Ich bin ja selber eine, das ist meine Meinung. Davon bin ich nicht abzubringen."

Die gute Frau geht also ein Verhältnis mit dem jungen Geistlichen ein, allerdings beschränkte sich dieses nur auf die Stunden des Tages, wie sie weiter erzählt: „Am Abend bin ich von der Pfarre immer heimgegangen. Meine Kinder haben das nicht mitbekommen. Aber irgendwie haben sie dann doch etwas gemerkt, weil er sich besonders mit ihnen befasst hat. Die Kinder haben ihn auch ganz schön vergöttert." Über seine Karriere, die ihn mit ihr zusammenführte, berichtet sie: „Zuerst war er während des Studiums im Kloster. Wie er damit fertig war, ging er, wie die anderen jungen Ordensleute auch, in eine Pfarre, um dort mitzuhelfen. Dort haben sie Schlafen und Essen gratis gehabt."

Schließlich wird aus dem Kooperator ein Herr Pfarrer, der Damen zu verehren scheint: „Im 75er-Jahr ist er nach Z. als Pfarrer gegangen, in einen großen Pfarrhof mit einer großen Kirche, die dem heiligen Adalbert geweiht war. Ich bin nicht gleich nach, er ist alle 14 Tage zu mir nach K. gekommen. Aber er hat in Z. auch Damen gehabt. Er hat nichts anbrennen lassen. Im 80er-Jahr ist er zu mir gekommen und hat gesagt: ‚Komm nach Z. und hilf mir aus, die Wirtschafterin, also die Pfarrersköchin, geht in Pension.' Die war schon eine alte Dame. Auf jeden Fall habe ich mich überreden lassen, ihm so lange zu helfen, bis er eine neue Wirtschafterin hat.

Ich war nun bei ihm, bin aber jede Woche mit dem Auto heimgefahren: drei Stunden mit dem Auto hin und drei Stunden zurück. Er ist dann in eine andere Pfarre versetzt worden. Auch dorthin hat er mich mitgenommen. Am Anfang haben die Leute ja geglaubt, wir sind Geschwister. Obwohl ich damals viele Bekannte hatte, hat keiner von ihnen überrissen, dass ich in ihn verliebt bin und wir eng zusammenleben.

Im Juli (2002) waren es 28 Jahre, dass wir uns näher kannten. Bis vor 4 Jahren (1998) lebten wir zusammen. Jetzt ist aber alles aus." Ich unterbreche wieder und frage: „Wie würden Sie reagieren, wenn er jetzt kommen und sagen würde: Ich liebe dich?" Darauf sie: „Nein, mich kann er gern haben. Auf Tirolerisch gesagt, er kann mir die Schuhe anblasen. Mich schmerzt sehr, wie man mich behandelt hat, er und sein Stift wollten mir nicht einmal eine Abfertigung bei der Kündigung zahlen. Ich habe mich damals furchtbar aufgeregt. Dem Abt des Stiftes habe ich meine Meinung gesagt, sodass er nach Luft gerungen hat. Ich habe gesagt: ‚Bei Euch muss man aufpassen, Ihr legt Euch alles aus, wie es Euch passt.' Die Fliegenden nach unten, also die Pfarrer, sind uninteressant für mich." Über ihr Leben an der Seite des jungen Pfarrers erzählt sie weiter: „Aber zunächst bin ich in Z. etwas sesshaft geworden. Und wie meine Kinder schon größer waren, haben sie schon gewusst, um was es bei uns geht. Mein Sohn hat sich überhaupt nicht eingemischt. Die größeren Madeln, denen war es recht, denn der Pfarrer hat sich mit jungen Leuten sehr gut verstanden. Nur die Jüngste hat heute noch Probleme deswegen, obwohl sie in der Schweiz verheiratet ist."

Die Dame schweift zwar ab, kommt aber immer wieder auf den Kern des Gesprächs: „Ich bin also alle vierzehn Tage heimgefahren. Wenn ich meinen Vogel gehabt habe, habe ich mich noch um 8 Uhr am Abend ins Auto gesetzt und bin nach K. gefahren. Und in der Früh bin ich wieder hinunter nach Z. gefahren. Ich habe ihm in der ersten Zeit zwei Haushälterinnen durch Annoncen verschafft, eine junge und eine alte. Er ist aber mit keiner zurechtgekommen. Bei der einen war sogar der Bruder Pfarrer in Kremsmünster. Die jüngere war nur acht Tage bei ihm, sie hat aber nichts gekonnt. Die ältere Haushälterin war etwas länger, die hat ihm aber auch nicht gepasst. Nun hat er zu mir gesagt, das geht nicht mit anderen Frauen, du musst wiederkommen. Ich habe zugesagt. Der Abt, zu dessen Stift die Pfarre gehört, war einverstanden und hat nicht viel gefragt. Es war alles okay, es hat keine Diskussionen gegeben, dass ich nun Pfarrersköchin bin. Ich habe damals schon im Pfarrhof gewohnt, ich hatte mein eigenes Zimmer." Als ich nun frage, ob der Abt geahnt hat, dass sie mit dem jungen Pfarrer ein „Panscherl", ein Verhältnis, hat, antwortet sie: „Sicher hat er es geahnt, weil er selbst eine Freundin gehabt hat."

Ich füge hinzu: „Die evangelischen Pfarrer sind besser dran als die katholischen. Aber andererseits haben die katholischen Geistlichen den Vorteil, dass sie, wenn sie eine Freundin haben, nicht heiraten müssen." Sie meint: „Ja, sicher sind die besser dran, aber der Pfarrer möchte vielleicht doch gern heiraten. Es gibt aber auch welche, die weggehen und heiraten. In einem Jahr sind vier aus dem Kloster ausgetreten, weil sie jemanden kennen gelernt haben, weil sie heiraten und Kinder haben wollten."

Aufschlussreich ist auch, was die Pfarrersköchin über ihre Rolle als Gefährtin des Pfarrers im Haus und gegenüber den Leuten erzählt. Die beiden haben wie ein altes Ehepaar gerne Gäste eingeladen, die allerdings ihr gemeinsames Schlafzimmer nicht betreten durften. Dazu schildert die Pfarrersköchin: „Die Gäste haben sich frei in der Wohnung bewegen können und alles tun dürfen. Verboten habe ich nur, in das Zimmer des Pfarrers, dort, wo er geschlafen hat und auch ich, zu gehen. Da habe ich sie nicht hineinschauen lassen. Die Gäste hätten sich vielleicht gewundert, dass da drinnen ein französisches Bett steht. Auch die Mitbrüder des Pfarrers haben dort nicht hineingeschaut. Das französische Bett für uns zwei habe ich angeschafft. Ich habe gesagt, das kaufen wir uns. Es hat eh jeder gewusst, dass der Pfarrer und ich eng befreundet waren. Unsere Feste, die wir beide gaben, waren stets eine große Gaudi. Heute noch erinnern sich alte Bekannte an diese Feste und sagen: ‚Kannst du dich noch erinnern an die Feste, die wir bei dir gefeiert haben?' Gerne sind sie zu uns gekommen.

Manchmal ist es drunter und drüber gegangen. Es war richtig lustig. Wir haben immer gemischt eingeladen, auch die Jungen sind gerne gekommen. Ehepaare, Freundinnen. Einmal haben sie den Tisch aufgehoben, zu viert, der mit allem beladen war. Beim Fasching haben wir dekoriert gehabt. Immer, für Gäste, nicht für die Pfarre, das war separat. In der Pfarre ist doch nach außen ein gewisser Anstand gefordert. Man muss zwei Gesichter zeigen. Der Pfarrer war sehr beliebt. Da gibt es nichts zu sagen." Es ging also lustig zu im privaten Bereich, der nicht zur Pfarre gehörte. Ich meine daher, für manche Pfarrer ist es wohl wichtig, ein schönes Leben zu führen. Darauf nickt die Dame: „Sie sagen es. Genau so ist es. Die Pfarrer haben den Vorteil, dass sie nicht heiraten brauchen." Aber dennoch war ihre Beziehung eine eheähnliche, dies zeigte sich zum Beispiel beim Frühstück: „Er hat immer das Frühstück gemacht, ich war noch im Bett, ich bin Langschläferin. Vormittag war ich im Haus, am Nachmittag war ich im Garten. Früher habe ich bis 9 Uhr geschlafen. Er ist jeden Tag schon um 7 Uhr aufgestanden. Um 2 Uhr nachmittags ist er von der Schule heimgekommen. Messen hat er nur freitags und sonntags gelesen. Ein Kurat hat die Frühmesse gelesen. Nach dem Aufstehen habe ich am Vormittag in der Wohnung gearbeitet und am Nachmittag war ich im Sommer im Garten."

Sie erzählt nun über die „Untreue" des Herrn Pfarrers: „Vor fünf Jahren ist dann die Gaudi angegangen. Jetzt bin ich schon 65. Wie ich sechzig wurde, hat er mir eine Flugreise spendiert. Es war am Anfang wirklich schön mit ihm. Er hat alles getan, was ich ihm gesagt habe. Wir haben zusammengearbeitet, denn es war ein großer Haushalt und ein großer Garten. Direkt in der Stadt. Ich bin also nach Rhodos geflogen, und wie ich zurückkam, hat mir sein Freund erzählt, dass der Pfarrer nun eine neue Freundin hat. Er war ein Freund des Hauses, ein Herr Doktor. Kritisiert hat er den Pfarrer aber nicht, dass er nun diese Freundin hat. Sie war eine so genannte Dame, jetzt drücke ich mich schon sehr vornehm aus. Sie ist verheiratet und nimmt es mit allem nicht so genau. Diese Person haben wir schon 15 Jahre gekannt. Sie ist eine ganz Kleine und er, der Pfarrer, ist fast zwei Meter groß."

Seine Untreue schildert sie weiter: „Ich muss ehrlich sagen, treu war er nie. Bis zum letzten Moment hat er mir immer vorgehalten, dass die Leute sagen, ich führe ihn so kurz an der Leine. Ich habe ja gewusst, warum. Die Leute haben alles gewusst über uns, weil ich viel in der Pfarre mitgearbeitet habe. Ich habe das Pfarrcafé geführt und Veranstaltungen durchgeführt. Aber wie ich auf seine Freundin draufkam, hat es nur mehr Hass und Streit gegeben. Ich habe dem Pfarrer auf den Kopf hin zugesagt, dass er eine Freundin hat. Er hat es am Anfang abgestritten, aber ich habe so viele Beweise gehabt. Als ich wieder einmal mit ihm einen Streit hatte, habe ich zu ihm gesagt: ‚Du, wenn dir etwas nicht passt, dann gehe ich zum Kurt (dem Mann seiner Freundin) und erzähle ihm alles.' Er hat bloß gesagt: ‚Dann geh.' Er hat es mir ja nicht zugetraut. Zunächst habe ich es ihm nur angedroht, dass ich zum Kurt gehe. Ich war die große Droherin. Ich habe nur gedroht. Dann bin ich aber wirklich zu ihrem Mann hin und habe gesagt: ‚Du, Kurt, du bist auch ein falscher Hund, weil du mir nichts gesagt hast.' Der hat es schon gewusst, dass seine Frau mit dem Pfarrer etwas hat. Das war ihm aber wurscht. Er hat nämlich zurückgezogen gelebt, weil sie ja nie da war, sondern beim Pfarrer. Sie hat sich um gar nichts mehr gekümmert. Und Freundin hatte ihr armer Mann auch keine. Er war ein netter Mensch, aber sie ist immer auf ihn losgegangen. Scheiden lassen will er sich nicht, auch sie will keine geschiedene Frau sein. Weggezogen ist sie aber von ihrem Mann. Sie wohnt in einem kirchlichen Institut. Er, der Pfarrer, fährt jeden Tag zu ihr hin. Das Tolle ist ja, er glaubt, er ist auf diesem Gebiet sehr gescheit."

Ich frage nun, wie sie ihm nachweisen konnte, dass er ein Verhältnis mit der Freundin hat. Sie erzählt: „Ich habe mir gedacht, ich muss der Sache auf den Grund gehen. Wie er sich einmal am Nachmittag von oben bis unten umzieht und sich frische Unterwäsche anzieht, sagt er zu mir, er muss noch in die Schule fahren, um etwas zu kopieren. Ich hatte da einen sechsten Sinn. Dass sich der da für die Schule von oben bis unten frisch anzieht, das konnte ich mir nicht vorstellen. Da läuft irgendetwas. Ich bin zu Fuß hinauf die K.-Straße, wo sie arbeitet. Ich habe nun zwei Stunden in der Kälte gewartet. Geraucht habe ich dabei viele Zigaretten. Auf einmal kommt er von unten herauf und steigt ins Auto. Er hat mich nicht gesehen. Daheim ist es aber losgegangen. Ich habe es ihm auf den Kopf zugesagt, dass er nicht kopieren war, sondern bei seiner Schnepfe war. Er hat es immer abgestritten, aber dann hat er es zugegeben. Ich habe mich nun zurückgezogen.

Sein Charakter ist ohne jede Würde. Dass man einen Menschen nach so vielen Jahren so behandelt. Ich war die letzten vier Jahre nur Dreck für ihn. Er hat mit mir nichts mehr geredet, kein Gute Nacht oder so etwas, Bittschön oder Dankschön, nichts. Wenn er mir etwas sagen wollte, hat er es mir auf einen Zettel geschrieben. Er ist der Große und ich bin nur eine kleine Haushälterin. Ich soll den Mund halten. Auch primitive Tirolerin hat er zu mir gesagt. Aus der untersten Schublade komme ich heraus. Sie ist für ihn die Grande Dame."

Zur Person ihrer Kontrahentin sagt die Dame noch: „Sie ist verheiratet und ist angestellt im G.-Institut. Sie hat zwei große Kinder, die glauben aber nicht, dass der Pfarrer etwas mit ihr hat. Aber jetzt haben sie Beweise in der Hand. In dem Institut ist sie die Chefin der Küche. Der Mann war selbstständig, er hatte ein großes Geschirrgeschäft."

Die Pfarrersköchin kommt ihm immer mehr auf die Schliche: „Einmal war er mit ihr in Graz, bei der Diözesanfußballmeisterschaft. Er als Präsident der Diözesansportgemeinschaft ist also mit seiner Freundin angereist. Wie er heimkommt, hat er einen Zettel liegen lassen mit der Bestellung für ein Doppelzimmer. Dann hat er die Fotos, auf denen auch die Freundin zu sehen ist, hingelegt. Ich habe diese Fotos. Ich habe mir gedacht: ‚Du Hundling, dir helf ich jetzt!' Ich habe dann den Mann seiner Freundin angerufen und ihm gesagt: ‚Weißt du, wo deine Flidschen war? Mit ihm in Graz.' Und sie hat sofort den Pfarrer angerufen und es ihm gesagt. Sie hat auch gesagt, dass ich untragbar bin. Er soll mich kündigen."

Die alte Pfarrersköchin hat offensichtlich gelitten unter dem Treubruch des Pfarrers, dem sie sich früher sehr verbunden gefühlt hat. Daher erzählt sie: „Der Pfarrer und ich haben vier Jahre in Hass miteinander gelebt. Weggehen wollte ich auch nicht. Ich habe mich beleidigt gesehen durch ihn. Und ich habe mich zur Wehr gesetzt. Einmal sagte er, als wir wieder einmal eine Meinungsverschiedenheit gehabt haben: ‚Meinst du, ich seh nicht, wie schlecht es dir geht!' Ich habe zu ihm gesagt, er ist ein Heuchler. Er stellt sich auf die Kanzel und richtet die Leute zurecht. Ich habe ihm gesagt: ‚Du reißt die Goschen auf und bist um kein Haar besser als die anderen. Was willst denn du, schäm dich, hinunterzugehen in die Kirche. Was ist denn aus dir geworden. Ich habe früher mein Hirn bei den Zehen gehabt. Mein Gehirn ist jetzt aufgestiegen. Jetzt hast aber du dein Hirn bei den Zehen. Du bist das Letzte!' Ich habe ihm sogar einmal gesagt: ‚Wenn du dich einmal umschaust um eine Jüngere, von der ich nichts weiß, dann aber eine, die nicht aus unserer Pfarre kommt.'

Solche Sachen habe ich ihm gesagt. Ein Dreivierteljahr lang habe ich überhaupt kein Wort mehr mit ihm gesprochen. Ich habe meine Arbeit getan, aber geredet haben wir nichts mehr miteinander. Er hat nicht geglaubt, dass ich hierher ziehe. Aber keiner weiß, wo ich wirklich jetzt wohne. Es hat auch niemand meine Telefonnummer. Ich möchte mit diesen Leuten vom Stift nichts mehr zu tun haben."

Das Verhältnis des Pfarrers mit seiner Freundin trifft sie hart: „Ich mache das alles schon vier Jahre mit. Mit dem muss ein Mensch einmal fertig werden. Ich war daher psychisch krank. Jetzt geht es mir wieder einigermaßen. Die geistlichen Herren haben mein Leben ruiniert." Sie fügt hinzu: „Das können Sie ruhig in Ihr Buch schreiben. Er, der Herr Pfarrer, mein früherer Freund, ist heute wieder der große Mann.

In der Kirche wird alles unter den Tisch gekehrt, ganz wurscht, was. So ein Skandal dauert vielleicht acht Tage, dann ist es erledigt."

Die Pfarrersköchin lässt es sich nicht gefallen, dass man sie mit einer Kündigung ohne irgendwelche Geldleistungen als Abfertigung abtun will. Sie schildert: „Ich habe die Kündigung im Juni bekommen. Ich bin gleich zum Rechtsanwalt gegangen und habe ihm die Kündigung gezeigt. Der Rechtsanwalt greift zum Telefon und sagt: ‚Das haben wir gleich, da gehen wir zur Zeitung.' Es geht um mein Recht, wieso soll das die Öffentlichkeit nicht erfahren. Der Rechtsanwalt ist hundertprozentig hinter mir gestanden, er hat bestimmt das Beste für mich getan. Diese Kündigung ist ihnen nicht billig gekommen. Sie haben nachzahlen müssen.

Der Rechtsanwalt hat sich sehr eingesetzt, denn in der Kündigung gab es riesengroße Fehler. In der Kündigung stand, dass mein Angestelltenverhältnis gekündigt wird. Dabei war ich nie im Stift angestellt. Ich habe wohl ein Gehalt bekommen, das hat mir der Pfarrer in letzter Zeit immer hingelegt. Ohne danke und ohne bitte. Das Geld bekam ich für den ganzen Monat in bar. Essen und Schlafen habe ich frei gehabt. Das hat das Stift gezahlt und nicht der Pfarrer. Richtig angestellt war ich ja nie, denn niemand hat mich danach gefragt. Das Geld, das ich bekommen habe, war eigentlich Schwarzgeld. Es ist nie etwas darüber gesprochen worden." Mit Genugtuung stellt schließlich unsere Pfarrersköchin fest:

„Meine Kündigung hat der gescheite Herr Abt im Alleingang gemacht, seine Mitbrüder haben nichts davon gewusst. Sie mussten mich nun rückwirkend einstellen. Und drei Monate war ich nun versichert. Vorher war ich nicht versichert. Ich hatte ja meine Invalidenrente. Sie haben es so ausgelegt, dass ich im Stift gesagt hätte, ich möchte nicht angestellt werden. Das war erstunken und erlogen. Der Abt hat alles unter den Tisch gekehrt. Alles, und er hat alles gewusst, denn die beiden, er und der Pfarrer, waren dicke Freunde. Aber die Mitbrüder wussten nichts davon, die haben die ganze Sache aus der Zeitung, in die sie der Rechtsanwalt gegeben hat, erfahren. Das war ein Skandal im Stift. Der Pfarrer hat nun nichts zu lachen. Seine Freundin bekommt noch einen kleinen Denkzettel von mir. Ich habe ihm gesagt: ‚Du kannst das Wort Charakter schreiben, aber was es bedeutet, weißt du nicht.' Ich war auch keine Heilige, ich hatte genug Chancen. Aber ein gewisser Anstand gehört her."

Ihre durch den Pfarrer, den sie einst geliebt hat, erlittene Erniedrigung versucht die Dame deutlich und öffentlich zu machen, eben auch dadurch, dass sie sich mit der bloßen Kündigung nicht so ohne weiteres abfindet. Sogar eine Zeitung schrieb unter dem Titel „Geliebter Pfarrer" darüber.

Die Dame ist gekränkt und erzählt über das Ende ihres Lebens als Pfarrersköchin: „Die letzte Zeit, als ich von seiner Freundin schon wusste, habe ich mir das Frühstück selbst gemacht. Ich habe mich da so aufgeregt, dass ich schon um 5 Uhr aufgestanden bin. Ich konnte nicht mehr richtig schlafen. Nach dem Streit wegen der Freundin bin ich aus dem gemeinsamen Zimmer ausgezogen. Er hat gesagt: ‚Ich habe dich nicht hinausgetrieben. Du hättest ja nicht ausziehen brauchen, du wolltest ja ausziehen.' Ich bin ja freiwillig ausgezogen. Wenn er gesagt hätte, ich soll ausziehen, wäre ich vielleicht eh nicht ausgezogen. Es wäre ja eine Zumutung gewesen, bei ihm zu schlafen, wenn ich weiß, er ist jeden Abend bei der Frau. Und da soll ich mich da in das Bett hineinlegen. Wo sind wir denn, dass er mich degradiert. Er hat kein Wort zu mir gesagt und ich habe keines zu ihm gesagt. Zum Mittagessen ist er gekommen. Die letzten drei Wochen hat er mir einen Zettel geschrieben: ‚Ein für alle Mal: du brauchst für mich nicht kochen.' Wenn wir uns etwas zu sagen hatten, haben wir das schriftlich gemacht. Gekocht habe ich weiter für ihn, auch die Wäsche habe ich für ihn gewaschen. Ich habe weiterhin alles getan, was so in einem Haushalt anfällt."

Sie lobt ihren Pfarrer aber auch: „Er hat viel geschrieben. Alles, was er geschrieben hat, war gescheit. Er ist auch ein guter Sportler, er spielt Fußball, fährt Radl und fährt Schi. Er hat sich alles gut eingerichtet, mit dem Sport und auch mit der Freundin. Er hat nichts anbrennen lassen. Die Kirche bietet ihm Freiheiten, Narrenfreiheit. Einmal spielt er den großen Sportsmann und das andere Mal einen braven Geistlichen."

Die Pfarrersköchin beklagt sich auch über die Leute in der Pfarre, von denen sie sich früher geachtet gesehen hat, die aber nun, wie es scheint, die Partei des Pfarrers ergriffen haben: „Die Leute wissen alles, aber es traut sich keiner etwas sagen. Das sind die modernen Christen, die hineingehen, um gesehen zu werden. So ist es.

Eine kleine Episode möchte ich noch erzählen. Da war der Pfarrer nicht da, er war in Graz. Ich habe mir gedacht, jetzt gehe ich einmal in die Kirche. Mehr habe ich nicht gebraucht. Gerade, dass mich die Gläubigen nicht geschlagen haben wegen des Artikels in der Zeitung über unsere Geschichte. Jahrelang habe ich sie bedient und umsorgt, und dann lassen sie mich am Pfarrplatz stehen."

Ich frage die Dame noch zu ihrer persönlichen Einstellung gegenüber Pfarrer und Pfarrersköchin: „Die meisten Leute glauben, die Pfarrer sind so heilig und anständig. Das ist ein Irrtum. Ich möchte aber nicht alle in einen Topf schmeißen. Mir ist sogar zu Ohren gekommen, dass es heißt, ich hätte den Ruf der Pfarrhaushälterin ins Zwielicht gestellt. Das interessiert mich nicht. Es muss jede Haushälterin selber wissen, was sie tut. Es gibt Haushälterinnen, die anständig sind. 95 Prozent sind es, die kein Panscherl mit dem Pfarrer haben. Also nur fünf Prozent haben ein Panscherl. Namen kann ich keine nennen, das Risiko ist zu groß. Die meisten Pfarrersköchinnen sind gesetzte Frauen, die wirklich christlich sind, die sich nie etwas zuschulden kommen lassen."

Die Pfarrersköchin, die aus Liebe zum Pfarrer in den Pfarrhof einzog, mit ihm ein französisches Bett benützte und fleißig im Haus und im Garten arbeitete, sieht sich zur Seite gedrängt, schließlich war sie bloß die Geliebte und nicht die Ehefrau, obwohl sie sich wie eine solche gefühlt haben mag. Daher erzählt sie am Ende unseres Gesprächs traurig: „Ich leide mehr, als wenn er mir eine runtergehaut hätte. Er hat genau gesehen, dass ich am Samstag ausziehe, weil ich die Koffer schon draußen stehen gehabt habe. Er ist um halb neun in der Früh weggefahren. Er hat nicht auf Wiedersehen zu mir gesagt, nicht einmal auf Tirolerisch: leck mich am Arsch. Oder Bittschön oder Dankschön oder ich wünsch dir viel Glück. Gar nichts. Abgezwitschert ist er. Der Feigling. Er ist ein riesengroßer Feigling. Er hat seiner Freundin zu Weihnachten einen Ring gekauft. Die Rechnung hatte er hinter den Büchern versteckt. Er war zu wenig schlau. Und ich erwisch die Rechnung. Er hat gesagt, er musste den Ring für eine Bekannte besorgen. Dass man einen Menschen so abserviert. Das ist keine Art. So etwas nennt sich Pfarrer. Ich habe meine Abfertigung bekommen, aber ich habe nichts gehabt, keinen Löffel. Ich bin in dem Alter, in dem ich mir selber helfe." Und direkt an mich gerichtet, sagt sie noch: „Es ist eine Erleichterung, mit Ihnen darüber zu reden." Diese Worte ehren mich als jemanden, der sich redlich mit der Welt der Pfarrersköchinnen beschäftigt.

Die freundliche Pfarrersköchin, mit der ich einen Nachmittag bei Kaffee und Kuchen verbracht habe, zeigte mir in sehr aufregender Weise die Phasen ihrer Lebensgemeinschaft. In der ersten liebt man sich ungetrübt und lädt Leute zu Festen ein. In der nächsten Phase nähern sich die beiden einem klassischen Ehepaar an, wobei sie sich klar ist, dass sie dem Pfarrer eine Welt schafft, in der er sich wohl fühlt. Und in der letzten Phase sieht sie sich schließlich erniedrigt, da der Pfarrer den Reizen einer Freundin erliegt. Als ehemalige Geliebte eines Pfarrers hat sie nicht die Chance, ähnlich akzeptiert und respektiert zu werden wie eine verlassene Ehefrau.

Unsere Dame kränkt sich zwar über das Verhalten des Herrn Pfarrers, aber dennoch gefällt ihr das Leben als Pfarrersköchin, wie sie abschließend meint: „Als Pfarrersköchin kommt man viel unter Leute. Eine Pfarrersköchin kann viel selber tun und sie kann sich mit den Leuten anfreunden. Für das ist die Pfarrersköchin zuständig. Sie kann sich alles einteilen, wie sie will. Ich bin ein gläubiger Mensch, ich bete alle Tage. Ich mag aber die Fliegenden nicht. Ich mach das mit dem Chef persönlich aus. Ich brauch die Pfarrer nicht."

Die Dame liebte ihren Beruf als Pfarrersköchin und sie fühlte sich wohl, als sie mit dem Herrn Pfarrer noch in inniger Gemeinschaft lebte. Gleich einer Ehefrau und echten Kumpanin kümmerte sie sich um den Haushalt, die Wohnung, den Garten und heitere Feste, aber auch um die Pfarre und ihre Menschen.

Wahrscheinlich gibt es noch viele andere Pfarrer, die Liebhaber ihrer Pfarrersköchinnen sind, aber es ist wohl schwierig, darüber wirklich Bedeutsames zu erfahren.

Für einen solchen Liebhaber hält meine Schwester, die Arztfrau in der Obersteiermark ist, einen Pfarrer eines kleinen Bergdorfes. Seine Pfarrersköchin ist eine noble Apothekerin, die ihren Beruf aufgab und zum Pfarrer zog. Das Kirchenvolk sieht in ihre eine echte Lebensgefährtin, die dem Pfarrer eine Art Ehefrau ist. Einmal erschien diese Dame in der Ordination meines Schwagers, der Wartesaal war überfüllt, und wollte für den Herrn Pfarrer ein Medikament holen. Um vom Arzt vorgezogen zu werden, um also nicht warten zu müssen, sagte sie leise zu meiner Schwester, die in der Ordination hilft: „Der Herr Pfarrer ist Privatpatient." Meine Schwester antwortete heiter: „Bei uns ist es so wie in der Kirche, bei uns werden alle gleich behandelt."

Kinder der Pfarrersköchin und des Pfarrers

Haben Pfarrer und Pfarrersköchin gemeinsam ein Kind oder mehrere Kinder gezeugt, so ist es für diese Kinder psychisch nicht leicht, wenn sie erfahren, wer eigentlich ihre Eltern sind.

Unproblematisch wird wohl ihre Beziehung zu ihren Eltern sein, wenn der Herr Pfarrer seinen Beruf aufgibt und seine Pfarrersköchin heiratet, wie ich es im nächsten Kapitel zeigen werde.

Die psychischen Probleme der Kinder von Priestern mögen beschwerlich sein, wie es auch in einem neuen Buch mit dem Titel „Gottes heimliche Kinder" (2004) dargestellt wird. Die in dem Buch erzählten Geschichten solcher Kinder künden von Verlorenheit und vom Kampf um Anerkennung, aber vor allem von der Sehnsucht nach dem Vater. Priesterkinder, so ist aus diesem Buch zu erfahren, sind ein großes Tabu der katholischen Kirche. Priesterliche Väter distanzieren sich von ihren Kindern, sie haben Angst, ihre Existenzgrundlage zu verlieren. Und die Kinder fühlen sich im Stich gelassen. Hält der Pfarrer aber zu seinen Kindern und seiner Frau, so kommt es in der Tradition des Mittelalters zu seiner Verbannung. Die Ängste der Eltern lasten ein Leben lang auf den Schultern der Kinder, die wissen, dass sie „Früchte der Sünde" sind. Und sie kränken sich über ihre Väter, die sich oft hinter den schützenden Mauern der Kirche verstecken und sich nicht zu ihrer Familie bekennen wollen, um ihre Karriere nicht zu gefährden. Absicht des zitierten Buches ist es, den Kindern der sündigen priesterlichen Liebe Mut zu machen. Das ist gut so.

Mir wurde der Kummer von Priesterkindern bewusst, als nach einem Vortrag, den ich in einem steirischen Dorf gehalten hatte, eine Dame um die sechzig zu mir kam und mich fragte, ob ich noch immer über Pfarrersköchinnen arbeite. Ich bejahte, darauf teilte mir die Dame nicht ohne heiteren Stolz mit, dass ihr Großvater ein Pfarrer und ihre Großmutter dessen Pfarrersköchin gewesen seien.

Ich bat sie, mir Näheres zu erzählen. Dies tat sie auch, allerdings bat sie mich um Diskretion, vor allem bezüglich des Ortes, in dem der Pfarrer lebte. Ich sicherte ihr diese zu. Sie erzählte mir nun, dass sie als kleines Kind sogar einige Male bei ihrem geistlichen Großvater und seiner Köchin, ihrer Großmutter, auf Besuch gewesen wäre. Und schließlich lebte sie als junges Mädchen während ihrer Gymnasialzeit zwei Jahre in Untermiete im Pfarrhof unter der Obhut ihrer Großmutter. Diese Großmutter hatte sich als junges Mädchen in einen Kaplan verliebt. Kennen gelernt hatte sie diesen im Gasthaus ihrer Eltern, in dem der Herr Kaplan wohnte und täglich sein Essen einnahm, es lag gegenüber der Kirche. Die Großmutter, die um 1880 geboren wurde, war in dem Gasthaus Wirtstochter, aber auch Kellnerin. Wirtstochter und Kaplan kamen sich näher und verliebten sich ineinander. Die Liebe wurde so eng, dass die junge Frau vom Kaplan geschwängert wurde, sie war damals um die 18 Jahre alt. Die Kirchenoberen erfuhren von der Schwangerschaft. Damit niemand die Schwangerschaft merkte, wurde die Großmutter in eine benachbarte Stadt geschickt, wo sie in einem Geschäft als Kassiererin angestellt wurde. Als das Kind das Licht der Welt erblickt hatte, wurde es, wie es die Kirchenoberen wollten, von Pflegeeltern aufgenommen. Die Kirche zahlte regelmäßig die Alimente. Der Kaplan wurde wegen der Schwängerung der Wirtstochter in eine andere Pfarre strafversetzt. Doch diese, die spätere Großmutter der Erzählerin, folgte ihm als Pfarrersköchin nach. Dies wurde offensichtlich stillschweigend akzeptiert. Sie blieb seine Pfarrersköchin bis zu ihrem Tod. Ihr Kind, ein Mädchen, wuchs also bei Pflegeeltern auf. Erst mit achtzehn Jahren erfuhr das Mädchen durch ihre Firmpatin, dass nicht die Pflegeeltern, sondern der Pfarrer und seine Pfarrersköchin, die sie bereits kennen gelernt hatte, ohne zu ahnen, dass sie diesen ihr Leben verdankte, ihre richtigen Eltern waren. Ihr Leben lang litt sie als Tochter der beiden darunter, dass man sie erst so spät über ihre wirklichen Eltern aufgeklärt hatte. Diese, also der Pfarrer und seine Pfarrersköchin, sprachen sich vor anderen mit Sie an. Dass der Pfarrer eine

Tochter hat, wusste der ganze Ort, aber man redete nicht darüber. Wenn die Tochter im Pfarrhof, also bei ihren Eltern, für einige Tage zu Besuch war, musste sie sich, wenn hohe geistliche Herren eingeladen waren, verstecken. Im Pfarrhof lernte sie, als sie um die achtzehn war, einen Lehrer kennen und lieben. Sie wurde seine Frau.

Bald kamen Kinder, unter ihnen die Dame, die mir diese Geschichte erzählt hat. Diese erinnert sich gerne daran, dass sie schon als kleines Kind im Pfarrhof bei Pfarrer und Pfarrersköchin, also bei ihren Großeltern, gewesen ist. Der Pfarrer hat ihr des Öfteren eine Kleinigkeit zugesteckt, aber ansonsten war die Beziehung des Pfarrers, also des Großvaters, zu ihr eher distanziert. Für die Erzählerin war es nie ein Problem, dass der Pfarrer und die Pfarrersköchin ihre Großeltern sind. Sie sieht es, wie ich interpretiere, geradezu als originell und spannend an, einen Pfarrer zum Großvater zu haben. Sie weiß aber auch, dass ihre Mutter lange darunter gelitten hat, ein unerwünschtes Kind vom Pfarrer und seiner damaligen Freundin, der künftigen Pfarrersköchin, gewesen zu sein. Ähnlich dürfte es auch anderen Kindern von Priestern ergehen, über die das zitierte Buch „Gottes heimliche Kinder" berichtet.

Der Pfarrer wird zum Ehemann

Es gibt jedoch auch Pfarrer, die zu den Pfarrersköchinnen oder anderen Frauen, mit denen Sie Kinder haben, stehen. Der Pfarrer ist dann freilich gezwungen, seinen Beruf aufzugeben.

Eine freundliche Bekannte meiner Familie, Frau Karin Heugner ist ihr Name, der ich somit danke, verschaffte mir den Kontakt zu Frau K., einer ehemaligen Pfarrersköchin, die ihren Herrn Pfarrer heiratete. Die Dame, sie ist Jahrgang 1944 und ist heute Pfarrhelferin in einem Wiener Gemeindebezirk, bestellte mich für einen Nachmittag in das Pfarrbüro, in dem sie tätig ist. Ich erschien mit meinem Fahrrad, freute mich, die Dame kennen zu lernen, und bei einem Glas Wasser sprachen wir über ihr aufregendes Leben. Zunächst erklärte ich ihr, dass mir der Begriff Pfarrersköchin besser gefalle als die moderne Bezeichnung „Pfarrhaushälterin". Das Wort Pfarrhaushälterin klinge rational und kühl, während mit der „Pfarrersköchin" viel Gefühl und auch Geschichte verbunden sei. Sie stimmt mir grundsätzlich zu, dann erzählt sie, sie kenne noch die Bezeichnung „Hausnerin" für Pfarrersköchin, die gefalle ihr auch. Das Gespräch mit dieser Dame sei hier auszugsweise wiedergegeben: „Ich war verheiratet. Dieser Ehe entstammen zwei Kinder. Vor meiner Ehe war ich in meiner Wiener Wohnpfarre bei den Pfadfindern und in der Jungschar sehr engagiert.

Der Kaplan der Pfarre hat sich ebenso um die Pfadfinder und um die Jungschar gekümmert. Mit ihm verstand ich mich von allem Anfang an sehr gut, mir war er sympathisch. Er machte damals das Doktorat in Theologie, er ist Spezialist für das Alte Testament. Dann legte er seine Pfarrerprüfung, also die Pfarrbefähigungsprüfung, ab. 1970 wurde ich von meinem Mann geschieden. Die Kinder blieben bei mir. Mein Exmann stellte mich als die Böse hin, wie es eben so ist. Ein Jahr nach der Scheidung, im Jahre 1971, bin ich dem Kaplan wieder begegnet. Er hat mir erzählt, er wolle eine Pfarre bei Baden übernehmen. Er könne dies aber nur, wenn er eine Pfarrersköchin hat, die noch für zwei Geistliche aus den Nachbargemeinden zumindest einmal in der Woche mitkocht, denn da kommen die beiden zum Essen, weil sie in der Schule des Ortes unterrichten. Es war damals schon nicht so einfach, eine Pfarrersköchin zu finden. Mich hat es in Wien eh nicht gefreut und da habe ich ihn gefragt, ob ich nicht seine Pfarrersköchin werden könne.

‚Ja, wenn du wirklich magst', meinte er. Gemeinsam sind wir nach Pfaffendorf (der Name ist erfunden im Sinne der Dame) gefahren und haben uns den Pfarrhof angeschaut. Der spätere Bischof K. war der Vorgänger. Es hat gepasst, es war ein schöner neuer Pfarrhof in einem schönen sauberen Ort. So haben wir im September gemeinsam begonnen, er als Pfarrer und ich als seine Hausnerin. Der eine Pfarrer, der zum Essen gekommen ist, hat mich nämlich so genannt: ‚Wie ist es denn, Hausnerin?' Das hat mir gefallen. Hausnerin dürfte ein alter Name für Pfarrersköchin sein. So bin ich in meine Arbeit hineingewachsen. Es ist ein Unterschied, ob man einen Haushalt mit zwei Kindern hat oder ein riesiges Haus, das zum Versorgen ist. Es gab acht Zimmer, dazu Küche und Keller, denn früher lebten noch mehrere Personen im Pfarrhof, es gab noch mehrere Kapläne. Wir haben das Haus jetzt zu viert bewohnt, denn auch meine beiden Kinder wohnten in diesem, neben dem Pfarrer, meinem Chef, und mir.

Die Kinder sind also mit mir eingezogen. Wir haben deswegen niemanden um Erlaubnis gefragt. Am Anfang hat sich auch niemand aufgeregt. Die Aufregung kam erst später. Ich habe mich um alles gekümmert, auch um einen Garten. In diesem hatten wir Gemüse, Blumen, und Obstbäume. Der Pfarrer musste eine zweite Pfarre mitbetreuen, und zwar Dingsdorf (Name auf Wunsch geändert).

Damals machte sich nämlich schon der Priestermangel bemerkbar, man legte bereits Pfarren zusammen. Der Pfarrer hat also zwei Pfarren gehabt und dazu noch eine Kirche an der Hohen Wand, wo er regelmäßig die Messe las. Einmal im Monat sind wir auf die Hohe Wand wandern gegangen. Während des Jahres war es weniger schlimm als zu den großen Feiertagen, an denen in den anderen Kirchen auch die Messe gelesen werden musste. Zu meinen Haushaltspflichten kamen nun auch gewisse Seelsorgearbeiten bei den Kindern, zum Beispiel bei der Erstkommunionvorbereitung. Auch die Kindermessen habe ich gestaltet. Gekocht habe ich gerne. Einmal war ein Bischof aus Papua-Neuguinea bei uns zu Gast.

Dem wollte ich was ganz Besonderes kochen. Daher bat ich einen Jäger, den ich vom Pfarrgemeinderat her kannte, mir zwei Fasane, die er geschossen hatte, zu geben. Leider hat er sie sehr spät gebracht. Ich bin als echtes Stadtkind vor den Fasanen gestanden und sagte mir: ‚Was mach ich nun.' Ich habe die Fasane, ohne eine Ahnung davon zu haben, einfach mit der Haut ausgezogen. Dann habe ich die Frau des Jägers angerufen und ihr erzählt, wie ich es gemacht habe. Und sie hat zu meiner Überraschung gesagt, dass das bestens ist, weil ich gleich die ganze Haut abgezogen und den Fasan nicht gerupft habe. Das wurde dann ein ganz ein tolles Essen. Nun habe ich angefangen, gut zu kochen, das Essen schön herzurichten und es zu servieren. Hie und da habe ich mir vom Bauern ein Schwein kommen lassen. Der Bauer hat mir gezeigt, wie man es zerlegt. Später habe ich es selbst zerlegt, ich habe Blutwürste und Bratwürste gemacht, habe alles schön eingefroren. Ich habe damals sehr viel gelernt. Wir hatten in Dingsdorf, der zweiten Pfarre, noch einen großen Garten. Hier hatten wir Äpfelbäume. Ich machte Apfelsaft. Es gab eine schöne Vorratskammer. Darauf war ich stolz.

Neben dem Haushalt bestand weiterhin mein Interesse an der Theologie. Ich begann nun, Religionspädagogik zu studieren und legte das Lehramt für Religion für die Volks- und Hauptschule ab. Allmählich wurde aus der Freundschaft zwischen dem Pfarrer und mir Liebe. Er überließ mir Klassen der Volksschule für den Religionsunterricht, Weiter war ich für die Jungschar tätig, gestaltete Kindergottesdienste und tat überhaupt viel für die Kinder. Allmählich wurden gewisse Leute kritisch, aber hintenherum. Sie meinten, ich würde zu viel den Pfarrer spielen. Es kam nun zu Problemen mit den Leuten. Schließlich führte ich ja ein Doppelleben, wir hielten unsere Liebe geheim. Das war eine große Belastung für uns. Manche Leute mieden uns. Ich merkte die Antipathie. Daher zog ich nun mit den Kindern nach Wien. Bis dahin war ich vier Jahre Pfarrersköchin gewesen. Der Pfarrer sagte: Wenn wir gehen, geht er auch. Er teilte dem Bischof mit, dass er auf die Pfarre resigniere. Er wollte nun weiterstudieren. Wir beide wollten weiterhin im Schuldienst Religion lehren, doch man wies uns keine Schule zu. Wir dachten uns, da muss etwas dahinter sein.

Wir sahen, dass wir keine Chance hatten. Daher beschlossen wir zu heiraten, das war 1975, und zwar aus steuerlichen Gründen noch im Herbst. Nach der Heirat lebten wir in einer Wohnung in Wien. Wir haben nichts bereut. Mein Mann, der frühere Pfarrer, wurde nun Lektor in einer Firma. Wir bekamen noch zwei gemeinsame Kinder, ich habe nun also vier Kinder. Von unseren gemeinsamen Kindern haben wir schon drei Enkelkinder. Mein Mann hat zwar versucht, laisiert, also in den Laienstand zurückversetzt, zu werden, doch erfolglos. Nach 10 Jahren wurde sein Antrag zurückgewiesen. Man ignorierte ihn von kirchlicher Seite. Einmal wurde er allerdings gebeten, bei einem Taufbuch mitzuarbeiten, doch man ließ ihn fallen, als der Organisator von seiner Vergangenheit hörte.

Ich selbst suchte für mich Arbeit in einer Pfarre, schließlich bin ich mit pfarrlichen Angelegenheiten aufgewachsen. Ich fand eine solche Arbeit in der Pfarre, in der ich nun bin. Ich organisiere hier einiges, beziehungsweise ich helfe bei Organisationen, und vor allem führe ich Taufgespräche. Da ich schon in Pension bin, bin ich in der Pfarre ehrenamtlich tätig, und zwar im pastoralen Dienst, also seelsorgerisch.

Ich hatte und habe gerne Besuche. Ich koche weiterhin gerne. Mir ist es wichtig, ein gutes Essen zu servieren. Der pfarrliche Raum gehört zu meinem Leben, er ist Teil meines Lebens. Auch mein Mann, der frühere Pfarrer, er ist jetzt auch in Pension, nimmt an Bibelstunden teil und führt Taufgespräche."

Frau K., die frühere Pfarrersköchin, ist stolz auf ihre Vergangenheit und glücklich, dass ihr Mann, der frühere Pfarrer, zu ihr gehalten und sie geheiratet hat. Ich drücke Frau K. mein Kompliment aus und verabschiede mich, denn sie muss noch ein Taufgespräch führen, wie sie meint.

Die Pfarrersköchin in Pension – der Tod des Pfarrers

Dass Pfarrer und Pfarrersköchin gemeinsam ihren Lebensabend verbringen, dürfte keine Seltenheit sein. Nach einem Bericht in der Süddeutschen Zeitung vom 24. 10. 2003 sind in Deutschland von den 9.000 katholischen „Pfarrhaushälterinnen" 7.000 jenseits der Pensionsgrenze.

Und in der Diözese St. Pölten gibt es 265 Pfarrhaushälterinnen, von diesen sind 60 aktiv, 84 befinden sich bereits im Ruhestand und 121 sind zwar schon in Pension, wohnen aber noch weiterhin im Pfarrhof.

Bei den Pfarrersköchinnen, die, obwohl schon in Pension, noch weiterhin am Pfarrhof wohnen, zeigt sich eine eheähnliche Beziehung zum Herrn Pfarrer, die vorher schon beschrieben wurde. Ich erinnere mich, dass unser Pfarrer in Spital am Pyhrn, als er in Pension ging, mit seiner Pfarrersköchin, der berühmten und schon erwähnten „Pfarrer-Julie", in ein kleines Haus am Rande des Dorfes, idyllisch am Waldrand gelegen, zog. Dieses Haus hatte er schon Jahre zuvor zu bauen begonnen.

Für die frühere Pfarrersköchin war es wichtig, mit dem Herrn Pfarrer den Lebensabend zu verbringen, denn einen Pensionsanspruch hatte sie nicht. Die heutige Pfarrersköchin dagegen hat Anspruch auf Pension und auch auf Abfertigung bei Kündigung. Pfarrersköchinnen haben also heute die Möglichkeit, in Ruhe ihren Lebensabend zu genießen, oft gemeinsam mit ihrem Pfarrer, bei dem sie offiziell angestellt war.

Die Beziehung zwischen Pfarrer und Pfarrersköchin kann gerade in Hinblick auf einen gemeinsamen Lebensabend sehr intensiv und freundschaftlich sein. Darauf verweist auch Prälat Küchl vom Stift Eisgarn in seinem Brief an mich. Er schätzte seine Pfarrersköchin, die etwas Mütterliches an sich hatte, sehr: „Auf mein Versprechen hin, sie dürfe bis an ihr Lebensende in ihrem geliebten Pfarrhof bleiben, ich würde sie notfalls auch pflegen, weinte sie vor Freude. Ihre Verehrung mir gegenüber war grenzenlos. ‚Herr Propst waren heute in der Messe wieder so schön wie der Heilige Geist!', meinte sie. Sie starb 1996, nachdem sie 60 Jahre im Pfarrhof Eggern gedient und geherrscht hatte."

In Pension ist Frau Lisi Sallinger, bei der ich zu Gast war. Für sie hat schon ihr Halbbruder, der Herr Pfarrer, gesorgt. Gemeinsam haben sie eine Wohnung in Waidhofen gekauft. In einem der bereits erwähnten „Sonntagsbücher" des Herrn Pfarrers ist ein mit „Unsere vorletzte Station" überschriebenes Bild, das ein neues Haus in Waidhofen an der Thaya zeigt, zu sehen: „Im Jahre 1985 sind wir (er und Lisi) aus dem Pfarrhof ausgezogen und haben hier nahe dem Friedhof eine Heimstätte gefunden. Der tägliche Fußweg von hier zur morgendlichen Meßfeier in der Pfarrkirche ist gesund und freudebringend."

Auch die frühere Pfarrersköchin Frau Poldi, eine Freundin von Frau Lisi, wohnt als Pensionistin alleine in einem kleinen Haus am Rande von Waidhofen an der Thaya. In einem Haus, in das sie mit ihrem Herrn Pfarrer eingezogen ist. Auch dieser ist bereits in die selige Ewigkeit hinübergewechselt.

Ein bemerkenswerte Dame ist Frau Theresia K., von der mir der freundliche Herr Johannes Dammerer erzählt hat. Sie war 34 Jahre lang Pfarrersköchin im Waldviertel, ging mit ihrem Herrn Pfarrer vor 15 Jahren in Pension und wohnte mit ihm in trauter Zweisamkeit in einem Haus, das sich die beiden gemeinsam erworben hatten. Der Pfarrer verstarb allerdings vor einigen Jahren. Nach seinem Tod, sie ist jetzt 82 Jahre alt, führt sie ein anregendes Leben. Sie geht noch regelmäßig Langlaufen und fährt mit dem Auto durch die Gegend. Sie ist überhaupt viel unterwegs. Sie hat Witz. Dieser zeigt sich, als sie die steile Stiege in den ersten Stock zu den Wohnräumen ging. Sie meinte dabei: „Ich weiß nicht, ob ich da noch hinaufkomme, wenn ich einmal alt bin!"

Berührend ist auch der schon erwähnte Brief von Frau Rosina, in dem sie unter anderem auf ihre Beziehung zu ihrem bereits verstorbenen Herrn Pfarrer eingeht. Sie wohnt in einem Haus, das sie und der Herr Pfarrer für die gemeinsame Pension renoviert hatten, vorher war es ein Schulhaus. Es liegt gleich beim Pfarrhof, in dem die beiden vorher gewohnt hatten. In dem Brief von Frau Rosina heißt es: „Wenn ein Pfarrer stirbt, muss seine Haushälterin meistens vom Pfarrhof ausziehen. Ich kannte eine Haushälterin, die in ihrem Leben sechsmal wandern musste. Da dachte ich, wenn unser Herr Pfarrer einmal vor mir sterben würde, ich würde allein bleiben. Und nun – nach dem Tod unseres lieben Pfarrers – weine ich oft, ich halt's nicht aus ohne Pfarrhof, ohne mithelfen zu dürfen bei Veranstaltungen, beim Kinderfasching, beim Pfarrkaffee. Auch die Altartücher schön zu bügeln war meine ehrgeizige Beschäftigung. Aber ich soll nicht undankbar sein, denn die Kirchenreinigung, obwohl anstrengend, ist mir noch geblieben, ich mache es gerne und meine Nichte unterstützt mich sehr. Wie schwer es für einen Raucher ist, der keine Zigaretten mehr bekommt, oder einen Trinker, der auf den Alkohol nicht verzichten kann, genau so schwer wird es mir fallen, wenn ich wegen des Alters die Kirche nicht mehr schmücken kann oder darf."

Noch etwas erzählt Frau Rosina, und zwar spricht sie vom Haus, das sie gemeinsam mit dem Herrn Pfarrer renoviert hat. In diesem Haus waren ursprünglich die zwei Klassen der Volksschule des kleinen Dorfes untergebracht. Diese Schule war angeblich einmal die älteste Schule von Niederösterreich. Heute hat sie ihre Bedeutung verloren, denn die Kinder fahren in eine geräumigere Schule des Nachbarortes. Über die Arbeit an diesem alten Haus führt sie aus: „Die Reparatur des Daches alleine hat 350.000 Schilling gekostet. Die eine Hälfte des Hauses hat mir gehört, die andere hat der Pfarrer mir vererbt. Ich habe eh gesagt, er soll es seinen Verwandten vermachen. Das Haus haben wir miteinander gekauft. Der Bürgermeister hat es uns eingeredet. Er wollte nicht haben, dass da Fremde herkommen wegen der Kirche. Es war eine Bruchbude. Wie der Pfarrer gestorben ist, war noch ein Schutthaufen im Haus. Zuerst habe ich gerechnet, dass ich nach dem Tod des Herrn Pfarrers weiter im Pfarrhof wohnen darf, doch der Pole, der neue Pfarrer, wollte es nicht. Obwohl der Erzdechant von Zwettl meinte, heute ist jeder froh, wenn er eine solche Arbeitskraft bekommt, wie ich eine bin.

Jedenfalls haben wir fest gewerkt, Installationen wurden gemacht usw. Als der Pfarrer einen Herzinfarkt hatte, hat der Arzt ihm gesagt, er müsse sich zwei Jahre unbedingt schonen. Eine Zeit ist nun nichts gearbeitet worden. Kilometerweise sind Röhrln gelegt worden." Leider verstarb der Pfarrer, bevor das Haus fertig renoviert war. Nun wohnt Frau Rosina alleine in diesem als einsame Pensionistin.

Frau Rosina denkt an die alte Zeit zurück, als sie noch Pfarrersköchin war und in der Kirche mitgearbeitet hat. Ihr Wunsch war es, mit dem Herrn Pfarrer gemeinsam alt zu werden, doch dieser ging nicht in Erfüllung.

Der Beruf der klassischen Pfarrersköchin ist, ebenso wie der des Pfarrers, nicht wie sonst ein Beruf zu werten. Darüber sprach ich mit dem Pfarrer von Zwettl und seiner Pfarrersköchin. Bevor der Herr Pfarrer antwortet, bietet er mir ein Glas Wein an, einen roten. Er prostet mir zu, ich lasse mir den Wein schmecken. Ich frage nun, ob er nicht schon in Pension sei. Er bejaht, als Lehrer sei er in Pension, nicht jedoch als Pfarrer, „denn als solcher wird man nur dann in die Pension geschickt, wenn man etwas anstellt". „Jetzt bleibe ich einmal", fügt er hinzu. Auch die Pfarrersköchin Christl ist als Angestellte des Herrn Pfarrers schon in Pension, ist aber weiterhin im Pfarrhaushalt tätig, es hat sich also an ihrer Arbeit nichts geändert. Der Pfarrer meint heiter dazu: „Es hat sich schon etwas geändert bei der Frau Christl, wir sagen jetzt nach der Pensionierung zu ihr: gnädige Frau." Ich proste der Frau Christl zu und sage: „Zum Wohl, gnädige Frau!" Sie lacht und erzählt weiter über das Leben im Pfarrhof, über ihre Freude, dem Pfarrer und dem Herrn Kaplan etwas Gutes zum Essen aufwarten zu können.

Auch die Pfarrersköchin von Adlwang, dem kleinen Marienwallfahrtsort, ist schon in Pension, aber dennoch bleibt sie weiter im Pfarrhaus, der gewohnten Umgebung. Sie ist gerne Pfarrersköchin, denn dieser Beruf ist für sie und die anderen klassischen Pfarrersköchinnen nicht ein Beruf im üblichen Sinn, bei dem man sich einfach von den Menschen, für die man lebt und arbeitet, zurückzieht. Hier ähnelt die

Pfarrersköchin einer Ehefrau. Und hierin liegt auch der Unterschied zur „gewöhnlichen" Pfarrhaushälterin, die in ihrer Tätigkeit einen Beruf wie jeden anderen sieht und die auch keine enge Beziehung zum Pfarrer und seiner kleinen Welt des Pfarrhofes aufbaut.

Frau Maria Janisch, die Pfarrersköchin mit dem Fallschirm, lebt nach ihrer Pensionierung im Jahre 1984 ebenfalls weiterhin bei ihrem Herrn Pfarrer. Sie lebt von ihrer Pension, sie hat es nicht mehr nötig, vom Pfarrer bezahlt zu werden. Sie erzählt: „Ich bin ehrenamtlich oder freiwillig hier. Ich wollte den Pfarrer nicht im Stich lassen. Ich mag es hier, mir gefällt es, weil ich viel mit Leuten arbeiten kann." Als Pensionistin lebt sie mit dem Pfarrer im Pfarrhof, in großem Respekt voreinander.

Mit seiner Pfarrersköchin hat auch ein pensionierter Pfarrer in einem Dorf in der Nähe von Melk ein Haus für den gemeinsamen Lebensabend erbaut.

Ebenso ging die frühere Pfarrersköchin Annerl von Windischgarsten mit ihrem Pfarrer in Pension. Der Herr Pfarrer hatte für sie beide ein schmuckes Haus bauen lassen, in dem man sich wohl fühlen kann. Als der Herr Pfarrer starb, blieb Frau Annerl nun als alte Frau weiter in dem Haus, in dem sie heute noch wohnt. In dem Haus erinnern Fotos und Wandbilder an ihren Pfarrer, um den sie wohl noch trauert.

Auch ihr macht es Freude, obwohl sie offiziell in Pension ist, sich weiterhin um den neuen Pfarrer, der nicht bei ihr, sondern im Pfarrhof residiert, zu kümmern. Regelmäßig kommt dieser zum Mittagessen. Auch sorgt sich Frau Annerl um die Wäsche des geistlichen Herrn. Als ich sie besuchte, darüber habe ich oben erzählt, bügelte sie gerade seine Unterhosen.

Es dürfte nicht unüblich sein gerade in ländlichen Gegenden, dass Pfarrer und Pfarrersköchin sich gemeinsam pensionieren lassen, um dann gemeinsam aus dem Pfarrhof aus- und in ein privates Haus einzuziehen. Jedenfalls hat die Pfarrersköchin heute die Chance, einen genüsslichen Lebensabend zu verbringen, entweder gemeinsam mit dem Herrn Pfarrer, wie Frau Christl in Zwettl und Frau Janisch in Hausbrunn, oder alleine wie Frau Baumschlager in Windischgarsten oder Frau Lisi aus Waidhofen im Waldviertel.

Die Pfarrersköchin wird entlassen und wieder eingestellt

Es ist auch möglich, dass die Pfarrersköchin, wenn sie nicht bis zur Pensionierung im Pfarrhof bleibt, einfach entlassen wird. Zu Zeiten, in denen Pfarrersköchinnen nicht versichert waren, was bis in die Nachkriegszeit hinein der Fall war, hatten es diese Damen, die sich ein Leben lang für den Pfarrherrn abgeplagt hatten, mitunter nicht leicht. Für manche konnte es zur Tragödie werden, wenn sie sich von niemandem unterstützt sahen. Dazu schrieb mir Freund Franz Limberger aus Kirchdorf eine hübsche Geschichte von einer Pfarrersköchin, die entlassen, aber schließlich mit offenen Armen wieder aufgenommen wurde:

„In vielen Pfarreien gehören langgediente Köchinnen schon zum Inventar. Sie sind faktisch pragmatisiert, meine ich. Dem ist nicht überall so. Über vierzig Jahre hatte die Fanny für Kost, Logis und einen kleinen Gehalt den Haushalt des Herrn Pfarrer geführt. Als Hochwürden zurück ins Kloster beordert wurde, stand die Köchin, jetzt auch nicht mehr die Jüngste, de facto auf der Straße. Der Neue hatte seine eigene Köchin mitgebracht, von der erzählt wurde, sie wäre mehr als nur die Köchin. Eine zweite Frau im Haus duldete die Neue nicht, und so musste die alte Köchin auf der Stelle gehen. Von Seiten der Kirche wurde der früheren Pfarrersköchin ein Zimmer in einem anderen Pfarrhof angeboten, eine Notlösung, aber sie nahm das Angebot an. In den alten Pfarrhof kam durch die neue Pfarrersköchin frischer Wind, es wurde umgebaut und was nicht dem modernen Zeitgeist entsprach, wurde verkauft. So kamen alte schmiedeeiserne Fensterkörbe, eine vergoldete Taufschale aus dem Frühbarock, mehrere Messgewänder mit wertvollen Stickereien, Kerzenleuchter, alte Möbelstücke, Bilder, Rahmen zum Altwarenhändler, der sie für teures Geld verkaufte. Der alte Pfarrhof war eine Fundgrube für Altwarenhändler, die alle wussten, welchen Wert die Stücke hatten. Damals konnte man mit Antiquitäten viel Geld verdienen.

Von diesem Handel mit kirchlichen Gütern hörte auch die Fanny, die alte Pfarrersköchin, und gemeinsam mit einigen Pfarrkirchenräten organisierte sie eine Beschwerde bei der nächsten kirchlichen Obrigkeit. Ohne Erfolg, denn schließlich kann ein Pfarrer schalten und walten, wie er es für richtig hält, denn der Pfarrersköchin oder dem Pfarrkirchenrat ist er keine Rechenschaft schuldig.

Für die alte Pfarrersköchin war dies eine neue Erfahrung, und zum ersten Mal hegte sie Zweifel an den Seelenhirten der Kirche. ‚Wasser predigen und Wein trinken!', dachte sie sich.

Nach einigen Jahren kam wieder ein neuer Pfarrer und der suchte eine Köchin. Jetzt war sie mit ihrer Erfahrung wieder gefragt und schnell hat sie auch zugesagt. Es war ein geistlicher Herr, ganz nach alter Tradition, einer, der die schönen Künste liebte, wunderbar predigen konnte, eine prachtvolle Stimme besaß und die Kochkunst und haushälterischen Fähigkeiten der Köchin schätzte. Die größte Freude aber hatte sie, als ihr neuer Pfarrherr genau in jene Pfarre versetzt wurde, die sie damals verlassen musste. ‚Gottes Mühlen mahlen langsam, aber gerecht', sagte sie eines Tages zu mir. Heute ist sie schon über achtzig Jahre alt, aber immer noch rüstig, sie fährt Auto, singt sogar noch im Kirchenchor und Pfarrhaushälterin ist sie auch noch."

Diese kleine Geschichte zeigt gut den weiten Geist und das ehrliche Herz der alten Pfarrersköchin.

Die verwegene Pfarrersköchin als Schmugglerin

Es gibt unter den verwegenen Pfarrersköchinnen nicht nur kühne Frauen, die sich in allerhand Liebschaften mit dem Herrn Pfarrer einlassen, sondern auch solche, die in Zeiten der Not höchst phantasievoll sein können. Zu diesen gehörte in den letzten Nachkriegsjahren eine Pfarrersköchin im oberösterreichischen Gebirge, und zwar in Steyerling, über die mir Herr Franz Limberger, der schon zu Wort gekommen ist, höchst spannend erzählte:

„Es war im Jahre 1948. Ich war damals zehn Jahre alt und als Ministrant bei Pfarrer Pater Kassian Kitzmantel in Diensten. Neben dem Kirchendienst beim Altar durfte ich auch im Kirchenchor mitsingen. Eine Ehre, die mir heute noch unklar ist, denn das Singen war nie mein großes Talent. Im Steyerlinger Kirchenchor gab es damals viele begnadete Stimmen, wenn ich an Aloisia Hinteregger, die Oberförstersgattin Maria Laus oder an Hannes Zehetner, seine Schwester Maria oder die Rabitsch-Mädeln Herta und Elli denke.

Besonders jedoch erinnere ich mich an die Pfarrersköchin, Frau Schmid. Sie kam 1945 nach Steyerling, erhielt eine Anstellung bei ‚Hochwürden' Pfarrer Pater Kassian. Er war eine starke Persönlichkeit, die sogar vom Predigtstuhl herunter Kritik am nationalsozialistischen Regime übte. Dafür musste er büßen: zwei Jahre KZ Dachau, eine harte Zeit für Pater Kassian, die an ihm manche Spuren hinterlassen hatte. 1945 kam er nach Steyerling – sein erster Posten nach der Gefangenschaft.

Mit Frau Schmid hatte er eine Köchin, die sich um Haus und Kirche kümmerte und sozusagen das Pfarrleben im Griff hatte. Eine vornehme Frau, doch bis heute weiß niemand, woher und wie sie nach Steyerling kam.

Eines Tages erzählte sie mir von ihrer Heimat, einem kleinen Dorf in Vorarlberg. Sie müsse dorthin fahren, um ihre Eltern zu besuchen, und ich könnte doch mitkommen. Nachdem ich als Eisenbahnerkind eine Regiekarte hatte und pro Jahr zwei Freifahrtscheine, kostete die Reise keinen Groschen. Meinen Aufenthalt würde Frau Schmid finanzieren und für mich wäre es ein Erlebnis, einmal aus Steyerling hinauszukommen und die weite Welt kennen zu lernen. Meine Mutter hatte Bedenken, doch ich bettelte und bettelte, erzählte jeden Tag eine neue Geschichte und letztendlich gab meine Mutter nach und ließ mich mit Frau Schmid ziehen. Denn schließlich war Frau Schmid Pfarrersköchin und eine ehrbare Frau. Der Tag der Reise rückte immer näher. Pfarrer Kassian und meine Eltern verabschiedeten uns am Bahnhof Steyerling und für mich begann meine erste große Reise.

Frau Schmid hatte ausreichend Wurstsemmeln und viele Zuckerbrezen, eine Spezialität vom Steyerlinger Bäckermeister Schwarz, eingepackt, und schon alleine die Verpflegung war ein Genuss.

Um 10 Uhr nachts kamen wir in Innsbruck an. Ein fürchterliches Gewitter ging nieder, Blitz und Donner, wie ich es vorher nie erlebt hatte. Als der Regen nachließ, suchten wir ein Taxi und fuhren nach Wilten, einem Stadtteil von Innsbruck. ‚In einer Villa, ganz vornehm, werden wir die Nacht verbringen', sagte Frau Schmid und schob mich durch eine offen stehende Tür ins Haus. Eine alte Frau empfing uns, küsste mich mehrmals und führte uns ins Speisezimmer. Auf einer langen Tafel war alles vorbereitet: Tiroler Schinken, Obst, Brotscheiben, Tee und verschiedenste feine Bäckereien. Für mich war alles wie ein Märchen, wie im Schlaraffenland. Die lange Zugfahrt, das viele Essen, die neuen Eindrücke, die schlossähnliche Villa und vieles andere hatten mich müde gemacht. Schnell überkam mich der Schlaf. Die alte Dame brachte mich ins Turmzimmer, wünschte mir eine gute Nacht, und diese hatte ich dann auch. Bis zum nächsten Mittag habe ich geschlafen. Nach dem Aufstehen blickte ich durchs Fenster und vor mir lag Innsbruck, die Hauptstadt von Tirol. Niemals vorher hatte ich eine so große Stadt gesehen. Im Speisesaal wartete bereits die alte Frau, wie sich herausstellte, war sie das Dienstmädchen. Sie hatte den Auftrag, sich um mich zu sorgen. Frau Schmid, die Pfarrersköchin, war nicht mehr da. Sie hatte schon früh am Morgen weiterreisen müssen, erzählte mir Erna, so hieß das Dienstmädchen. Eigentlich dachte ich mir nichts und Erna war wirklich besorgt um mich. Täglich gab sie mir Geld und ich konnte in die Stadt fahren, mit der Seilbahn auf das Hafelekar, besuchte die ‚Schwarzen Manda' und schlenderte durch die Straßen von Innsbruck. Täglich abends um 6 Uhr war die große Tafel im Speisezimmer reichlich gedeckt und mir fehlte es an nichts. Im Gegenteil, zu Hause hätte ich niemals ein solches Leben führen können. Ich hatte von zu Hause den Auftrag, jeden zweiten Tag eine Ansichtskarte nach Steyerling senden, die immer mit den Worten ‚Mir geht's gut und viele Bussi' endete. Die alte Villa hatte ich genauestens erforscht. Hier gab es eine Bibliothek mit hunderten von Büchern und ein Jagdzimmer, an deren Wänden Gewehre hingen und viele Hirschgeweihe. Die Küche war mit bemalten Kacheln ausgetafelt. Hier bereitete Erna jeden Tag mein Essen. Manchmal durfte ich mir auch etwas wünschen, wie z. B. Kaiserschmarrn, Wiener Schnitzel oder Punschkrapferl. Letztere waren die Spezialität von Frau Erna, es war ihre größte Freude, wenn ich alles aufaß.

Von Frau Schmid, der Pfarrersköchin, hatten wir schon länger als eine Woche nichts gehört.

Eines Morgens weckte mich Erna und meinte, heute verreisen wir. Ich packte meinen Rucksack und Erna brachte mich zum Bahnhof und steckte mich in einen Zug, in dem bereits Frau Schmid auf mich wartete. Unser Ziel war Feldkirch in Vorarlberg. Am Bahnhof erwartete uns ein Herr in schwarzer Kleidung mit einem VW-Käfer.

Nach zwei Stunden Fahrt landeten wir in Göfis. Ein großer Bauernhof, ein wenig außerhalb des Ortes, war die neue Bleibe für mich. Auch hier waren wieder sehr freundliche Leute. Nur wenn die Leute in Mundart redeten, verstand ich kein Wort. Am Hof lebten mehrere Generationen miteinander. Immer zur Essenzeit trafen sich alle am großen Tisch in der Stube. Jener Herr in schwarzer Kleidung kam auch immer um die Mittagszeit, und wie sich später herausstellte, war es der ältere Sohn, der von Beruf Priester war. Es war eine sehr christliche Familie. Jeden Tag gingen wir zur Frühmesse in die Kirche und zur heiligen Kommunion. So wie damals in Innsbruck, verschwand Frau Schmid auch hier und ließ mich bei den Bauersleuten alleine zurück. Obwohl alle um mich bemüht waren, hatte ich nun doch Heimweh. Das Essen, besonders die ‚Kasknöpfle', war nicht so nach meinem Geschmack.

Abends saßen alle in der Stube beisammen und es wurde der Rosenkranz gebetet. Für mich war dies ungewohnt, denn in Steyerling taten wir das nur am Heiligen Abend, und das mit Widerwillen. Anschließend holte jeder seine Bastelarbeit hervor und es schien mir, als gäbe es eine Art Wettkampf, wer die schönsten Figuren in eine Flasche zaubern konnte. Der Bauer baute Segelschiffe, ein Sohn hatte die Krippe von Bethlehem in eine Flasche gebaut und ein anderer schaffte es in mühevoller Kleinarbeit, die Kreuzigungsgruppe in einer Flasche aufzustellen. Diese volkskulturellen Arbeiten wurden in Stadtgeschäften verkauft, für die Bauersleute waren sie ein kleiner Nebenerwerb, ein Zubrot nannte es die Bäuerin.

Jetzt war ich schon drei Wochen von Steyerling weg, und meine Sehnsucht, nach Hause zu fahren, wurde immer größer. Doch Frau Schmid, die Pfarrersköchin, war wie vom Erdboden verschwunden. Immer wenn ich nach ihr fragte, hieß es: ‚Sie hat noch etwas zu erledigen, drüben in der Schweiz, aber morgen kommt sie und dann geht's heimwärts.' Aus morgen wurde übermorgen und überübermorgen, von Frau Schmid, der Pfarrersköchin, gab es keine Spur.

Eines Abends kam der Pfarrer mit seinem Auto und brachte mich nach Feldkirch zur Bahn. Wie damals in Innsbruck erwartete mich Frau Schmid im Zug. Ich stieg zu und wir hatten ein Abteil ganz für uns alleine. Frau Schmid war etwas aufgeregt, befahl mir zu schlafen, was ich auch tat.

Zweimal mussten wir umsteigen, das war keine einfache Sache, denn unser Gepäck hatte sich vermehrt. Wir hatten jetzt vier Koffer und die waren alle ziemlich schwer. Frau Schmid hatte eingekauft. Geschenke für den Herr Pfarrer in Steyerling, für meine Eltern und für einige Freunde, erklärte sie mir. ‚Eine gute Frau', dachte ich und sah bereits vor meinem geistigen Auge, wie sich alle freuen werden.

Unser Zug kam mit Verspätung in Steyerling an, Frau Schmid hatte die Koffer alle am Gang aufgestellt, der Schaffner bekam ein Trinkgeld, damit er unser Gepäck sorgfältig auf den Bahnsteig stellte.

Das Empfangskomitee am Bahnhof in Steyerling war gewaltig. Bereits vom Fenster aus sah ich meine Mutter, den Herrn Pfarrer und mehrere andere Herren, unter ihnen auch den Herrn Inspektor vom Gendarmerieposten in Steyerling. Kaum standen wir auf dem Bahnsteig, kam der Inspektor auf uns zu und sagte energisch: ‚Frau Schmid, Sie sind festgenommen und ihr Gepäck ist beschlagnahmt!' Meine Mutter schloss mich in ihre Arme, weinte und murmelte: ‚Gott sei Dank, dass du wieder da bist!' Die anderen Herren trugen die Koffer in den Warteraum am Bahnhof, Frau Schmid wurde aufgefordert, sie zu öffnen. ‚Hier sind nur unsere Kleidungsstücke und einige Geschenke drinnen', sagte sie etwas forsch. Doch der Herr Inspektor bestand darauf jeden Koffer zu öffnen. Er hatte nämlich, das erfuhr ich erst später, Wind bekommen, dass in den Koffern Schmuggelware ist. Frau Schmid hatte in der Aufregung die Kofferschlüssel verloren oder zumindest nicht gefunden, so begann der Inspektor die Koffer mit Gewalt zu öffnen. Da staunte auch ich, jeder dieser vier Koffer war voll mit Schweizer Armbanduhren. Die sollten alle in Österreich verkauft werden. ‚Sie sind überführt!', schrie der Inspektor und mit Handschellen wurde Frau Schmid, die Pfarrersköchin, abgeführt. Die Uhren und auch unsere Kleidungsstücke wurden beschlagnahmt. Was mit den Schweizer Uhren geschah, weiß ich nicht. Nach einigen Tagen brachte der Herr Inspektor meine Kleidungsstücke zu uns nach Hause. Von Frau Schmid habe ich nie wieder etwas gehört. Aber Pfarrer Pater Kassian Kitzmantel verriet mir – Jahre später – seine Meinung zu Pfarrersköchinnen: 99 Hühner und eine Pfarrersköchin sind 100 Mistviecher!" Der Herr Pfarrer hat wohl im Übereifer und scherzhaft seine abfällige Meinung über diese verwegene Pfarrersköchin von sich gegeben, er dürfte aber ansonsten das segensreiche Wirken der Pfarrersköchinnen geachtet haben.

Pfarrersköchinnen neigen also, dies sollte hier angesprochen und angedeutet werden, in gewisser Weise zur Verwegenheit. Die Schilderung der schmuggelnden Pfarrersköchin ist wohl beispielhaft dafür.

Zur Typologie der Pfarrersköchinnen

Ich wage den Versuch, aufgrund meiner obigen Beschreibungen und Überlegungen sechs Typen von Pfarrersköchinnen festzustellen. Diese Typologie ist keine in dem Sinn, dass eine Pfarrersköchin nur einem Typ zuzuordnen ist. Es gibt viel mehr Mischtypen.

1. die freundschaftliche und mütterliche Pfarrersköchin, 2. die ausgebildete Pfarrersköchin, 3. die organisierte Pfarrersköchin, 4. die nach Sinn suchende Pfarrersköchin, 5. die verwegene und kämpferische Pfarrersköchin und 6. die Pfarrhaushälterin als Zugehfrau.

Darüber ist nun zu diskutieren.

1. Die freundschaftliche und mütterliche Pfarrersköchin

Als eine solche Pfarrersköchin bezeichne ich die schlechthin klassische Pfarrersköchin, sie entspricht im Wesentlichen dem, was ich bereits über jene Pfarrersköchinnen geschrieben habe, die dem Pfarrer so etwas wie Heimat anbieten und mit ihm in alter Tradition in einer eheähnlichen Lebensgemeinschaft freundschaftlich miteinander verbunden sind. Die klassische Pfarrersköchin, wie sie früher charakteristisch für den Pfarrhof war, hat auch etwas Mütterliches an sich, bei ihr fand und findet der junge Pfarrer freundliche Unterstützung und Geborgenheit. Eine solche mütterliche Pfarrersköchin ist zum Beispiel jene von Adlwang und war die so genannte Pfarrer-Miaz. Über diese, die er sehr verehrt hat, hat mir Prälat Küchl vom Stift Eisgarn geschrieben, sie habe bis zu ihrem Tod im Pfarrhof „gedient und geherrscht". Die klassische Pfarrersköchin entstammt zumeist einer bäuerlichen Kultur und wohnt mit dem Pfarrer gemeinsam im Pfarrhof.

Die freundschaftliche Pfarrersköchin weiß, dass ohne sie ein geordnetes Leben im Pfarrhof nicht möglich ist. In diesem Sinn meinte eine Pfarrersköchin, als ich sie nach ihren Aufgaben fragte, ihre Tätigkeit würde sich nicht sehr viel von der eifriger und fürsorglicher Ehefrauen unterscheiden. Und wenn der Pfarrer jung ist und sie vom früheren Pfarrer übernimmt, wie die von Adlwang, so sieht sie sich sogar mitunter in einer mütterlichen Rolle.

Die klassische Pfarrersköchin geht in ihrer Aufgabe auf, sie weiß, dass sie für den Pfarrer da ist. Manche Pfarrersköchin fühlt sich zu ihrer Arbeit durch Gott berufen, sie nimmt es daher auch hin, dass sie nicht dauernd bei einem Pfarrer ist, dass sie bereit ist, ihre Stelle zu wechseln, wie zum Beispiel die Pfarrersköchin Bertilia Mandl, deren Kochrezepte im Anhang aufgezählt sind.

Die klassische Pfarrersköchin hatte keine Ausbildung im modernen Sinn. Sie lernte von Kind auf, im Haus, in der Küche und im Garten zu arbeiten. Das Wissen, das sie dabei erwarb, war wie das des Bauern ein uraltes, es half ihr in ihrem bunten Leben als Pfarrersköchin. Es war ein Wissen, das man nicht auf der Schulbank lernen konnte und das eng mit dem Leben in der Natur verbunden war.

Eine klassische Pfarrersköchin im besten Sinn ist Frau Christl im Waldviertel, auch sie stammt aus einer alten bäuerlichen Kultur. Mit ihr sprach ich über den Unterschied zwischen der klassischen und der modernen Pfarrersköchin. Für Frau Christl hat die moderne Haushälterin kaum eine Bindung an den Pfarrer.

Frau Christl erzählt: „In den Pfarreien heute haben sie meist bloß Aufwartefrauen, die arbeiten halt ihre Stunden und gehen wieder fort. Die alte Pfarrersköchin hat sich noch um viel gekümmert, zum Beispiel wenn Weihnachten ist. Die Haushälterin heute macht halt auch etwas, aber es ist keine Atmosphäre da. Das sind lauter kleine Dinge, kleine Aufmerksamkeiten, die nicht notwendig sind, die man oft gar nicht sieht, die so eine echte Haushälterin macht. Es ist nicht nur die Küche, sondern der ganze Pfarrhof mit der Kanzlei, für den die Pfarrersköchin da ist. Ich mache hie und da Telefondienst, auch den Kirchenschmuck stelle ich zum Teil her, ebenso kümmere ich mich um die Kirchenwäsche.“ Der Herr Pfarrer, der dabeisitzt, fügt ein: „Auch in der Wohnung macht alles sie. Die Frau Christl ist wichtig für mich, sie macht viel, kommt ein Telefonanruf, so teilt sie ihn mir mit, denn wir haben keinen Telefonanrufbeantworter. Es ist viel schöner ohne diesen.“ Frau Christl ergreift wieder das Wort und sagt mit verhaltenem Stolz: „Ich kann mir selber anschaffen und mir die Arbeit selber einteilen.“ Die „heimatliche“ Pfarrersköchin, die grundsätzlich einer alten Bauernkultur entstammt, zeigt sich als echte Freundin oder mütterliche Kameradin des Herrn Pfarrers, die ihm gleich einer freundlichen Ehefrau oder Mutter eine Heimat schafft, ein Rückzugsgebiet, in dem der Pfarrer sich wohl fühlen kann.

Mütterliche Züge hat auch die Pfarrersköchin von Adlwang. Ich meine zu ihr, zu einer echten Pfarrersköchin würde viel Idealismus gehören. Die Pfarrersköchin Frau Maria nickt und meint mit zufriedenem Stolz: „Genau! Idealismus ist wichtig. Am Anfang war ich noch nicht so gern Pfarrersköchin, jetzt aber schon. Eigentlich erst seit der Pater Georg da ist, bin ich wirklich gerne Pfarrersköchin. Das ist ein Pfarrer, den man mit der Lupe suchen muss.“

Pfarrersköchin Maria in Adlwang sieht sich in der echten Tradition der alten Pfarrersköchinnen, die sich freundschaftlich und auch mütterlich um Pfarrer und Kaplan kümmern.

2. Die ausgebildete Pfarrersköchin

Verwandt mit der heimatlich-klassischen Pfarrersköchin ist die moderne „ausgebildete“ Pfarrersköchin, die ebenso im Haushalt des Pfarrers lebt und ihm eine Welt aufbaut, mit der er zufrieden ist. Der Unterschied zur alten Pfarrersköchin ist wohl der, dass die moderne Pfarrersköchin grundsätzlich nicht der bäuerlichen Kultur entstammt und eine gewisse Ausbildung hat. In Hochachtung vor der alten, klassischen Kultur der Pfarrersköchinnen und mit Hinweis auf die moderne Pfarrersköchin erzählte mir Pfarrersköchin Susanne dies: „Es hat sich heute viel geändert. Man kann eine Veränderung aber nur in Zusammenhang mit dem gesamten Leben verstehen. Der Beruf der Pfarrhaushälterin hat in seine Zeit gepasst. Wenn jemand sagt, die früheren Pfarrhaushälterinnen haben keine Ausbildung gehabt, muss ich sagen: Welche junge Frau hatte damals schon eine Schulausbildung. Niemand. Heute ist es anders. Wenn eine Frau heute in den Pfarrhof kommt, hat sie klarerweise eine Schulausbildung. Die Pfarrhaushälterinnen haben heute meist eine hauswirtschaftliche Ausbildung."

Spannend klingt die Ausbildung von Frau Rosmarie Koller, der Schweizer Pfarrersköchin in Luzern, die in der Mitte des Lebens zur Pfarrersköchin wird. Bevor sie ihre neue Aufgabe (beim Pfarrer) antrat, reiste Rosmarie Koller zusammen mit einer Hauswirtschaftslehrerin in die Toskana. Eine Art Crash-Kurs am Herd stand bevor. Rosmarie Koller ist gewissenhaft. Am Ende der Ferien lag ein Speiseplan mit eingeübten Rezepturen vor, der für mehrere Monate gereicht hätte. „Auch meine Angehörigen und meine Freundinnen unterstützten mich tatkräftig. Den Plan benötigte ich bald nicht mehr, denn das Essen wurde gelobt und ich bekam wirklich Freude daran." Ihre Kochregel: „saisongerecht, gesund, umweltfreundlich" (Neue Zürcher Zeitung, 14. Juli 2004).

Allerdings gibt es wohl auch moderne Pfarrersköchinnen, wie eben Frau Susi selbst oder die von einem Pfarrer geehelichte Frau K., die keine spezielle hauswirtschaftliche Ausbildung, die jedoch eine gewisse Bildung, eine hauswirtschaftliche oder auch eine auf religiösem Gebiet, haben, die ihnen half, im Pfarrhof nach kurzer Eingewöhnungszeit mitarbeiten zu können. Sie sind, wie die früheren auch, Angestellte des Pfarrers, erhalten regelmäßig von ihm nach dem Hausangestelltengesetz ihr Gehalt. Der Pfarrer erhält dafür eventuell Zuschüsse für den Lohn von kirchlichen oder auch weltlichen Stellen, wie zum Beispiel der Gemeinde. Die moderne Pfarrersköchin ist pensionsberechtigt. Die früheren Pfarrersköchinnen, also die vor dem letzten Krieg, hatten diese Begünstigung noch nicht.

3. Die organisierte Pfarrersköchin (Pfarrhaushälterin)

Dieser Typ von Pfarrersköchin entspricht dem modernen Trend nach Organisation und nach gemeinschaftlichen Treffen mit Berufsgenossinnen. Diese modernen Pfarrersköchinnen sind so wie andere Berufsstände auch organisiert.

Eine solche Organisation besteht zum Beispiel in Wien. Rührige Damen kümmern sich um Wahlen zur Vorsitzenden, zu gemeinsamen Treffen, Gedankenaustausch, Urlaubsfahrten. Wohl sind auch klassische Pfarrersköchinnen in diese Organisation mit eingeschlossen, aber sie entsprechen nicht ihrer originären Berufung.

Ich sprach darüber auch mit der bereits des Öfteren zitierten Frau Susanne, einer tüchtigen Aktivistin der Berufsvertretung der „Pfarrhaushälterinnen". Für sie ist es wichtig, herauszukehren, dass die „Pfarrhaushälterin" einen eigenständigen und hochachtbaren Beruf ausübt. Sie, die, bevor sie Pfarrhaushälterin wurde, Lehrerin war, führt mir gegenüber aus: „Zunächst habe ich den Leuten, wenn sie mich auf der Straße oder in der Pfarre nach meinem Beruf fragten, gesagt, dass ich Lehrerin und Pfarrhaushälterin bin. Die Gesichtsveränderung der Fragenden war für mich faszinierend. Man wollte mich immer zur Pastoralassistentin machen oder zur Sekretärin. Die Leute wollten nicht akzeptieren, dass ich Pfarrhaushälterin bin. Sie haben gefunden, das sei zu wenig. Sie wollten immer mehr aus mir machen. Und ich hatte die Schwierigkeit zu sagen: ‚Ich bin Pfarrhaushälterin, ich bin nicht in der Kanzlei.'" Aus der Stimme von Frau Susanne klingt Stolz auf ihren Beruf, aber auch, dass sie selbst dazu beigetragen hat, dass dieser an Achtung gewonnen hat: „Ich war ja dann Österreichvorsitzende der Pfarrhaushälterinnen. Damals fragte mich ein Geistlicher, ein Kollege des Herrn Pfarrers, warum ich so Wert darauf lege, als Pfarrhaushälterin bezeichnet zu werden und nicht zum Beispiel als Pastoralassistentin. Ich antwortete ihm: ‚Wenn ich Vorsitzende der Pfarrhaushälterinnen in Österreich bin, so muss ich zu diesem Beruf stehen.'"

Ich erkundige mich nach der „Arbeitsgemeinschaft der Pfarrhaushälterinnen". Frau Susanne führt aus: „Heuer, im Jahr 2003, sind es 26

Jahre her, dass es diese Arbeitsgemeinschaft gibt. Im Vorjahr hatten wir 25-jähriges Jubiläum. Österreichweit treffen wir uns von allen Diözesen zweimal im Jahr. Dies hat den Sinn zu erfahren, was die anderen machen. Informationen werden ausgetauscht und größere Veranstaltungen geplant. Auch reden wir darüber, wenn wir eine Pfarrhaushälterin ehren wollen, wie wir das machen sollen, wie so etwas die Tiroler machen, wie die ihre Treffen organisieren und so weiter. Oder wie wir es mit der Zeitschrift machen.

Es gibt in jeder Diözese eine Zeitschrift, bei uns in Wien einen Rundbrief, den ich redigiere. Bei unseren Treffen erzählen wir, welche Schwierigkeiten wir haben, wie die anderen damit umgehen und Ähnliches." Dieser Rundbrief, den ich vor mir habe, ist auf der Vorderseite mit einem gleichachsigen Kreuz geschmückt, auf dessen Schnittpunkt die Buchstaben PHH für „Pfarrhaushälterin" zu lesen sind.

Wichtig sind wohl die Ehrungen alter Pfarrhaushälterinnen. Eine solche Ehrung fand am 15. Mai 2001 in den Festräumen des Erzbischöflichen Palais statt. Ungefähr siebzehn Damen, die 25, 30, 35, 40 und 50 Dienstjahre aufzuweisen hatten, wurden geehrt. In seiner Laudatio dankte Pastoralamtsleiter Kanonikus Franz Merschl im Namen des Bischofs und der vielen mitfeiernden Priester den Jubilarinnen für „ihre Treue und unverzichtbare Tätigkeit". Die Frauen erhielten Urkunden und die Berufsgemeinschaft dankte mit einer Rose, einem Schlüsselanhänger, einem Glas oder einer Kerze mit dem Emblem. Die Berufsgemeinschaft der Pfarrhaushälterinnen hat also einige Bedeutung für diese Frauen, gerade hinsichtlich eines gemeinschaftlichen Respekts voreinander.

Ich frage Frau Susanne, ob diese Vereinigung etwas Kämpferisches an sich habe. Sie antwortet lächelnd: „Nein, ganz und gar nicht, es geht darum, mit Leuten zu reden, die ähnliche Erfahrungen haben. Ich wurde zur Vorsitzenden gewählt. Ich war acht Jahre Vorsitzende in der Diözese und acht Jahre Österreichvorsitzende. Und mache jetzt für Österreich eine Internetgeschichte. Jetzt bin ich in der Diözese Schriftführerin. Da mache ich die Zeitung. Auch feiern wir gemeinsam, ein- oder zweimal im Jahr. Vor zwei Jahren waren wir in Großrußbach, hatten dort einen Gemeinschaftstag. Wir in Wien treffen uns neunmal im Jahr, wir setzen uns zusammen, um ein Thema zu besprechen, gemeinsam in eine Ausstellung zu gehen oder Ähnliches. Es geht um Gemeinschaftspflege.

Die Pfarrhaushälterinnen aber, die Familie haben und nur ein paar Stunden zum Pfarrer gehen, kommen zu diesen Treffen eigentlich nicht. Diese verheirateten Frauen wohnen nicht im Pfarrhof, die gehen um 8 Uhr zum Pfarrer bis ein Uhr am Nachmittag. Dann gehen sie nach Hause. Wenn man diese nicht als Pfarrhaushälterinnen bezeichnet, dann gibt es kaum mehr welche."

Ich füge hinzu, dass letztere Damen eigentlich keine Pfarrhaushälterinnen im echten Sinn sind. Es ist daher auch klar, dass diese Frauen an gemeinschaftlichen Aktivitäten der Pfarrersköchinnen wenig Interesse haben. Übrigens: Wenig Interesse an dieser Berufsvereinigung zeigte auch Frau K., die Pfarrersköchin war und den Pfarrer heiratete. Vielleicht wollte sie irgendwelchen Diskussionen über ihre Beziehung zum Pfarrer aus dem Weg gehen.

4. Die nach Sinn suchende Pfarrersköchin

Die Pfarrersköchin dieses Typus ist eine Frau, die entweder verwitwet, geschieden oder sonst in der Mitte des Lebens oder darüber steht und die auf der Suche nach einem Sinn des Lebens ist und dabei an einer Beziehung zu einem Pfarrer interessiert ist. Durch diesen, für den sie kocht und bügelt, erfährt sie Anerkennung und kann sich in der Seelsorge betätigen. Zu diesen Damen gehört zum Beispiel die bereits zu Wort gekommene Frau Janisch aus Hausbrunn, die sich nach einer gescheiterten Ehe, die Kinder sind bereits erwachsen, nach der Möglichkeit erkundigt, Pfarrersköchin zu werden. Und sie wird es auch. Mit viel Freude, schließlich ist sie eine wunderbare Spezialistin für das Herstellen von Torten und Bäckereien, die sie auf Mehlspeismärkten zugunsten der Pfarre verkauft. Auch kümmert sie sich um die Kinder und ebenso um Belange der Kirche. Sie ist bereits gegen achtzig und fühlt sich wohl. Ihr Herr Pfarrer ist stolz auf sie, zumal sie im Alter von siebzig Jahren noch mit dem Fallschirm sprang. Sie findet Lebenssinn und Erfüllung als Pfarrersköchin. Sie will kein Geld für ihre Tätigkeit, schließlich erhält sie bereits eine gute Pension.

Eine Dame, die nach harten Berufsjahren in den Pfarrhof wechselte, ist die schon genannte Frau Rosmarie Koller aus Luzern. Auch für sie bedeutete der Entschluss, Pfarrersköchin zu werden, einen Schritt in eine andere Welt, in der sie Erfüllung erhoffte und auch, wie es scheint, erreichte. Sie dürfte damals um die 45 Jahre alt gewesen sein und führte bis dahin ein eigenes Papeterie-Geschäft bei Luzern, und zwar „mit Leib und Seele". Es ist darüber zu lesen: „Die Papeterie Koller, für Generationen von Schülern das Zeughaus schlechthin, stand in Reussbühl … Und weil das Autofahren auf dem Land so chic und anderswo ohnehin alles billiger ist, ging es der Papeterie trotz dem hohen Kollerschen Einsatz nur noch so lala …" In jener Zeit begab es sich, dass ein ehemaliger Kunde der Papeterie, inzwischen katholischer Pfarrer in Rothenburg, Rosmarie Koller fragte, ob sie denn nicht als Haushälterin in sein Pfarrhaus kommen wolle. Das schien der tüchtigen Geschäftsfrau nun doch einigermaßen abwegig. Sie, die den Geruch liebt, der neuen Schulheften entströmt, die sich mit tausend Papiersorten auskennt, vom Haushalten und Kochen aber keine Ahnung hat, wie denn hätte sie das Amt der Pfarrhausfrau würdig ausfüllen können? Warum hätte sie sich mit einem Mal in die Intimität dieser exklusiven Zweiheit und ihren verordneten Grenzen hineinbegeben sollen, wie ein häusliches Leben teilen und die Hemden des Pfarrers waschen können? Nein, nein. Doch die Anfrage fiel wie ein großer Tropfen Tinte aufs weiche Löschblatt – und nahm wechselnd Platz in den Gedanken der unabhängigen Geschäftsfrau … In Rosmarie Koller wirkte die Anfrage des Pfarrers aus Rothenburg nach, zehn Tage lang. Doch dann war sie sich sicher, rief ihn an und sagte zu: „Ich bin überzeugt, dass bei diesem Entscheid auch meine verstorbenen Eltern, die mir die Papeterie hinterlassen hatten, dabei waren." (Neue Züricher Zeitung, a. a. O.) Nach fünf Jahren als Pfarrhausfrau trat Pfarrer Beat Jung in ihr Leben. Dieser war dabei, eine Pfarrstelle zu übernehmen und war auf der Suche nach einer Pfarrhausfrau. Er fragte Frau Koller, ob sie als Pfarrhausfrau zu ihm in ihr früheres Dorf übersiedeln wolle. Sie hatte nichts dagegen, doch benötigte sie die Erlaubnis ihres jetzigen Pfarrers von Rothenburg. Die beiden Geistlichen setzten sich zusammen und sprachen über die Wünsche der Pfarrhausfrau. Schließlich spannte Pfarrer Jung sie seinem Kollegen aus. Frau Rosmarie Koller war froh, wieder in Reussbühl zu sein. Hier kannte sie die Leute. Mit dem Herrn Pfarrer, den sie als feinen Herrn beschreibt, versteht sie sich gut, sie „können sich riechen". Er schätzt an ihr, dass sie ein Gespür für die Leute hat, umgänglich ist und Diskretion wahrt. Sie sieht sich vom Pfarrer nicht als Dienstbotin behandelt, sondern freut sich an seiner Anerkennung, die sie braucht, wie sie meint. Zu Weihnachten schrieb ihr der Pfarrer: „Ich danke dir für dein Dasein." Sie antwortete ihm: „Ja, ich bin die, die da ist."

Frau Rosmarie Koller, dies ist dem Bericht der Zürcher Zeitung zu entnehmen, sieht in ihrem Beruf als Pfarrersköchin beziehungsweise als Pfarrhausfrau eine Möglichkeit, in einer heiligen, spirituellen Umgebung leben zu dürfen.

Sie fand Sinn in ihrem neuen Leben als Pfarrersköchin bei einem Herrn, der sie respektiert und der seinen auf Gott bezogenen Beruf auch liebt.

5. Die verwegene und kämpferische Pfarrersköchin

Dieser Typ ist ein Mischtyp, denn verwegen und kämpferisch kann so ziemlich jede Pfarrersköchin sein. Diese Pfarrersköchin hat den Mut, für ihren Herrn Pfarrer und überhaupt für die Ideen der katholischen Kirche resolut aufzutreten. Eine solche kämpferische Pfarrersköchin waren zum Beispiel die Pfarrer-Julie und die Pfarrer-Miaz, über die ich schon erzählt habe. Verwegen ist aber auch jene Pfarrersköchin, die sich auf ein Liebesverhältnis mit dem Herrn Pfarrer einlässt, wie die geschiedene Frau K., die schließlich ihren Pfarrer auch heiratet und mit ihm die gemeinsamen und ihre aus ihrer vorigen Ehe stammenden

Kinder aufzieht. Von Verwegenheit strotzt ebenso jene Pfarrersköchin, die bereit ist, gegen Rechtsnormen im Sinne der „kleinen Leute" zu verstoßen. Eine solche Pfarrersköchin ist eine, die mit dem Pfarrer Wildschützen vor der Obrigkeit schützt. In gewisser Weise ist auch jene Pfarrersköchin verwegen, die als Schmugglerin unterwegs ist und Geschäfte, vielleicht auch für den Pfarrer, macht.

6. Die Pfarrhaushälterin als Zugehfrau

Pfarrersköchinnen dieses Typus entsprechen am ehesten dem, was man heute als Pfarrhaushälterin bezeichnen kann. Zu dieser Pfarrhaushälterin besteht keine festere, „familiäre" Beziehung des Pfarrers. Sie ist nur zeitweise während der Woche tätig. Hat sie ihre Arbeit getan, verlässt sie den Pfarrhaushalt. Sie ist den Aufwartefrauen und früheren Hausgehilfinnen vergleichbar. Sie wohnt nicht im Pfarrhof, dieser ist nicht ihre Wohnstätte, sondern lediglich ihr Arbeitsplatz.

Diese Pfarrerhaushälterinnen als Zugehfrauen dürfte es in nächster Zeit vermehrt geben, sie haben kaum eine echte Beziehung zum Pfarrer, da sie nur stundenweise im Pfarrhaus tätig sind.

Eine Pfarrhaushälterin dieser Art ist eine Dame, die sich im „Rundbrief der Berufsgemeinschaft Pfarrhaushälterin" der Erzdiözese Wien vom Februar 2003 so präsentiert: „Seit acht Jahren bin ich Pfarrhaushälterin. Ich wohne nicht im Pfarrhaus, bin verheiratet und habe drei schon erwachsene Kinder und ein Enkelkind. Als unsere Pfarrgemeinde einen neuen Pfarrer bekam, half ich nach der Renovierung bei den Reinigungsarbeiten mit, seither bin ich im Pfarrhaus tätig. Neben den Fixpunkten – wie Haushaltsführung und Gastfreundschaft – kann ich mich auch nach meinen Fähigkeiten in der Pfarre einbringen …" Die Dame versucht wohl, einen Kontakt zur Pfarre herzustellen, jedoch kann dies nicht in jener Form sein, wie es für die klassische Pfarrersköchin typisch war, die sehr intensiv am Leben des Pfarrers und der Pfarre teilnehmen konnte und musste. Eine moderne Pfarrersköchin erzählt mir dazu: „Es gibt immer weniger Pfarrhaushälterinnen, weil es auch immer weniger Pfarrer gibt. Es gibt in Wien Pfarrer, die haben eine Bosnierin als Pfarrhaushälterin, die arbeitet aber nur halbtags. Diese Pfarrer haben durchaus eine soziale Ader und sagen sich: ‚Hier sind Flüchtlinge, die brauchen eine Arbeit, wir stellen so jemanden an.' Ich kann diese nicht auf die dieselbe Stufe mit den Pfarrhaushälterinnen stellen, denn die tun wirklich alles für den Pfarrer."

Ich sprach auch mit einem Wiener Pfarrer darüber, der ebenfalls meinte, es habe sich viel geändert. Er selbst könne sich keine Pfarrersköchin leisten, so viel Geld habe er nicht. Und mit den Zuschüssen sei es so ein Problem.

Über die heutigen jungen, bei einem Pfarrer tätigen Damen erzählte mir die klassische Pfarrersköchin aus Adlwang: „Die echten Pfarrersköchinnen sterben aus. Das sagt auch der Herr Abt. Es wird auch immer schwieriger für die Pfarrer, eine tüchtige Pfarrersköchin zu bekommen. Und viele wollen gar keine Pfarrersköchin, weil sie ihnen zu teuer kommt."

Ähnliches höre ich auch von der „echten Pfarrersköchin" Frau Susanne. Ich sage ihr zunächst, dass ihr Herr Pfarrer einen sympathischen Eindruck auf mich mache. Sie geht direkt auf diese Feststellung ein: „Er ist auch sympathisch, sonst wäre ich nicht hier. 28 Jahre bin ich schon bei ihm. Er wird heuer sechzig. Er stammt aus Zentralmitteleuropa, wie er immer aus Spaß sagt, nämlich aus dem Burgenland, aus der Gemeinde Podersdorf."

Als ich feststelle, dass die Pfarrersköchinnen immer weniger werden, meint Frau Susanne: „Das stimmt. Dass die Haushälterinnen im Pfarrhof wohnen, wie die früheren Haushälterinnen, wird sich langsam aufhören. Dass jemand ganz im Pfarrhof wohnt, das hört sich auf. Nicht so sehr, weil die Frauen nicht wollen, sondern weil die Priester nicht wollen. Es ist wahrscheinlich ein Wechselspiel. Auf der einen Seite finden sie kaum jemanden als Pfarrer, und auf der anderen Seite wollen diese auch niemanden ganz ins Haus lassen. Ich kann nicht sagen, woran es liegt. Vielleicht hängt es mit unserem Lebensstil zusammen. Unabhängig vom Beruf." Die moderne Pfarrersköchin, die eigentlich nur mehr Aufwartefrau ist und für den Pfarrer nur mehr oberflächliche Dienste verrichtet, entspricht am ehesten dem, was man als Pfarrhaushälterin verstehen könnte. Die moderne Pfarrersköchin geht also keine Lebensgemeinschaft mit dem Herrn Pfarrer ein, sie ist nur stundenweise am Pfarrhof beschäftigt. Dieser ist ihre Arbeitsstätte, aber nicht der Bereich, in dem sie ständig lebt und in dem sie sich zu Hause fühlt, wie Frau Maria aus Adlwang oder Frau Lisi aus Waidhofen an der Thaya.

Und schließlich mag es manchem Pfarrer heute vielleicht sogar als angenehm erscheinen, wenn die „Pfarrhaushälterin" nur für ein paar Stunden am Tag seinen Bereich kreuzt. Der Unterschied zwischen der klassischen Pfarrersköchin und der heutigen Pfarrhaushälterin liegt wohl darin, dass Letztere keine echte Beziehung zum Pfarrer aufbaut.

Ich sprach zu diesem Thema noch näher mit der alten Pfarrersköchin von Adlwang, sie ist um die 70. Für sie ist es offensichtlich wichtig, sich von der modernen Pfarrhaushälterin abzugrenzen. Ich frage sie, was sie zu den jetzigen Pfarrhaushälterinnen, sie nennt sie auch „Köchinnen", zu sagen habe. Und während sie mir Tee und Kuchen serviert, erzählt sie: „Es ist ein großer Unterschied zu heutigen Pfarrhaushälterinnen. Ich habe einmal mit ein paar jungen geistlichen Herren darüber geredet, zum Beispiel mit dem Pater Arno und mit dem Pater Christian vom Kloster Kremsmünster. Sie sind Pfarrer in Pfarreien des Klosters. Die sagen, von Montag bis Donnerstag haben sie eine Köchin, Freitag und Samstag fahren sie ins Stift, um dort zu essen, weil an diesen Tagen die Köchinnen nicht da sind. Diese heutigen Köchinnen machen nur das, was sie nach dem Haushälterinnengesetz machen müssen."

Die Ehre der Pfarrersköchin

In meinen Gesprächen mit Pfarrersköchinnen wurde mir bewusst, dass die Pfarrersköchinnen Frauen sind, die ihre Ehre haben und auch bereit sind, sich für ihre Ehre einzusetzen. Sie leiten ihr Ansehen davon ab, dass sie dem Pfarrer eine gute Freundin sind und ihn in vielen Belangen unterstützen. Sie bieten dem Pfarrer, der durch den Zölibat, also durch das Gebot der Ehelosigkeit, gebunden ist, so etwas wie Heimat an.

Allgemeine Gedanken zur Ehre und zum Ehrgefühl – filotimia

Bevor ich näher auf die Ehre der Pfarrersköchin eingehe, gestatte ich mir ein paar Gedanken zur Ehre.

Ehre fand ich bei meinen Forschungen in unterschiedlichen Welten, wie in denen der Bauern, Schmuggler, Wilderer, Dirnen und feinen Leute, aber eben auch in der der Pfarrersköchinnen. Sie alle haben Ehre und versuchen diese zu demonstrieren. Ihnen gemeinsam ist die Absicht, ihren jeweiligen „Stand" in aller Würde zu vertreten, um Beifall und Lob zu finden, aber auch um sich von weniger würdigen Leuten abzugrenzen (vgl. dazu Lipp, 1994, S. 58 f. und Max Weber, 1976, S. 535).

Das Wort Ehre hat im Deutschen eine lange Tradition, im Mittelhochdeutschen taucht es als „ere" auf, und ist sprachgeschichtlich den griechischen Wörtern „ieros", das heißt heilig, und „arete", der Vortrefflichkeit, verwandt. Ehre hat demnach mit Würde und Ansehen zu tun.

Ich habe den Menschen einmal als „animal ambitiosum" – im Anschluss an das Konzept des „animal symbolicum" von Ernst Cassirer –

bezeichnet. Ich will damit ausdrücken, dass der Mensch nicht nur ein Wesen ist, das sich anderen durch Symbole darzustellen weiß, sondern dass es nach Anerkennung, Lob, Zuspruch und eben Ehre heischt (Girtler, 2002).

Der Mensch zeigt sich großmütig, wenn er gegenüber Freunden auf Vorteile verzichtet oder wenn er die Würde anderer achtet, und er lässt es sich nicht gefallen, wenn er gedemütigt wird. Und er distanziert sich von weniger würdigen Leuten. Ganz im Stile der Mafia, die jene vernichtet, die das Gesetz der „Omerta" verletzen und damit an Ehre verloren haben (vgl. Stölting, 1983).

Zwei Kriterien gehören wesentlich zur Ehre: Großmut und heiliger Zorn. Sie zeichnen den ehrenhaften Menschen aus, also jenen, den die Griechen einen filotimos nennen.

Es ist höchst bemerkenswert, dass die „Ilias" des Homer mit dem Wort „Menin", und das heißt „Zorn", beginnt. Und dieser Zorn ist „ehrenhaft", schließlich soll er von der Göttin besungen werden. Es heißt da „menin aeide, thea, Peleiadeo Achileos …" Also: „Besinge, oh Göttin, den Zorn des Sohns des Peleus, Achilles …"

Es geht dabei um die Beleidigung von Achilles durch König Agamemnon. Achilles sieht sich in seiner Ehre gekränkt und gedemütigt und will seine Ehre wiederhergestellt wissen.

Es ist hier erwähnenswert, dass im Griechischen filotimos nicht nur „ehrliebend" oder „ehrenhaft" bedeutet, sondern eben auch „großzügig". Ehrenhaftigkeit und Großzügigkeit, dies entspricht durchaus der alten griechischen Tradition, bedingen sich gegenseitig. Ehrenhaft in diesem Sinn ist der Wildschütz, der in den Felsen klettert, um seiner Familie eine Gams (Gämse) zu erlegen, er ist auch ehrenhaft, wenn er darauf verzichtet, einem Gamskitz (Gämsenkitz) das Muttertier, die führende Gams, wegzuschießen. Und ehrenhaft ist ebenso die Dirne, die es sich nicht gefallen lässt, dass ein Kunde sie erniedrigt.

Ehrenhaft ist aber auch die Pfarrersköchin, wenn sie mit fester Entrüstung sich gegen Vorwürfe wehrt, die ihren Herrn Pfarrer treffen. Und Großmut, also ein weites Herz, durchzieht das Leben der Pfarrersköchin, wenn sie sich redlich bemüht, dem Pfarrer eine Heimat zu bieten, zu der nicht nur freundliche Worte und ein gutes Essen gehören, sondern auch ein gepflegter Garten. Ihr Ansehen leitet sie schlussendlich vom Respekt ab, der dem Pfarrer entgegengebracht wird. Zu diesem Respekt gehört, dass der Pfarrer als eine edle Person angesehen wird, die von der Pfarrersköchin umsorgt und nach außen gegenüber Attacken böswilliger Zeitgenossen auch verteidigt wird.

Ehrenhaftes Anbieten von Heimat

Es gehört zum ehrenhaften Handeln der echten Pfarrersköchin, dem ehelos lebenden Pfarrer so etwas wie Heimat anzubieten. Dem Pfarrer, der nach der Last des Tages in den Pfarrhof kommt, ist bewusst, dass er nicht alleine ist, dass zumindest die Pfarrersköchin da ist, die ihm Wärme vermittelt, der er Dinge erzählen kann, die ihn belasten. Fehlt eine Pfarrersköchin im Pfarrhof, so können die Räume darin für den Pfarrer Kühle ausstrahlen.

Pfarrersköchinnen sehen es für gewöhnlich als ihre wichtigste Aufgabe, hierin liegt ihre Ehre, dem Pfarrer so etwas wie eine Familienatmosphäre zu schaffen. Die Pfarrersköchin sieht es also als ehrenvoll an, dem Pfarrer eine Welt zu schaffen, die ihm Geborgenheit ganz im Stile einer klassischen Familie verspricht. Die echten Pfarrersköchinnen sind also Frauen, die dem Mann an ihrer Seite in jeder Hinsicht beistehen.

Die Pfarrersköchinnen im klassischen Sinn sind also Gefährtinnen und Partnerinnen des Pfarrers, den sie in jeder Hinsicht unterstützen, Herz und Seele. Bei ihr weiß sich der Pfarrer in „Sicherheit“, er weiß, wenn er krank ist, dass sich die Pfarrersköchin um ihn kümmert. Die Pfarrersköchin erfreut sich zwar am Leben in der Pfarre, sie bietet dem Pfarrer aber auch eine Rückzugsmöglichkeit, damit er sich wohl fühlt.

Ehrenvoller Kampf gegen Verleumdung und Kränkung des Pfarrers

Eine besonders ehrbare Dame war die schon im Kapitel über den Mut von Pfarrersköchinnen erwähnte Pfarrer-Miaz, über die mir Prälat Ulrich Küchl vom Stift Eisgarn, Titular-Pfarrer von Eggern in Niederösterreich, ausführlich geschrieben hat.

Über die Ehre der mutigen Pfarrer-Miaz, die es auch den Nazis gezeigt hatte und die ihren Herrn Pfarrer auch vor Damen schützte, heißt es in dem Brief des Herrn Prälaten: „Ihr Verhalten gegenüber ihrem Bruder, dem Pfarrer, und später gegen mich, den Nachfolger, war eine seltsame, aber sympathisch berührende Mischung von Dominanz und Servilität. Gegen vermeintliche Annäherungsversuche der weiblichen Welt des Ortes wusste sie ihre Pfarrherren wie eine Löwin zu verteidigen. Kritik an ihren Pfarrherren duldete sie nicht. Wer dies wagte, wurde mit dem Titel ‚Satan' bestraft."

Die Pfarrer-Miaz verfluchte also teuflisch die Gegner ihres Herrn Pfarrers. Es gehört also zur ehrenvollen Aufgabe der Pfarrersköchin, den Gläubigen und Fremden zu vermitteln, dass „ihr" Herr Pfarrer eine Respektsperson ist. Seine „Heiligkeit" wird schließlich durch den Hinweis auf sein Leben als zölibatärer, in Ehelosigkeit lebender Herr unterstrichen. Die „echte" Pfarrersköchin ist daran interessiert, zumindest nach außen den Zölibat als wichtig für das Leben als Pfarrer zu begreifen. Und eben weil der Pfarrer eine zölibatäre Person ist oder sein soll, verteidigen Pfarrersköchinnen, mit denen ich sprach, den Pfarrer hinsichtlich diverser Gerüchte und Witze, wonach zum Beispiel der Pfarrer mit der Pfarrersköchin auch sexuell verkehre. Eine der Pfarrersköchinnen sprach von „Gemeinheit", dem Pfarrer „so etwas" zu unterstellen.

Der Pfarrer als charismatische, außeralltägliche Person wird von der ehrbaren Pfarrersköchin verteidigt, die sich nach außen ebenfalls als keusche Dame dartut, wie jene Pfarrersköchin, die meinte, sie könnte niemandem mehr in die Augen schauen, wenn sie mit dem Pfarrer ein Verhältnis hätte. Die Pfarrersköchin verwahrt sich also mit ehrenhafter

Vehemenz dagegen, als Gegenstand des sexuellen Interesses des Pfarrers gesehen zu werden.

Eine Pfarrersköchin meinte, dass man es sich heute überhaupt leicht mache, Pfarrer in sexueller Hinsicht zu diffamieren: „Einmal haben wir einen Kaplan gehabt, er war ein lieber Mensch. Er hat gleich jemanden um den Hals genommen. Das traut sich heute sicher keiner mehr. Da wird man sofort verdächtig. Es braucht jemand nur sagen, ich habe mich belästigt gefühlt. Alles, was recht ist, aber das geht zu weit. Da darf ich jemandem nicht einmal mehr auf die Schulter klopfen. Oder die Frauen drehen es dann so, weil sie enttäuscht worden sind. Unser Kaplan, dem man nachgesagt hat, er hätte was mit Frauen gehabt, war ein rechter Gesellschaftsmensch, ein Wirtssohn, Musiker war er auch, zu Hochzeiten hat man ihn gerne eingeladen. Es waren Frauen, die gerne mit ihm geplaudert haben. Aber er war für nichts zu haben. Er hat gesagt: ‚Weiberhass ist oxydierte Liebe.'"

Eine andere meint, dass der Pfarrer eine noble Distanz zu den Menschen haben müsse. Die Pfarrersköchin habe ihn zu achten, vor allem in der Öffentlichkeit, darin würde auch ihre Ehre bestehen. Der Pfarrer hat als Respektsperson zu erscheinen. Und gerade dies ist für die klassische Pfarrersköchin wichtig. Und dafür werde sie sich auch ehrbar einsetzen.

Verschwiegenheit

Es entspricht der Ehre der Pfarrersköchin, jene Dinge, die sie im Pfarrhof und in der Umgebung des Pfarrers erfährt, nicht nach außen zu bringen. In diesem Sinn erzählte mit Frau Poldi aus dem Waldviertel: „Oft sind Leute zu mir gekommen und haben etwas vom Pfarrer wissen wollen. Aber ich habe nichts gesagt, ich war nicht neugierig, denn man soll nicht alles wissen." Und Frau Lisi Sallinger, die Pfarrersköchin aus Waidhofen, die bei diesem Gespräch anwesend ist, fügt hinzu: „Es war einmal eine Frau aus Waidhofen bei mir. Zur selben Zeit ist eine andere Frau zum Pfarrer gekommen, das hat mich nicht gestört, das ist halt so. Die Frau hat das gehört und mich gefragt: ‚Wer ist denn da gekommen?‘ Habe ich gesagt: ‚Das weiß ich nicht.‘ Darauf sie: ‚Interessiert dich das nicht?‘ Sage ich: ‚Das interessiert mich überhaupt nicht.‘ Der Gedanke, dass mich so etwas interessieren könnte, wäre mir nie gekommen. Das geht mich nichts an, wer den Pfarrer aufsucht und was der oder die von ihm will.“

Der Pfarrer von Zwettl charakterisiert in diesem Sinn die Pflicht zur Verschwiegenheit der Pfarrersköchin: „Pfarrhaushälterin ist ein ganz ein schwerer Beruf, sie muss verschwiegen sein, sie darf keinen Neid aufkommen lassen, sie muss schauen, dass Kaplan und Pfarrer nicht aufeinander eifersüchtig werden. Und außerdem erfährt die Pfarrersköchin oft mehr als der Pfarrer, denn manche Leute kommen auch mit ihren Sorgen zu ihr.“

Im Pfarrhof gibt es also Geheimnisse, die beide, Pfarrer und Pfarrersköchin, am besten für sich behalten. Dies meint auch Annerl, die frühere Pfarrersköchin von Windischgarsten: „Eigentlich habe ich mit dem Pfarrer keine wichtigen Sachen der Leute besprochen. Nur wenn jemand angerufen hat, habe ich ihm das gesagt. Schließlich habe ich ja Arbeit gehabt und war gar nicht so interessiert, mich zum Pfarrer und seinen Gästen zu setzen, um etwas über die Leute zu erfahren. Mit der Köchin hat sich der Pfarrer nicht ausgeredet. Wenn Kapläne und Pfarrer sich beim Essen besprochen haben, so habe ich nicht aufgehorcht. Meistens war ich schon beim Aufräumen und Abwaschen.“ Ich frage noch kühn, ob sie sich „unterdrückt“ gesehen habe, weil der Pfarrer ihr nicht alles erzählt habe. Sie schüttelt den Kopf und meint: „Unterdrückt bin ich nicht geworden. Das kann man nicht sagen. Wenn man die Arbeit gern tut, so ist das keine Unterdrückung.“

Ehre beim Kochen

Zur Ehre der Pfarrersköchin gehört, den Herrn Pfarrer und seine Gäste mit prächtigen Speisen zu erfreuen. Kochen hat auch mit Heimat zu tun.

Der Pfarrer freut sich, wenn die Pfarrersköchin am Sonntag mit Liebe und Geist kocht und aufdeckt. Für die Pfarrersköchin ist das gemeinsame und feierliche Essen am Sonntag mit dem Herrn Pfarrer etwas Besonderes, ein Ritual, durch das der Alltag unterbrochen wird.

Die ehrenvolle Pfarrersköchin kocht also mit Liebe. Mit Begeisterung erzählten mir Pfarrersköchinnen, wie sie die Lieblingsspeisen des Herrn Pfarrers zubereiten und servieren. Darüber habe ich vorhin bereits einiges geschrieben. Ebenso darüber, dass das Essen als Ritual für das Leben im Pfarrhof große Bedeutung hat und dass sich die Pfarrersköchin auch Gedanken um den Speisezettel macht, ganz ähnlich wie die klassische Hausfrau.

Unter den Pfarrersköchinnen gibt es hinsichtlich des Zubereitens eines Mahles echte Künstlerinnen. Daher finden sich bei Pfarrersköchinnen bisweilen auch wunderbare Kochbücher oder von eigener Hand verfasste Rezeptsammlungen, wie die der Pfarrersköchin Bertilia Mandl, deren Rezepte ich erhalten habe und in Ehren halte.

Garten und Ehre

Mit dem klassischen alten Pfarrhof ist bäuerliche Landwirtschaft verbunden gewesen. Die alten Pfarrersköchinnen kannten sich daher bestens mit dieser aus. Zu der früheren Landwirtschaft gehörte auch wesentlich ein Garten, der Früchte und Gemüse lieferte, die den Mittagstisch des Pfarrherrn wunderbar bereicherten.

Die Freude am Garten ist in manchen Pfarrhöfen bis heute geblieben.

Für die alten echten Pfarrersköchinnen, mit denen ich sprach, bedeutete daher der Garten stets auch Segen. Neben Gemüse wachsen auch die Blumen für den Schmuck der Kirche im Garten. Es ist im Sinne der Ehre der klassischen Pfarrersköchin, dass sie sich um den Garten in seiner Buntheit kümmert.

Das erfreut den Pfarrer, Gäste und die Kirchbesucher.

Ein Leben in der Ehre

Großmut und heiliger Zorn zeichnen die Pfarrersköchin aus, auch sie ist ein ehrenhafter Mensch, also jemand, den die Griechen einen „filotimos" nennen. Ehrenhaft ist die Pfarrersköchin, wenn sie mit fester Entrüstung sich gegen Vorwürfe oder Scherze wehrt, die den Pfarrer oder sie degradieren.

Großmut, also ein weites Herz, durchzieht das Leben der Pfarrersköchin, wenn sie sich redlich bemüht, dem Pfarrer eine Heimat zu bieten, zu der nicht nur freundliche Worte und ein gutes Essen gehören, sondern auch ein gepflegter Garten. Ihr Ansehen leitet sie schlussendlich vom Respekt ab, der dem Pfarrer entgegengebracht wird. Die Ehre der Pfarrersköchin, dies sollte hier angerissen werden, ist es, dem Pfarrer so etwas wie Heimat anzubieten. Dies tut sie als Köchin, Haushälterin und Gärtnerin. Die Pfarrersköchin achtet darauf, dass der Pfarrer jenen Respekt erhält, den er verdient und der ihm auch zusteht.

Auch eine Frage der Ehre – Sympathie mit den „kleinen Leuten" (Wildschütze usw.)

Mit der Geschichte von Pfarrer und Pfarrersköchin ist ein gewisser Einsatz für die „kleinen Leute" der Pfarrer typisch, schließlich sind sie gerade am Land Teil der Dorfgemeinschaft. Ähnlich ist es auch in der Stadt. In meinem Buch über die alten „Landärzte", meine Eltern waren solche, erzähle ich, wie Pfarrer und Arzt in der Nachkriegszeit gemeinsam zu den armen Bergbauern hinaufstiegen. Der Pfarrer sprach Trost und der Arzt versuchte zu heilen. Gab es Probleme im Dorf, so wurde nicht selten der Pfarrer, manchmal auch die Pfarrersköchin, von den bedrängten Menschen angesprochen.

Pfarrer und Pfarrersköchin waren und sind also eher auf der Seite der „kleinen Leute". Hierin besteht eine gewisse Tradition.

Zur Welt der kleinen Leute im Gebirge gehörte der Dorfpfarrer. Ihm obliegt es, sich um die kleinen und großen Sorgen der Dorfbewohner zu kümmern. Und zu den großen Sorgen gerade in Zeiten der Armut gehörten im Gebirge die Probleme der Wildschützen. Es verwundert daher nicht, dass es Pfarrer gab, die die Partei der Wilderer ergriffen. Sie taten dies aus gutem Grund, da die verbotene Jagd der Bauern, Bauernburschen und Knechte von diesen nicht als unrechtmäßig angesehen wurde. Sie profitierten manchmal sogar davon. Solches und Ähnliches geht aus alten Gerichtsprotokollen der Herrschaften Donnersbach und Rotenfels hervor, die ein gewisser Karl Reiterer in der Zeitschrift „Waidmannsheil" von 1924 unter dem Titel „Jagd- und Wildererbilder" herausgegeben hat. In einem Protokoll von Oktober 1770 heißt es, dass der Wilderer Jakob Rabenhaupt, etwa vierzig Jahre alt, Sohn des vulgo Pötschen in Donnersbachwald, seine Wildererbüchse im Pfarrhof zu Oppenberg versteckt habe, weil er eine Hausdurchsuchung bei sich zu Hause befürchtete. Vorher hatte der Wilderer dem Jäger Peter Leitner, der ihn gestellt hatte, ein paar Ohrfeigen gegeben. Ein freundlicher Wildschütz war wohl Michael Steindl, der laut Protokoll des Herrschaftsgerichtes Rotenfels vom August 1753 dem alten früheren Pfarrer in Oberwölz ein von ihm geschossenes Schneehuhn gegeben hat, aber auch die Köchin des gegenwärtigen Pfarrers bekam eines. Außerdem schenkte dieser Wilderer von drei geschossenen Rebhühnern eines dem Riemer-Hans, eines dem Herrn Stadtpfarrer und eines der Köchin. Auch der so genannte „Wildschützenhiesl" wurde zum Lieferanten für den Pfarrer von Oberwölz, dem er eine Decke und ein Stück Wildfleisch überbracht hat. Ein Protokoll aus Rotenfels vom Jänner 1739 erzählt vom Wilddieb Anton Lettmayr, den man „Gamstoni" nannte; er sei an Händen und Füßen in Eisen gefesselt aus dem Schlosse geflohen und habe sich im Stadtpfarrhof von Oberwölz versteckt. Der Verwalter des Schlosses forderte vom Pfarrer die Herausgabe des Wilderers, doch der Pfarrer weigerte sich, dies zu tun, denn dies würde der „Kirchenfreiheit" widersprechen. Der Kaplan Josef habe übrigens, wie es im Gerichtsprotokoll heißt, dem Wilderer bei der Flucht über die Schlossmauer geholfen. Pfarrer und Kaplan haben also gut zusammengeholfen, um einen Wildschützen zu befreien.

Das Gerichtsprotokoll der Herrschaft Donnersbach vom Mai 1773 berichtet vom Pfarrer Matthias Fid. Moosbrugger in Donnersbachwald, der nach der Predigt an einem Sonntag den Bauern Folgendes gesagt haben soll: „Meine Waldnerbauern! Es befindet sich ein Donnersbachwaldner Bube draußen im Schloss (zu Donnersbach) im Arrest, welcher einen Hirschen, der im Winter Korn gefressen hat, geschossen. Ich bitte euch alle inständigst, nehmt euch doch dieses Menschen an, helfet zusammen und stellet ihn auf freien Fuß!" Darauf las der Pfarrer die Messe. Als diese zu Ende war, drehte er sich am Altar um und sagte: „Was ich euch auf der Kanzel gebeten, bitt ich euch noch einmal: Helfet doch zusammen und stellet diesen Menschen (den eingesperrten Wilderer) auf freien Fuß!" Mehrere Bauern, die dies hörten, marschierten noch am selben Tag zum Pfleger in das Schloss von Donnersbach und baten diesen, den Wilderer freizulassen. Würde er dies nicht tun, würden sie alle wildern. Ihre Bitte wurde aber nicht erfüllt.

Pfarrer und Pfarrersköchin von Donnersbach und Donnersbachwald sympathisierten damals jedenfalls mit den Wildschützen. Sie sahen es nicht als gerechtfertigt an, dass den Bauern vor allem bei Wildschaden das Jagen verboten sein solle. Schließlich zeigten die alten Wildschützen ihre Sympathien für Pfarrer und Pfarrersköchin dadurch, dass sie beide mit gutem Wildbret versorgten.

Frivole Witze um die Pfarrersköchin

Beliebt sind in fröhlichen Runden frivole Witze über Pfarrersköchinnen. Ich habe einige dieser Witze gesammelt und will sie hier wiedergeben. Diese Witze wurden mir regelmäßig dann erzählt, wenn ich mich als Forscher nach Pfarrersköchinnen erkundigt habe, die mir Spannendes über ihre Welt erzählen können.

Interessant war für mich zu sehen, dass nicht wenige Leute heitere und oft zweideutige Witze mit der Pfarrersköchin verbinden. Sie haben zwar keine Ahnung von den wirklichen Aufgaben der Pfarrersköchinnen, aber ihnen gefällt es, über die Pfarrersköchin und vor allem über ihre Beziehung zum Pfarrer zu scherzen.

Mitunter können sich Pfarrersköchinnen durch solche Witze belästigt sehen, wie Frau Janisch aus Hausbrunn, die meint, sie habe schon viel „herunterschlucken" müssen, wenn man Scherze über sie und den Herrn Pfarrer machte. Sie fügt hinzu: „Unser Pfarrer, bei dem ich bin, ist mehr ernst und ein trockener Mensch, mit ihm kann man keine Witze machen. Ihm können sie nicht an, wenn man ihn zum Beispiel im Gasthaus fragt: ‚Durch welche Tür gehen Sie, Herr Pfarrer, heute Nacht schlafen?' Da antwortet er gar nicht. Es gibt aber Pfarrer, die können gut auf solche Witze reagieren, wie ein Pfarrer, den ich kannte. Dem hat man einmal gesagt: ‚Sie, Herr Pfarrer, haben ein gutes Körndl mit der Pfarrersköchin erwischt.' Er hat darauf gesagt: ‚Lasst ein blindes Huhn auch einmal ein gutes Körndl finden.'"

Ich gebe hier ein paar Witze wieder, die zeigen, wie heiter und zweideutig Außenstehende mit der Beziehung Pfarrer und Pfarrersköchin umzugehen verstehen. Hierin dürfte eine uralte Tradition bestehen, denn schon im „Liber vagatorum", dem „Buch der Vaganten" aus der Zeit um 1510, belustigt man sich über Pfarrer und Pfarrersköchin.

1. (Diesen Witz schrieb mir Frau Waltraud Gamsjäger aus Bad Ischl. Ihr sei dafür gedankt.) Eine Köchin kommt in den Pfarrhof und bewirbt sich um die freie Köchinnenstelle. Der Pfarrer zeigt ihr das Haus und sagt ihr, was sie zu tun hat. Zuletzt zeigt er ihr die Stube, in der sie wohnen soll. Sie nimmt ihren Koffer und beginnt auszupacken. Plötzlich hält sie inne, wirft alles zurück, schnappt den Koffer und eilt wutentbrannt die Treppe hinunter. „Ich war schon in einigen Pfarrhäusern, aber so etwas wie hier, so etwas ist mir noch nie passiert. Hier bleib ich keine Stunde. So eine Sauerei!" Der Pfarrer hört sich das verständnislos an, schüttelt den Kopf und geht schließlich in die Stube, die für die Pfarrersköchin vorgesehen ist, um zu sehen, was denn da so anrüchig sei. Er schaut herum, findet aber nichts. Da sieht er plötzlich den Spruch, der über ihrem Bett hängt. Der heißt: „Mach dich bereit, der Herr kommt zu jeder Stunde!"
2. Die Pfarrersköchin sagt zum Pfarrer: „Unser Messwein ist gar." Darauf der Pfarrer: „Das ist nicht unser Messwein, das ist *mein* Messwein". Etwas später sagt die Pfarrersköchin: „Herr Pfarrer, dein Mittagessen ist fertig." Der Pfarrer: „Das ist nicht mein Mittagessen, sondern *unser* Mittagessen, denn wir nehmen es gemeinsam ein." Als der Pfarrer weggeht, ruft die Köchin ihm nach: „Herr Pfarrer, dein Hosentürl ist offen, aber *unser* Zipfel hängt raus." (Diesen Witz habe ich anlässlich eines Vortrages in Lustenau erzählt. Bei diesem Vortrag waren auch einige Pfarrersköchinnen anwesend. Alle lachten, nur diese Damen schwiegen. Ich entschuldigte mich bei ihnen, indem ich meinte, ich würde solche Witze nur aus wissenschaftlichen Gründen sammeln und aufzeichnen.)
3. Was ist der Unterschied zwischen einem katholischen Pfarrer und einem evangelischen? Beim evangelischen hängen die Windeln seiner Kinder hinter dem Haus, beim katholischen in der ganzen Gemeinde.
4. Auch eine Menge „Gstanzln" beschäftigt sich mit diesem Thema. Zum Beispiel:

Auf der Wischbank
Auf der Waschbank
Auf der Hobelbank a
Do sitzt der Herr Pfarrer
Und tuat Vögln fanga
Und bold fangt da an Vogel
Und bold fangt da an Fisch
Und bold hat da sei Köchin beim Haxn darwischt.

A Pfarrer hat d'Köchin gern,
Sie halt eahm in Ehrn.
Dominus vobiscum,
Tanzt a drauf rum.

Pfarrer und Pfarrersköchin sind Gegenstand mancher Heimatfilme. In heiterer Weise wird die Pfarrersköchin als die gescheite Frau dargestellt, die geschickt mit dem Herrn Pfarrer umzugehen weiß. In einem Kriminalfilm, der vor einiger Zeit im österreichischen Fernsehen lief, wird gezeigt, wie im Weinviertel eine Pfarrersköchin ermordet wird. Die erotisch wirkende Pfarrersköchin dürfte ein Verhältnis mit dem Pfarrer gehabt haben. Und auch in dem modernen Heimatfilm „Helden von Tirol" von dem bekannten Wiener Regisseur Niki List wird unter anderem die Beziehung Pfarrer und Pfarrersköchin in heiter-grotesker Weise behandelt.

Nachbemerkungen

Ich habe versucht, ein buntes Bild vom Leben und den Aufgaben der Pfarrersköchin, die auf eine stolze historische Tradition zurückblicken kann, zu zeichnen.

Es ist sehr vielfältig, was ich bei meinen Forschungen erfahren habe. Schöne Fußwanderungen zu liebenswürdigen Pfarrersköchinnen und freundliche Gespräche mit ihnen gaben meinem Vorhaben eine besondere Würze.

Die Pfarrersköchinnen sind Frauen, die ein weites Herz hatten und haben. Mutige Frauen finden sich unter ihnen. Keineswegs sind sie als bloße Köchinnen oder Putzfrauen zu sehen, sondern in ihnen steckt viel mehr, wie ich erfahren und darstellen konnte.

Pfarrersköchinnen im klassischen Sinn kümmern sich um Leib und Seele des Herrn Pfarrers. Und darin liegt sehr viel, auch der Bezug zu den Seelen des Kirchenvolkes. Meine Überlegungen stimmen sehr wohl mit dem überein, was die österreichische „Pastoralkommission" zum Berufsbild der „Pfarrhaushälterin" zu sagen weiß.

Auch diese „Kommission" kommt zu dem Schluss, dass die Pfarrersköchin mit dem „Geschehen in der Pfarrgemeinde" eng verbunden ist: „Ihre Arbeit ist daher sowohl für die Atmosphäre im Pfarrhaus als auch für das Leben der Pfarre von großer Bedeutung. Der Beruf ist deshalb ein echter kirchlicher Dienst, auch wenn er sich auf die Tätigkeit im Haushalt beschränkt. Darüber hinaus ist für die Pfarrhaushälterin heute, bei entsprechender Ausbildung, die Möglichkeit für ausdrückliche pastorale Dienste gegeben."

Die klassische Pfarrersköchin früher hatte zwar formal weniger mit „pastoralen Diensten" zu tun, aber dennoch tat sie viel für die Kirche, sie kümmerte sich um die Blumen, um die Kirchenwäsche und hatte ihre Ehre, für die sie zu kämpfen wusste. Die berühmte Pfarrer-Julie steckte man sogar ins Gefängnis, weil sie gewissen politischen Machthabern höchst suspekt war.

Die wohl klassische Aufgabe der Pfarrersköchin war, dem Pfarrer so etwas wie Heimat zu bieten. Die klassischen Pfarrersköchinnen verschwinden allmählich, ebenso wie auch die Pfarrer im alten Stil immer weniger werden. Der Pfarrernachwuchs lässt wenig Hoffnung aufkommen. Manche Pfarrer können sich aus finanziellen Gründen keine Pfarrersköchin mehr leisten. Und manche Pfarrer sind, da es an Nachwuchs mangelt, gezwungen, gleich mehrere Pfarreien zu betreuen. Auch Pfarrer aus dem Ausland, wie zum Beispiel aus Polen, werden aufgenommen, um frei gewordene Pfarrstellen besetzen zu können. Die Schwierigkeiten, die sich dabei ergeben, sind vielfältig.

Auch mit den Pfarrersköchinnen ist es schwer. Die moderne Pfarrhaushälterin wird immer mehr zur Zugehfrau, die alte, oft eheähnliche Beziehung zwischen Pfarrer und Pfarrersköchin ist am Verschwinden.

Im Zeitalter von Mikrowelle und Fastfood stirbt auch der Beruf Pfarrersköchin langsam aus. Sie wird entbehrlich, zumal der Pfarrer mehr Freiheit empfinden mag, wenn er überhaupt keine Frau braucht, die ihm eine echte Kumpanin ist.

Die klassische Pfarrersköchin war und ist, soweit es sie noch gibt, eine eigenständige und selbstbewusste Frau. Sie ist der emotionale Hort für eine außergewöhnliche Lebensgemeinschaft.

Bei manchen Pfarrersköchinnen gesellt sich zu ihrer Freude, dem Pfarrer Heimat zu bieten, mütterliche Wehrhaftigkeit und ländliche Fröhlichkeit. Darin besteht auch die Ehre der Pfarrersköchin. Und die weise Pfarrersköchin weiß auch um die Schwierigkeiten mit dem Zölibat, aber sie redet nicht darüber, ganz im Stile alter katholischer Diskretion.

Die Kochrezepte der Bertilia Mandl

In einem der vorigen Kapitel habe ich die Kochkünste und Spezialrezepte von Pfarrersköchinnen bereits erwähnt. Hier bringe ich jetzt jene Rezepte der Pfarrersköchin Bertilia Mandl, dich mich eigentlich überhaupt auf die Idee brachte, dieses Buch zu schreiben. Frau Bertilia Mandl, die bei mehreren Pfarrherren tätig gewesen ist, ist eine ehrbare Frau, die mit allem Respekt von ihren und anderen Pfarrern spricht. Am Beginn meiner Studie sagte sie mir, ich dürfe auf keinen Fall ein Buch verfassen, in dem die geistlichen Herrn schlecht gemacht oder schäbig dargestellt werden. Ich habe mich redlich bemüht, ihrem Wunsche gemäß geforscht und meine Erkenntnisse niedergeschrieben zu haben. Ich hoffe, sie ist mit mir zufrieden.

Wie ich am Anfang erwähnt habe, bin ich mit der liebenswürdigen Frau Bertilia Mandl, die mir ein wunderbares Frühstück aufgetischt hat, durch ihren Neffen Edward Strasser in Kontakt gekommen. Auf mich kam Herr Strasser durch den Fernsehredakteur Martin Wolfram, mit dem ich früher einmal zu tun hatte. Herr Wolfram, der von dem handgeschriebenen Kochbuch der Bertilia Mandl durch Herrn Strasser erfahren hatte, riet nun Edward Strasser, sich an mich zu wenden und zu fragen, ob man diese Rezepte nicht irgendwo publizieren könne. So kam es zu diesem Buch. Den beiden Herren sei hier sehr gedankt.

Die Kochrezepte, die so manche Pfarrersköchin gesammelt hat, verweisen darauf, dass den im Pfarrhof lebenden Menschen durch Kochkunst „Felicitas" (Glückseligkeit) beschert werden möge. So auch die nun folgenden Kochrezepte der Bertilia Mandl, die ihr Neffe Edward Strasser gesichtet und die besten für dieses Buch abgeschrieben hat.

Bertilia Mandl hat diese zunächst mündlich überlieferten Rezepte über Jahrzehnte hinweg während ihrer Tätigkeit als Pfarrersköchin im

Mühlviertel in Oberösterreich für ihre Arbeit im Pfarrhof aufgeschrieben. Alle Rezepte sind für 4–6 Personen geeignet.

Vorspeisen und kleine Gerichte

Leberwürste

Zutaten:
1/2 kg Leber
1 Schweinsbeuschel
ein paar Schweinsschwarten
eventuell Kopffleisch
1/2 kg Zwiebeln
1/2 kg frische und fein faschierte Grammeln
10 Semmeln vom Vortag
Schweinssuppe
Salz
Pfeffer
Majoran
Zitronenschale
Schweinsdärme

Zubereitung: Im ersten Schritt wird die Leber faschiert. Das Schweinsbeuschel wird mit den Schwarten in Salzwasser weich gekocht und ebenfalls faschiert. Wenn vorhanden, kann zum Beuschel und den Schwarten auch Kopffleisch hinzugegeben werden. Danach werden die Zwiebeln faschiert und mit den frisch faschierten Grammeln abgeröstet. Die Semmeln werden blättrig geschnitten und mit Schweinssuppe übergossen. Schließlich werden alle Bestandteile zusammengemischt und mit so viel Suppe versetzt, dass ein Sterz entsteht. Die Masse wird gesalzen, gepfeffert, mit Majoran und Zitronenschale versetzt und zum Abschluss in dünne Schweinsdärme gefüllt. Die Därme sollten zur Vorbereitung bereits an einem Ende zugebunden sein. Nachdem auch das zweite Ende verschlossen wurde, lässt man die Würste in heißem Wasser ziehen. Vor dem Servieren sollten die Würste in heißem Fett abgebraten werden.

Blutwürste

Zutaten:
1 l frisches Schweineblut
1/2 kg frisch und fein faschierte Grammeln
1 1/2 kg Kopffleisch
1/4 kg Zwiebeln
10 Semmeln vom Vortag
Schweinssuppe
Milch
Salz
Pfeffer
Neugewürz
Majoran
Knoblauch
Zitronenschale

Zubereitung: Im ersten Schritt werden die Semmeln blättrig geschnitten und mit ein bisschen Milch übergossen. Danach wird das Blut abgeseiht und mit den eingeweichten Semmeln vermischt. Danach werden die Zwiebeln faschiert, gemeinsam mit den frisch faschierten Grammeln abgeröstet und zu den Semmeln gegeben. Das Kopffleisch wird weich gekocht, danach faschiert und ebenfalls unter die Masse gemischt. Ist die Masse zu fest, sollte sie mit Schweinssuppe verdünnt werden. Dazu würzt man mit Salz, Pfeffer, Majoran, Neugewürz, Knoblauch und Zitronenschale.

Die Masse in Schweinsdärme füllen, die bereits auf einem Ende abgebunden sind. Nach dem Verschließen lässt man die Würste im heißen Wasser ziehen. Nach einer halben bis Dreiviertelstunde werden sie herausgenommen, sofort kalt abgeschreckt und im Rohr gebraten.

Schöberlsuppe

Zutaten:
12 dag griffiges Mehl
5 dag Butter
2 Eier
1/16 Milch
Salz
1 Messerspitze Backpulver

Zubereitung: Dotter und weiche Butter schaumig rühren, danach mit Mehl und Backpulver vermischen und Milch dazugeben. Nun wird Eiklar mit ein bisschen Wasser und Salz zu einem sehr festen Schnee geschlagen. Im nächsten Schritt wird ein kleiner Teil des Schnees unter die Masse gerührt. Der restliche Teil wird später untergehoben.

Den Schöberlteig in eine gut ausgebutterte Gugelhupfform gießen und so lange bei 180 bis 200 Grad im Rohr backen, bis sich der Teig von der Form zu lösen beginnt (das ist ca. nach 45 Minuten).

Die Schöberln stürzen und in Stücke schneiden. In eine kräftige Rindsuppe geben und mit Schnittlauch bestreuen.

Erdäpfelsuppe

Zutaten:
1/2 kg speckige Erdäpfel
5 dag Butter
10 dag Mehl
1 Zwiebel
Porree
Selleriewurzel
Petersilienwurzel
Liebstöckl
Majoran

Lorbeer
gelbe Karotte
Knoblauch
Salz
ein paar Pfefferkörner
Kümmel
etwas Essig
saurer Rahm zum Verfeinern

Zubereitung: Die Erdäpfel werden geschält und in mundgerechte Stücke geschnitten. Petersilienwurzel, Sellerie, Zwiebel und Porree werden in kleinere Stücke geschnitten. Die Erdäpfel und das geschnittene Gemüse sollen gemeinsam mit den Gewürzen im Salzwasser kochen.

Abschließend wird mit Mehl und Butter eine Einbrenn gemacht, die mit kaltem Wasser abgeschreckt und zur Suppe gegeben wird. Zum Schluss mit Essig und Salz abschmecken, Sauerrahm unterrühren und servieren.

Erdäpfelnudeln mit Rahm

Zutaten:
1 kg mehlige Erdäpfel
1/4 kg glattes Mehl
1 Ei
1/8 kg Butter
1/4 kg sauren Rahm
Muskatnuss
Salz

Zubereitung: Die Erdäpfel werden vor dem Kochen geschält. Wenn sie noch warm sind, werden sie nach dem Kochen zu Brei zerdrückt. Danach werden sie auf dem Nudelbrett mit frischem Ei, Mehl und Salz vermischt und zu einem Teig geknetet.

Den Teig lässt man eine Stunde rasten. Danach rollt man ihn zu einer Nudel, die so dick wie zwei Finger ist. Davon werden Stücke von der Breite eines Daumens abgeschnitten. Jedes Stück wird mit der flachen Hand am Mehl kurz gerollt, sodass eine runde Form entsteht. Damit die Nudeln nicht am Nudelbrett ankleben, sollte es mit Mehl bestäubt werden. Sobald alle Nudeln fertig gerollt sind, werden sie in heißer Butter gebraten. Erdäpfelnudeln müssen frisch serviert werden. Dazu sauren Rahm beigeben.

Erbsensuppe von getrockneten Erbsen

Zutaten:
1/4 kg getrocknete Erbsen
Butter
Mehl
Zwiebel
Selleriegrün
Zitronensaft und Zitronenschale
Salz

Zubereitung: Die getrockneten Erbsen sollten am Vortag gewaschen und in Salzwasser eingeweicht werden. Am nächsten Tag werden sie abgeseiht und nochmals kalt abgeschwemmt, danach in kaltem Wasser zugestellt, weich gekocht und passiert.

Im zweiten Schritt macht man mit Butter und Mehl eine Einbrenn, gibt fein gehackte Zwiebel, Petersilie und Selleriegrün hinein, röstet alles leicht durch und gibt noch etwas Mehl dazu. Schließlich wird mit kaltem Wasser aufgegossen. Die Köchin kann nun alles durch ein Sieb in die passierten Erbsen einstreichen, mit dem Kochwasser der Erbsen aufgießen und mit Salz und Zitrone (Saft und Schale) würzen. Die Suppe sollte gut verkochen.

Hauptspeisen und Beilagen

Linsen

Zutaten:
1/4 kg getrocknete Linsen
geringe Menge würfelig geschnittenes Selchfleisch
5 dag würfelig geschnittener Speck
3 dag Mehl
1 Essiggurkerl
Kapern
Zitronenschale und Zitronensaft
Petersilie
Knoblauch
1 Sardelle
geringe Menge Zwiebel
Lorbeerblatt
Thymian
Majoran
Essig zum Abschrecken
Senf
Salz

Zubereitung: Die Linsen werden über Nacht eingeweicht, danach in Wasser einmal aufgekocht und abgeseiht. Sie werden in einem Topf mit kaltem Wasser bedeckt und gemeinsam mit Salz und dem würfelig geschnittenen Selchfleisch gekocht, jedoch sollten sie dabei nicht zu weich werden. Während die Linsen kochen, wird der Speck gemeinsam mit dem Mehl in Öl goldbraun geröstet. Dann werden das Essiggurkerl, Kapern, Zitronenschale, Petersilie, Knoblauch, Sardelle, Zwiebel, Lorbeerblatt, Thymian und Majoran gemeinsam kurz angeröstet und mit Essig gelöscht. Danach werden die Kräuter mit dem gekochten Linsensud aufgegossen und mit Senf und Zitronensaft weich gekocht. Zum Schluss werden die Linsen mit dem gerösteten Speck vermischt und abgebrannt.

Schweinsbraten

Zutaten:
1/2–1 kg schöner Schweinsbraten
Knochen
viel Knoblauch
viel Kümmel
2 Esslöffel Schweineschmalz (oder Butter)
Salz
1/2 Flasche Bier

Zubereitung: Der Knoblauch wird in kleine Stücke geschnitten und mit Kümmel und Salz vermischt. Mit dieser Paste wird der Schopfbraten sehr gut eingerieben und eine Stunde beiseite gestellt.

Danach wird der Braten auf allen Seiten im heißen Schmalz schön braun angebraten und vom Herd genommen. Nun belegt man den Bratentopf mit den Knochen und legt das angebratene Fleisch auf die Knochen (das Fleisch soll nicht direkt am Boden der Rein ankommen). Den Braten jetzt mit dem heißen Fett aus der Pfanne übergießen, die Rein gut zudecken und bei ca. 150 Grad für 45 Minuten schmoren lassen. Danach wird das Bier dazugegossen, die Rein wieder zugedeckt und weitere 45 Minuten ins Rohr gegeben. Der Schweinsbraten sollte nach den eineinhalb Stunden durch und sehr saftig sein.

In nicht zu dünne Scheiben schneiden und mit Saft übergossen servieren.

Beilagen: Semmelknödel, Erdäpfelknödel, warmes Kraut.

Erdäpfelschmarren

Zutaten:
1 kg Erdäpfel
1/4 kg Zwiebeln
Salz
Kümmel
Butter

Zubereitung: Die Erdäpfel werden gekocht und danach geschält. In zerlassener Butter röstet man die Zwiebeln ganz leicht an und gibt die noch warmen, geschnittenen Erdäpfel, Kümmel und Salz hinzu. Zum Schluss wird noch etwas Wasser untergehoben.

Milchkren

Zutaten:
frisch geriebener Kren
1 trockener kleiner weißer Wecken
Milch
Salz, Zucker, Pfeffer

Zubereitung: Ein kleiner weißer Wecken wird in Würfel geschnitten und mit kochender Milch aufgegossen. Auf dem Herd bei geringer Hitze ziehen lassen und dabei die Semmelwürfel zu einen Brei verrühren. Mit Salz, Zucker und Pfeffer abschmecken. Im letzten Schritt kommen der geriebene Kren und etwas Wasser dazu.

Gebackene Speckknödel

Zutaten:
1 kg mehlige Erdäpfel
1/4 kg glattes Mehl
2 Eier für den Teig
6 Eier für die Eiermilch
Milch
Räucherspeck, würfelig geschnitten
Kümmel
Salz

Zubereitung: Die mehligen Erdäpfel werden gekocht und kalt gestellt. Danach werden sie durch den Fleischwolf gedreht oder durch die Kartoffelpresse gedrückt. Mehl, ein Ei und Salz dazugeben und daraus einen lockeren und geschmeidigen Teig bereiten. Eine halbe Stunde rasten lassen.

Danach wird der Teig dick ausgewalkt, mit zerlassener Butter bestrichen und in Vierecke geschnitten. Mit Speck, Kümmel und Salz belegen und Knödel formen.

Die Knödel werden in zerlassener Butter geschwenkt und in eine Rein geschlichtet. Im Rohr gut halb fertig backen, danach mit kochender Milch übergießen und im Rohr schön braun fertig backen, bis die Milch verdunstet ist. Danach 6 Eier mit etwas Milch und Salz versprudeln, über die Knödel gießen und im Rohr noch etwas nachziehen lassen.

Anmerkung: Dieser Teig eignet sich auch sehr gut für Fleischknödel, Grammelknödel, Zwetschkenknödel und Marillenknödel, sowohl gebacken als auch gekocht.

Semmelknödel

Zutaten:
1 trockener kleiner weißer Wecken
1 Bund Petersilie
5 Esslöffel warme Butter
1 Ei
nach Bedarf warme Milch
ein bisschen Mehl
Salz

Zubereitung: Den Wecken in kleine Stücke schneiden und mit fein geschnittener Petersilie, zerlassener Butter, Salz und Ei vermischen. Die Knödel werden noch besser, wenn die Weißbrotstücke in der Butter leicht angebraten werden. Danach gerade so viel lauwarme Milch dazugeben, bis ca. die Hälfte der Weißbrotwürfel in der Milch stehen. Gut vermischen und eine Viertelstunde stehen lassen. Mit der Hand den Teig vermischen. Der Teig sollte fest und klebrig sein. Wer sicher gehen will, dass die Knödel nicht auseinander fallen, darf auch ein bisschen Mehl untermischen. Noch eine Viertelstunde stehen lassen.

Während der Teig rastet, kann schon ein großer Topf mit Salzwasser aufgekocht werden.

Knödel formen, die gut in der Hand liegen, und in das kochende Wasser geben. Die Temperatur zurückdrehen und die Knödel fünfzehn bis zwanzig Minuten leicht köcheln lassen. Probeweise einen Knödel herausnehmen und aufschneiden. Semmelknödel eignen sich sehr gut zu Zwetschkenpfeffer, Schweinsbraten und Linsen.

Krenfleisch

Zutaten:
500 g Schweinefleisch
500 g Wurzelwerk, nudelig geschnitten
1 fein gewiegte Zwiebel
Lorbeerblatt, Pfefferkörner, Salz
Kren, frisch gerieben

Zubereitung: Das Fleisch wird mit Wasser bedeckt, ein Lorbeerblatt dazugegeben, gesalzen und ca. eine halbe Stunde gekocht. Danach gibt man das Wurzelwerk, Pfefferkörner und die Zwiebel dazu und lässt es zugedeckt weich kochen. Danach noch mit Gewürzen abschmecken.

Zum Servieren wird das Fleisch in Scheiben geschnitten, mit Wurzelwerk übergossen und mit Kren bestreut.

Warmer Krautsalat

Zutaten:
1 weißes Krauthäuptel
1/4 kg durchwachsener Speck
Kümmel
Apfelessig
Salz

Zubereitung: Ein fein geschnittenes lockeres Krauthäuptel, Kümmel und Salz wird mit kochendem Wasser abgebrannt. Das Kraut danach zugedeckt stehen lassen, dass es weich wird. Danach abseihen.

Klein gewürfelten Speck in Öl glasig rösten und mit Essig löschen, aufkochen lassen und über das Kraut schütten. Danach den Salat zugedeckt warm stellen.

Beilage zu Schweinsbraten, Semmelknödel, Erdäpfel.

Nachspeisen

Zwetschkenpfeffer

Zutaten:
1/2 kg entkernte Zwetschken
ein paar Esslöffel Zucker
Zimtrinde
ein paar Gewürznelken
4 dag Butter
4 dag glattes Mehl
Obstbrand

Zubereitung: Die Zwetschken werden in Wasser mit Zucker, Zimtrinde und den Nelken weich gekocht.

Danach soll man Butter in einer Rein zergehen lassen und das Mehl langsam einrühren, sodass eine helle Einmach entsteht. Die fertige Einbrenn wird langsam mit dem Sud der Zwetschken aufgegossen. Dabei muss ständig gerührt werden, denn es soll eine cremige Soße entstehen. In die fertige Soße werden die Zwetschken gegeben und gekocht. Zuletzt mit noch ein bisschen Obstbrand verbessern.

Dazu serviert man frische, flaumige Semmelknödel.

Gemischtes Kompott

Zutaten:
1/2 kg Äpfel
1/2 kg Zwetschken
1/2 kg Birnen
1/4 kg Zucker
ein paar Gewürznelken
Zimtrinde
Zitronenschale

Zubereitung: Das Obst wird gewaschen und entkernt. Zuerst wird Zucker in Wasser aufgelöst und die mundgroß geschnittenen Stücke des Obsts gemeinsam mit Gewürzen bei sehr niedriger Hitze im Wasser so lange gekocht, bis das Obst weich ist.

Das Kompott ist eine bekömmliche Speise nach deftigen Fleischgerichten.

Äpfel-Nudeln

Zutaten:
1/2 kg Kornmehl (= weißes Roggenmehl; bekommt man in einer Mühle oder kann beim Bäcker bestellt werden) oder glattes Weizenmehl
kräftige, geschmackvolle Äpfel vom Bauern
Milch
Salz

Zubereitung: Aus dem Mehl, der Milch und dem Salz macht man einen schönen Teig. Dieser Teig muss so fest sein, dass man mit der Hand daraus kurze Nudeln rollen kann. Die Nudeln sollen an beiden Seiten spitz sein. Diese Nudeln werden in heißer Butter aus der Pfanne gebacken. Sobald die Nudeln fertig sind, gibt man sehr viele in dünne Scheiben geschnittene Äpfel dazu und rührt kurz um.

Die Pfanne wird danach ins heiße Rohr gestellt, und nach einiger Zeit schüttet man kochende Milch darüber. So lange backen, bis die Milch verdunstet ist und die Äpfel gut verkocht sind.

Buchteln mit Powidl

Zutaten:
1/2 kg Mehl
8 dag Zucker
1 Würfel frische Germ
4 Eier
1/2 l Milch
1/4 kg Butter
Zucker, Salz

Zubereitung: Zuerst die Germ in 1/4 l lauwarmer Milch auflösen und 2 bis 3 Esslöffel Mehl darin verrühren. Diese Germsuppe dicht mit Mehl bestäuben und zwanzig Minuten neben einen Ofen stellen. Sobald das Mehl Risse hat, wird der Teig wieder verrührt und ein weiterer Viertelliter Milch, Zucker, Salz, ein ganzes Ei und 3 Dotter eingerührt. Danach werden eineinhalb Achtel Butter geschmolzen und eingerührt. Zug um Zug kann ab jetzt ein Teil des Mehls untergerührt werden. Dieser noch immer sehr flüssige Teig wird geknetet und weiter mit Mehl versetzt, und zwar soviel, bis man den Teig mit der Hand aufheben kann. Jetzt den Teig in eine bestäubte Schüssel geben, nochmals bestäuben und mit einem Tuch zugedeckt warm stellen. Nach einer Stunde den Teig wieder auf einem bestäubten Brett kneten und nochmals eine Stunde warm stellen. Danach den Teig behutsam zu einer dicken Wurst formen und davon drei Finger dicke Stücke abschneiden. Die Hände sollten gut mit Mehl bestäubt sein. Eine kleine Grube in die Buchtel drücken und Powidl hineingeben. Dieses Loch nun mit dem Buchtelteig verkleben. Danach sollte die Buchtel in zerlassener, warmer Butter gerollt werden und mit der Naht nach unten in die Rein geschlichtet werden. Die Buchteln nochmals im lauwarmen Ofen aufgehen lassen und dann bei mittlerer Hitze backen. Sobald die Buchteln braun sind, können sie aus dem Ofen genommen werden.

Wer die Buchteln mit Vanillesoße servieren will, muss auf die Powidlfülle verzichten.

B'soffener Kapuziner

Zutaten:
4 Eier
4 Eier schwer Zucker
4 Eier schwer Brösel
2 Esslöffel Rum
Apfelmost oder Weißwein
Zimt
Gewürznelken

Zubereitung: Zuerst wird der Zucker mit dem Dotter schaumig gerührt. Danach kommen Brösel und Rum dazu und zum Schluss wird das geschlagene Eiklar untergehoben. Den Teig in einer Kuchenform bei 150 Grad ins Rohr stellen und goldbraun backen. Den fertigen Kuchen stürzen und auskühlen lassen.

Vor dem Servieren wird Apfelmost gemeinsam mit Zimt und Gewürznelken aufgekocht und über den Kuchen gegossen.

Himbeersaft

Zutaten:
frische Himbeeren
50 dag Zucker pro Liter Saft

Zubereitung:
Zuerst werden die Beeren verlesen und gewaschen, danach zerdrückt und über Nacht in den Keller oder an einen anderen kühlen, dunklen Ort gestellt. Am nächsten Tag werden die Himbeeren ausgepresst. Wer keine Fruchtpresse hat, kann auch einen Entsafter verwenden. Diesen Saft lässt man drei Tage im Keller stehen, damit er gärt. Danach muss der Schaum abgeschöpft werden. In jedem Liter Saft werden 50 dag Zucker kalt aufgelöst. Der gezuckerte Saft wird eine halbe Stunde auf-

gekocht und währenddessen der Schaum abgeschöpft. Der fertige Saft soll erkalten und danach zur Lagerung in sterilisierte Flaschen abgefüllt und versiegelt werden.

Himbeersaft eignet sich verdünnt nicht nur zum Trinken, sondern passt auch hervorragend auf einen B'soffenen Kapuziner und süße Grießknödel.

Alpenbrot

Zutaten:
50 dag Honig
21 dag Rohrzucker
21 dag geriebene Nüsse
33 dag Roggenmehl
5 g in 1/2 Deziliter Weinbrand aufgelöstes Natron
5 Dotter
8 Eiklar zu Schnee geschlagen
Zimt
Nelkengewürz
10 dag geriebene Schokolade

Zubereitung: Zucker, Honig und Dotter werden mit den Gewürzen schaumig gerührt. Danach hebt man die Hälfte des Schnees langsam unter. Im nächsten Schritt kommen das aufgelöste Natron und die Nüsse dazu. Nach kurzem Rühren wird das Mehl dazugegeben und vermischt. Zum Schluss gibt man den restlichen Schnee und die geriebene Schokolade dazu.

Die Masse wird auf zwei gefettete und mit Mehl bestäubte Kastenformen verteilt und bei 150 bis 180 Grad ca. 50 bis 60 Minuten gebacken. Das Alpenbrot nach Möglichkeit eine Woche in Alufolie alt werden lassen.

Lebkuchen

Zutaten:
1/2 kg Kornmehl (= weißes Roggenmehl; bekommt man in einer Mühle oder kann beim Bäcker bestellt werden)
1/2 kg glattes Weizenmehl
1/4 kg Honig – erwärmt
60 dag Rohrzucker
4 Dotter
1 ganzes Ei
1 Esslöffel Natron in Weinbrand aufgelöst
wenige Gewürznelken
Zimt

Zubereitung: Alle Zutaten außer dem Mehl werden schaumig gerührt. Danach kommt das Mehl dazu und wird zu einen Teig verknetet. Den Teig über Nacht kühl stellen. Am nächsten Tag kann der Teig in der gewünschten Höhe ausgewalkt werden. Mit Formen werden Lebkuchen ausgestochen und im Rohr bei mittlerer Hitze gebacken.

Aufbewahrung: In einen großen braunen Papiersack, in den Wäschekasten unter die Wäsche legen.

Haselnuss-Busserl

Zutaten:
14 dag geriebene Haselnüsse
14 dag Zucker
3 Eiweiß

Zubereitung: Alle Zutaten werden verrührt und in kleinen Plätzchen auf Oblaten gesetzt. Auf jedes Busserl kommt eine geschälte Haselnuss. Bei mittlerer Hitze im Rohr backen.

Zimtsterne

Zutaten:
25 dag Zucker
3 Eiklar
25 dag geriebene weiße Mandeln
1 Teelöffel Zimt

Zubereitung: Die drei Eiklar werden zu einem festen Schnee geschlagen, mit dem Zucker vermischt und noch weiter geschlagen. Diese Basis über lauwarmem Dunst schlagen und danach kalt ausschlagen. In die fertige Masse die Mandeln und den Zimt leicht unterheben.

Den Teig auswalken, Sterne ausstechen und auf Oblaten bei mittlerer Hitze backen.

Grießschmarren

Zutaten:
1/2 l Milch
250 g Grieß
100 g Butter
Rosinen
Salz

Zubereitung: Den Grieß in etwas Butter rösten, Salz, Milch und Rosinen beigeben und aufkochen. Danach im Backrohr fertig dünsten. Mehrmals vorsichtig umrühren.

Pofesen

Zutaten:
Weißbrotscheiben, fingerdick geschnitten
Eier
Milch
Powidl
Rum
Zitronenschale

Zubereitung: Weißbrotscheiben werden in fingerdicke Scheiben geschnitten, worauf man jede Scheibe mit einem Einschnitt versieht, sodass Taschen entstehen, in die man Powidl einstreicht. Der Powidl wird davor mit einer geringen Menge Rum und Zitronenschale vermischt.

Man taucht sie sehr kurz in lauwarme Milch und gleich danach in viele Eier. Die Eier sollten nur wenig vermischt sein, damit die Pofesen Fransen bekommen.

Sobald sie aus den Eiern herausgenommen wurden, werden die Pofesen in heißem Öl oder heißer Butter herausgebacken.

Bertilia Mandl

Zwei Rezepte der Anna Baumschlager

Diesen wunderbaren Kochrezepten will ich noch ein Rezept für einen Hirschbraten und ein Rezept für einen Schnaps anfügen, die aus dem handgeschriebenen Kochbuch der früheren Pfarrersköchin von Windischgarsten, Frau Anna Baumschlager, stammen. Ich danke dieser lieben Frau für ihr freundliches Gespräch mit mir und dafür, dass sie mir ihr wertvolles Kochbuch für ein paar Stunden überließ, damit ich es kopieren konnte. Frau Baumschlager war ihrem verstorbenen Herrn Pfarrer eine treue Pfarrersköchin, die noch die alte Landwirtschaft am Pfarrhof miterlebt hat. Das erste Rezept passt gut in die Gebirgsgegend um Windischgarsten, und es mag an jene ehrbaren Wildschützen erinnern, die das Wohlwollen gewisser Pfarrer und ihrer Köchinnen hatten, weil sie ihnen bisweilen ein gutes Stück Wild brachten.

Hirschfilet nach Försterinnenart mit gebackenen Erdäpfeln

Zutaten:
4 Portionen Hirschfilet
15–20 dag Pilze (Eierschwämme oder Champignons)
5 dkg Butter
eine halbe Zwiebel
ein Teelöffel gehackte Petersilie
1/8 l Rotwein
Salz, Pfeffer und Wacholder
für die Sauce:
klein gehackte Wildknochen und Abfälle (Flachsen)
halbe Zwiebel

1–2 Grünzeug (gemischt)
1/4 l Sauerrahm
3 dag Mehl
3 dag Butter
Salz, Pfeffer, Senf, Knoblauch, Thymian, Lorbeerblatt, Wacholder
ein Esslöffel Preiselbeeren
für die Erdäpfel:
1/2 kg Erdäpfel (rohgeschält)
1/4 l Wasser
1/8 kg Mehl
4 dag Butter
4 Eier
Salz, Muskatnuss
Frittüre (Fettbad)

Zubereitung: Vorerst wird die Sauce bereitet, die etwa ein bis zwei Stunden kochen sollte. In einer Kasserolle klein gehackte Wildknochen, Sehnen und Flachsen schön braun kochen lassen. Die geschnittenen Zwiebeln sowie das in Daumengröße geschnittene Grünzeug dazugeben und ebenfalls mitrösten. Mit Mehl stauben und mit 1/2 l Wasser aufgießen und aufkochen lassen. Außer Senf alle Gewürze sowie die Preiselbeeren beifügen. Nach etwa einer Stunde Kochzeit (kleines Feuer) den gut versprudelten Sauerrahm, den man mit einem Esslöffel Senf vermischt hat, zur Sauce geben. Noch tüchtig verkochen lassen. Die Sauce wird durch ein feines Sieb passiert und bereitgestellt. Das Hirschfilet leicht klopfen, salzen, pfeffern und mit gestoßenem Wacholder würzen. In einer Pfanne Fett erhitzen, die Filets darin rasch zu brauner Farbe abbraten (beiderseits) und auf einer bereitgestellten Anrichteplatte warm stellen. Im verbleibenden Fett der Pfanne die fein gehackte Zwiebel schnell anschwitzen, danach die gereinigten und geschnittenen Pilze beifügen, alles kurze Zeit unter Zugießen von Rotwein durchdünsten. Petersilie hineinstreuen und mit der passierten Sauce aufgießen. Man lässt so lange weiterkochen, bis eine mollige Sauce entsteht, die vor dem Servieren über das nochmals in der Sauce erhitzt Fleisch gegossen wird. Dazu gibt es besonders gute Erdäpfel: Die geschälten Erdäpfel vierteln und in Salzwasser weich kochen, abseihen und passieren. Aus Wasser, Fett, Mehl sowie Eiern einen Brandteig zubereiten und sodann unter die noch heißen Erdäpfel rühren, salzen und mit Muskat würzen. Die Masse mittels Dressiersack als Ringe auf die mit Butter bestrichenen Papierstücke aufspritzen. Die Papierstücke verkehrt in das heiße Fett tauchen. Die Ringe lösen sich vom Papier ab. Man lässt diese nun etwa 5 bis 7 Minuten zu goldbrauner Farbe backen. Nachher gut abgetropft mit den Filets servieren.

Hollerschnaps

2 1/2 l Holler mit 1 1/2 l Weißwein eine Stunde kochen, durch ein Tuch pressen, auf 1 l Saft 60 dag Zucker geben und das Ganze eine Viertelstunde kochen. Nach dem Auskühlen auf 2 l Saft 1/8 l Rum dazugeben.

Auf das Wohlsein der alten und jungen Pfarrersköchinnen und ihrer Herren Pfarrer erhebe ich mit allem Respekt ein Stamperl mit dem prächtigen Hollerschnaps nach dem Rezept der Anna Baumschlager.

Literatur

Lujo Bassermann, Das älteste Gewerbe, eine Kulturgeschichte. Wien, 1965.

Heiner Boehncke und Rolf Johannsmeier, Das Buch der Vaganten – Spieler, Huren, Leutbetrüger. Frankfurt a. M., 1987.

Annette Bruhns und Peter Wensierski, Gottes heimliche Kinder. Hamburg, 2004.

Georg Denzler, Die Geschichte des Zölibats. Freiburg, 2002.

Roland Girtler, Methoden der Feldforschung. Wien, 2001.

Roland Girtler, Feine Leute. Wien, 2002.

Roland Girtler, Echte Bauern – der Zauber einer alten Kultur. Wien, 2002.

Jakob und Wilhelm Grimm, Deutsches Wörterbuch. 1873, Band 11 und Band 13.

Wolfgang Lipp, „ich raufe mich nicht gern mit zwergen". Ehrbegriff und Genieanspruch. Mozart im Umbruch seiner Zeit, in: L. Vogt und A. Zingerle (Hg.), Ehre – Archaische Momente in der Moderne. Frankfurt a. M., 1994.

Leander Petzoldt, Deutsche Volkssagen. München, 1978.

Max Weber, Wirtschaft und Gesellschaft. Tübingen, 1976.

Paul Zech, Die lasterhaften Balladen und Lieder des François Villon. München, 1966.

Roland Girtler
Echte Bauern
Der Zauber
einer alten Kultur

Mit einem Beitrag des Vollwertbäckers Hans Gradwohl

2002. 266 S.
8 S. SW-Bildteil
21 x 13,5 cm
Geb.
ISBN 3-205-77017-X

In ganz Europa ist die alte bäuerliche Kultur im Verschwinden begriffen. Heutige Bauern gleichen eher Spezialisten und Managern, die in einer Welt der Globalisierung überleben müssen, haben großteils ihre Selbständigkeit verloren und sind in zunehmendem Maße von Verbänden und Förderungen abhängig. Bereits in seinen Büchern „Aschenlauge" und „Sommergetreide" hat Roland Girtler über die vergangene bäuerliche Kultur berichtet. Dieses Buch nun knüpft an das „Sommergetre ide" an und beschreibt die letzten Enklaven noch autarker Bauern, mit Hühnern, Schweinen, Rindern und „echten Misthaufen", Bauerngärten und bäuerlicher Nachbarschaft. Ein Beitrag des Vollwertbäckers Hans Gradwohl beschreibt die Kunst, wie man echtes Brot bäckt, das heute gemeinhin mit dem Etikett „biologisch" versehen wird. Roland Girtler schildert in diesem Buch die letzten „echten Bauern", bevor auch sie der Industrialiserung der Landwirtschaft weichen müssen.

„Für diesen ‚Zauber' der alten Bauernkultur bricht Roland Girtler mit Leidenschaft und Temperament, auch zum Widerspruch reizend, eine Lanze!" (Nr. 1/2003, Bücherschau)

Roland Girtler
Wilderer-Kochbuch mit Durchschuss

Rezepte von Eva Bodingbauer

2004. 180 S.
15 SW- u. 16 Farb-Abb.
21 x 13,5 cm
Geb.
ISBN 3-205-77257-1

Die über tausendjährige Geschichte der Wildschützen ist eine Geschichte der Not und des Aufbegehrens gegen den Adel, der den Bauern sogar verbieten wollte, den Wald zu betreten. In der Gestalt des Wildschützen erwuchs daher im Gebirge eine Heldenfigur, die bis heute mystifiziert und romantisiert wird. Die Wilderer verstanden es, Mut und bergsteigerisches Können einzusetzen, um den bäuerlichen Mittagstisch durch ein Wildbret zu bereichern. Zu ihnen gesellten sich dann die Sennerinnen, die mithalfen, die bäuerliche Tafel mit einem Reh- oder Gamsbraten zu schmücken. Gemeinsam mit Eva Bodingbauer hat sich Roland Girtler auf die Spur der alten Wildererrezepte gemacht. Diese gehen von einfachen Speisen, wie sie typisch für die Kultur der Armut im Gebirge waren, bis zu „noblen" Menüs, wie sie bei Hochzeiten oder ähnlichen Festivitäten der Bauern und Wildschützen im Gebirge aufgetischt wurden. Eva Bodingbauer hat die Rezepte nachgekocht und mit zahlreichen anschaulichen Fotos dokumentiert. Rund um die Gerichte herum macht sich Roland Girtler Gedanken über die Herkunft der Speisen, die alte Kultur der Wildschützen und präsentiert Geschichten, wie sie auf Almhütten und in den Gasthäusern erzählt wurden.